陈再齐／著

珠江三角洲地区港口发展与港-城关系研究

A STUDY OF
THE PORT DEVELOPMENT
AND
PORT-CITY RELATIONS
IN
THE PEARL RIVER DELTA

社会科学文献出版社
SOCIAL SCIENCES ACADEMIC PRESS (CHINA)

本书得到
"广东特支计划"青年文化英才基金
"理论粤军"重大现实问题研究课题（LLYJ1304）
广东省社会科学院出版基金
联合资助

序

在"一带一路"成为国家战略的背景下,作为"21世纪海上丝绸之路"枢纽性节点的沿海港口被赋予了新的时代使命和战略意义。新的战略地位意味着更高的发展要求,如何促进我国沿海港口的持续健康发展,提升沿海港口在国际港口航运体系中的地位与竞争力,事关国家战略的实施。对我国沿海地区港口、港口体系及港口城市发展进行研究,切合了国家战略的需求,具有重要的理论价值和现实意义。

珠江三角洲地区是我国最为开放、最为发达的经济区域之一,是我国改革开放以来外向型经济发展的典型代表。"两头在外和大进大出"的经济发展模式对国际贸易和国际远洋运输产生了客观需求,推动了珠江三角洲地区港口和港口体系的快速发展,使之成为我国沿海地区的五大港口群之一,这为港口与港-城关系研究提供了难得的实证案例。同时,国家"一带一路"规划赋予了珠江三角洲地区重要的使命,其中加强港口建设、扩大基于港口的海外联系成为重要任务。如何进一步促进珠江三角洲地区港口和港口城市的发展,提高其在我国沿海以及国际航运网络体系中的地位,值得引起政策制定者与相关领域学者的足够重视。

2001年,我主持的"服务业地理学的理论与方法研究"获得国家自然科学基金杰出青年基金的资助,港口及港口服务业发展研究成为我关注的领域之一。2002年,本书作者顺利考取中山大学,跟随我开始硕士研究生阶段的学习,其间获得机会参与了"广州港发展战略研究"等课题,对港口领域研究产生了兴趣,并选题"港口服务业"完成了硕士学位论文。2008年,作者继续跟随我攻读在职博士学位,学位论文仍选题港口领域。可以说,本书是作者对多年以来相关领域研究成果的总结、梳理和提升。

本书着眼于多个空间维度,从区域尺度、港市尺度和港区尺度对港口发展、港-城经济与空间关系进行了较为系统的探讨,是对现有研究的有益充实与发展。在区域尺度层面,本书结合运用多指标和多方法,较为深入地揭示了区域尺度港口、港口体系发展和港－城关系的规律特征。在港市尺度层面，本书通过分析总结长时间跨度的港口发展与港－城空间关系模式，揭示了广州作为千年港口城市的港－城关系演化特殊规律，在一定程度上发展了港－城关系演化的理论。在港区尺度层面，本书通过大量资料的收集整理，从微观层面揭露了不同性质港区的港－城相互作用与相关关系的发展演化及规律特征。

港口发展与港－城关系研究涉及学科多、领域广、问题复杂，充分借鉴国外最新理论成果和方法进行本土化、创新性的实证研究与探索，是一个不断推进的过程。在现代综合物流快速发展、国家"一带一路"战略加快推进的背景下，综合运用经济地理学、区域经济学、物流学等学科领域的新理论和新方法来更为深入地探讨港口发展与港－城关系问题，并为相关领域的科学决策提供理论支撑与参考，是有待进一步深化的领域。本书是作者有关港口发展与港－城关系研究成果的集成，所体现的学术执着精神与探索精神值得鼓励。本书既是成果的总结提升，更是进一步研究的基础与起点，希望作者能不断将其充实、完善，取得更为深入的研究成果。

闫小培
2015 年 6 月

目　录

前　言 ……………………………………………………………… 001

第一章　概述 ……………………………………………………… 001
第一节　研究背景 ……………………………………………… 001
第二节　概念界定 ……………………………………………… 007
第三节　研究框架 ……………………………………………… 010

第二章　研究进展与理论综述 …………………………………… 012
第一节　国外研究进展与理论综述 …………………………… 012
第二节　国内研究进展与理论综述 …………………………… 042
第三节　小结 …………………………………………………… 060

第三章　珠江三角洲地区港口体系的发展演化 ………………… 064
第一节　区域城镇化与城镇体系演化 ………………………… 064
第二节　港口体系的发展历程 ………………………………… 070
第三节　港口体系的规模结构特征 …………………………… 075
第四节　港口体系的空间布局特征 …………………………… 089

第四章　珠江三角洲地区港-城规模耦合关系分析 …………… 093
第一节　港-城位序演变分析 ………………………………… 093
第二节　港-城位序规模分布的演变分析 …………………… 097
第三节　港-城经济关系的回归与矩阵分析 ………………… 103
第四节　珠三角港-城规模耦合关系分析 …………………… 111

第五章　珠江三角洲地区港-城空间关系分析 ………………… 125
第一节　港-城重心关系的空间位移与路径 ………………… 125

第二节　港-城空间效应的测度及其变化 …………………… 131
　　第三节　港-城分布关系的空间耦合与演变 …………………… 143

第六章　广州的城市建设与港口发展 …………………………… 157
　　第一节　广州的城市建设与空间拓展 …………………………… 157
　　第二节　广州的港口建设与发展 ………………………………… 162
　　第三节　广州的港口贸易发展与港口地位演变 ………………… 167
　　第四节　广州的港口服务业发展与特征分析 …………………… 185

第七章　广州市港-城经济与空间关系分析 ……………………… 203
　　第一节　港-城经济互动关系分析 ……………………………… 203
　　第二节　港-城空间关系演化分析 ……………………………… 211

第八章　广州市港区尺度港-城关系发展与演化 ………………… 237
　　第一节　内港区港-城关系演化 ………………………………… 237
　　第二节　黄埔港区港-城关系演化 ……………………………… 248
　　第三节　南沙港区港-城关系演化 ……………………………… 258

第九章　港-城关系演化的影响因素与动力机制 ………………… 268
　　第一节　港-城关系演化的影响因素 …………………………… 268
　　第二节　港-城关系演化的动力机制 …………………………… 285

参考文献 ……………………………………………………………… 292

后　记 ………………………………………………………………… 314

前　言

　　航海和海运在人类社会进步、人类文明发展中具有重要地位。在距今两千多年前的秦汉时期，我国便开始形成著名的"海上丝绸之路"。地理大发现以来，国际贸易快速增长，海运规模不断扩大，海运在全球商贸、经济联系中起着愈加重要的作用。随着经济全球化的深度推进，海运的作用被进一步强化。当前，世界贸易货量的80%～90%通过海洋这一国际运输大通道进行，海运承担了近90%的国际运输量。国际贸易和海运的发展，导致一批国际性港口的快速崛起。港口作为高效连通全球市场的枢纽节点，在国际贸易中吸引相关经济要素不断集聚，从而导致城市规模的不断扩大，进而成长为国际性港口城市。由此可见，沿海地区港口城市的规模等级与港口发展之间具有较强的相关性。自20世纪60年代以来，随着国际航运重心向东亚地区的转移，在改革开放政策配合下，我国一批港口和港口城市获得快速发展，如香港、上海、广州和深圳等。21世纪是"海洋世纪"，我国领导人在2013年10月提出了"共同建设21世纪海上丝绸之路"的战略构想，这对沿海地区港口和港口城市的发展提出了更高要求。

　　港口发展与港-城关系是学术界长期关注的热点问题，不少西方学者进行了大量研究并归纳概括了经典的理论模式，国内学者基于西方理论和方法进行了相应探讨，也取得了较为丰硕的成果。自20世纪末以来，港航领域出现了明显的变革，现代港口正从单独固定的空间实体转变成基于现代物流的港口-腹地终端网络，港口、港口体系与港口网络均呈现有别于传统的新特征和模式，进而对港-城关系产生了颠覆性的影响，表现出与以往明显不同的特征和演化路径，对港-城关系演化的新特征与规律有待进行深入系统的研究。港口发展和港-城之间的相互作用体现在不同尺度层面：区域（甚至是国家或国际）层面的港口体系发展及与城市体系的作用关系、港市层面的港口发展与港-城作用关系以及港市内部不同港区的发展与港-城作用关系。相对割裂而侧重于某个层面的研究，虽然能揭示某个角度的港-城关系演化，但会因为对其他层面影响因素或作用机制的考虑不足，而导致对港-城关系演化认识的相对片面，如区域、港市层面港-城关系的演化如何影响微观层面的港-城关系以及企业区位选择行为，微观层面企业区位选择行为、港-城关系的变化如何对更加宏观层面的港-城关系产生影响，没有得到很好的解释。本书将基于港口认识论上的根本转变以及相关领域的最新进展，从区域、港市与港区多尺度层面对港-城关系发展演化进行实证研究，系统探讨不同尺度层面港-城关系的发展演化，在此基础上从多尺度相结合的视角剖析港-城关系演化的动力机制，并进行理论探讨和总结。这不仅将为港-城关系研究提供新的视角，充实和发展经济地理、港口地理、城市地理学的相关理论，而且将为优化港-城关系提供实证经验，为新时期指导港口和港城的发展提供理论依据。

  珠江三角洲地区（以下简称"珠三角地区"）自改革开放以来，通过参与国际产业大循环，在临港地区依托港口资源积极承接国际产业的转移，临港经济区成为珠江三角洲地区发展外向型经济、介入全球化大生产的主要途径与载体。部分得益于港口优势和临港经济的发展，珠三角地区的工业化和城镇化进程得以快速推进，业已发展成我国最为开放、最为发达的经济区域之一。在此过程中，珠三角地区的港口和城市体系都得到了长足的发展。2012年，珠三角、大珠三角（包括香港、澳门）完成吞吐量分别超过10亿吨和13亿吨，占全国港口吞吐量的比重分别为10.1%和12.6%。珠三角地区作为我国改革开放以来开放型经济发展的典型，其港口发展与港-城关系的发展演化也具有代表性，对其进行实证研究，既是对全球港-城关系研究的有利补充，又是揭示珠三角地区港-城关系发展的内在规律特征，促进港-城关系良性发展的必然要求。然而，从国内实证研究案例分布来看，长三角、长江流域、环渤海等地区的港-城关系研究成果较为丰富和系统，而对珠三角地区的研究显得相对较为薄弱。因此，在我国构建21世纪海上丝绸之路的战略背景下，以珠三角地区为实证对象，从区域（珠三角）层面、港市（广州市）层面和港区层面对港-城关系进行系统研究，有利于弥补当前的这种不足，为促进港-城关系的健康持续发展提供决策参考，具有重要的实践意义和价值。

第一章 概述

第一节 研究背景

一 理论背景

(一) 港口地理学研究日趋综合化

港口是一个长期以来不仅吸引地理学者,而且吸引来自经济学、物流学、工程学和运筹学等学科领域学者关注的研究主题 (Pallis et al., 2011)。20 世纪 90 年代以来,港口在经济社会上逐步与周边区域相分离 (Campbell, 1993),而与运输联系更加一体,强调不同运输方式整合的物流供应链体系 (Heaver, 2002) 直接影响港口的角色、功能及作用,进而成为影响港口地理研究的重要因素。随着港口地理研究者逐步将运输或物流和供应链作为他们的实质性研究焦点,港口地理研究经历了一个基本的转变,逐步脱离了地理学而走向跨学科,港口地理学已逐渐从人文地理的一个次要和百科全书式的分支学科,演变成了一个主要的和专门的学科。事实上,从 21 世纪开始,相当大比例与港口地理相关的研究成果在非地理期刊发表,如 Notteboom 和 Rodrigue (2005) 有关"港口区域化"的文章,从理论层面分析了当代港口发展并具有大量地理要素的概念,但发表在并非公认的地理期刊 (*Maritime Policy and Management*)。另外,在地理期刊发表的港口文章,大量地被交通运输、经济、商业和管理杂志所引用。港口地理学者开始逐步关注港-城关系、港口选择和竞争、港口和供应链发展等方面的问题,随着港口地理学向更具应用性和跨学科的交通地理转变,逐步模糊了分支学科的地理性。

(二) 港口发展理论取得新的突破

港口发展理论模型从 20 世纪 80 年代以来并未取得实质性进展,Notteboom 和 Rodrigue（2005）重新激活了这个领域的探讨（Pallis et al.，2011），他们在继承传统港口成长理论的基础上，将 Hayuth 模型第五阶段修正为去中心化与中转枢纽的嵌入，并引入"港口区域化"作为第六阶段。港口区域化理论在整合的供应链管理、复杂物流网络以及海港的全球化和终端化等现代物流体系最新变化的背景下，论述了终端、配送中心和港口连接腹地的相关设施正在发生的空间转变，从功能和组织的视角增加了现代物流的整合，作为 Bird 和 Taaffe、Morrill 和 Gould 模型的后续发展阶段。港口区域化将港口发展的观点拓展到更大的地理范围，这一范围超出了港口的传统边界（Rodrigue and Notteboom，2010），分析港口功能必须从传统的港口周边地区向更广阔区域的空间演化，传统地将海运经济（Maritime Economy）局限于港口周边临近地区的观念逐步发生改变。港口区域化理论的发展，意味着港口研究在港口概念化方面经历了一个认识论上的根本转变，正从单独固定的空间实体转变成基于物流整合的港口-终端网络，港口研究必须更加重视区域化的视角。港口区域化概念的提出大大推动了港口发展理论的发展，并引发了一系列相关讨论和研究，这些研究正在使得传统的港口研究范式发生改变，为港口体系、港-城关系、港-城界面、港口与腹地关系等港口地理传统研究领域注入了新的视角，提供了新的理论支撑，也使得港口地理研究变得更加交叉和综合。

（三）港-城关系研究尚需充实发展

港口与港口城市之间的关系向来是地理学、经济学、运输经济学和城市经济学等领域学者关注的热点话题，不少学者从不同视角提出了描述港-城关系的概念模型。港-城关系在西方国家从工业化到后工业化再到后现代化进程中发生了巨大的变化，这种现象被研究者从全球化、规模经济、运输革命、后工业化、城市扩张和滨水区更新等广泛的框架进行了辨析。在全球层面，必须在新一轮经济重构主导的演变的世界中来思考港口和港口城市的命运问题（Hall and Clark，2011）。随着经济（最初是西方）的重构，以及生产和运输全球化组织体系的演化，发展中国家现阶段的港-城关系演化被普遍认为正步入重构的时代。随着港口区域化的推进，港口腹地向更深远的内陆延伸，增加了港口经济活动分析的复杂性。港口和城市之间以前实质性的和长期的共生性已被侵蚀，港-城关系比过去任何时候都要复杂，尽管港口间的地理竞争进一步弱化了港口与所在城市之间的联系，但港－城以金融贸易为基础的联系在增强（Norcliffe et al.，1996）。作为港口发展的新阶段，港口区域化必然对港－城关系产生深远影响。港口的功能空间扩散、区位分裂、空间非连续腹地以及海港－内陆终端网络化，将驱动港－城经济关联和空间关系相应地出现区域化，从而导致港－城关系在更大区域范围内进行重构。港－城关系研究，应立足全球经济重构、运输全球化组织体系的演变以及港口发展的新趋势，运用新的理论发展和新的视角予以充实和发展。

二　现实背景

（一）全球物流与航运业变革导致港口发展出现重大转变

全球化背景下，国家边界的重要性明显降低，跨国界的区域间相互作用明显增加，经济（最初是西方）的重构、海运科技的变化以及生产和运输全球化组织体系的出现，从根本上改变了海洋航运部门以及港口的发展。为了以相对更低的价格和更高的质量迎合多样化的需求模式，航运公司同时从横向（通过合并、兼并和战略联盟）和纵向（通过参与码头经营和提供整合的物流和联合运输服务）进行整合（Notteboom，2004），从全球规模和多样化双重目标重组了服务网络（见表1－1－1）。航运业发生的纵向和横向同时整合，导致了大航运公司以及少数全球大型承运商的出现。航运部门的这些变化最终影响到海运行业的每个方面，特别是涉及港口的经营（Slack et al.，2001）。航运公司在市场中的经营变得更具垄断性，因为它们试图通过合并和联盟来巩固市场地位。然而港口的空间区位是固定的，而船舶可以很容易地移动，这使得港口更趋于依赖航运公司，而航运公司则变得更具谈判和议价能力。另外，运输公司和联盟通过引入门到门、环球的和钟摆式服务，重新组织了它们的运营网络（Notteboom and Rodrigue，2005）。出于节约成本和时间的考虑，全球航运公司往往把它们的服务集中于少数枢纽港口，这导致了更多的运输主要集中于少数几个枢纽港口，这些枢纽港口彼此之间在没有边界的经济和全球化环境中进行激烈的竞争。作为航运网络和供应链的节点，港口大大改变了其作为运输活动中心的传统角色，逐步从单纯的乘客和货物换乘的海陆交换点转变为物流供应链的关键要素，港口在这系统中的促进作用已变得特别重要（Notteboom and Winkelmans，2001），港口开始逐步在多式联运和供应链体系内进行整合。为了迎合航线更大的需求,港口被迫通过设立物流中心和新终端扩大支撑区域来做出响应,以提升或者维持它们相对的竞争优势,从这个角度,港口的竞争优势变得更加依赖于其向多式供应链增加价值的能力。

表1-1-1 影响港口运行环境的变化因素

类别	现象	结果
航运联盟	为了巩固航线的市场领导地位,大的运输公司推进合并、兼并和联盟,以扩大市场份额和降低运营成本	航线现在提供全球网络服务,通过一个巨型运输公司或者一个联盟,可以将货物在全球市场自由运输
船舶大型化	建造更大的集装箱船主要是为了赢得规模经济效益	由于集装箱港航道深度的限制,很少港口能够直接服务巨大的远洋集装箱船
多式联运	内陆联运节点使得集装箱能够被运输到陆地更远的范围跟港口实现联系	港口腹地和前陆(Foreland)范围扩大,进一步促进港口管理和经营的全球化

资料来源：根据 Song (2003, pp. 30-31) 整理。

(二) 港口与港口城市成为全球化大生产体系的重要载体

港口是海洋与陆地联系的纽带,对外贸易的窗口,通常被认为是全球化的门户。随着经济全球化的推进,世界经济和产业结构正发生显著变化,更多的生产和经营活动以及资源配置都在全球层面进行 (Notteboom and Winkelmans, 2001)。经济要素开始跨越国界,在全球进行自由配置与重组,全球贸易和运输链逐步形成。经济要素的全球流动,导致了以集装箱运输为基础的现代综合物流体系的形成,全世界每个国家、每个区域,甚至每个沿海港口几乎全部成为国际物流网络的一个整合部分 (Slack, 2003),作为现代物流网络的重要枢纽和结合点,港口功能在国际贸易和国际物流中变得更加突出。由于水运运量大、运价低,海洋运输连通世界各地原料地和国际市场,以港口为节点实现的国际航运,这使得跨国公司在全球范围组织生产体系成为可能,并大大提高了全球化生产体系的经济效益和运营效率,逐步改变以往工业布局要靠近原材料产地和消费地的原则,把最有利于利用国内、国际资源和市场作为工业布局中最优先的考虑和原则。港口因此也相应地成为全球化大生产体系的重要枢纽与节点,在临近港口地带依托港口资源在全球组织生产要素发展临港经济,已经成为临港地区介入全球生产体系的主要形式和成功途径。在经济全球化日益深化的过程中，承接国际产业转移成为决定区域产业和经济发展的重要因素，港口作为高效连通全球市场的枢纽节点使其城市获得了承接产业转移的优势区位条件，港口城市成为承接国际产业转移的首选目的地，相关产业在临近港口的地区逐步发展壮大而成为全球经济的重要表现形式——临港经济。因此，开发港口资源、发展临港经济形成区域经济发展的增长极，越来越受到沿海国家和地区的重视。许多国家以海港为核心，依托港口发展临港经济，尤其是临港工业，结合商业服务业和对外贸易的发展，逐步完善区域产业结构、优化产业布局，形成了经济发达的临港产业带，进而带动广大内陆腹地的经济发展。在全球化进程中，全球经济重心向港口城市转移的趋势越来越明显，据美国著名经济学家萨克什估计，全球GDP的50%产生于距海岸线50英里的具有港口资源的沿海、沿河地区。从全球经济格局来看，经济发达的区域往往也是港口和港口城市高度发展的地区，如欧洲的伦敦、汉堡、马赛、鹿特丹、安特卫普等港口城市，北美洛杉矶、纽约、蒙特利尔、旧金山等港口城市，以及亚洲横滨、神户两大港口城市，都位于经济发展水平相对较高的沿海地带。在我国，以港口为中心的临海工业增长，使得沿海地区与内陆城市的差距逐步扩大，在东部沿海地区形成了环渤海、长江三角洲和珠江三角洲三大高度发达的经济区域，同时也成为我国重要的三大城市群和港口群。

（三）港口-腹地与港-城关系正经历变革和重构

集装箱化时代和供应链的重构过程，重新定位和重塑了港口的功能作用，港口在复合系统中失去了它们作为支配者的作用。由于港口在物流链中由垄断位置向节点转变，运输链的等级体系也发生了变化，这种演化弱化了港口的谈判地位，港口等级已经变得不是很清晰，港口彼此之间更激烈地竞争（Wilmsmeier et al.，2010）。港口不能再希望简单地因为它们是广阔腹地的天然门户来吸引货物，大范围的直接腹地市场也并非港口俘获运输量的必要条件，港口需要积极地拓展或者维持它们的腹地。港口通过快速运输廊道与物流园区、配送中心等内陆终端相连接，而获得空间上非连续腹地的拓展，来维持港口的综合吸引力和规模经济，以应对它们的竞争港口。港口的区域化发展同时也受到本地因素和港口发展战略的驱动，港口城市的港口空间规模在经历有规律的扩张后，当投资和增长达到一定规模，经济合理性受到限制时，区位分裂成为拓展港口生命周期的手段（Cullinane and Wilmsmeier，2011）。港口形态的空间拓展，从向城市外围的近海方向移动，转变为向更广阔的腹地范围进行非连续的拓展。港口-腹地关系的变化以及港口区域化的发展，加快了港-城关系从农业文明到工业化、后工业化再到后现代化的不断演化的进程。海运经济越来越致力于网络化终端和运输基础设施，这大大弱化了港口和当地经济间（港口城市）的传统联系（Notteboom，2004）。港口和城市之间以前实质性的和长期的共生性已被侵蚀而发生转变，港-城关系在空间上和功能上变得越来越分离。港-城关系比过去任何时候都要复杂，尽管港口间的地理竞争进一步弱化了港口与所在城市之间的联系，但港-城以金融贸易为基础的联系在增强（Norcliffe，1996）。在全球供应物流链和港口区域发展的驱动下，港-城关系正表现出新的发展特征和趋势，为进一步深化研究提供了实现基础。

（四）珠江三角洲地区港-城关系演化典型性明显

改革开放以来，随着经济全球化和国际产业转移的深度推进，我国东部沿海长江三角洲、珠江三角洲和环渤海地区的港口城市依托港口和临港经济区获得了快速发展，逐步成为经济最具活力、发展最有潜力的区域增长极，其中珠江三角洲地区港口体系、港口城市的发展更加典型。随着珠三角地区贸易的持续增长，区域内的港口体系经历了快速的增长和扩张，港口体系格局也随着内部港口的发展而不断演变。从20世纪80年代开始，香港港口吞吐量持续保持快速增长，在1986～1996年成为世界上最繁忙的集装箱港。1993年，盐田港开始投入运营，深圳港快速扩张，逐步成为珠三角地区的另一个门户港口，改变了以香港港为单一门户的格局。广州港作为珠三角地区最大的综合枢纽港，2005年超过香港港成为吞吐量最大的港口，2006年南沙港区建成投产后，集装箱吞吐量呈现快速增长势头。深圳港、广州港的快速发展，进一步重塑了珠三角港口体系格局，具体表现为由香港港单独作为门户港口的格局，转变成香港港、深圳港和广州港3个港口共同发挥门户港功能的格局（Liming Liu et al.，2013）。珠三角地区港口体系和门户港的发展演化，导致港口、港口城市的区域职能与区域地位也相应改变，区域港口体系与城市体系之间的耦合作用关系不断重构，为现代海运物流发展背景下的港-城关系研究提供了很好的样本，具有较大的代表性。而广州作为千年商都和南方大港，港口与城市发展之间在历史长河中形成了唇齿相依、千丝万缕的紧密联系。广州港具有两千多年的发展历史，并且港口与城市在全国均具有较高等级地位，这在我国港口城市发展史中具有唯一性、典型性，可以说是对港－城关系发展演化进行长时间跨度研究的"活化石"。然而，目前学术界对广州港－城关系的研究仍显不足，以其为案例进行实证研究，是对我国港－城关系研究的充实和发展。

第二节 概念界定

一 港口

对港口的认识和定义有一个不断深化的过程，经历了从"船舶停靠并装卸货物的地域"到"供应链增值服务中心"的不断拓展。西方"港口"一词源自于法语的 Portuaires，原意为"门"，即水陆相互联系的门户（陈航，2009）。Martin Stopford（2006）认为，港口即供船舶靠泊并装卸货物的地域，通常位于海湾或河口避风条件好的深水水域。Hayuth（1985）指出，港口就是在陆地和海洋空间之间联系的地方，海洋和内陆交通线交会和衔接的节点，聚合联合运输的地方。1992年，联合国贸易与发展委员会（UNCTAD）根据港口功能的发展演化，将港口划分为3代：运输枢纽中心、配送中心和综合物流中心。1999年，联合国贸易与发展委员会进一步提出了第四代港口的概念，认为第四代港口在兼容第三代港口功能的基础上，其作为供应链的重要环节，是以处理集装箱为主，以港航联盟、港际联盟为手段，以物流整合为经营特性的现代化港口和供应链增值服务中心，是物理空间上分离（Physically Separated）但是通过公共经营者或管理部门链接的组织（UNCTAD，1999）。

在我国，港口的初始含义略有区别，"港"原意为"与江河湖泊相通的小河"，"口"就是出入通过的地方。由于生产力的发展和交往的扩大，港口逐步演化成为位于江河湖海或者水库沿岸，具有一定的设备条件、供船舶往来停靠、办理客货运输和其他专门业务的地方（陈航，2009）。2004年实行的《中华人民共和国港口法》（以下简称《港口法》）中对港口的定义为：具有船舶进出、停泊、靠泊，旅客上下，货物装卸、驳运、储存等功能,具有相应的码头设施,由一定范围的水域和陆域组成的区域。《中国大百科全书》(交通卷)对港口的定义是:具有一定面积的水域和陆域,供船舶出入和停泊、货物和旅客集散的场所。港口为船舶提供停靠的设施,完成货物和旅客由船到岸、由岸到船及由船到船的服务,并为停靠船舶提供常规补给、检修等生活和技术服务。

综上所述,港口是城市中一种具备多种功能的经济综合体,是位于江、河、湖、海沿岸,具有相应设施及条件,供船舶停靠作业,完成旅客上下船、货物装卸、仓储、集疏运等旅客与货物集散功能,并提供生活物资供应、金融和信息支撑等综合服务的水域和陆域的综合体。随着现代物流和供应链的发展,港口正由水路交通换乘和水陆联运的集结点、枢纽,向现代物流的物质集散地和供应链增值服务中心演进。

二 港口体系

港口体系(Port System)这一概念发轫于港口地理与系统论的有机结合,不同学者对港口体系概念的表达和概括不尽相同。国外港口体系概念最早能够追溯到雷默(Rimmer,1967)运用港口体系来描述澳大利亚海港发展的空间演化,他认为港口体系是指集中在一个区域内,彼此之间存在竞争或者合作关系的港口组成的系统。国内不同学者对港口体系概念进行了相似的界定,或提出了与港口体系类似的概念。曹有挥(1995)认为,港口体系是一定地域范围内一系列规模不等、职能各异、相互联系、彼此牵制的港口有机整体,与其他经济空间组织一样,港口体系具有群体性、关联性、层次性、整体性和动态性等特征。陈航(1996)提出了港口地域组合的概念,他认为是在一定地域范围内的诸多港口由于长期相互竞争与彼此牵制的发展,形成在这一地域范围内具有某种分布格局、结构形式和功能类型的组合。王成金等(2001)对港口地域组合概念进行了丰富和深化,提出港口地域组合是为某一吸引腹地或影响地区提供运输服务、在发展规模与性质上既相互制约又相互补充的、在地域上彼此相邻或相近的一组港口的空间组合。另外与港口体系类似的概念还有港口群,贺有利等(2007)认为港口群是由若干地理位置相近、共有部分腹地、部分功能可以互相取代并互为竞争对手的港口组成的港口集合体。

由此可见,港口地域组合与港口群的概念在本质上是基本相同的,都是一定区域范围内的港口群体,区别在于前者强调港口群体的地域特征,后者更强调港口群体的功能属性。港口体系和港口地域组合概念虽也基本相似，但港口体系更强调港口之间的有机联系与层次性，而港口地域组合概念则更强调港口的地域分布特性。港口体系的内涵具有明显的空间层次性，在微观空间层次上，可以理解为港口内部体系；在中观空间层次上，可以理解为区域港口体系；在宏观空间层次上，可以理解为包括陆向腹地和海向腹地在内所形成的整体港口体系。综上所述，港口体系是指在一定区域范围内，彼此之间存在竞争或者合作关系，具有一定规模等级、职能类型、空间结构的一组港口所形成的空间地域组合有机体。本书在研究珠江三角洲地区港－城关系时，更多地采用港口体系这一概念。

三　港口－腹地关系

港口腹地可分为陆向腹地和海向腹地，通常所说的腹地为港口陆向腹地。在早期外文文献中，港口（陆向）腹地被解释为经由港口运送较大部分贸易货物的地区。港口海向腹地是指港口跨越海洋空间和通过海洋运输，而实现与港口联系的土地面积（Weigend，1958），是港口借以完成贸易的海外区域（Barke，1986）。吴松弟等（2006）认为，港口腹地即港口吸引范围，是位于港口城市背后的港口吞吐货物或旅客集散所及的地区范围，即陆向腹地概念。腹地可分为直接腹地、混合腹地，直接腹地是指被单一港口所吸引和服务的腹地，区域范围内水运货物都经由这一港口；混合腹地是指由两个或更多的港口共同拥有和服务的腹地，是多个港口服务范围相互重叠的地域。

港口和腹地之间是相互依存、彼此促进的，港口与腹地既没法孤立地存在，也不能相互割裂而发展。港口主要是作为腹地的门户和国际运输网络中的主要节点（Bird，1983），港口地位的变化反映了腹地的不断变化。港口和腹地之间的相互依赖性是港口发展的第一原则（Hoyle，1995），港口和腹地在发展中往往是紧密地联系在一起的（Vigarie，1979）。腹地的繁荣促进相应港口的繁荣，而港口的发展也将促进相应腹地的发展（王海平、刘秉镰，2002）。简而言之，港口－腹地关系是指港口与港口腹地间，通过交通运输、港口贸易等联系形成的经济社会发展多维互动关系。

四　多尺度港－城关系

港－城关系，或称为港城关系，笼统指港口与所在城市间在发展过程中逐步积累和形成的，彼此相互影响、相互作用的各种关系，是城市与港口间彼此相互作用关系的总和。从国外研究来看，港－城关系概括起来主要包括两个维度：一是港口发展对城市经济的影响与作用；二是港口与城市空间发展的相互关系（董洁霜、范炳全，2006）。港－城关系的多维性、复杂性，导致港－城关系研究长期以来都是一个受到不同学科学者同时关注的交叉研究领域。而地理学对港－城关系的探索发轫于港口演化理论，重点关注港－城关系的空间属性，形成了对港－城空间关系高度关注的研究传统。

根据国外学者的研究成果，不同学者将港－城空间关系划分出了不同尺度。郭建科等（2013）指出，西方学者从不同视角揭示发达国家港－城空间关系演化特点，逐渐形成了港口体系、港口城市空间结构和港城界面3个不同空间尺度。王列辉（2010）也总结出，国外港口城市空间结构的研究主要围绕两个方向展开，一个研究方向是港口与城市间的空间关系，构成中观尺度的港口城市空间结构研究；另一个研究方向是港口城市内部空间结构，构成微观尺度的港口城市空间结构研究。由此可见，地理学对港－城空间关系逐渐形成了"港－城空间系统"的认识，认为港－城关系表现为一种根植于不同空间尺度的、开放的、多元复杂的地域系统，其形成、发展和演化规律是核心主题（郭建科、韩增林，2010）。

综合国内外学者观点，本书指出多尺度港－城关系可分为宏观的区域尺度、中观的港市尺度和微观的港区尺度。区域尺度的港－城关系着重从区域（区域、国家乃至全球）的角度来探讨港口和城市发展在经济和空间上的相互作用关系，逐步发展为对区域港口体系与城市体系间的耦合关系、模式及演化研究。港市尺度的港－城关系是在单个港口城市层面，港口与城市发展在经济和空间上相互作用而表现出的规律特征，包括港－城空间关系演化模式及动力等。港区尺度的港－城关系是在港口空间拓展过程中形成的不同港区与城市间的经济与空间关系，主要体现为港口码头周边用地、产业和功能等特征的发展演化，是港－城界面相互作用的集中体现。

第三节　研究框架

本书从区域、港市与港区多尺度层面对港－城关系发展演化进行实证研究，系统探讨不同尺度层面港－城关系的发展演化，在此基础上从多尺度相结合的视角剖析港－城关系演化的动力机制。全书共分为九章：第一章对研究背景、基本概念和研究框架进行介绍;第二章从国外、国内两个角度对港口发展和港-城关系的研究进展、相关理论进行综述;第三章到第五章为区域尺度的港口体系发展与港-城关系演化研究,其中第三章对珠江三角洲地区港口体系的发展演化进行分析,第四章、第五章分别探讨珠江三角洲地区的港-城规模耦合关系和空间作用关系;第六章和第七章为港市尺度的港-城关系研究,其中第六章对广州的城市建设与港口发展进行分析,第七章从经济关系和空间关系两个维度对港市尺度的港-城关系进行剖析;第八章为港区尺度的港-城关系研究,分别对内港区、黄埔港区和南沙港区的港-城关系演化与类型特征进行探讨;第九章从多尺度相结合的角度,对港-城关系演化的影响因素和作用机制进行研究(见图1-3-1)。

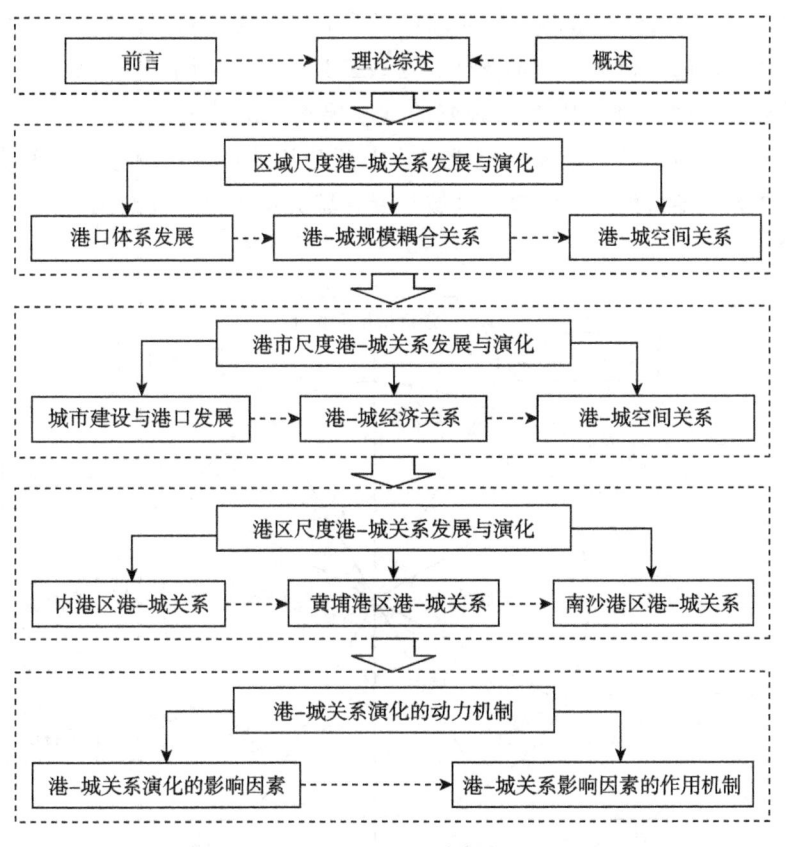

图1-3-1 研究框架

第二章　研究进展与理论综述

第一节　国外研究进展与理论综述

英国学者莫尔根（Morgan，1978）在《港口与港湾》中对港口学（见图 2-1-1）的研究范畴、研究理论以及研究方法进行了总结，认为港口学的研究范畴除包括港口本身外，运载工具、货物、陆向腹地、海向腹地以及海运空间等都构成港口研究的基本要素。由此可见，港口研究范畴广、内容丰富，结合论文研究重点，本部分从港口成长理论与空间模式、港口体系与港口网络、港口-区域与港-城关系3个方面对国外研究进行综述。

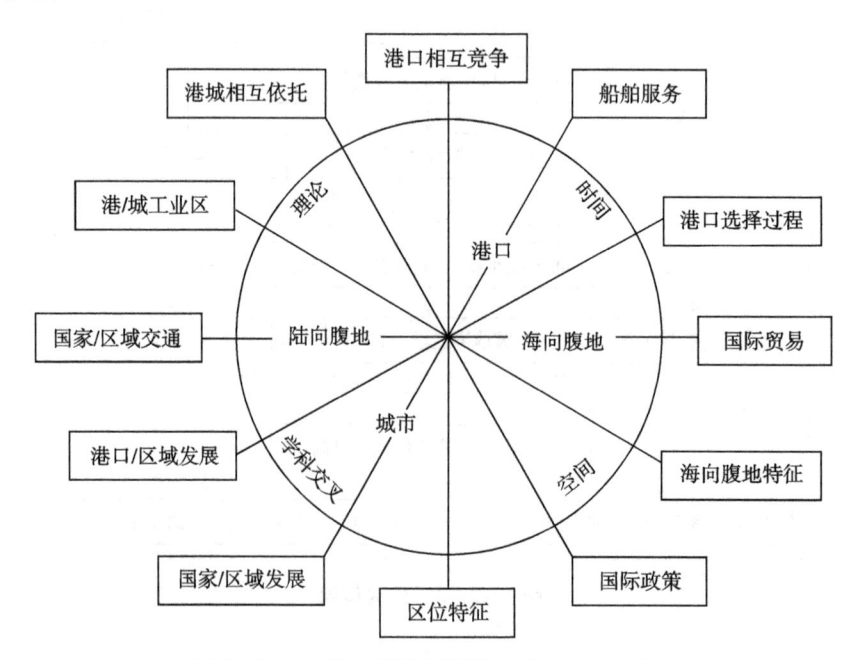

图 2-1-1　港口学相关因素（Morgan，1978）

一 港口发展与空间模式

(一) 港口发展的区位理论

古典区位论主要从港口的区位选择对港口发展进行探讨。在 20 世纪 40 年代之前,仅对港口的各种地理现象进行单纯的描述,韦伯工业区位论曾就港口的区位选择等问题做了早期探索。高兹(Kautz,1943)发表了他的著作《海港区位论》,运用韦伯工业区位论的思想和方法,在探讨海港与腹地间关系的基础上创立了海港区位理论,认为腹地发展对海港区位起着决定性作用,指出海港最优区位由总体费用最小原则决定,提出了包括运输指向、劳动指向及资本指向的港口区位决定因子体系,运输费用决定海港区位的基本方向,劳动力费用、资本因子对运输费用所决定的港口区位具有修正性的影响作用,在 3 种因子的综合作用下最终得到最优区位。高兹港口区位理论的创立,标志着科学意义上的近代港口系统研究在西方开始。此后,奎因(Quinn,1943)从空间经济学的角度提出了有关中介区位的假想,胡弗(Hoover,1948)进一步提出转运地区位论,认为港口作为转运点,由于其运输成本的优势,成为发展工业的理想区位。伯德(Bird,1963)研究了随港口运输量的增长及海运技术的变化,港口内部码头区位的发展演化特征,主要表现为码头泊位向河流下游的迁移以及专业化泊位设施的发展。莫尔根(Morgan,1978)在《港口与港湾》中,也结合地理条件对港口的形成和发展进行了详尽论述。

全球化的发展、航运技术的革新,使得港口的区位因素发生了明显变化。克林克(Klink,1995、1997、1998)建议用港口城市、港口地区和港口区域来总结之前的港口模型,认为港口网络的加强是港口发展的第四阶段,包括把内陆进出的物流控制作为这个发展阶段的港口新目标,特别是与非连续地区的整合。基于产品生命周期理论,舍茨尔(Schaetzl,1996)以及库利南等(Cullinane and Wilmsmeier,2011)认为,当投资和增长达到一定规模,经济合理性受到限制时,区位分裂(Location Splitting)成为拓展港口生命周期的手段。斯莱克(Slack,1999)提出了港口和内陆枢纽间通过卫星终端形成空间网络的理念,认为腹地终端能够作为处理交通扩张和终端容量不饱和的一种途径。斯莱克和王(Slack and Wang,2002)研究了区域港口的出现,认为港口当局、码头经营公司和航线间的相互作用是分散过程的核心,由此推论出新的终端布局。由于港口在物流链中由垄断位置向节点转变，运输链的等级体系也发生了变化（Robinson，2002），这导致了港口竞争新维度的产生，港口的重要性将根据它们在深入内陆时促进高效多式供应链建立的能力来衡量（Heaver，2002），港口需要积极地拓展或者维持它们的腹地。罗特本和罗德里格（Notteboom and Rodrigue，2005）探讨了港口腹地正在发生的动态演化，提出了港口区域化的概念，指出门户港和内陆配送中心通过高度整合，形成货物配送更高效的区域负荷中心网络。

区域化阶段将港口发展的观点拓展到更大的地理范围，这一范围超出了港口的传统边界（Rodrigue and Notteboom，2010），反映了内陆终端、配送中心和港口通向腹地的相关设施正在发生的空间转变（Flämig and Hesse，2011）。港口区域化概念也遭到了其他学者的质疑，雷默和孔图瓦（Rimmer and Comtois，2009）认为，区域化除了去中心化之外并无实质性含义，并强调不应过分关注基于陆地的网络而忽视海向空间的现实。李等（Lee et al.，2008）认为，全球物流时代海运体系发生了重大变化，市场竞争导致航线变得更加垄断经营，为了迎合航线更大的需求，港口被迫通过设立物流中心和新终端来扩大支撑区域来做出响应，以提升或者维持它们相对的竞争优势。罗德里格和罗特本（Rodrigue and Notteboom，2010）坚决主张区域化阶段不仅仅是简单的去中心化，强调港口区域化涵盖内陆货物配送中心、终端与门户港的一体化，腹地负荷中心和多式联运物流平台的协同发展，负荷中心区域网络的形成等核心内容。针对不应局限于陆地网络的观点，罗德里格和罗特本（Rodrigue and Notteboom，2010）通过审视中转枢纽角色和功能的演化范式，提出了海向区域化概念，指出存在中转枢纽通过俘获海运腹地的基于海向腹地的区域化，海向腹地区域化实际上就是中转枢纽在区域航运网络中的整合和一体化，通过这种途径以确保中转枢纽更稳定的交通量，以及保证更小的港口有机会介入全球航运网络。其他学者的研究进一步支持和充实了港口区域化理论，库利南和威尔姆（Cullinane and Wilmsmeier，2011）把港口发展定义为"非连续、累积的过程"，认为有必要区别"增长"和"结构转换"，指出"区位分裂""空间非连续腹地"是在面临可能经济合理性约束时，延长港口生命周期的一种方式，这种腹地附属区位的出现，为港口避免可能发生的衰落提供了一种潜在解决途径。威尔姆等（Wilmsmeier et al.，2011）探讨了港口腹地进入战略的驱动因素和时空发展方向，借用产业组织的术语（前向和后向整合）提出了港口区域化发展的两种动力机制：由内而外的陆向驱动和由外而内的海向驱动。莫里斯和威尔姆（Monios and Wilmsmeier，2012）从不同类型内陆终端的发展入手，探讨港口区域化发展中驱动因素的作用和区域化的方向，拓展了对港口区域化的理解。

（二）港口发展的空间模式

伯德（Bird，1963）根据英国主要海港的实证研究，提出了单个港口在时间和空间上发展演化的"任意港"（Anyport）模型，将港口基础设施随时空的发展变化划分为6个阶段：港口的原始发展阶段、边缘码头扩张阶段、边缘码头整缮时期、船坞建造和整缮阶段、船坞细部变化阶段、码头专业化阶段（见图2-1-2）。伯德认为港口每个发展阶段都是由于受海运贸易和海运技术发展的影响，并且表现为时间和空间上的连续线性拓展过程，这解释了港口设施空间位移与港口功能演化之间的关系，也被认为是对港城空间关系变化最早和最生动的描述。但"任意港"模型主要基于英国海港归纳而成，发展模型英国式潮汐港的地域性特征明显；另外，由于当时集装箱运输尚未大规模发展，受限于时代背景，模型没有很好地反映集装箱化以及现代物流发展导致的港口空间特征变化。

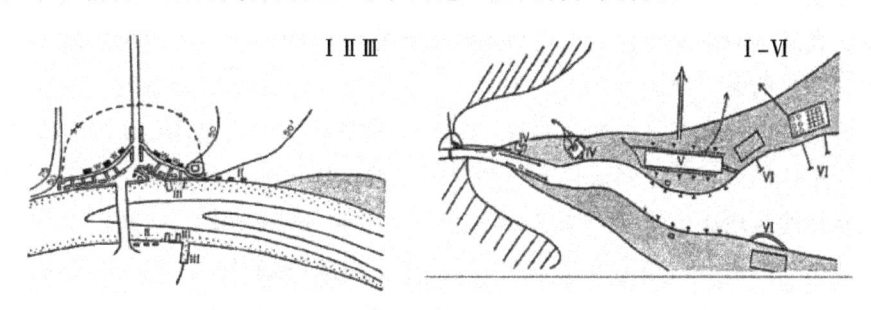

图2-1-2　伯德任意港模型（Bird，1963）

注：Ⅰ.最初港口的建立；Ⅱ.顺岸式码头的边缘扩张；Ⅲ.边缘顺岸式码头连接；Ⅳ.港池式码头建造；Ⅴ.港池式码头发展阶段；Ⅵ.专业化码头建设。

霍伊尔（Hoyle，1983）基于对东非海港的研究，对伯德的"任意港"模型进行了修正，提出东非海港发展模式，也分为6个阶段：独桅三角帆船运输阶段、初始阶段、边缘码头扩张阶段、一般线性码头群发展阶段、专业化码头群发展阶段、集装箱化阶段。霍伊尔模型去除了"任意港"模型中英国海港发展的特殊性，考虑了集装箱运输对港口发展空间模式的影响，使得模型更具代表性、普遍性，但仍具有一定的地域性特征，对现代物流快速发展如何影响港口空间发展模式没有进行深入探讨。

随后，巴尔克（Barke，1986）、库比和里德（Kuby and Reid，1992）、罗特本（Notteboom，1997）、麦克卡拉（McCalla，1999）以及拉哥（Lago，2001）等学者对不同港口进行了实证研究，总结了不同的港口发展模式。这些港口发展模式反映了港口空间拓展的同性规律特征：港口最初表现为顺堤式线性码头，并随着货物处理规模的增长而不断扩张；发展到一定阶段后，在船舶大型化、港口发展的空间需求以及城市地租规律作用的共同推动下，港口码头设施开始迁出城市核心区并向深水化方向迁移，从而导致港口发展在空间上不断"外移"。

可以说，港口发展模型从20世纪80年代以来并未取得实质性进展，罗特本和罗德里克（Notteboom and Rodrigue，2005）重新激活了这个领域的探讨（Pallis et al.，2011），指出伯德、塔夫和海斯等人的研究没有重视港口发展中内陆负荷中心重要性的逐步提高，特别是内陆终端向运输网络的整合，提出了港口区域化发展阶段的概念。从某种程度上来看，区域化模型可以被看成负荷中心（海斯）和优先廊道（塔夫等）的结合。港口区域化模型反映了码头（终端）、配送中心和港口连接主港口腹地的相关设施正在发生的空间转变。主港口正致力于在更广阔的空间和组织环境下来组织货物的无缝流动（Nuhn，1999），成为生产和分配复杂系统实现时空协调的一个整合部分（Robinson，2002），反映了港口功能从传统的港口当地向更广阔区域的空间演化，这些减少了港口集中的不利因素，有助于建立独特的腹地通达机制。威尔姆等（Wilmsmeier et al.，2010、2011）借用产业组织的术语（前向和后向整合），指出内陆终端发展表现为由内而外的陆向驱动（如铁路运营商或公共机构）和由外而内的海向驱动发展（如港口当局、码头经营者）两种机制。港口的地理区位，虽然不再保证必然俘获的腹地，但仍然作为内陆门户带来了不可替代的物流的集中，受到空间发展局限的港口都要求通过空间不连续策略来保持竞争力，但它们通常需要内陆合作伙伴的推动来发展（Monios and Wilmsmeier，2012）。

（三）港口发展的功能演变

1992年，联合国贸易与发展委员会根据港口功能发展演化，将港口划分为运输枢纽中心、配送中心、综合物流中心三代。1999年，考虑到第三代港口概念已无法充分反映现代港口发展的功能特征，联合国贸易与发展委员会进一步提出了第四代港口的概念，指出第四代港口是在兼容第三代港口功能的基础上，以集装箱运输为主，以港航联盟、港际联盟为竞争手段，以整合性物流为业务重点，高度信息化、网络化和敏捷化，能满足客户多样化需求的现代化港口，是现代物流的供应链增值服务中心。从世界主要港口所处的发展阶段来看，现代港口的总体发展趋势是全面向第三代港口推进，其中发展较为成熟的港口逐步向第四代港口升级，港口正从全球综合运输网络的重要节点向全方位增值服务中心演进（见表2-1-1）。

表2-1-1　港口发展与港口功能演变

港口类型	港口地位	港口功能
第一代港口 （20世纪50年代以前）	运输枢纽中心	装卸、转运、仓储
第二代港口 （1950年到20世纪80年代）	物流配送中心	装卸、转运、仓储、装拆箱、仓储管理、加工
第三代港口 （1980年到20世纪90年代）	综合物流中心	装卸、转运、仓储及管理、加工、信息处理、商贸金融
第四代港口 （20世纪90年代至今）	供应链增值服务中心	装卸、转运、仓储及管理、加工、信息处理、商贸金融、港口联盟、供应链整合、海洋经济

资料来源：真虹等：《第四代港口及其经营管理模式研究》，上海交通大学出版社，2010。

全球化、国际贸易的深化发展和航运业的技术革新，从根本上改变了海洋运输和物流部门，物流整合和港口范围（如海向腹地和陆向腹地）扩张的日益需要，在全球供应链中重新定位和重塑了港口的功能作用（Wilmsmeier et al., 2011），港口成了一种超出港务局职责范围，有多样化区位和功能的综合体，港口开始逐步在多式联运和供应链体系内进行整合（Slack, Comtois and Sletmo, 1996; Olivier and Slack, 2006）。随着经济全球化的加速，世界经济和产业结构正发生显著变化，更多的生产和经营活动以及资源配置都在全球层面进行（Notteboom and Winkelmans, 2001; Midoro et al., 2005）。为了对经济全球化和激烈竞争做出应对，制造业企业认识到了更为有效管理供应链的必要性，它们采取新的策略如供应链管理、全球采购和部分功能外包（Rabinovich et al., 1999; Lambert and Cooper, 2000; Cho and Kang, 2001）。这些新策略意味着运输公司被要求覆盖更广泛的地域范围，提供更广阔范围的服务，以相对以前更低的价格和更高的质量不断满足多样化的需求模式（Slack et al.，1996；Heaver，2001）。为了适应这些变化，航运公司同时从横向（通过合并、兼并和战略联盟）和纵向（通过参与码头经营和提供整合物流和联合运输服务）进行了整合（Notteboom，2004），而且，航运公司从全球规模和多样化双重目标出发重组了服务网络，航运公司所做的改变最终影响到海运行业的每个方面，特别是涉及港口的经营（Slack et al.，2001）。航运业在纵向和横向的同时整合，导致大航运公司以及少数全球大型承运商的出现，反过来使它们在与港口公司和港口当局谈判时具有更强的议价能力（Heaver，2001）。

全球贸易和运输链逐步形成，全世界每个国家、每个区域，甚至每个沿海港口几乎全部成为国际物流网络的一个整合部分（Slack，2003），成为多式联运网络的一部分，竞争在运输链条间进行，而不是在港口间（Caris et al.，2011）。作为现代物流网络中世界综合运输网络和供应链的节点，港口功能在国际贸易和国际物流中变得更加突出（Bichou and Gray，2004；Heaver，2002），港口已经逐步从单纯的乘客和货物换乘的海陆交换点（Bird，1971）、运输链里货物的简单转运点的传统角色，转变为物流供应链、全球供应链（Mangan et al.，2008）的关键要素，港口在这系统中的促进作用已经变得特别重要（Notteboom and Winkelmans，2001）。在集装箱化时代和供应链重构过程中，港口在复合系统中失去了它们作为支配者的作用，罗宾逊（Robinson，2002）认为随着港口所根植供应链和物流路径的快速而普遍重构，现有的模式已无法为港口和港口当局提供足够的认识，港口必须被视为价值驱动的供应链的要素，应该被视为向承运商和第三方服务提供者传递价值的要素。港口的作用已经从类似垄断的提供者向多式供应链内部子系统转变，海港的竞争优势变得更加依赖于其向多式供应链增加价值的能力（Padilha and Ng，2012）。全球配送、物流和供应链最近的发展是港口部门发展背后的关键因素，表现为四个维度，即港口作用的拓展、垂直和横向整合策略、港口腹地和前陆的重新定义以及港口客户的重新评估（Bichou，2009）。

二 港口体系与港口网络

（一）港口体系演化的理论模型

塔夫等（Taaffe，Morrill and Gould，1963）以加纳和尼日利亚港口体

系为案例,总结了港口体系演化的6个阶段:港口孤立发展阶段、航线渗透和港口集中阶段、支线相互联络阶段、腹地交通继续扩张阶段、腹地节点集中阶段、干线网络形成阶段。他们指出内陆腹地交通网络发展是导致海港空间结构演化的原因,随着腹地交通网络的不断完善以及区域交通干线的形成,与交通干线联系便捷的港口往往获得快速发展,成为区域性枢纽港。但塔夫模型在解释当代港口发展上存在两方面的不足:不能解释在海运网络中作为转运中心的枢纽海港的崛起;没有考虑对港口发展具有重要影响的海向腹地因素(见图2-1-3)。

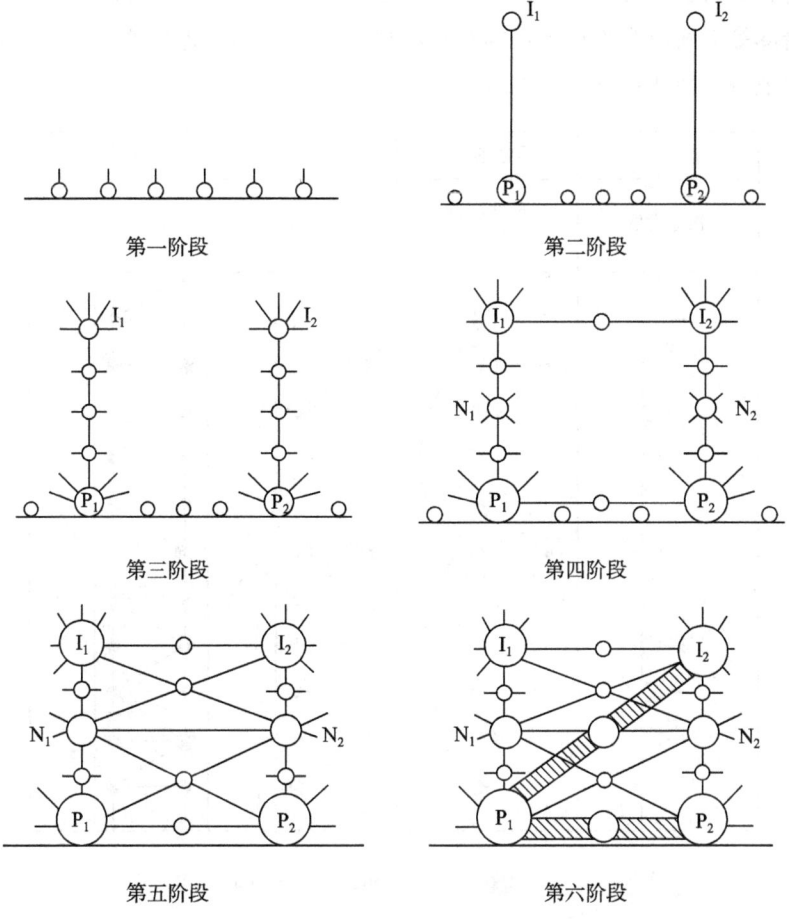

图2-1-3 塔夫-莫里尔-高登港口体系演化模型

资料来源:Taaffe et al., 1963。

雷默(Rimmer,1967)基于塔夫模型,将班轮服务纳入对港口体系的考察因素，认为腹地交通网络外的海向交通网络对港口发展起着同样重要的作用；通过对新西兰港口体系的研究，提出了四阶段港口空间结构演化模型：孤立发展、航线渗透与港口侵夺、互通与集中化、进一步集中（见图2-1-4）；通过对澳大利亚港口体系的研究，指出港口体系发展具有分散化倾向，提出了五阶段的港口体系发展演化模型：分散孤立、渗透与侵夺、互联与集中、中央集中化、边缘发展与体系扩散（见图2-1-5）。希令（Hilling，1977）以加纳为实证对象，进一步修正了塔夫和雷默的模型，与塔夫、雷默认为大港口的发展壮大可能导致小港口逐步消亡不同，希令认为大港口的发展壮大和小港口的继续生存并不矛盾，小港口以支线港、喂给港等形式成为港口体系的有机单位，同时大港口也可能因为自身原因或腹地条件变化而被其他港口替代。

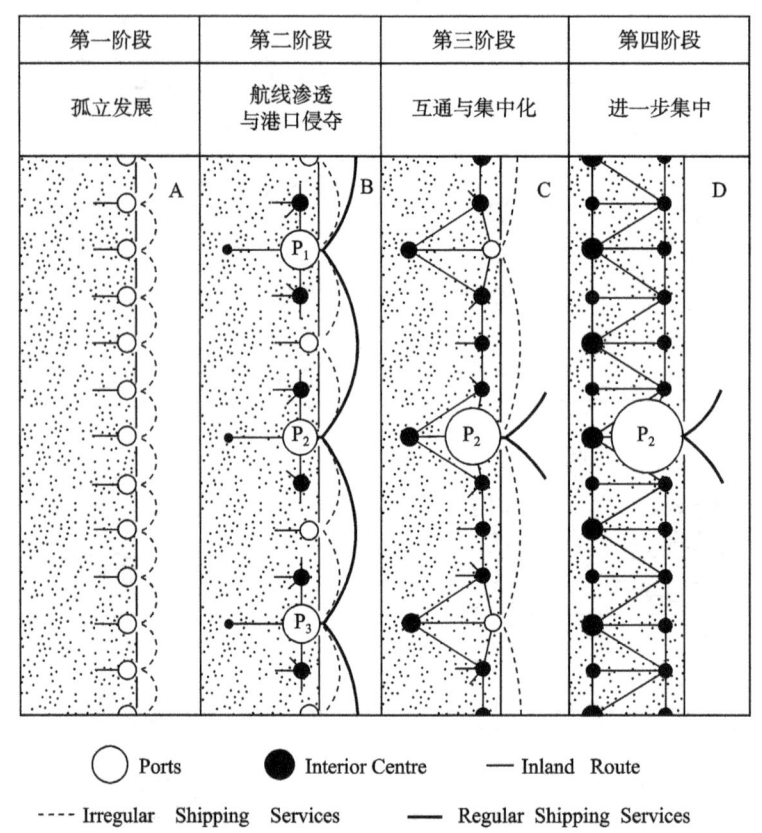

图2-1-4 雷默港口体系演化四阶段模型

资料来源：Rimmer，1967。

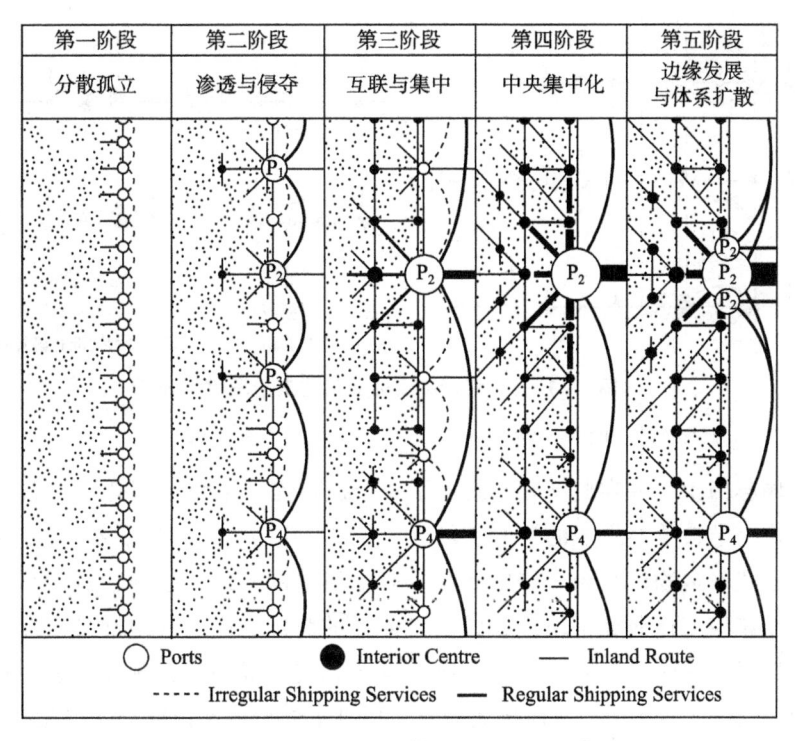

图 2-1-5　雷默港口体系演化五阶段模型

资料来源：Rimmer，1967。

海斯（Hayuth，1981）通过对美国集装箱港口体系演进的研究，弥补了 Taaffe 模型只注重陆向联系的不足，从海向空间组织变化的角度，提出了集装箱港口体系的五阶段演化模型：前集装箱化阶段、集装箱港口初步发展阶段、扩散－联合和港口集中阶段、中心枢纽港阶段、外围港口挑战阶段。在最后一个阶段，海斯指出港口体系发展的分散化倾向，随着港口体系的发展，规模不经济可能在一些枢纽港出现，如港口缺少拓展空间、进出海向和陆向腹地的交通拥堵等，从而导致一些班轮活动从枢纽港迁移到其他中小港口，在周边港口迅猛发展的情况下，中心枢纽港的地位可能会有所动摇（见图 2-1-6）。霍伊尔（Hoyle，1995）通过对东非国家港口体系及港口竞争的研究，指出东非集装箱港口体系的演化符合海斯提出的五阶段模型。

罗特本等（Notteboom and Rodrigue，2005）对海斯等人港口体系的演化模型进行了总结，认为五阶段模型并不完善，没有体现离岸中转港的兴起，对内陆货物集散网络发展也没有很好的考虑，而这中心枢纽港的发展具有非常重要的影响。罗特本在海斯的外围港口挑战阶段加入了离岸中转

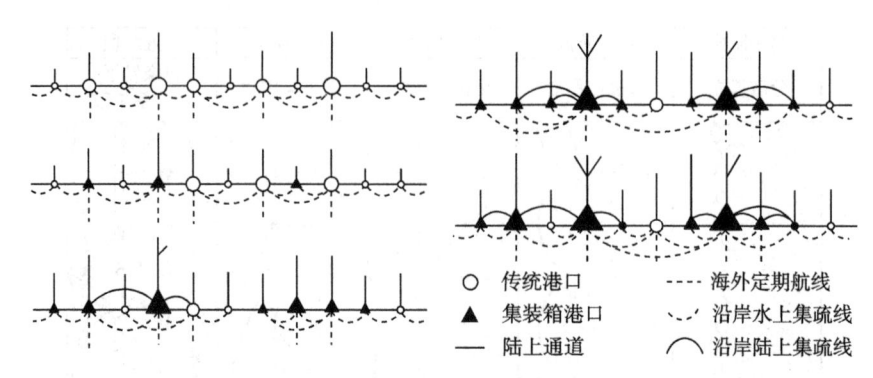

图 2-1-6　海斯港口体系演化五阶段模型

资料来源：Hayuth，1981。

港的崛起因素，并在此基础上新增了一个被称为"港口区域化"的发展阶段，作为港口体系发展的第六阶段（见图 2-1-7）。港口区域化发展过程中，多式联运物流平台开始出现在中心枢纽港的腹地，区域物流网络逐步重构。该模型还研究了现代区域港口体系的腹地袭夺、腹地交叉现象，指出港口区域化阶段集装箱港口腹地的重合和交叉成为常见现象，在一些腹地中会出现"飞地"，这种腹地的变化促进了港口体系内部的网络化整合。

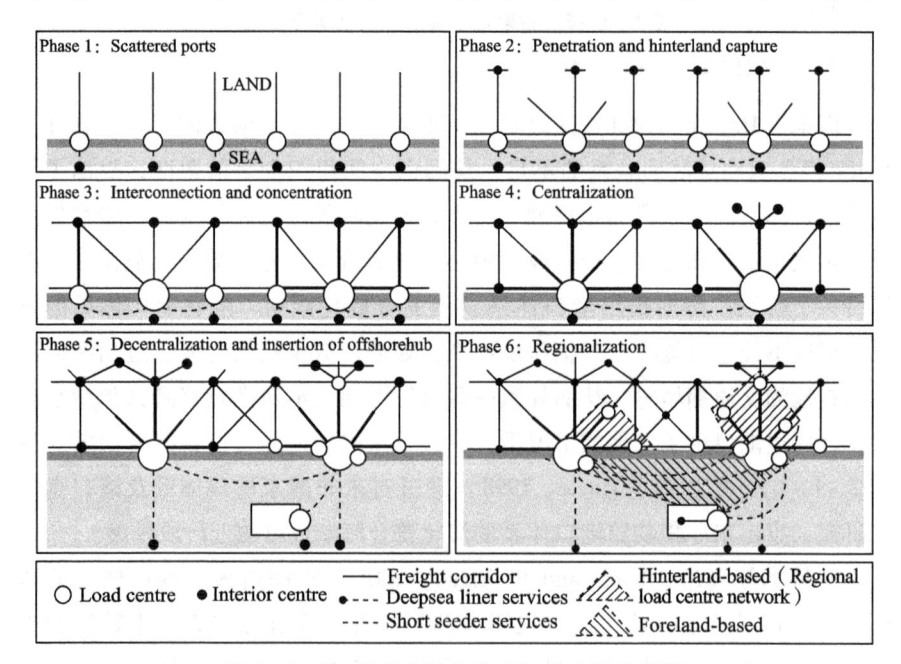

图 2-1-7　罗特本港口体系演化六阶段模型

资料来源：Notteboom，2010。

(二) 港口体系演化的趋势特征

雷默 (Rimmer, 1967a, b) 发现, 在新西兰和澳大利亚, 由于运输网络通过少数主要港口向腹地渗透, 港口体系内部运输量的分布变得更加集中, 这解释了通过港口、节点和运输网络之间的相互作用, 从分散港口向高优先级航线及港口的变化过程。贡达纳 (Ogundana, 1970) 以尼日利亚港口体系为案例作为实证研究的基础, 指出港口体系随着时间的推移, 存在两种基本发展趋势: 港口集中或港口分散。港口集中是指港口体系随着时间的推移, 部分港口在港口体系中的相对重要性和地位明显提升, 其他港口则增长缓慢或衰退。港口集中最初可能导致港口数量的相对下降, 最终可能会导致生存港口数量的绝对减少。港口分散表现为核心港口地位的相对下降, 新港口或体系内较小港口市场份额的逐步提升, 港口数量出现绝对或相对增加。港口集中或分散的各阶段都具有一定的层次结构, 层次结构频繁更换则意味着港口结构不稳定。港口的集中化被认为是港口体系发展的重要过程, 被不少研究者的实证研究所证实。希令 (Hilling, 1975) 分析了加纳港口体系的发展, 指出其存在集中化的趋势。斯莱克 (Slack, 1990) 在 Taaffe 模型基础上, 指出由于多式联运体系的逐步完善, 部分港口码头被排除在主要运输线路之外, 从而增加了货物交通流进一步集中的港口体系发展的第七阶段。霍伊尔 (Hoyle and Charlier, 1995; Hoyle, 1999) 研究了肯尼亚、坦桑尼亚等国家港口体系的集中化趋势。罗特本 (Notteboom, 1997) 对 20 世纪 80 年代末 90 年代初的欧洲集装箱港口体系进行了研究, 指出港口体系表现出集中的趋势特征, 并未出现海斯模型提出的外围港口挑战阶段。法戈达 (Fageda, 2000) 研究了 1990~1998 年地中海沿岸集装箱港口体系, 指出在该期间地中海集装箱港口体系呈现集中化倾向, 少数大型港口吸引了大部分集装箱货源, 枢纽港崛起的趋势比较明显。乐益平等 (Yiping Le et al., 2010) 对 1980~2005 年中国的集装箱港口体系进行了研究, 指出中国集装箱港口体系正在走向集中化。

港口体系的分散化现象也得到了不少学者实证研究的证实。巴克 (Barke, 1986) 进行了与 Taaffe 模型相似的研究, 提出了港口体系发展的五阶段模型, 引入了分散化过程并把它作为最后一个发展阶段, 这个过程也是港口活动从城市中心向城市郊区或是外围地区转移的过程。海斯

(Hayuth，1988）发现美国集装箱港口体系从 1970 年开始，货流出现了明显的分散化趋势特征，并用边缘挑战的机制进行了解释。而库拜等（Kuby et al.，1992）研究了 1970~1988 年技术变化对美国港口大宗货物运输集中化的影响，指出与海斯（Hayuth，1981）集装箱港口集中模型相比，美国的普通货物港口表现出较少的集中，美国港口体系在 1972~1980 年表现为缓慢集中，1980 年之后开始转变为缓慢分散。罗特本（Notteboom，1997）通过分析欧洲的集装箱流，认为集中趋势最终会达到一个界限，然后分散就会出现，驳斥了集装箱化导致进一步集中这一盛行的假设，推断出分散不是外围港口挑战的结果（Slack 和 Wang 2002 的研究年采用了这一观点）。罗特本等（Notteboom and Rodrigue，2005）在港口体系演化模型基础上，补充了第六阶段港口区域化发展阶段，雷默等人认为区域化发展阶段在本质上与分散化阶段并无差别。斯莱克（Slack，2002）和弗莱蒙特等（Frémont et al.，2007）的研究也对港口体系的分化现象表示认同。乐益平等（Yiping Le et al.，2010）的研究表明，韩国和日本的港口体系呈现缓慢分散发展的态势。

（三）港口体系演化的动力机制

不少学者对港口体系形成与发展的影响因素进行了研究。塔夫等（Taaffe et al.，1963）探讨了港口空间结构变动的影响因素与动力机制，研究了腹地交通网络发展对港口体系发展演化的影响，认为海港体系空间结构的演化是受陆地交通网络发展影响所产生的结果。肯扬（Kenyon，1970）研究了影响美国港口竞争的主要因素。海斯（Hayuth，1985）指出，港口区位、潜在海向与陆向腹地、贸易增长以及港口管理等多方面因素决定了 20 世纪 80 年代美国港口的竞争地位及港口体系结构。豪尔（Hoare，1986）认为运输工具革新和多式联运发展，使得港口对交叉腹地的竞争成为港口体系发展的关键因素之一。海斯等（Hayuth et al.，1992）梳理了技术进步与海港发展间的关系，认为运输技术进步和运输体系转换，会导致港口功能发生相应的转变。托德（Todd，1993）认为国际贸易、区位和技术因素，在港口体系发展演化中会相互产生影响。罗特本（Notteboom，1997）对 1980~1994 年欧洲港口体系的研究表明，集装箱化不是导致港口体系集中化的直接原因。埃尔瑞斯（Airriess，2001）、雅各布（Jacob，2007）、布鲁克斯等（Brooks et al.，2007）的研究关注港口体系发展中的政府因素，分别论证了政府管制、权力下放、制度变革等因素对港口体系发展的影响。斯莱克等（Slack et al.，2002）对海斯模型外围港口挑战阶段的成因进行分析，发现规模不经济、港口拥堵等海斯模型中提到的影响因素并不符合新加坡港、香港港的港口发展情况，仅有些因素适应于上海港，他们认为大型港口面临外围港口挑战的最显著因素是制度因素。迪吕克埃等（Ducruet et al.，2009）认为集中源自对大聚集的路径依赖，而分散的驱动因素包括新港口的发展、承运商的选择、全球经营的战略、政府政策、拥挤以及主要负荷中心空间不足。然而，现有理论不能区分系统反应方式失败出现的分散和积极主动的港口发展战略导致的分散，因此，分散过程的驱动因素不仅可能与港口体系相联系，也可能与运输体系（腹地基础设施）和经济体系（物流战略）相关（Wilmsmeier and Monis，2013）。

三 港－城与港口－区域关系

（一）港口区位的产业发展

20世纪70年代，港口工业化成为港口研究的热点领域。波洛克（Pollock，1973、1981）全面分析了自由港、自由贸易区和出口加工区等特殊功能区建设的作用与影响，指出在主要港口布局自由贸易区、出口加工区等经济功能区，有利于增加就业、促进工业出口，港口经济功能区往往成为区域经济发展的重要增长极。平德（Pinder，1976）分析了荷兰三角洲地区的港口工业化现象，指出港口工业化对区域经济发展具有重要影响。怀尔斯（Wiese，1981）对新建大型散货港进行了比较研究，指出工业分散化发展在很大程度上取决于港口的扩散过程。这一时期的两部专著收录了大部分港口工业化的研究成果。霍伊尔和希令（Hoyle and Hilling，1984）编著的《海港体系与空间变化》（*Seaport System and Spatial Change*）主要探讨了港口、工业与城市以及区域的空间相互作用关系与演化，着重探讨了港口发展的政治性因素以及港口发展在城市、区域发展中的作用两大问题。霍伊尔和平德（Hoyle and Pinder，1988）所编著的《港口工业化与区域发展》（*Cityport Industrialization and Regional Development*），收录的论文对港区工业化进行了专门探讨，集中关注港口发展、城市扩张、工业发展以及区域开发的交互作用。收录文章中，维加利尔（Vigarie，1988）

归纳了临港工业对城市、区域发展的作用，包括吸引直接相关或依赖于基本核心工业的其他工业，多种产业集聚发展并产生自增长效应（Self-enerating）等；平德和霍伊尔（Pinder and Hoyle，1988）指出港口吸引基本工业的难度并不大，但要吸引相互关联的产业活动并取得明显的区域扩散效应却不易实现，成功的港口城市往往发展成为重要工业集聚地，乃至地区及国家经济的增长极。王和欧利瓦（Wang and Olivier，2006）认为港口自由贸易区（FTZ）充当着当地和全球空间界面的作用，这种飞地的出现达到了对空间分裂进行整合的效果，这种空间分裂使得飞地从他们的环境中分离。

集群式发展成为临港区位产业发展重要形式，进入21世纪以来部分学者开始了对这种特殊产业集群的关注。哈兹敦克（E. Haezendonck，2001）创新性地将集群理念引入港口产业研究，提出了临港产业集群的概念，引入波特"钻石模型"对港口产业集群进行了探讨。米歇尔（Michiel，2003）对荷兰航运业集群的主导型企业进行了定义和研究，探讨了影响集群竞争力的企业行为方式。兰耿（Langen，2004）对港口产业集群进行了较为系统的研究，从集群的界定、绩效、结构以及政府监管等方面进行了探讨，剖析了5种对港口竞争力产生重要影响的临港产业集群中的集体行为。

部分学者对港口服务业进行了研究探讨。斯莱克（Slack，1975）对构成港口服务业的行业类型进行了研究，通过对港口名录公司的问卷调查，剥离出了港口服务业的核心部门。斯莱克（Slack，1982）对港口服务业的特征进行了研究，指出港口服务行业公司的规模普遍较小，大部分的公司具有较高的外部经济性要求，具有斯科特所提出的"垂直分离"（Vertical Disintegration）的特性，其规模经济必须在整个行业实现内部化。敦宁和摩根（Dunning and Morgan，1971）、格理斯和塔斯（Griggs and Tassie，1972）、斯莱克（Slack，1982）、希令（Hilling，1987）研究都表明，港口服务业具有公司倒闭频率高、迁移频率高、地理分布高度集中的特点，集聚区长期表现出明显的区位稳定性，他们总结出港口码头、城市CBD、租金等对港口服务业分布产生影响的基本区位因素。科勒（O'Connor，1987）探讨了港口服务业发展与城市等级的关系，认为港口服务业分布与城市的高级生产服务业紧密相关，与最常规的港口业务并无紧密关系。斯莱克（Slack，1989）考察了加拿大港口服务业分布与城市等级体系的关系，发现不同港口服务行业在港口-城市体系内部的分布特征具有明显的差别。与货物移动或与船舶、船员物质供应直接关联的港口服务行业，分布更多依赖于港口活动规模，更多地表现为对港口等级的反映；与船舶组织、航线安排、清货以及转运相关的港口服务业，规模分布模式更多地表现为对城市服务等级的反映。

（二）港-城关系

1. 港口城市成长理论

港口与港口城市之间关系的本质是一个很少有答案的老话题（Ducruet and Lee，2006）。区位论者和城市经济学家（Hoover，1948；Mills，1972；Goldstein and Moses，1975；Schweizer and Varaiya，1976，1977）关于港口城市的传统模型，代表了基于比较优势的新古典主义贸易理论，认为每个区域具有相对比较优势的产品在同外部区域进行贸易的条件下不断被生产，为了便于出口最终产品并进口其他区域的产品，每个区域的生产活动都倾向于围绕着港口来组织，这就导致了港口城市的崛起。Murphey（1989）认为，港口城市第一阶段高度依赖海运和港口功能的特征明显，第二阶段以吸引工业等其他活动为特征，第三阶段则相应发展服务经济，使得城市从港口依赖中解放出来（Charlier，1988），最终发展成为综合性城市。

20世纪90年代，面对不少港口城市在丧失最初廉价水运优势后仍保持繁荣势头的历史事实，一些经济学家对"新古典主义"港市发展模型提出了质疑。克鲁格曼（Krugman，1993）、藤田和克鲁格曼（Fujita and Krugman，1995）的研究指出，仅报酬递增和交通成本之间的相互作用产生的内生凝聚力，就能导致城市在均质的地理空间出现。在此基础上，藤田和摩理（Fujita and Mori，1996）深入研究了港口在大城市形成过程的作用，认为自凝聚效应（Self-agglomeration）和枢纽效应（Hub-effect）是导致许多大城市都源起于港口城市并得以持续增长的内在原因，指出空间经济发展具有某种程度的不可逆性，即使最初的区位优势不再明显或丧失，港口城市依然能得以持续繁荣，这种现象即为"锁定效应"。

港口城市何时出现，港口城市可能规模有多大，藤田等进行了模型推导（见图2-1-8）。藤田指出由于港口这一优势资源的存在，以及城市区位集聚效应、路径依赖性的不断强化,这导致港口区域所提供的制造业、服务业产品,其他地区难以取代。因此,越接近港口的区域,城市越容易获得发展,城市规模往往也越大。藤田的理论推导揭示了决定新城市得以形成和发展的几大影响因素:港口条件、制造品的替代程度、制造品的运输成本。根据藤田的研究,参数 ρ 在(0,1)范围内变动,ρ 值的变化反映了随区域人口不断增加而导致新城市出现的可能性。当 ρ 值位于最左侧区间时,空间处于均衡状态,即使人口规模再大也不会有新城市产生;ρ 值位于最右侧区间时,当人口规模足够大时,新城市就会在边缘地区出现;ρ 值位于中间区域时,如果没有港口则不会出现新城市,如果两港口区位合适,并且在人口规模变得足够大的时候,两个港口地区就可能发展成为新城市。

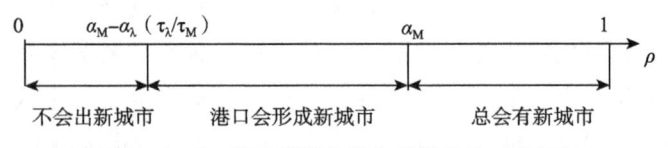

图 2-1-8 藤田的港口优先发展理论(1996)

2. 港-城关系模式

港-城关系在西方国家从工业化到后工业化再到后现代化进程中发生了巨大的变化(Norcliffe et al.,1996)。不少学者从不同视角提出和发展了描述港-城关系的概念模型,并从全球化、规模经济、运输革命、后工业化、城市扩张和滨水区更新等广泛的框架进行了辨析。港-城关系没有统一的演化轨迹,伯德(Bird,1973)指出,随着集装箱运输的不断发展,港口将逐步向中心城区外围迁移,内城区的港口用途将发生转变。墨菲(Murphey,1989)基于对亚洲殖民港口城市的研究,指出发展趋势是在港-城空间上逐步分离。霍伊尔(Hoyle,1989)通过对西方港口城市的研究,提出了港-城功能和空间界面的五阶段作用演化模型:原始的港口城市阶段、港口城市拓展阶段、现代工业港口城市阶段、城市滨水区迁出阶段以及城市滨水区再开发阶段,揭示了港口城市互动关系的演化,航运技术的发展、功能和空间方面存在的矛盾,导致港口和城市空间和功能上的联系出现弱化,城市和港口在经济和地理上逐步分离。霍伊尔(Hoyle,2000)从全球和当地变化的视角对港-城滨水区界面进行了研究,在原先五阶段模型基础上增加了一个新的发展阶段——港-城联系重建阶段。李等（Lee et al.，2005、2008）对其进行了拓展修正，认为亚洲枢纽港口城市经历了相对独特的演化模式，提出了一个六阶段的亚洲整合模型，由于临近都市核心的港口活动的延续，两个模型明显不同（见图2-1-9）。

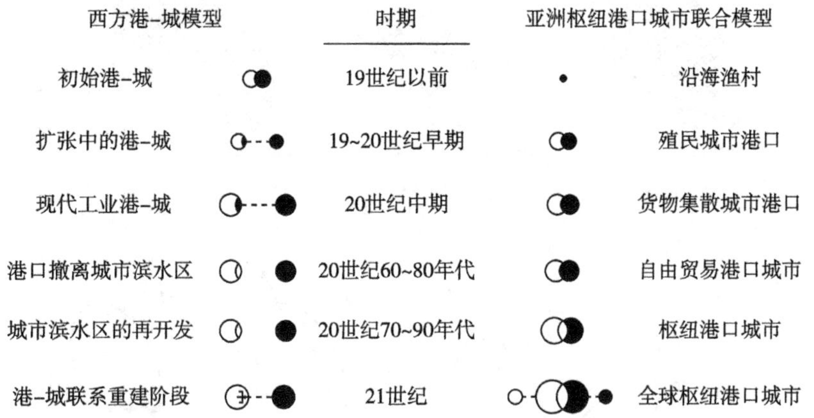

西方港-城模型	时期	亚洲枢纽港口城市联合模型
初始港-城	19世纪以前	沿海渔村
扩张中的港-城	19~20世纪早期	殖民城市港口
现代工业港-城	20世纪中期	货物集散城市港口
港口撤离城市滨水区	20世纪60~80年代	自由贸易港口城市
城市滨水区的再开发	20世纪70~90年代	枢纽港口城市
港-城联系重建阶段	21世纪	全球枢纽港口城市

图2-1-9 西方和亚洲港-城关系演化阶段

资料来源：根据Hoyle（1989，2010）和Lee（2005）修改。

劳克里夫（Norcliffe，1996）提出了港-城关系演化的概念模型，分为共生、出现无港口的地区和出现无地区的港口三个发展阶段。认为港-城关系比过去要更加复杂和微妙，首先，尽管港口间地理竞争逐步弱化了港口与所在城市间的联系，但以货物处理为基础内容的联系仍然存在；其次，许多港口城市与航运相关的金融、贸易以及生产性服务业得以繁荣；最后，城市正在重构其与新老港口之间的关系。威格曼等（Wiegmans and Louw，2011）对Norcliffe模型进行了拓展，提出了形态发展和港城界面变化相结合的港-城空间关系四阶段模型，第一、第二阶段强调Anyport模型第一阶段中存在的共生性（$t1$和$t2$），第三阶段旧港区被港口公司荒废、滨水区重建发生（$t3$），第四阶段（$t4$）港口与城市地理分离消失，而功能分离仍然存在。在$t2$阶段，港口和城市功能变得越来越分离，$t3$阶段在地理上也变得分离。在$t4$阶段，城市迅速地向港口方向扩张，而不是港口远离城市。在$t4$阶段，港城界面的主要空间驱动力是城市，而在$t1$~$t3$阶段的空间驱动力主要是港口（见图2-1-10）。

弗莱明等（Fleming et al.，1994）提出了用"中心性"和"中间性"两个概念来描述城市和运输枢纽的耦合关系，迪克昌埃（Ducruet，2005）

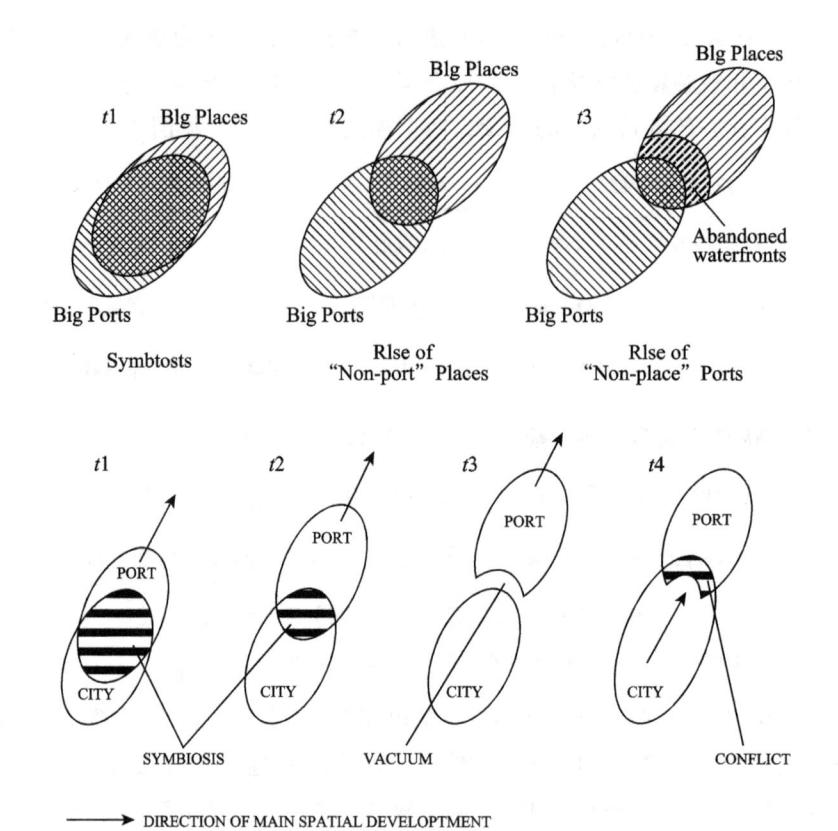

图 2-1-10 港-城关系演化的 Norcliffe（上图）和 Wiegmans（下图）模型

资料来源：Norcliffe，1996；Wiegmans and Louw，2011。

基于弗莱明的中心性（城市功能）和中间性（海运功能）概念，提出了港口-城市规模耦合发展关系矩阵，将港口城市细分为 5 大类和 9 小类。迪克吕埃模型的对角线（左上到右下）反映了典型港口城市从沿海城镇到全球枢纽港口城市的演化路径，另一对角线（左下到右上）的两端，显示的是港口城市发展的两个极端，是港口动力与城市功能最不平衡的现象，左下角的是港口动力相对较弱的一般中心性城市，右上角的是城市中心性功能相对有限而港口动力强大的港口枢纽。迪克吕埃和李（Ducruet and Lee，2006）把港-城关系的讨论拓展到全球层面，通过衡量全球化环境中的港城功能的相对集中指数（RCI），认为港-城演化呈现出平缓特征，而非线性或者混乱无秩序的，挑战了传统模型认为城市和港口间功能和空间上的分离过程无法避免的观点（见图 2-1-11、表 2-1-2）。

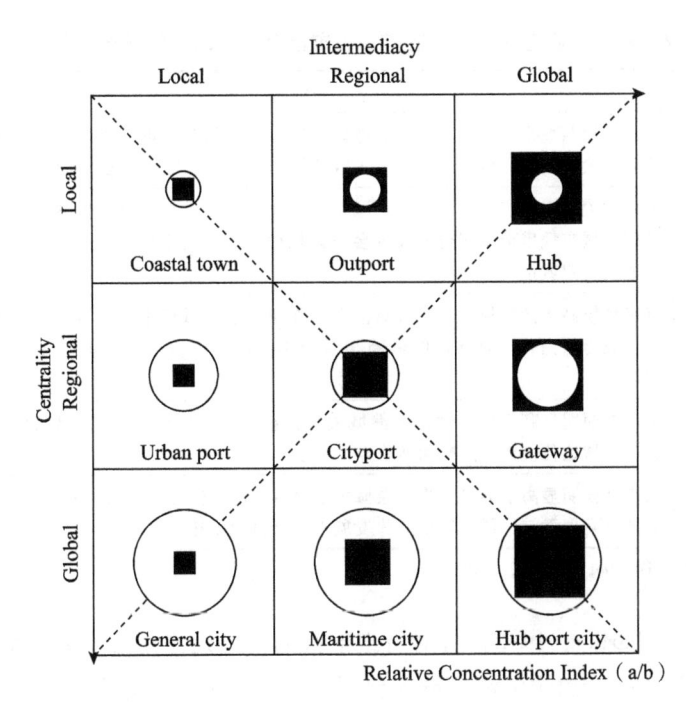

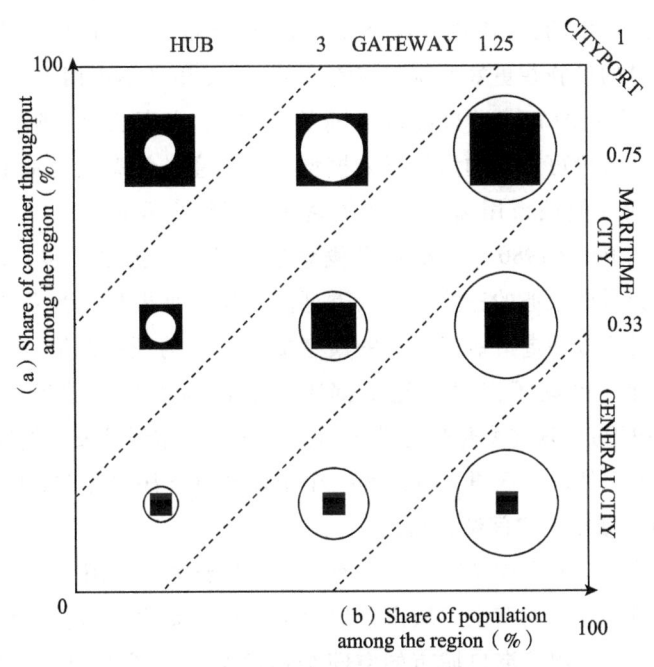

图 2-1-11　迪克吕埃港口城市发展模型

资料来源：Ducruet，2005；Ducruet and Lee，2006。

表 2-1-2　迪克吕埃基于港口-城市耦合关系的港口城市类型划分

类型	特征
典型港城	港口规模与城市规模相对均衡。港口与城市互为依托，港口城市的特征明显，按照其规模等级可划分为地区级、大区域级和世界级三类不同区域地位的港口城市
门户城市	港口规模高于城市规模。港口对城市的作用较强，港口是城市发展的关键和优势部门，城市凭借港口获得发展机会与区域地位，按其规模等级可分为地区级和大区域级门户城市
临海城市	城市规模高于港口规模。城市对港口的作用较强，城市本身自组织与自运行能力较为综合与完善，对港口的依赖相对较小，按其规模与职能可划分为两级临海城市
流通中心	港口规模明显高于城市规模。港城关系松散，港口的区域及区际流通地位显著，城市区域地位仅为海陆交通转换点
一般城市	城市规模明显高于港口规模。港城关系松散，港口仅为城市的普通基础设施部门，对城市发展贡献很低，城市总体发展不以港口为依托

资料来源：Ducruet and Lee, 2006。

查理（Charlier, 1992）针对特定港区的港口设施提出了港区生命周期的概念，认为一个给定的港口设施包括五个发展阶段：增长（从投资建立和扩大设施产生的）、成熟（获得该设施的全部潜力）、陈旧（有更加现代的、高容量的设施在更好的位置接管业务）、废弃（不再用于航运）、重生（标志着一个新的和非港口经济周期的开始）。查理认为，除了后两个阶段，前三个阶段可被归纳为任意港模型，但任意港模型没有就上游设施废弃和回归到一般城市用途进行具体论述。黄等（Wen-Chih Huang et al., 2011）在 Tofler（1980）三次浪潮概念的基础上，提出了包括增值劳动、增值生产和增值服务的三阶段、六类型港-城发展框架，为系统考察港-城关系发展阶段和港口地区功能的演替提供了新的理论框架。航运业基本的技术变化，推动了港口设施从都市核心区向更合适的场所进行迁移（Hoyle, 1989）。这些变化也导致了后工业化城市重新开发它们废弃的港口和工业设施，使滨水区再开发成为一个全球现象（Hoyle, 2000）。

3. 港口城市的空间结构模式

早期的港口发展在城市内部空间演化中起着主导作用。麦吉（McGee, 1969）通过研究东南亚港口城市，揭示了港口对殖民城市空间结构的影响和作用规律，提出了港口城市的空间结构模型（见图 2-1-12）。在该模型中，外国商业区为充分利用港口的便利而直接和港口区相连，以西方人活动为主的混合土地利用区和政府行政部门集中区也分布在港口周围。居住区、新郊区、农作区等与港口联系不紧密的功能区远离港口布局，新工业区被迫选择在农作带外围的区域布局。

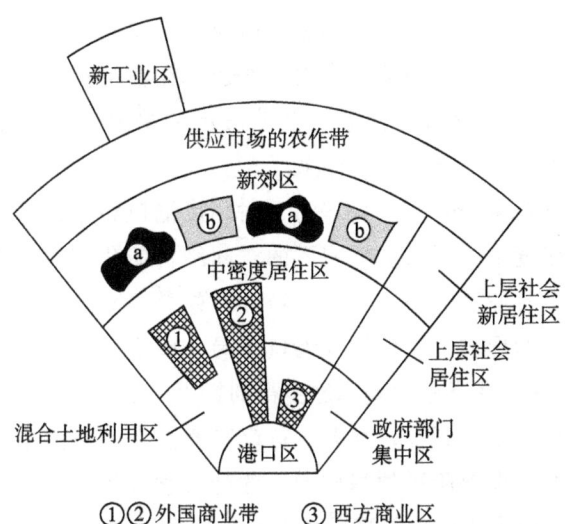

图 2-1-12　东南亚港口城市空间结构模型

资料来源：McGee，1969；转引自王列辉，2010。

索默（Sommer，1976）研究了非洲港口城市的空间结构演变过程，将港口城市内部空间结构的演化划分为传统时期、殖民时期、后殖民时期3个阶段（见图2-1-13）。在传统时期，城市发展相对封闭，城市虽然临

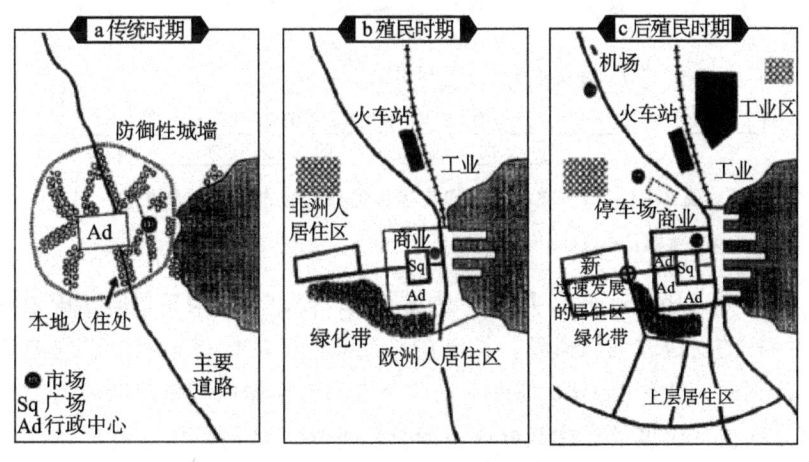

图 2-1-13　非洲港口城市空间结构发展演化模型

资料来源：Sommer，1976；转引自王列辉，2010。

近港口，但主要功能区都布局在城墙内，受港口的影响相对有限。在殖民时期和后殖民时期，港口作为对外交流的门户和枢纽地位作用逐渐凸显，临近市中心地段的港口码头不断兴建，商业在港口附近兴起，疏港铁路与港口码头直接相连，工业为节约运输成本选择在临近港口的地带和铁路沿线布局，形成临港产业与现代港口互动发展的格局，港口影响的范围扩大，腹地通过港口参与全球生产体系。

寇沙比等（Kosambi et al.，1988）对印度港口城市进行了研究，揭示了港口城市在印度-英国双重影响下的空间结构演化规律，将港口城市的发展划分为3个阶段（见图2-1-14）。首先是建立要塞，筑有防御工事的工厂和城镇开始形成，工厂临近港口布局，周边地区发育商业和居住功能。从18世纪中后期开始，要塞逐步得到扩大、加固和重修，印度商业中心区逐渐向港口滨水区延伸，欧洲人行政和商业活动仍集中在要塞内或附近。在经历前两个发展阶段的基础上，各种要素开始逐步结合，西方式的CBD、印度人商业中心区功能进一步多元化地发展。

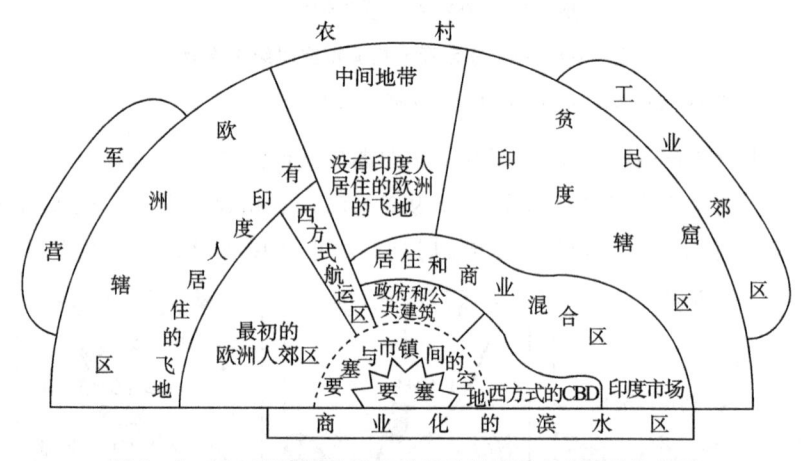

图 2-1-14　寇沙比的印度殖民地港口城市空间结构模型

资料来源：Kosambi，1988；转引自王列辉，2010。

杜特等（Dutt et al.，1994）通过研究，提出了描绘殖民时期中国港城空间结构的妥协式港城模型，指出在邻近滨水区的城市地区，出现港口活动、广阔的工业区与CBD商业活动争夺空间，原始的高密度旧城与港口滨水区之间被低密度的居住及办公空间分割开来，殖民时期这些低密度的居住与办公空间被当作给予外国商业利益的特许权（见图2-1-15）。

霍伊尔（Hoyle，2000）通过分析港口城市的滨水空间，提出了"港

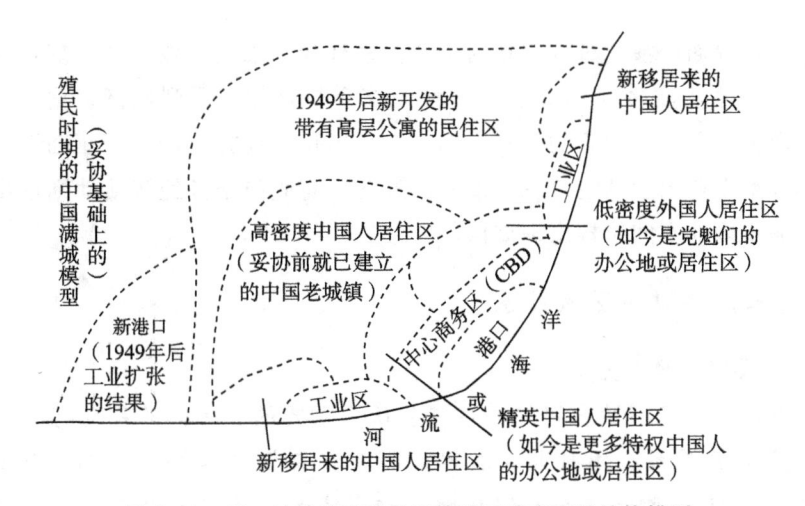

图 2-1-15 杜特的印度殖民地港口城市空间结构模型

资料来源：Dutt et al.，1994；转引自王海壮、栾维新，2011。

口-城市界面（Port-City Interface）"的概念，认为港城界面是一种"转换区域"，是港口和城市合作与冲突集中体现的区域（见图2-1-16）。港

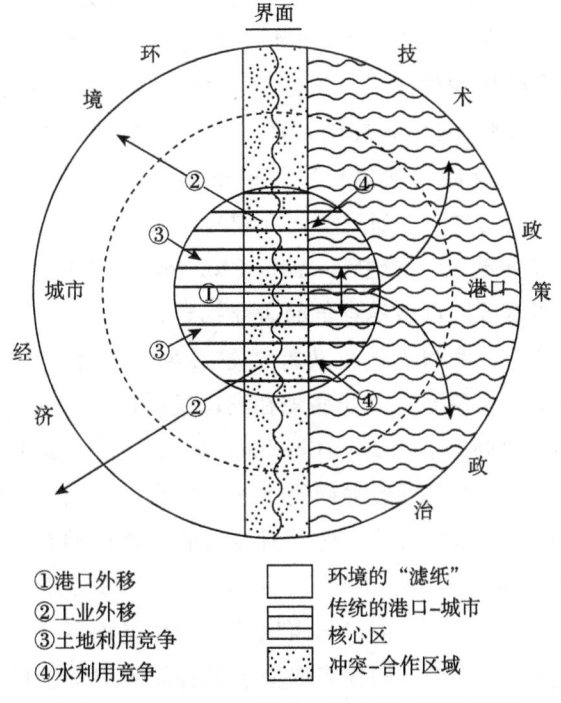

①港口外移
②工业外移
③土地利用竞争
④水利用竞争

环境的"滤纸"
传统的港口-城市
核心区
冲突-合作区域

图 2-1-16 Hoyle 港口-城市界面概念模型

资料来源：Hoyle，2010。

口-城市界面的演化过程表现为港口活动外迁、临港产业外迁、滨水区再开发、用地功能多元化等多种过程的综合与叠加，受到经济、技术、政策、政治、环境等因素的交互影响。在全球化和地方化因素的驱动下，港口和临港工业出现从港口-城市界面外迁，商业与服务经济活动则逐步迁入，城市内部空间结构出现重构。

（三）港口-区域关系

1. 港口-腹地关系

港口与服务区域之间的关系被公认为重要的、多样的和动态的。港口与腹地的关系，相对港-城界面而言没有得到很好的说明（Hoyle，1988），港口-腹地界面不仅在地理空间范围上要广阔得多，而且在其他维度上的相互作用方式、规模和水平也不尽相同。萨金特（Sargent，1938）对海港与腹地间的相互关系进行了早期探讨，认为港口发展必须有生成大规模货运量的腹地作为支撑。高兹（Kautz，1943）海港区位论研究指出，腹地范围、经济规模、经济活力是港口发展的重要基础与支撑，而港口反过来也会对腹地的经济结构和经济活力产生影响。麦耶（Mayer，1957）从区域和整体角度出发，对港口之间的陆向腹地竞争进行了探讨。帕腾（Patton，1958）对腹地在港口形成中的作用进行了研究，分析了腹地交通网络发展以及港口地位对腹地的影响。威耿德（Weigend，1958）最早引入海向腹地的概念，研究了陆向腹地与海向腹地的关系，对港口之间的海向腹地竞争进行了分析。肯扬（Kenyon，1970）和麦尔（Mayer，1978）进一步拓展了港口腹地竞争的研究视野，开始考虑劳动力费用、铁路连通性、港口易达性和土地可获得性等因素的作用。莫尔根（Morgan，1978）在《港口与港湾》中指出腹地在港口发展过程中起到重要作用。伯德（Bird，1980、1983）、查理（Charlier，1983）进一步探讨了港口与腹地的关系，指出港口在国际运输网络中充当门户、节点的功能，海港通道与腹地之间存在相互依赖关系，这是海港发展所遵循的首要原则。海斯等（Hayuth，1987、1988；Slack，1990）研究了港口与腹地的协作关系，指出随着经济、技术的发展，港口与腹地关系变得更加复杂，传统腹地概念对港口来说不再有效，港口的优势取决于是否能吸引货物而非控制专有的腹地。劳克理夫（Norcliffe，1996）、克林克（Klink，1995、1998）深化了这种观点，认为港口之间激烈的地理竞争弱化了港口与所在城市间的联系，腹地不断扩张和融合，多式联运发展与"旱港"的出现导致港口与腹地的联系逐步网络化，使得传统港口毗邻市场区（腹地）的重要性明显减弱。

随着现代物流的发展，港口不能再希望简单地因为它们是广阔腹地的天然门户来吸引货物。港口的作用已经从垄断变为物流链中的动态链接和一个子系统，在很大程度上受到腹地可以依托的基础设施以及连接海运和陆路交通运输体系的基础设施的影响，主港口（Mainport）成了生产和分配复杂系统实现时空协调的一个整合部分（Robinson，2002）。海运实现集装箱化以后，多式联运使海运、铁路和公路运输方式间的相互依赖达到了空前的程度，港口腹地可以拓展至遥远的陆向和海向区域，罗特本和罗德里克（Notteboom and Rodrigue，2005）认为这使得港口获得非连续性腹地和"离散岛型"腹地成为可能，使得港口腹地的概念超出了传统腹地的范畴，而处于动态变化之中（见图2-1-17）。传统上港口的直接腹地因为非连续性腹地和离散岛型腹地的出现可能同时成为其他港口的腹地，这种交叉腹地甚至可能出现在相距较远的港口之间，而不仅仅局限于邻近相互竞争的港口，距离衰减规律受到了挑战。港口腹地范围的"无边界"拓展

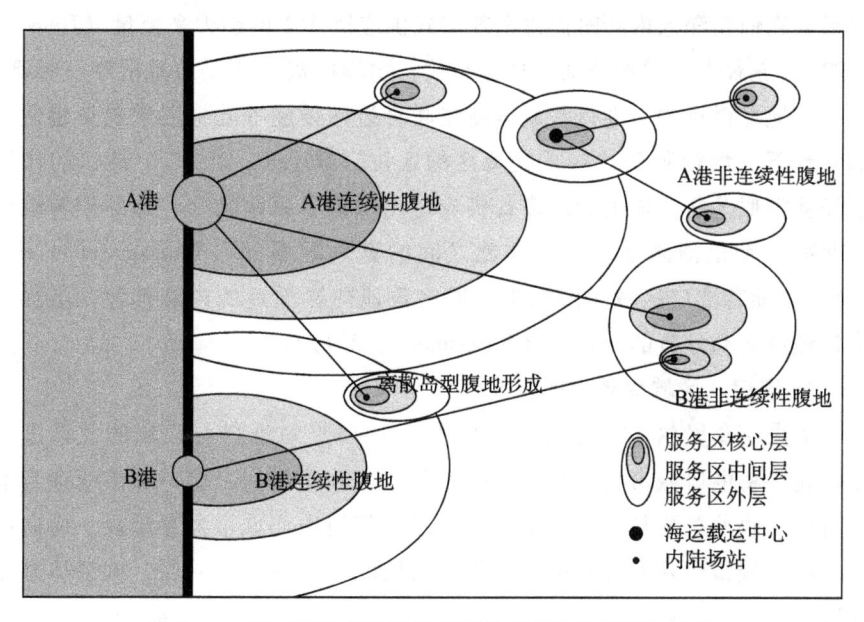

图2-1-17 港口非连续性和离散岛型腹地的竞争机制

资料来源：Notteboom and Rodrigue，2005。

和交叉腹地的出现，使得港口腹地概念失去了传统意义。罗特本和罗德里克（Notteboom and Rodrigue，2005）为了描述港口腹地不断增加的相关性和变化中的关系，提出了港口区域化模型，从功能和组织的视角增加了物流的整合，作为伯德（Bird，1980）和塔夫等（Taaffe et al.，1963）的模型的后续发展阶段。在这阶段物流整合和网络导向（McKinnon，2001；Robinson，2002）与全球化和"终端化"（Notteboom，2009；Slack & Frémont，2005）解释了离岸枢纽港（Offshore Hub Ports）的出现，以及负荷中心地理和功能如何扩张而成为"区域化负荷中心网络"（Regional Load Centre Networks）。这在某种程度上解释了门户形成的集中性（Centrality）概念，被"中间性"（Intermediacy）概念所取代（Ducruet，2005；Fleming and Hayuth，1994），巨大的直接腹地市场不再是集中大量运输量的必要条件。这种转变被海运经济越来越致力于网络化终端和运输基础设施的趋势所强化，这些变化大大弱化了港口和当地经济间（港口城市）的传统联系（Notteboom，2004）。

港口区域化（Notteboom and Rodrigue，2005）强调门户港和内陆配送中心的高度整合，这导致了港口竞争的一个新维度的产生，港口的重要性将根据它们在深入内陆时促进高效多式供应链建立的能力来衡量（Heaver，2002）。随着内陆运输设施的日益高效，物理距离不再是腹地的唯一标准，港口腹地变得重叠，港口和承运商在联合运输设施等陆地因素越来越便利的背景下，竞相服务这些重叠地区的区位（Hayuth，2007）。港口的作用已经从类似垄断的提供者向多式供应链内部的子系统转变，这导致等级已经变得不是很清晰了，港口彼此之间的竞争更激烈（Wilmsmeier et al.，2010）。随着港口区域化的推进，港口腹地向更深远的内陆延伸，增加了港口经济活动分析的复杂性（Wilmsmeier，2011）。

2. 港口－区域关系空间模式

塔夫－莫里尔－高登模式（Taaffe，1963）对港口与区域的关系进行了论述，将港口城市与区域关系演化划分为6个阶段：港口城市萌芽与散布阶段、腹地扩张与港口城市雏形阶段、腹地中心城市发育阶段、面向港口的腹地城镇体系发育阶段、极化与区域城镇体系完善阶段、城镇体系完善阶段。

万斯（Vance，1970）基于对美洲新大陆、欧洲的港口城市与区域关系演化的研究，归纳了五阶段的港口－区域关系空间模式，揭示了殖民地港口城市与区域之间的发展演化关系：探寻阶段，从港口城市出发探索新大陆开发的切入点；港口开发阶段，在新大陆适宜地点开建港口；港口城市兴起阶段，在对外交通便捷的港口地区发展形成城市；港口及港口城市腹地扩张阶段，腹地交通网络开始形成，腹地城市体系呈"树枝状"分布；门户城市形成阶段，腹地交通网络日趋成熟，拥有广大腹地的门户城市形成，区域城市体系呈网络状发展（见图 2 - 1 - 18）。

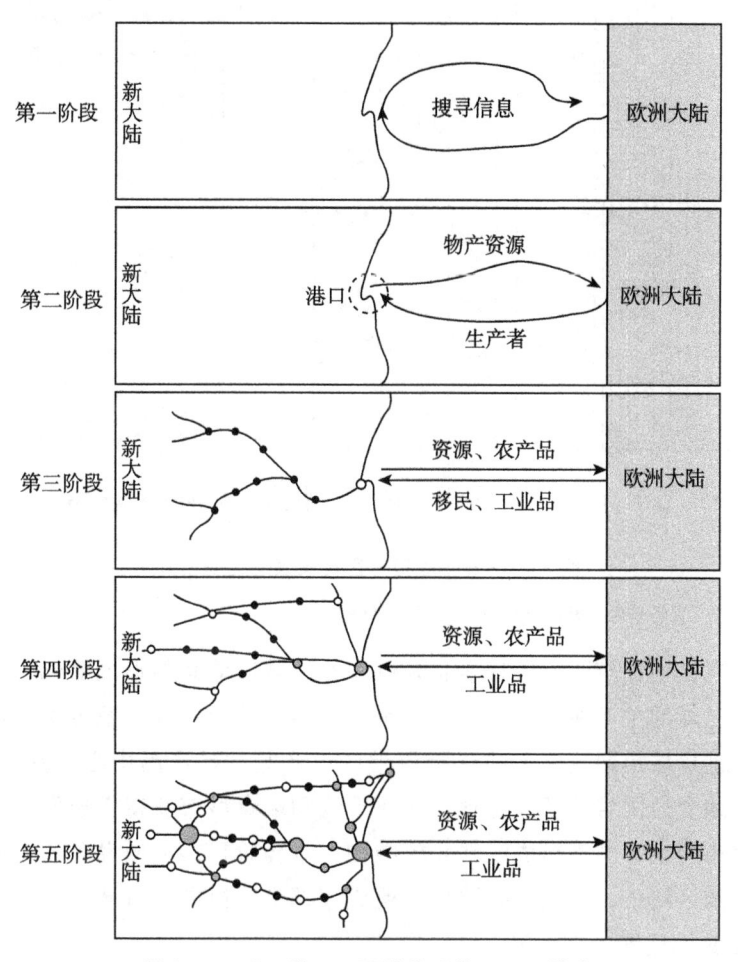

图 2 - 1 - 18　港口 - 区域关系的 Vance 模式

资料来源：Vance, 1970；王茂军, 2009。

伯德（Bird, 1977）研究了区域发展中门户港口城市与腹地中心城市间的动态演化关系，将殖民地沿海区域城市体系的演化过程划分为3个阶段：不发达阶段，沿海地区依托港口形成门户城市；发展中阶段，港口城市腹地地区的中心地城市逐步发展，内生增长能力不断加强；发达阶段，港口城市与腹地中心城市发展的核心动力发生变化，港口城市向贸易门户和区域中心地城市转变，城市间联系更趋紧密（见图2-1-19）。

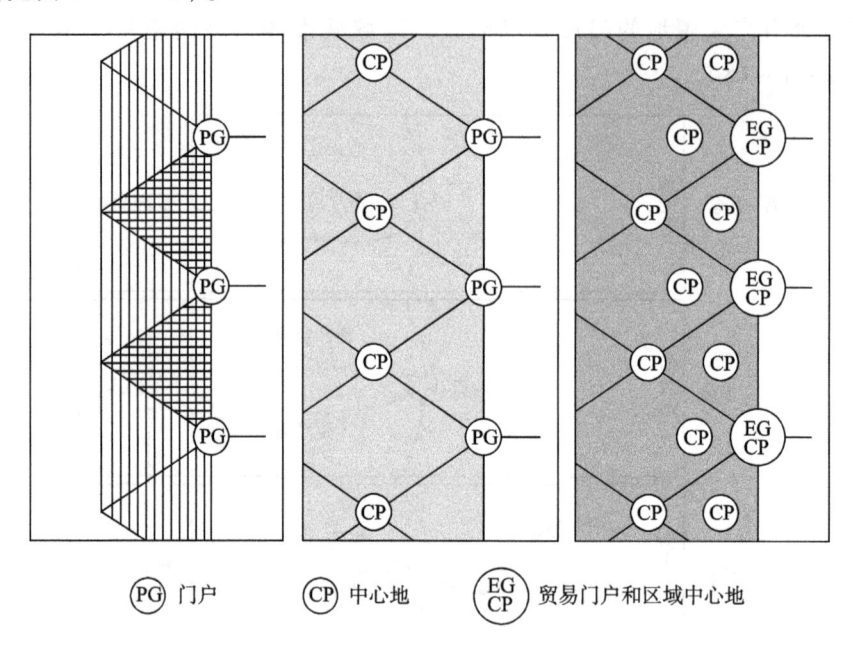

图2-1-19 港口-区域关系的伯德模式

资料来源：Bird，1977；王茂军，2009。

寺谷亮司比较研究了日本北海道和非洲城市体系的形成演化，将港口城市与区域的关系演变划分为3个阶段：形成阶段，港口城市主导区域的发展，港口城市通过交通线连接腹地的农产品和矿产品中心；发展阶段，随着腹地交通网络的延伸完善，交通干线和端点城市获得快速发展，腹地中心城市与港口城市形成区域双核结构；重构阶段，区域发展的重心开始向内陆地区转移，内陆中心城市发展成大都市，协同港口城市共同促进区域的发展（见图2-1-20）。

3. 港口的城市与区域经济影响

港口与城市经济系统的交互作用也是现代港口研究的主流领域。地理学者、运输经济学者在很早前就认识到港口对城市经济产生的重要影响，对此进行了大量的理论与实证研究，数理方法在研究中逐步得到广泛应

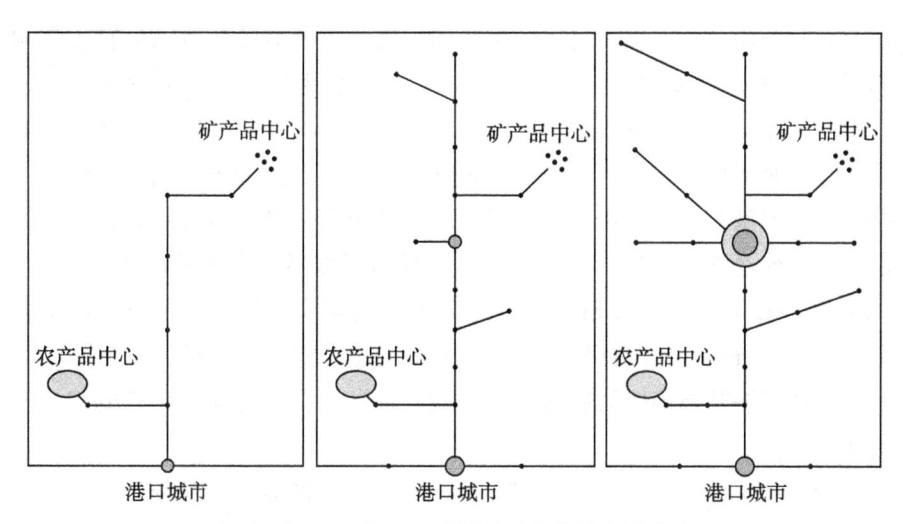

图 2-1-20　港口-区域关系的寺谷亮司模式

资料来源：寺谷亮司，2002；王茂军，2009。

用。1953 年，美国就特拉华河港完成了《每一吨货对地区经济价值》的报告，这是最早研究港口经济影响的文献，港口经济贡献的数理研究从此方兴未艾。随后，不少美国港口都完成了港口对区域经济贡献的研究报告，如纽约港务公司的《港口和社区》（1966 年）、《西雅图海事商务及其对全县经济的影响》（1971 年）等，纽约港务局发布的《美国港口产业的经济影响》（1978 年）应用投入产出分析模型，对港口产业及乘数效应进行分析，得出港口乘数效应是直接效应的 1.6 倍。早期研究具有较强的地区性，没有统一的研究方法和标准，大多由港口公司主导完成，数据真实性、可信度不高，港口间的经济影响可比性较差。1979 年，美国海事管理局（MARAD）发布了《港口经济影响软件包》，明确指出"港口产业包括水运货物移动过程中所直接需要的所有经济活动"，为分析港口的经济影响提供了标准化工具。坦帕港务局（1979）完成的研究报告《坦帕港经济影响评估》，首次将港口社会效益划分为直接效益、间接效益两个部分，认为港口经济效益不能只考虑码头经营、船舶代理以及内陆集疏运等与港口直接相关的活动所产生的直接效益，还必须考虑因为利用坦帕港而产生的成本节约这种间接或者诱发影响。尤淳等（Yochum et al., 1988）的研究将港口活动对经济的影响分为三个方面：一是港口直接活动所产生的费用与就业机会所构成的直接经济影响；二是由港口直接活动所产生的对其他产业和服务业的影响所构成的间接影响；三是在港口经济活动的直接影响和间接影响下引发的支出所产生的诱发经济影响。也有学者（Castro，1997）根据联合国贸发会议的相关文件从直接影响、间接影响和波及影响三个层面对港口的经济影响进行了研究。1997年，克利夫兰州立大学运用投入产出模型对克利夫兰－库雅荷加谷港的全部经济影响进行评估，认为港口对当地经济增长具有显著意义，已成为区域经济发展的催化剂。BTE（The Bureau of Transport Economics，1999）为澳大利亚区域港口提出了一个港口影响研究的通用框架，对港口影响的估计包括港口的直接影响，以及对区域经济其他部门的后向关联效应，包括产出、附加值、家庭收入和就业等指标。

伊万与霍特臣（Evans and Hutchins，2002）提出了一个分析战略性交通设施（包括港口）经济影响的概念框架，并运用它评估了利物浦港口在经济发展和区域竞争力方面的作用。直接影响包括港口就业机会、通过港口服务贡献GDP以及其他增值物流服务和港口乘数效应。间接影响包括更接近市场、为区域吸引直接投资、促进旅游和提高区位和区域的市场前景。温哥华港务局于2005年完成的港口对区域经济影响的研究报告，将港口经济贡献分成5个部门，分别计算了各部门的直接、间接和诱发经济影响。布耶（Bryan，2006）评估了南威尔士区域港口的经济影响，他们认为港口对经济的综合贡献因为港口在供应链和物流流程中重要性的上升而逐步提高。然而，他们认为港口经济影响分析局限于考察港口产生的直接经济影响，港口通过提高区域竞争优势在区域经济发展中扮演的重要角色可以忽略不计。陈等（Chen，2009；Chen et al.，2010、2012）指出，为了通过战略性的港口经营和积极的市场营销来同步提高港口吞吐量和经济增长，港口当局在区域中扮演了积极主动的角色，并进一步考察了港口和区域的相互依赖，揭露了港口当局作为区域创新平台的网络领导者具备更广泛作用的必要性。相似的，贾格（Jung，2011）对朝鲜港口环境的研究表明，港口对区域的发展有直接的作用，而非作为间接的支持者或者促进者。

第二节　国内研究进展与理论综述

我国现代港口地理研究发端于20世纪50年代初，黄盛璋等（1951）

学者率先对港口发展问题进行研究和探索。但遗憾的是，在此后的20多年里，港口地理研究进展缓慢，取得的研究成果不多。直至1978年沿海地区相继开放，才激起对海港发展及其区域效应的研究热潮。王曙光（1992）、徐永健（2000）从空间和功能角度将港口地理的研究划分为4个层面：港口本身这一经济区域、港口城市即港-城相互作用的载体、港口-城市-腹地系统即以港口城市为龙头的经济区、区域港口群即港口的地域组合系统。本部分从港口成长与发展、港口体系与港口网络、港-城与港口-区域关系3个层面，对国内港口地理研究进行综述。

一 港口成长与发展

港口区位及港址选择，一直是我国港口地理学界的关注热点和研究强项领域。地理学者对港口的研究从自然基础条件出发，最初关注港口选址的自然资源、地理基础（黄盛章，1982；郑弘毅，1982；陈航，1984）和地域类型分析（杨吾扬、王富年，1983）。不少学者对港口区位和选址进行了进一步探索（郑弘毅等，1982；杨吾扬、王富年，1983；叶宝明等，1993；任美锷、杨宝国，1998；杨荫凯、韩增林，2000；张素娟，2000），对港口发展的基础、潜力与战略进行了研究（陈传康、孙日瑶，1989；吴启焰、李凡，1996；费洪平，1993），相对其他学科而言，地理学者对港口区位、港址选择、港口发展的研究往往从区域和城市角度出发，较重视从城市、区域和空间的视角探讨港口发展问题。董洁霜等（2003、2005）对现代港口发展的位势理论进行研究，认为自然、经济和科技是影响港口形成发展的3大因素，港口的腹地范围、发展规模都受上述因素的影响；指出现代港口区位发展的关键在于通过与物流系统其他节点间有效的合作，不断提高港口物流系统的综合物流能力，分析现代物流快速发展驱动下港口的区位特征与功能及港口与物流系统内各节点间的相互作用、相互依存关系，并运用博弈论探讨了港口区位的合作机制。

港口是一个孕育多种功能的经济区域（邹俊善，1997），世界经济、国际贸易的广泛发展以及港口的区域特性决定了港口的经济功能（王曙光，1992），不少学者从各自的角度对港口功能进行了研究（王曙光，1992；安筱鹏、韩增林，2001；徐永健，2001；陈建年、卢晓芬，2002）。港口工业区是临港型城市功能区的重要表现形式，是港口经济功能的重要体现，港口工业功能和港口工业化吸引了不少学者的关注（陈传康，

1986；余国扬，1997；张舒，2004），研究表明港口作为综合物流时代连接海向腹地与陆向腹地的重要节点，在现代物流体系中具有非常重要的地位，而综合物流的快速发展与变革，也加快了港口功能的发展演变。随着现代物流的迅猛发展，港口型物流园区逐渐成为学术界关注和研究的热点，一些学者对港口物流园的规划建设、运作模式等进行了研究探讨（周军，2002；杨家其、陆华，2003）。杨建勇（2005）分析了现代港口形成发展的历史演变过程、基本动因，对港口的空间集聚效应、区域扩散效应进行了系统论述。陈勇（2007）以鹿特丹港为例研究了港口发展的趋势，其趋势包括7个方面：功能多元化、货物集装箱化、泊位深水化、物流现代化、港口工业规模化、运输网络化、服务信息化。刘桂云和真虹（2008）研究了经济、技术、区位等因素对港口功能发展演变的影响，探讨了港口功能演化的环境适应机制、激励机制、改造机制。梁双波等（2011）对港口后勤区域的形成演化机理进行了研究，归纳演绎了港口后勤区域的演化模式，划分为4个阶段：初步发育、非均衡拓展、非均衡快速扩张和高度分化（见图2-2-1、图2-2-2）。张耀光等（2013）运用基尼系数分析了我国海岛的港口吞吐量、港口用地等的集聚状况，用回归分析方法分析了港口发展与经济增长的关系，根据海岛港口规模、区位、腹地、港口代际类型以及海岛与大陆连通等指标，对海岛港口进行了类型划分，并分析了不同类型的港口特征。何丹和高世超（2013）以上海临港重装备产业区为案例，从企业空间分布、土地利用集约性、土地利用结构、就业人口空间移动等几大领域对产业空间绩效进行研究，分析了临港产业空间绩效的特征、机制。

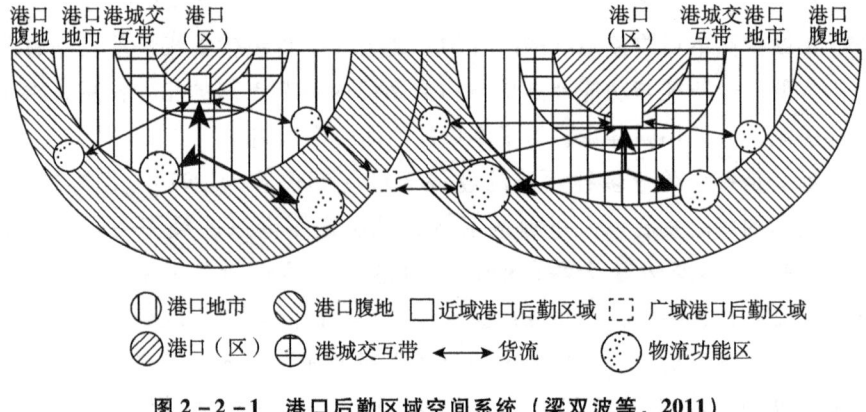

图2-2-1　港口后勤区域空间系统（梁双波等，2011）

(a) 初步发育

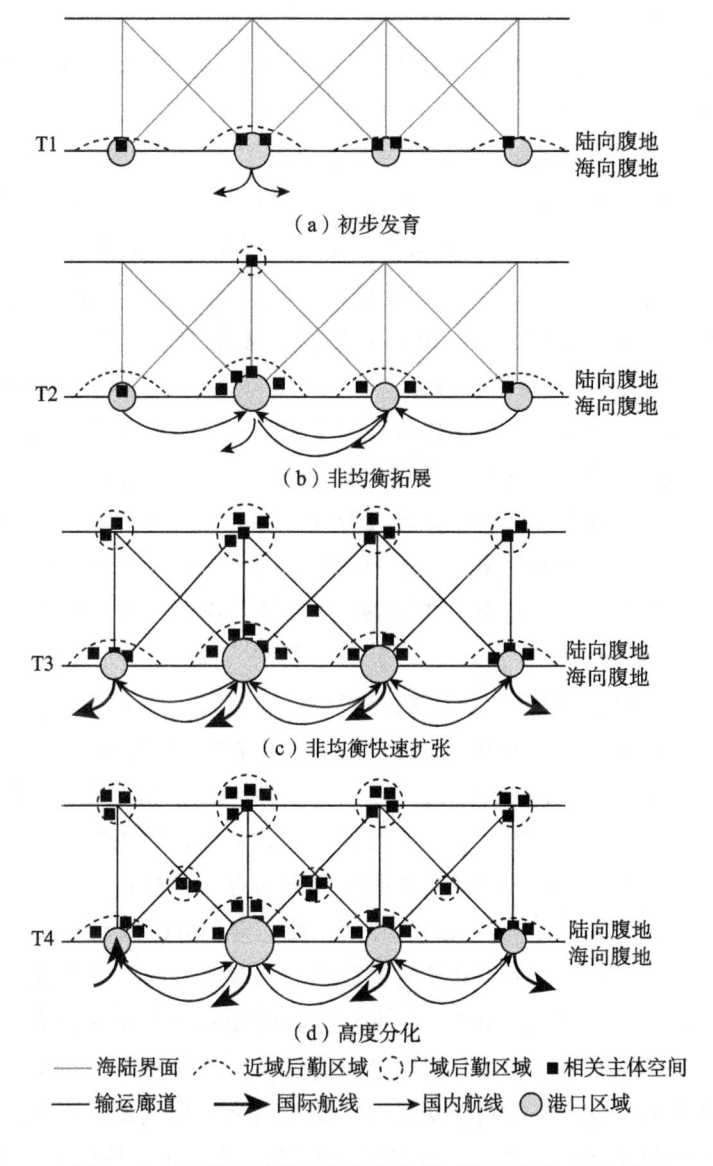

(b) 非均衡拓展

(c) 非均衡快速扩张

(d) 高度分化

―― 海陆界面　┈┈ 近域后勤区域　⌒ 广域后勤区域　■ 相关主体空间
―― 输运廊道　➔ 国际航线　→ 国内航线　◯ 港口区域

图 2-2-2　港口后勤区域演化模式（梁双波等，2011）

二　港口体系与港口网络

港口地理研究在港口体系、港口群，特别是集装箱港口体系方面，取得了丰硕的研究成果。陈航早在 1984 年就对港口发展的区域背景进行了探讨,首次提出了"港口地域组合"概念,并对海港地域组合的形成机制、原理、条件和发展规律进行了探讨。此后,港口体系方面的研究可谓方兴未艾,主要集中在海港地域组合形成背景与区划(陈航,1991);形成机制和发展规律(王庆国,1990;陈航,1996);港口体系的形成与发展(陈航,1990),总体特征、发展阶段与发展趋势(徐刚,1990;曹有挥,1995),规模组合与空间结构的形成机制、动态演化(曹有挥,1998);空间结构动态变化的成因、机制及趋势(曹有挥,1999);职能结构特征及动态演化(徐刚,1990);集装箱港口体系发展的基本特征(曹有挥,1998);基本格局与功能结构特征(曹有挥,1999;王缉宪等,2000);形成机制与演化模式(曹有挥,1999)等方面。针对港口体系所进行的实证案例研究,具代表性的成果包括闽南沿海港口体系(陈航,1990)、江苏长江沿岸港口群与集装箱港口体系(徐刚,1990;曹有挥,1998、1999)、安徽长江沿岸港口体系(曹有挥,1995、1998)、长江沿岸与长江下游的港口体系及集装箱港口体系(曹有挥,1999)、珠江三角洲地区集装箱港口体系(王缉宪,1998、2000)。此外,部分学者开始关注中心枢纽港(任美锷、杨宝国,1998;马淑燕,1998)、集装箱枢纽港(安筱鹏、韩增林,2000;安筱鹏等,2000)的发展,并开展了相应的研究。

进入21世纪以来,地理学界对港口体系和港口网络的研究得到了进一步充实和发展,对集装箱港口体系的研究尤其关注,其他学科领域的研究成果也开始较多地引用地理学界的研究成果和观点。曹有挥等(2001)根据港口货种分类统计资料,运用货类区位商、港口分工系数与R型因子等分析手段,对长江下游港口体系的职能结构从基本特征、动态变化及其优化等方面进行了研究,指出长三角港口体系的职能分工体系初步形成,港口间存在货种差异逐步缩小、职能趋同的现象。韩增林等(2002)探讨了我国集装箱枢纽港演化机制、发展模式以及网络布局优化。曹有挥、曹卫东、金世胜等(2003)研究了我国沿海集装箱港口体系的形成演化机理,认为港口间的竞争合作是集装箱港口体系形成演化的内在推动力,归纳了集装箱港口体系低级均衡－非均衡相对集中－非均衡高度集中－高级均衡的一般演化模式(见图2－2－3)。曹有挥、李海建、陈雯等(2004)对我国集装箱港口体系的空间结构、竞争格局进行了研究,通过赫芬达尔－赫希曼指数、偏移－分享模型对港口体系进行比较分析,指出集装箱港口体系空间结构、竞争格局的演变是相互联系的,集中化是港口体系空间结构演化的总体趋势，港口体系空间结构演化具有阶段性。

(a) 港口体系低级均衡

(b) 港口体系非均衡相对集中

(c) 港口体系非均衡高度集中

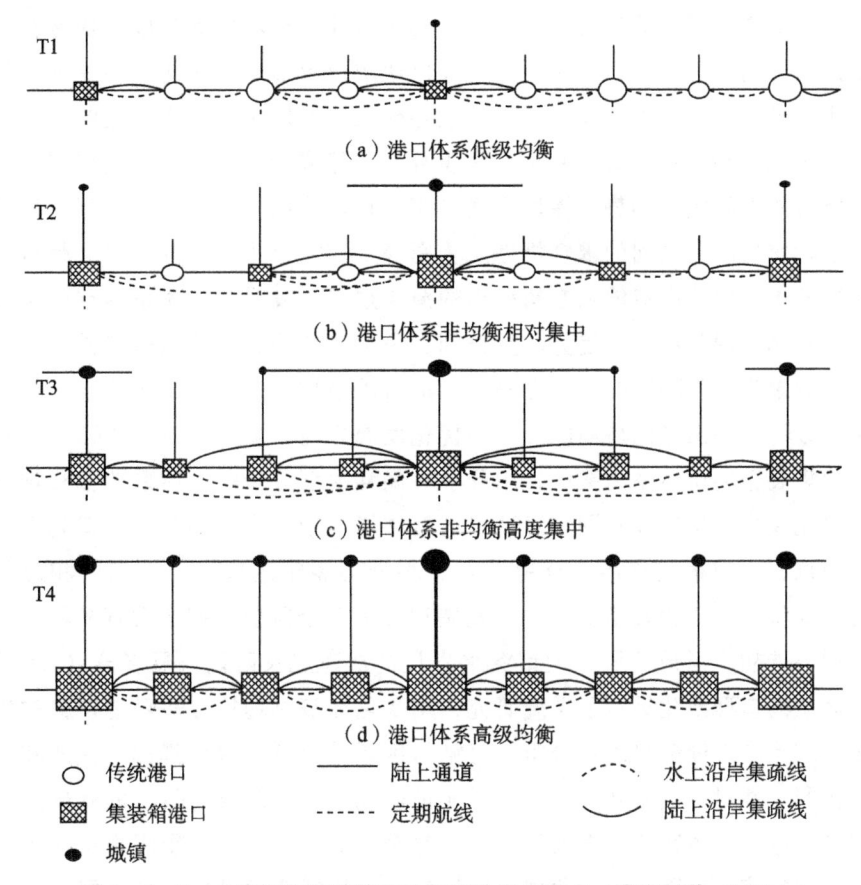

(d) 港口体系高级均衡

○ 传统港口　　——— 陆上通道　　---- 水上沿岸集疏线
▨ 集装箱港口　------ 定期航线　　⌒ 陆上沿岸集疏线
● 城镇

图 2-2-3　中国沿海集装箱港口体系的演化模式（曹有挥等，2003）

王成金（2007）对秦汉以来我国港口分布格局、发展过程与空间特征进行系统研究，从空间格局的演化轨迹、首要港口的变迁、演变驱动机制、港口体系的开放性、港口区位和发展阶段等视角，总结了中国港口的分布格局特征和基本发展规律。韩斌（2007）以东北亚主要集装箱港口为对象，通过研究将港口体系演化历程划分为扩散、过渡和集中3个阶段，并运用偏离-份额分析法、基尼系数分解法探讨了港口体系基尼系数的形成机制，与Hayuth 5阶段模型相比较，总结了东北亚集装箱港口体系的空间结构演化模型。王圣云等（2008、2009）构建了港口联系强度指数、综合基尼系数，对长山群岛港口的地域组合空间结构演化特征进行了分析，指出（长山群岛）港口地域组合整体趋于集中，并对长山群岛港口地域组合的空间结构演化趋势进行了预测；在此基础上，进一步划分了长山群岛港口地域组合形成演化的4个阶段：起步阶段、初步发展阶段、快速发展阶段、空间外拓阶段，归纳了海岛港口地域组合形成演化的3种模式：岛域主导模式、岛际主导模式和区际主导模式，并探讨了形成演化的动力机制。王成金和于良（2007）分析了世界集装箱港的形成、发展过程和集装箱航运的世界集聚趋势，探讨了集装箱港口网络的形成、发展机理，以及与国际贸易网络之间的耦合机理。陈斓等（2007）采用赫芬达尔－赫希曼指数分析了福建港口体系空间结构的演化规律，表明港口体系的空间结构演变总体呈现分散化的趋势、港口间竞争大于合作、职能结构趋同，并运用模糊聚类、货种区位商等方法，对港口等级层次、职能结构等基本特征进行分析，提出了港口职能分工的优化发展方向。梁双波等（2008）以长三角集装箱港口体系为案例，用分享－偏移模型分析港口体系的偏移增长与演化模式，指出在不同等级港口的偏移增长中，中型集装箱港口处于劣势地位，大型集装箱港口优势明显，小型集装箱港口具有一定的相对优势，并将长三角集装箱港口体系发展划分为3个阶段：初步发育阶段、枢纽中心港初步形成阶段、大型深水直挂港加速成长阶段。吴宏涛（2008）对区域港口群演化进行了系统研究，用演化经济学理论方法对港口群的历史、现状和发展趋势进行分析，总结了区域港口群的演化规律、模式和动力机制，并对环渤海港口群进行了实证研究，在预测演化趋势的基础上提出了促进港口体系协调发展的建议。赵媛（2011）引入自组织理论对港口群系统的演化动因、基本原理进行研究，运用博弈模型探讨港口群系统涌现机制的成因，构建了港口群系统发展演化的动力方程，通过长三角港口体系验证了模型的有效性。

王成金等（2011）基于对相关研究的回顾，根据港口发展的新现象、新机制，综合海斯、罗特本的理论模型和集装箱港口体系的最新理论进展，将集装箱港口体系发展演化划分为6个阶段：前集装箱化、技术试验、巩固集中化、枢纽港中心化、扩散化与离岸枢纽、港口区域化，分析了各阶段的发展特征，并从枢纽港本地约束、集装箱航运模式、物流整合、内陆物流网络与陆港、政府调控等角度探讨扩散化与离岸枢纽、港口区域化两个港口最新发展阶段的形成机制（见图2-2-4）。王强等（2011）在"大三通"背景下对福建、台湾港口体系的等级结构、吞吐货源结构进行比较研究，并提出了闽台港口体系的空间对接策略。吴旗韬等（2011）通过

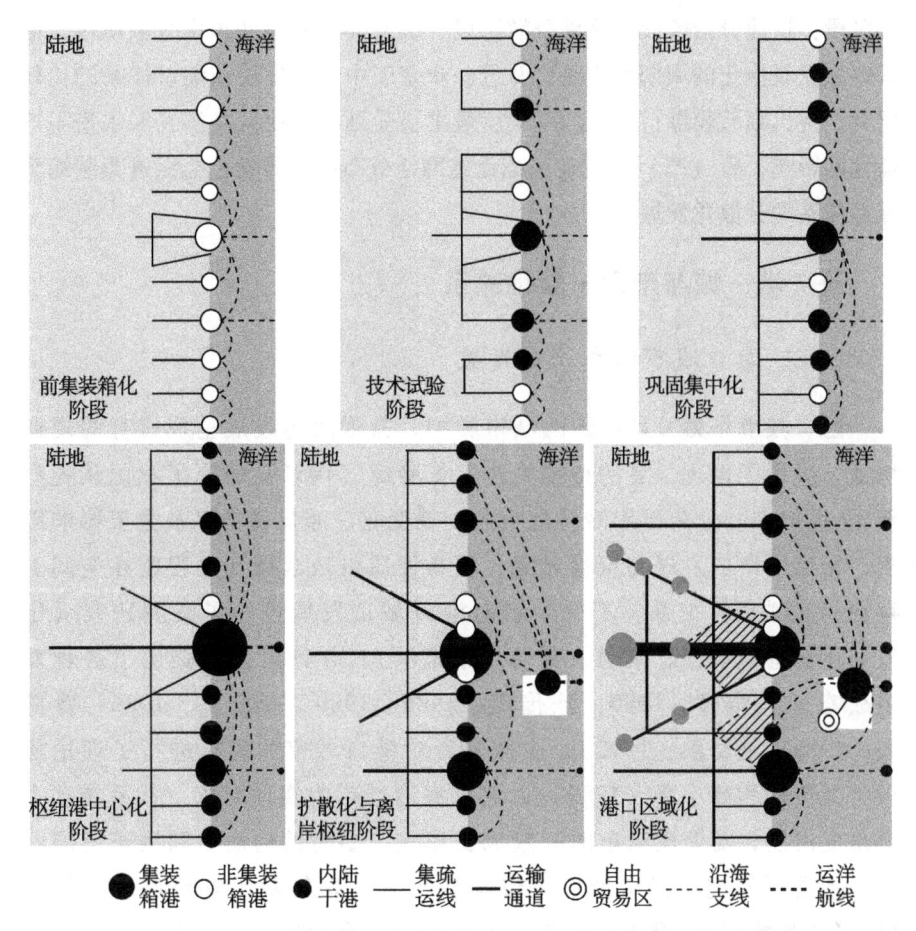

图 2-2-4 集装箱港口体系演化的理论图式（王成金等，2011）

构建港口体系动力模型，详细阐述了技术进步因素、区位因素、航运市场因素、政策和政治因素对港口体系演化的影响过程与驱动机制，探讨不同因素对港口体系集中化、分散化发展的促进和与阻碍作用。寨令香等（2012）从集装箱港口数量、吞吐量、空间布局、市场集中度等角度，分析我国集装箱港口体系 1979~2011 年的市场结构演变，总结了港口体系发展的 3 个阶段：快速分散阶段、缓慢分散与缓慢集中相互更替阶段、分散阶段。潘坤友等（2013）研究了我国集装箱多门户区域空间结构的形成机理，指出我国集装箱港口体系的重心由珠三角地区缓慢向长三角地区转移，集装箱港口体系发展总体进入"边缘挑战阶段"，空间结构呈现低级均衡、单门户与多门户并存的多样化特征，长三角与珠三角地区的集装箱多门户港的空间结构初步成形。杨静蕾等（2012、2014）通过研究将美国集装箱港口体系发展划分为 4

个阶段：快速分散阶段、缓慢分散阶段、缓慢集中阶段和再次分散阶段，港口体系发展演化的周期性明显，并进一步基于中、美集装箱港口体系的比较研究，指出集装箱港口体系的集中度最主要受到沿海地区经济发展水平不均衡性的影响，省（州）际交通基础设施网络分布的差异性也会促进集装箱集疏运体系的分散化发展。

三 港－城与港口－腹地关系

（一）港口城市的成长与发展

港口城市作为一种特殊的城市类型，其形成与发展呈现特有的规律特征，吸引了地理学者的持续关注。黄盛璋（1951）研究了我国从先秦至 19 世纪中叶近两千年沿海港市的发展变化、布局特征以及主要影响因素，指出港市的发展与贸易对象、贸易性质以及区域开发程度在空间上存在相互呼应的关系。不少学者对港口城市发展进行了案例研究（宁波、连云港、镇江、南通、青岛、张家港），并针对性地提出了各种发展战略（马裕祥，1980；陈传康，1986、1989；高曾伟，1986；曾尊固，1988；刘奇洪，1992）。少数学者对港口城市的成长进行了理论探讨，吴传钧和高小真（1989）以北方海港城市为实证对象，从系统动力学角度出发，对海港城市的一般成长模式、动力结构演变和城市发展间的关系进行研究，指出港口城市发展明显具有集聚效应和自增长效应（路径依赖特征），港市成长模式可划分为 3 个阶段：初级商港型、港口工业型、多元化型。许继琴（1997）指出港口城市在港口、临港工业发展达到一定水平后，关键在于通过发展第三产业以强化城市的物流中心、生产中心职能。李加林（1998）对港－城形态的影响因素、港－城形态的演化机制以及河口港城形态演化的规律进行了实证案例研究。郑弘毅（1981）对港口城市的规划布局问题进行专门探讨，并在《港口城市探索》（1991）中结合城市的共性和港口城市的个性，系统阐述了港口城市的规划问题，认为港口城市发展的关键在于处理好港口与城市间的相互关系。

进入 21 世纪以来，不少学者对港口城市的成长与发展进行了进一步探讨。宋炳良（2002）借鉴国外"新贸易理论"的港口城市模式、运输节点（港口）的集聚潜能、港口城市优先发展论等理论，对我国港口城市的成长、发展进行了解释。部分学者关注港口开发及产业活动对港城空间结构和演化的影响，邢海峰等（2003）对大城市边缘新兴城区（天津滨海新区）地域空间结构的形成与演化进行研究，论述了从元末以来塘沽港的开发建设诱导下港城新区地域空间结构的发展演化以及港城新区与"母城"间存在的种种问题。梁国昭（2008）研究了两千多年来广州水陆环境的变化，广州港从石门之南的兰湖码头到虎门之南的南沙港码头，历代港口码头位置经历了一个大体由北向南、从西向东的迁移扩展过程，同时也对城市空间拓展产生了引导作用，对广州城市形态发展产生了重要影响。高宗祺等（2010）分析了国际典型港口城市的发展历程、演变趋势，指出港口、港口城市遵循各自的发展路径，不能简单以"港兴城兴、港衰城衰"概括，一方面，港口、港口城市两者发展要素并不完全一致，各有其影响因素、发展动力；另一方面，两者在发展过程中容易受政治、经济环境等其他外在因素的影响，从而导致发展趋势的彼此差异。陈航和栾维新等（2012）对我国港口城市的功能模式进行了研究，采用主成分分析法得出衡量港口城市功能特征的4个主因子，对我国港口城市进行聚类分析，结合港口功能与城市功能强弱的耦合关系，将港口城市划分为8种功能模式类型，并分析了不同类型港口城市的特征与问题。

（二）港－城关系

港口城市的核心问题是港－城关系，港－城关系一直是我国港口地理学研究的重点与核心领域。我国早期出版的两本论文集（《迈向21世纪的日照：港口·城市·区域发展》，1996；《港口城市论文集》，1998）关注了这一议题，将港－城关系概括为"港为城用、城以港兴、港城一体化发展"，这表现在：港口与城市发展的一致性，以及港口和城市在规划建设上的统一性。有学者以北方海港城市为案例对港－城关系进行探讨，发现在海港城市的不同发展阶段，港－城相互作用的强度明显不同，港－城关系呈现明显的历史阶段性以及循环上升的特点（高小真，1988）。许继琴（1997）探讨了港口对港口城市发展的作用，认为港口是港口城市发展的重要动力，并将港－城关系演化划分为4个阶段：港－城初始阶段、港－城相互联系阶段、港－城聚集效应阶段、城市自增长效应阶段。

进入21世纪以来，我国港－城关系研究取得了更加丰硕的研究成果。

刘秉镰（2002）对港-城关系的作用机理、经济全球化影响下的港-城关系变化进行了研究。邢国江（2002）翻译了港口经济与规划专家阿马托的论文《港口规划与港城关系》，介绍港-城关系领域冲突产生的原因、港-城合作的必要性以及解决港-城合作关系问题的可能模式。惠凯（2004）指出，港-城关系的变化集中体现在港口对城市发展的作用上，绝大多数港口城市的港-城关系符合生命周期规律特征，具体可划分为4个阶段：初始期、成长期、成熟期与后成熟期。陈航（2005）对港-城关系基本理论进行了探讨，认为产业和空间的相互作用构成了港-城关系的基本链条。唐秀敏（2005）基于港口、城市发展的基本规律，从港-城关系发展演进角度，探讨了国际航运中心形成和发展的一般规律。赵鹏军和吕斌（2005）以鹿特丹为例研究了港口产业对城市的带动作用，探讨了港口产业发展演替推动下的港口地域空间拓展的规律特征。郭建科和韩增林（2006）以大连为例，探讨了现代物流业对港口城市的空间影响，认为现代物流业快速发展导致了港口城市产业结构和功能分区的变化，并通过港口物流业发展带动物流企业的集聚、大型物流园区的兴起、构建城市型轴-辐物流网络，影响港口城市空间再造。周天勇（2007）指出港口城市发展通过关联带动作用促进港口发展，即通过城市的经济集聚效应、城市的自增长效应、城市社会经济的波及扩散效应促进港口的良性发展，从而实现港-城互动发展。李加林等（2008）利用卫星影像数据对宁波的港城用地扩展时空特征及其外部形态的演化过程进行了研究，指出港口不同时期的空间迁移塑造了具有不同特征的港城外部形态。陈航等（2007、2009、2010）从不同的视角分析了港口与城市的关系，深入研究了港-城关系的空间链和产业链以及两者的演进过程；通过RCI指数量化分析港口与城市的关系，认为港口功能和城市功能的关系具有不均衡性，其演变是一个渐进过程，不同港口城市的功能关系演变周期不同、各自平衡状态不同；并研究了港口城市系统的行为模式、相互作用机理，指出港-城系统是不断演化的，其演化过程遵循Logistic曲线。杨伟和宗跃光（2008）研究了港-城关系形成、发展的基本理论，提出应把港口与城市当成有机整体来进行建设。梁双波等（2009）运用系统论方法，从港-城关联发展强度、港城产业结构、港-城空间结构等视角，对港-城关联发展的生命周期进行理论探索，总结归纳了4阶段生命周期模式：起步雏形期、成长壮大期、成熟扩展期和融合衰退期（见图2-2-5）。刘彦平等（2009）从竞争性、依赖性的两个维度把港-城关系划分为5个发展阶段：相互依赖阶段、港口膨胀阶段、港城分离阶段、港口超越阶段和重新开发阶段。王缉宪（2010）通过研究中国沿海大型港口城市的吞吐量与GDP的关系，认为港-城间经济和功能的互动并非完全同步，港-城职能转变和升级存在多种可能的组合，港口城市对于港口的依赖逐步减小（见图2-2-6）。王缉宪从时间、港口到市中心的距离、港口所占空间的大小3个维度，构造了比伯德任意港模型更抽象的港-城关系时空模型，将港-城关系划分为4种模式：渐变模式、大港适距起步模式、空间跳跃模式和双港并存模式（见图2-2-7）。

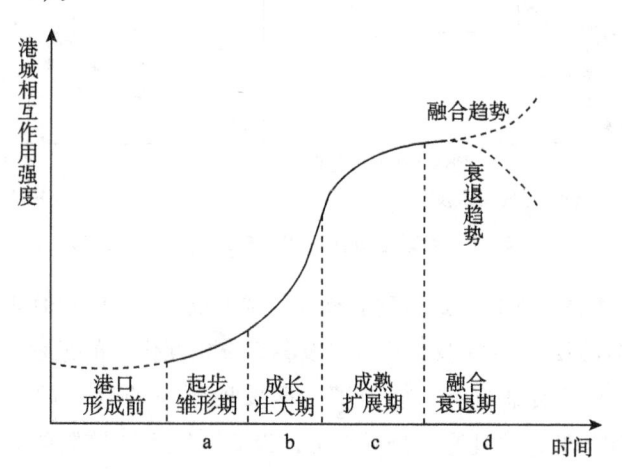

图2-2-5 港城关联发展的生命周期模式（梁双波等，2009）

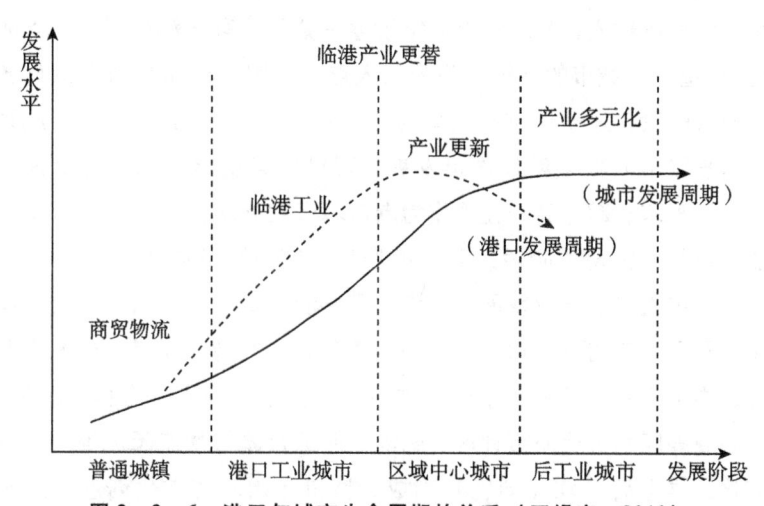

图2-2-6 港口与城市生命周期的关系（王缉宪，2010）

(a) 渐变模式

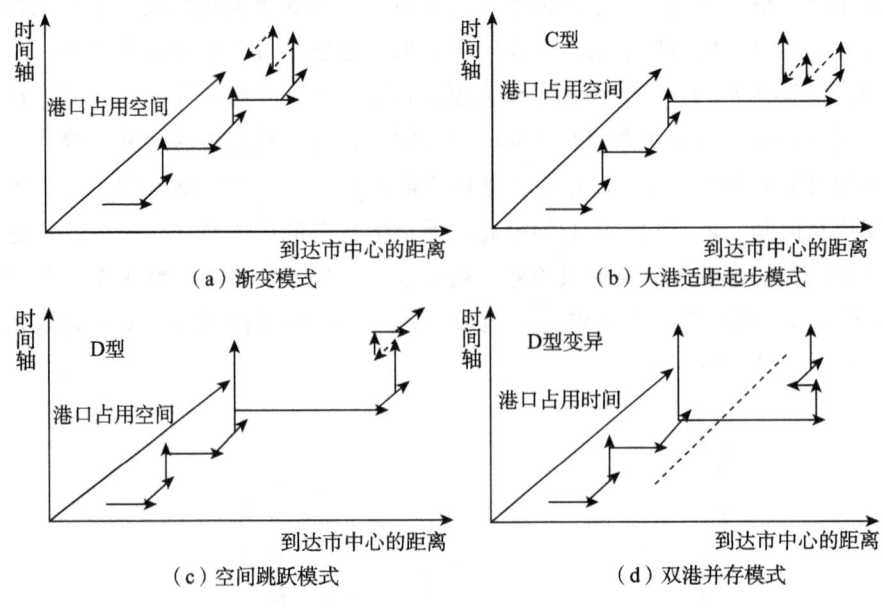

(b) 大港适距起步模式

(c) 空间跳跃模式

(d) 双港并存模式

图 2-2-7 港城空间互动演化模式（王缉宪，2010）

  杨山和潘婧（2011）通过建立港口、城市耦合的 PU-SD 模型，深入剖析港-城耦合系统的多重反馈机理以及各系统相互作用的过程，并以江苏省连云港为例进行实证研究，确定了不同发展阶段的港-城模式。杨山等（2011）运用耗散结构理论和分析方法，为港-城系统发展的演变机理提供了新的视角，认为港-城系统有序发展的本质是港城系统以及港口系统、城市系统的负熵流输入，从理论上总结了港-城系统有序演进规律。姜丽丽等（2011）以港口与城市的规模关系为切入点，运用 RCI 指数研究港口城市的类型与演进阶段，发现辽宁省港口与城市规模关系变化具有 4 个方面特征：大连由门户城市向典型港口城市发展，营口由典型港口城市转变为门户城市，锦州、丹东、葫芦岛和盘锦作为港口城市发展缓慢，营口和丹东港口与城市的规模关系实现了阶段跨越。梁辰等（2012）从临港产业集聚发展出发，综合城市人口、产业发展等因素，研究港口城市空间结构的发展演化规律。庄佩君和汪宇明（2012）以宁波为案例，研究港-城界面的演变及其空间机理，指出不同的历史时期宁波港-城界面呈现商贸综合体和港城聚落、西式中心商务区与近代城市社区、临港工业综合体与物流园区等空间景观形态的演化，再生后（江北港区）则成为城市休闲旅游文化创意的产业综合体，认为运输技术组织、通信技术变革是港-城界面变迁的主要引擎，劳动地域分工决定港-城界面的产业与形态，再生动机更多地来自城市更新以及政治经济需求。郭建科和韩增林（2013）提出了现代海港城市的"港-城空间系统"演化理论，将其划分为4个阶段：港城形成初期的港-城共生、港-城空间集聚、港口外迁与城市裂变、港-城双向网络发展，探讨了"港-城空间系统"演化的三个方面动力机制：港口演化对城市产生地域空间效应、港-城空间相互作用及其动态变化、现代物流资源整合与物流空间塑造推动港-城系统高级化（见图2-2-8）。

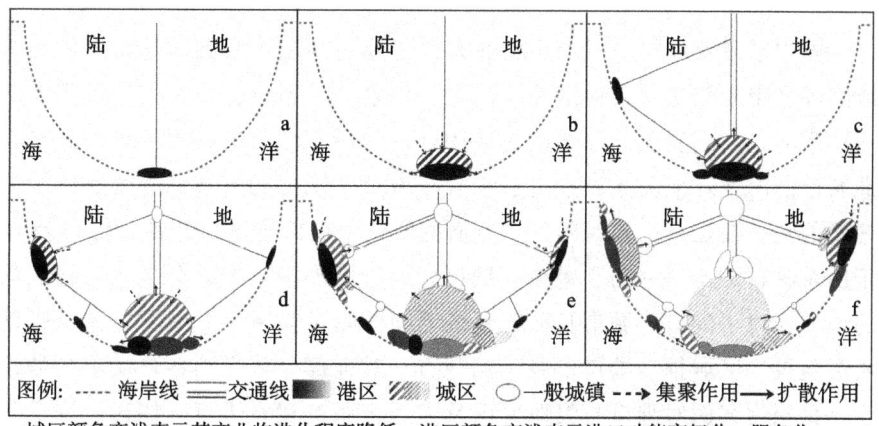

城区颜色变浅表示其产业临港化程度降低，港区颜色变浅表示港口功能高级化、服务化

图2-2-8 现代海港城市"港-城空间系统"演化模式（郭建科和韩增林，2013）

20世纪90年代以来，我国港-城关系的定量研究取得了一定的进展。邹俊善（1997）探讨了港口经济社会影响的指标、计算方法以及研究思路。上海国际航运信息研究中心（1999）通过构建指标体系衡量了上海航运业的经济贡献。戴勇（2000）等人运用投入产出模型估算航运中心建设对上海经济总量的影响。王爱萍（2000）通过构建评价体系和模型，就港口发展对日照可持续发展的影响进行了定量评价。钟昌标（2000）指出在港口对城市的影响和效益中，直接效益所占的比重较小，间接影响和诱发影响所占的比重较大，得出了宁波港每增加1元产值能带来89.6元社会效益的结论。宁涛（2003）通过研究发现，天津港的全部经济影响是直接和间接经济影响的1.62倍，是港口增加值的3.5倍。梁双波和曹有挥（2007）通过研究指出，港-城关联发展效应比较显著，但具有明显的阶段性，认为城市产业结构变动、港口功能演变、周围港口竞争、港口管理体制、国际贸易的发展是港-城关系动态演变的主要成因。高琴（2008）

把港口城市分为4类，对相应的港-城关系进行了归纳，在此基础上利用数据包络分析法（DEA）构建了以港口吞吐量为变量的新生产函数，来解释港口物流对港城经济发展做出的贡献。郁恒飞等（2012）通过构建港口、城市协调发展的评价指标体系，运用因子分析法计算出两系统综合发展指数，结合协调度、静态与动态协调发展度，对连云港港口与城市协调发展模式的演化轨迹进行研究。

（三）港口-腹地关系

国内学者对港口-腹地关系的研究主要包括三个方面：港口发展对腹地的辐射带动效应，腹地条件及其发展对港口的影响，以及港口与腹地的相互影响、共同发展。郑弘毅等（1986）分析了历史上我国经济中心与海港城市的时空对应关系，指出了港口-城市-腹地的复杂系统的存在。但遗憾的是，在之后一段时间，这方面的研究未取得明显的进展。在1995年于山东省日照市举办的"港口·城市·区域发展国际研讨会"上，杨纪珂的论文探讨了港口、城市及区域经济之间的相互联系，提出了"港口带动城市建设，区域推动港口发展"的观点；其他部分学者则各自从不同的角度以日照为案例对港口与腹地关系及陆运体系的建设进行了探讨。许继琴（1997）指出，港口推动了腹地的发展，首先是腹地的城市得到极大发展，其次是腹地的城市功能得到发育完善，最后是腹地中心城市对本地区经济增长起到带动作用。陆玉麒等（1998、1999）在实证研究中归纳出由区域中心城市和港口城市构成的区域双核空间结构模型，实际上构建了一种空间尺度更大、区域效应更强的广义的港-城空间结构关系，双核结构实现了区域中心城市中心性与港口城市门户性的有机结合，"双核"及其连接轴线成为主导区域发展的最重要发展轴，形成了一种新的港口（城市）-腹地系统空间结构理论框架。

李王鸣（2000）总结了从20世纪90年代以来国际港口城市的研究主题，从港-城关系、港口滨水区复兴、港口城市发展及环境保护等方面探讨了港-城关系的发展演化特征与趋势。宋炳良（2000、2001）论述了港口与腹地的交通运输关系，指出空间通达性的改善有利于扩大港口腹地范围，空间通达程度变化可能导致港口在竞争中失去现有腹地。陆玉麒等（2002、2003）在一系列实证研究的基础上，对区域双核结构模式的形成机理进行了系统深化研究，探讨双核结构的空间耦合机理、形成类型与理想模式，并对其模式进行数学推导，双核结构模型已成为分析港口－区域空间结构特征的有力手段，并被广泛应用于其他实证研究中（桑义明、肖玲，2004；曹炳汝等，2003）。戴鞍钢（2004）通过论述上海港发展对上海周边城市发展的影响，分析上海港在长江流域经济区的地位与作用，阐释了港口与区域发展的联动关系。历史地理学者（吴松弟、樊如森，2004；吴松弟，2004）研究了开埠对腹地区域经济发展与变迁的影响，认为港口－腹地系统对我国现代化空间进程具有重要影响，指出开埠促成了港口－腹地区域与国际市场的接轨，诱发腹地产业结构的变迁，促进腹地经济市场化、外向化的发展，指出港口－腹地系统对我国近代交通、贸易体系、城市格局、现代化的区域差异等方面具有重要影响。郎宇和黎鹏（2005）认为，港口－腹地系统是客观存在的经济区域，港口的经济吸引半径决定港口－腹地系统的空间范围，自然、区位、人口、经济等因素共同影响着港口－腹地经济系统的形成发展。赵鹏军和吕斌（2005）借鉴鹿特丹港口－腹地的发展经验，研究港口产业的时间演替规律，探讨港口产业影响下的腹地空间扩展。沈玉芳等（2010）基于协同发展理论，对长三角地区产业群、城市群与港口群的协同发展进行实证分析，指出长三角在推进产业群、城市群和港口群协同发展方面具有很大的空间，并提出了具体对策措施。董晓菲、王荣成和韩增林（2010）运用灰色关联分析法，研究大连港－辽宁经济腹地系统的关联效应和空间演变规律，发现大连港－辽宁经济腹地系统关联度呈现阶段性演变，关联度格局表现为圈层结构，发展演化的机制包括：港口吸附功能、交通网络"汇水"功能、腹地的海向推动功能以及市场和政策的导向功能。丁井国和钟昌标（2010）运用相对引力模型和脉冲响应分析，以宁波港为例对港口与腹地经济关系进行了研究，结果表明港口与腹地经济间存在长期稳定的关系，并且在10%显著性水平下互为格兰杰原因，腹地经济增长对港口发展具有不太明显的正向推动效应，港口发展则对腹地经济增长有很明显的正向拉动效应。彭勃（2012）运用灰色系统模型研究了浙江港口发展与省域综合竞争力间的动态关联效应，表明两者间的关联度较强且具有明显的阶段性，港口集群化演变、港口物流需求结构变动以及周边港口的竞争是上述动态特征的主要成因，港口发展对腹地竞争力的实力系统、能力系统产生直接贡献，对潜力系统、活力系统产生间接贡献。

此外，有不少学者运用计量方法对港口－腹地关系进行了实证研究。

陈贻龙（1999）在《运输经济学》中分析了港口的腹地范围和港口的直接及间接经济贡献。宋炳良等（2001）采用静态投入-产出模型、乘数模型研究了港口对区域内社会经济的影响。刘波与朱传耿（2007）采用区位商、区位度等方法研究连云港经济腹地的空间变迁，归纳出由点到轴、由轴到面、由局部到纵深的带状空间层次变化规律，并对空间变化的原因进行了探讨。周平德（2009）分析了广州、深圳与香港的港口物流增量和大珠三角城市群 GDP 增量间的因果关系，发现两者之间呈现非线性的三次曲线关系，并采用边际效应、弹性分析衡量物流的单位增长导致的区域经济增长额度。朱传耿等（2009）以大尺度地域系统——连云港-淮海经济区为例，采用灰色关联分析法，对港口-区域的关联发展效应进行定量研究，指出连云港港-城关联发展在总体上呈上升趋势，具有明显的阶段性和地域差异性，并对影响港口-腹地关联的主要驱动要素进行了定性分析。董晓菲等（2009）从资源、经济、就业与环境等方面，运用相关分析、演变过程分析和弹性分析等方法，探讨沿海经济带与腹地产业之间联动的动力机制，分析海陆联动发展的内部驱动力以及海陆产业链的构造。傅明明、吕靖（2009）运用系统动力学模型对港口-区域经济系统进行研究，分析系统内港口、区域经济和社会子系统间的因果关系，认为港口-区域经济系统是自然系统、人工系统组成的复合体，3 个子系统间的关系既相互促进，又相互阻碍。邓萍（2010）选取沿海 5 大港口群，构建结构方程理论模型，测算港口物流与区域经济之间的相关性，并提出了如何提高港口带动效应的对策。谢京辞（2011）通过研究发现港口物流与区域经济发展存在长期均衡关系，港口物流与经济发展间存在单向的 Granger 因果关系，经济发展对港口物流发展具有促进作用。柳宗欣（2011）运用数据包络（DEA）评价模型构建港口-腹地经济关系的有效性评价体系，并从港口物流、港口城市以及两者经济关系 3 个角度来构建港口-腹地的经济关系有效评价模型。

四 珠三角地区实证研究

珠江三角洲地区作为我国典型的外向型经济发展地区，港口、城市发展以及港-城关系均具有代表性，因而吸引了不少学者的关注和研究，并取得了一定的成果。谢凌峰（2006）运用港口经济学理论和分析方法，从目标、手段、成本、收益和风险等多个角度对港口资源的整合进行分析，并以可持续的发展观对珠江三角洲港口资源的整合框架进行设计。李雁等（2009）阐述了珠三角与长三角港口群的区位特征、区内竞争与合作机制，并对比分析两大港口群及其腹地的发展状况和竞争力强弱。丁婉怡（2010）对珠三角港口的竞争力进行研究，对主要港口的竞争力进行比较，并提出了主要港口的未来发展战略。郑芝杨等（2011）研究了大珠江三角洲港口群的等级规模结构、职能结构和空间结构，并提出优化方向。曹小曙等（2011）研究了珠三角地区港口物流的发展、港口企业物流的空间特征、港口物流的综合实力与竞争格局，并探讨珠三角地区港口物流的空间发展机制。贾红雨等（2012）运用社会网络分析法，构建港口竞合关系分析模型，并以珠三角港口群为案例进行了实证研究。谢凌峰等（2012）从时间、空间两个维度，运用基尼系数、港口群货流集中系数，对珠江口港口群空间结构演化特征进行了研究，指出演化的总体趋势是趋向扩散，但波动性明显。王健龙（2013）分析了珠三角港口体系的发展及形成机制，建立了珠三角港口群演化模型，探讨相关变量对区域港口群体系的影响。吴旗韬等（2013）分析了珠三角港口体系的演化过程，提出包括原始单极化发展阶段、双核发展阶段、进一步单极化发展阶段、多极化发展阶段的珠三角港口体系四阶段演化模型，并探讨与其他国家或地区港口体系演化模型的差异（见图2-2-9）。

(a) 原始单极化发展阶段　　(b) 双核发展阶段

(c) 进一步单极化发展阶段　　(d) 多极化发展阶段

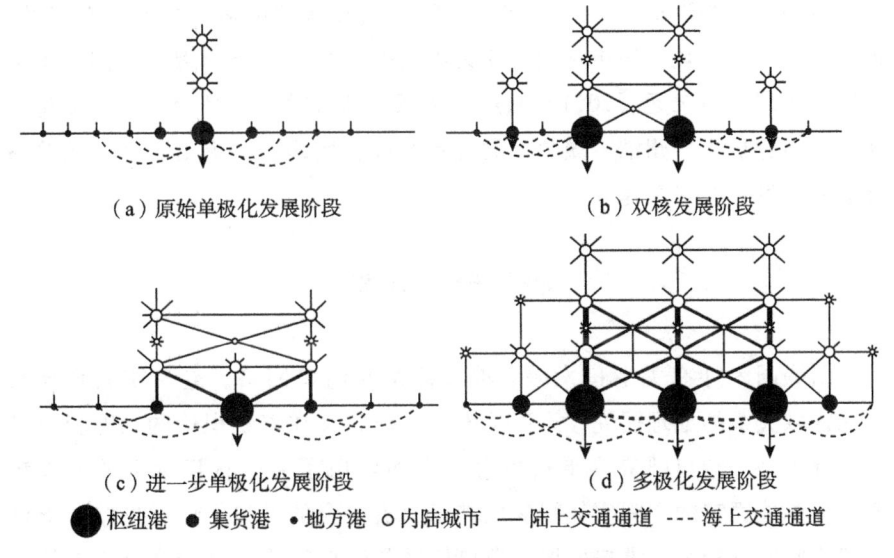

● 枢纽港　● 集货港　· 地方港　○ 内陆城市　—— 陆上交通通道　--- 海上交通通道

图2-2-9　珠三角港口体系演化模型（吴旗韬等，2013）

广州港作为我国经久不衰的千年大港，长期以来是相关学者关注的重点。吴郁文和彭德循（1995）探讨了广州港与广州大都市圈之间的互动关系，指出"二战"以来，全球产业布局最明显的特征为临海型布局，标志着全球临海型经济格局的到来；在借鉴国际大都市成功经验的基础上，提出以广州港为依托，构建国际大都市是非常必要的。徐永健等（2001）研究了广州港运输功能的动态变化，并对港口的工业功能和服务功能进行探讨，指出几大功能间具有紧密相关性。陈志民（2002）对珠三角港口群的发展特征、趋势进行分析，并从珠三角港口群发展的角度，提出广州作为主枢纽港的发展设想。陈再齐等（2005）在对广州港口经济发展进行系统分析的基础上，从广州港对城市经济的影响以及城市经济对广州港发展的反馈两个方面，对广州港与城市经济发展的互动关系进行了系统研究。梁国昭（2008）研究了历史时期广州港口码头的位置变化，指出港口码头的空间迁移对城市的空间拓展产生引导作用，对城市形态发展具有重要影响。谭卡（2009）从现代化综合物流体系入手，对广州港无水港选址布局进行系统分析，并给出了无水港选址实施方案。桑曼乘（2010）将广州港口发展划分为3个阶段：内河港阶段、河口港阶段、沿海港阶段，并对广州港的地位、港口与城市发展的协调程度进行了研究，提出了广州港的发展战略。陈再齐等（2010）研究了广州市港口服务业的空间分布特征及其形成机制，认为港口服务业空间分布特征是在区位因素、行业内在特性、港口空间系统演化、城市规划与建设以及信息技术革新等因素协同作用下的综合表现。唐宋元（2011）从经济关系、地理关系、管治关系与文化关系等方面分析了广州港-城关系的现状及存在问题，并提出了港-城关系互动协调发展的对策建议。

第三节　小结

回顾国内外有关港口发展、港口体系与港口网络、港-城关系与港口-区域关系的地理研究，可以发现相关研究存在着认识论的动态变化过程。近年来，港口研究在港口概念化方面经历了一个认识论上的根本转变，从单独固定的空间实体转变成基于物流整合的港口-终端网络。港口区域化发展背景下，港口发展、港口体系与港口网络均呈现有别于传统的新特征和模式，港口和港口体系的这些变化进而对港口与城市、区域的关系产生了颠覆性的影响，表现出与以往明显不同的演化路径。国外学术界对这些新变化以及新领域进行了较为深入的探讨，而在国内，相关前沿领域的研究尚处于引入和探索阶段。

在全球物流与供应链发展驱动下，港口区域化成为港口发展的重要特征与趋势。可以说，西方港口发展模型从20世纪80年代以来并未取得实质性进展，直到罗特本和罗德里克在21世纪初明确提出港口区域化的概念，才重新激活了对这个领域的探讨。尽管有学者对港口区域化概念的实质性内涵提出了质疑，但港口区域化无疑较为准确地概括了港口区位分裂、港口内陆终端（陆港）发展等港口网络化发展的新趋势特征，将港口的发展观拓展到传统边界之外的更大地理空间范围，较好地反映了现代港口发展的结构性转换过程和特征。自港口区域化理论通过酝酿准备到正式提出以来，港口区域化理论和相关领域研究在西方发达国家得到了较好地充实与发展。相比之下，国内关于港口发展的基础理论研究，主要是基于引入国外港口发展理论的实证研究和具体化应用，原创性的基础理论成果较少，对国外最新取得的港口区域化等理论成果，尚未进行重点关注与普遍接受。全球化和区域化是既并行又相互依赖的现象，以西方为基础或是为中心的港口发展模型与理论不可能普遍实用，不可能充分地解释其他区域最近的和具体的变化，特别是在亚洲（Arasaratnam，1992）。因此，继承和发展西方港口发展理论成果，并结合我国实际进行深入的实证研究，对西方港口发展理论进行充实和发展，显得尤为重要。

在港口体系与港口网络研究方面，国外学术界在研究视角、研究方法和理论模式等方面都已比较深入而成熟，尤其是在港口体系演化模式、港-城空间关系、港口腹地关系等方面取得了较为丰硕的成果。西方地理学者对港口体系的关注，其聚焦重点经历了由发达国家港口体系到发展中国家（特别是东亚和非洲国家）港口体系，再到（欧洲、北美）集装箱港口体系、发展中国家集装箱港口体系不断变化的过程。从总体上来看，国外学者对我国大陆港口体系的关注较少，但进入21世纪以来我国港口体系的快速发展吸引了部分国外学者的关注。国内不少学者对港口体系和集装箱港口体系的空间结构、竞争格局、发展模式与演化机制等进行了研究，但大多仍处于对国外理论成果的介绍、引进阶段。如何在国外学术界理论成果的基础上，结合我国实际进行理论探索、创新和模型构建，仍有待加强和深化。综观国内外对港口体系和港口网络的研究，它们具有3个方面的特点：其一，过多地侧重于港口体系模型的构建，往往会忽略对相关历史、文化、制度、政策等因素的考察；其二，主要聚焦于集装箱海港体系和网络，对于散货、客运港口、内河港口、内陆终端（旱港）的关注相对较少；其三，研究多集中于港口体系中枢纽港、门户港的发展，对衰落港口和小港口的研究相对不足。

在港口-城市关系与港口-区域关系研究方面，国外在理论模型和规划实践上均取得了丰硕成果。国内对港口与城市（区域）相互关系的研究明显滞后，对实践的指导作用还比较弱。无论是对国外还是对国内而言，以往的研究大都侧重于港口对城市（区域）的单方面影响，这方面的定性、定量研究都比较充分，而城市（区域）对港口发展的影响、港口与城市（区域）的相互关系研究则相对薄弱。近年来，港口-城市（区域）关系方面的研究呈现如下趋势：其一，在研究地域对象上，国际研究热点开始向中国、非洲等发展中国家和地区转移，通过后发地区的实证研究对传统的理论模型进行修正；其二，在研究视角方面，港口地理研究逐步摆脱了传统以港口为绝对中心的研究视角，从海向视角、企业视角和物流视角开展对港口-城市（区域）关系的研究逐步受到重视（庄佩君，2011）；其三，在研究方法方面，跨学科综合研究的特点愈发明显，研究方法从定性描述转向定性与定量相结合的同时，综合性研究手段受到青睐。伴随着航运技术的革新和现代物流的发展，现代港口发展的功能综合化和空间区域化趋势愈发明显，从而驱动港口-城市关系和港口-区域关系逐步发生重构，这方面的相关研究越来越受到关注和重视，但仍存在相当大的空间。

从不同层面港-城关系的研究成果来看，不少学者从不同空间尺度对港-城空间关系进行了研究。国外学者迪克吕埃和李（Ducruet and Lee，2006）从全球层面对港-城规模耦合关系进行了研究，从全球层面挑战了港口和城市在功能和空间上相分离的传统观点。国内学者运用迪克吕埃模型对全国的港-城规模和功能耦合关系进行了研究。不少国内外学者对区域港口体系演化进行了研究，并不断对演化的理论模式进行发展，但对区域层面港口体系与城市体系的耦合关系研究略显不足。在港市层面，不少学者对不同港口城市的港-城空间关系进行了实证研究，根据港口外移等驱动因素，总结了港-城空间上相分离的趋势特征（Hoyle，1989）。这是对港-城空间关系普遍性规律的一种总结归纳，但这种规律特征在发展中国家的具体表现如何，中国等发展中国家港口城市的港－城空间关系是否也符合这种规律特征，仍有待进行更多、更广泛的实证研究。在港区层面，大量学者聚焦于港－城界面以及老港区的港－城关系，总结了不同的模式和特征，但港区尺度的港－城空间关系研究仍有待系统地充实发展。值得一提的是，国外学者总结了不同的港口城市空间结构模型，但当前我国很多港口城市都是巨型城市与国际化大港的组合，不同港区的港－城空间关系研究，在一定程度上可以借鉴国外港口城市的空间结构模型。

本书从区域、港市和港区尺度对珠江三角洲地区的港－城关系进行研究。国内外研究综述表明，港航领域的革新和现代物流的发展，正驱动港－城关系发生重构。从现有研究来看，有关港－城关系的研究大多以单个空间尺度为焦点，从不同空间尺度对港－城关系进行系统研究，探讨不同空间尺度关系的演化、相互作用及形成机制，将是对现有研究的重要充实和发展。从国内港口地理研究的实证案例来看，对长三角、长江流域、环渤海等地区的港口发展和港口体系的研究成果较为丰富和系统，而对珠江三角洲地区的研究显得较为薄弱。

第三章 珠江三角洲地区港口体系的发展演化

珠江三角洲地区作为我国改革开放以来外向型经济发展的典型，与全球其他经济体及地区间建立起了紧密的经贸联系，在此过程中驱动了区域港口体系的快速发展，也相应形成了具有典型性的港－城地域系统。

第一节 区域城镇化与城镇体系演化

一 珠三角地区的城镇化发展历程

珠三角地区城镇发展的历史悠久，广州、佛山和肇庆（古称端州）等城镇均有上千年的发展历史。但长期的自然经济和封建制度在一定程度上阻碍了城镇化的发展，直至1949年，珠江三角洲地区城镇人口占总人口的比重仅为28.5%。新中国成立以后，珠三角地区的城镇化经历了一个曲折的发展过程，直到改革开放以后，城镇化才开始步入加速发展的轨道。

1. 改革开放以前的曲折缓慢发展

在明清以前漫长的发展历程中，珠三角地区的生产方式以自然经济为主要特征。明末清初，商品经济的地位在珠三角地区初步确立，真正意义上的城镇化进程开始启动。鸦片战争爆发后，珠三角地区受资本主义生产方式和商品经济的影响，广州等区域经济中心的商业贸易迅速发展，城市功能开始呈现现代商业中心的特征。民国时期，珠三角地区的民族工业得到一定的发展，广州的城镇人口大幅度增加，1936年已超过130万，成为珠三角第一个人口超过100万的城市。

从新中国成立到改革开放的近30年，珠江三角洲作为当时的国防前线和边远地区，国家投资较少，加上经济上的闭关政策以及国际上的封锁，使得商品经济发展明显受到限制，城镇化进程明显放缓，城镇人口以自然增长为主。1982年，珠三角地区城镇化水平为22.7%，相比新中国成立初期明显下降。除广州在新中国成立之初已成为特大城市外，珠三角地区没有新增超过20万人口的中等城市，10万～20万人口规模的小城市也只有佛山、江门、肇庆和中山。1980年，广州工业总产值占珠三角地区的63%，城镇人口规模是第2位城市的2～3倍。

2. 改革开放以来的加速发展阶段

改革开放以后，随着经济体制改革和对外开放政策的实施，珠三角地区经济开始步入快速发展的轨道，城镇人口迅猛增长，城镇化进程快速推进。

改革开放初期，户籍制度限制了人口的迁移流动，珠三角地区经济的快速发展没有充分吸引城镇人口的聚集。1980年，珠三角地区的非农业人口为469.38万，城镇化水平为28.40%；广州的非农业人口为228.94万，占珠三角地区的比重超过50%，城市体系的首位特征明显。

20世纪80年代，珠三角地区的大、中、小城市和小城镇都获得较快发展，随着经济体制改革的深化，人口迁移限制的放松导致外来人口迅速向珠三角地区集聚。珠三角地区城镇人口在1980～1990年的年均增长率高达9.63%，1990年区域城镇人口增长至1188.90万，城镇化水平提高到50.17%，深圳、珠海、东莞、惠州、佛山、江门等城市的人口规模都超过了50万。

20世纪90年代，珠三角地区城镇人口继续保持着快速增长的势头，年均增长率仍高达9.62%，2000年城镇人口已达2981.23万，城镇化水平进一步提升至69.49%。与此同时，区域内的城市数量明显增加，经过20世纪80年代的整县为市、设地级市，1990年珠三角地区共设9个地级市。

2000年以后，珠三角地区人口增长的势头有所趋缓，2012年城镇化水平达到83.84%，城镇人口达477019万，年均增长率为3.99%，相当于平均每年增加一个约150万人口规模的城市。经过改革开放30多年的发展，珠三角地区涌现了多个人口超500万的城市，已成为我国大城市较密集、经济发展水平较高的经济区域之一。

二 珠三角地区城镇空间格局演化

1. 改革开放前的城镇空间格局演化

改革开放以前，珠三角地区城镇空间格局的演化在很大程度上受港口发展的影响和驱动，港口的崛起与兴衰明显影响着区域内港口城市的地位更替，从而对区域城镇空间格局的演化产生影响。改革开放以前，珠三角地区的城镇空间格局演化可划分为3个阶段："单中心"阶段、穗-澳"双中心"阶段和穗-港"双中心"阶段（见图3-1-1）。

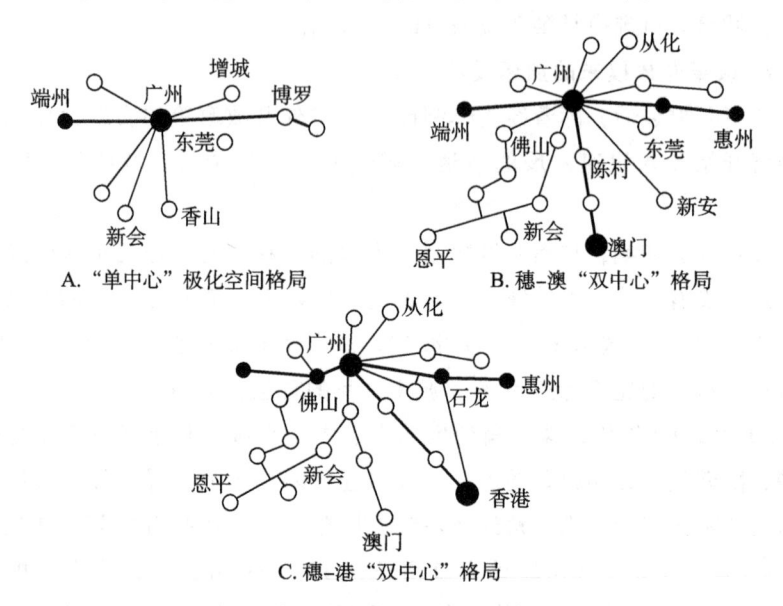

图 3-1-1　改革开放前珠三角地区城镇空间格局演化

资料来源：李红卫（2005）。

第一，"单中心"阶段。宋代以前，除广州发展成重要的商贸型中心城市外，珠三角地区没有形成明显的城镇体系。宋元时期，广州港口功能得到提升，港口贸易进一步发展，与周边地区联系有所加强，区域性城镇体系开始萌芽。广州作为区域性中心城市的地位得以确立，珠三角地区的城镇空间格局表现为以广州为核心的"单中心"结构。元代，珠三角地区开始形成以广州为核心、珠江为发展轴的简单城镇空间体系。

第二，穗-澳"双中心"阶段。明清时期，广州重新恢复成为全国最大的港口。16世纪以后，澳门被葡萄牙人占领后，澳门港崛起成为一个重要的国际贸易港，澳门港的崛起改变了珠三角地区广州港一港独大的格局。相应的，广州、澳门成为珠三角地区的中心城市，并有力地推动了珠三角地区的商品经济繁荣，促进了区域城镇体系的发展。珠江沿岸出现了大批城镇，一批城镇沿珠江东西向发展轴和广州-澳门南北向发展轴布局，珠三角地区城镇体系呈现为以广州、澳门为双中心的"T"形城镇空间发展格局。

第三，穗-港"双中心"阶段。第一次鸦片战争后，香港凭借转口贸易崛起成为近代东亚商贸中心及工业中心，而澳门则相对衰落，香港与澳门在珠三角地区的中心地位发生了变化。广州则依托良好的发展基础，向综合交通枢纽、现代工商业和贸易金融中心的方向转变，演变为综合型区域经济中心。珠三角地区城镇体系空间格局，由以广州、澳门为双中心的"T"字形格局，转变为以广州、香港为双中心的"T"字形格局。

新中国成立后到改革开放前，由于实施闭关自守的政策，珠三角与香港、澳门间的交往联系被限制。广州作为区域中心城市，城市功能有所衰退，区域城镇体系发展较为缓慢。

2. 改革开放以来的城镇空间格局演化

改革开放后，珠三角地区由于具有优越的地理区位、优惠的政策条件、有利的国际和国内环境，吸引了资金、技术、人才的迅速集聚。大量外资的持续涌入，使得珠三角地区步入了快速工业化、城镇化的轨道，珠三角城镇空间结构发生了巨大变化，逐步形成了多中心网络化的空间格局（见图3-1-2、图3-1-3）。

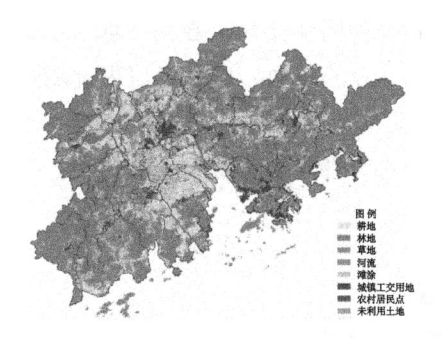

图3-1-2 1990年珠三角地区城镇格局
资料来源：普军（2004）。

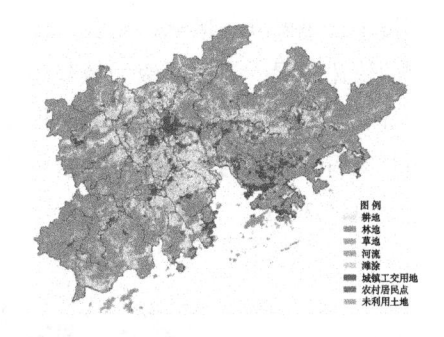

图3-1-3 2000年珠三角地区城镇格局
资料来源：普军（2004）。

经济特区的建设以及港资的持续涌入，使得深圳迅速崛起成为区域性中心城市，与香港共同构成珠三角地区的东部核心。广州及与之临近的佛山也吸引了众多资本和企业的进驻，城市规模快速扩张，逐步发展成为珠三角地区的中部核心都市圈。由此，珠三角地区原有的"双中心"空间格局进一步扩展，广佛、港深两大都市区共同构成了珠三角地区的两大核心。同时，佛山、东莞、中山、珠海、江门、肇庆也相继成长为大城市，区域空间格局逐步由双中心向两核、多中心的网络化格局演变。珠三角地区初步形成了三大都市经济圈：以香港和深圳为中心的东岸都市圈、以广州为中心的中部都市圈和以澳门、珠海为中心的西岸都市圈（见图3-1-4）。

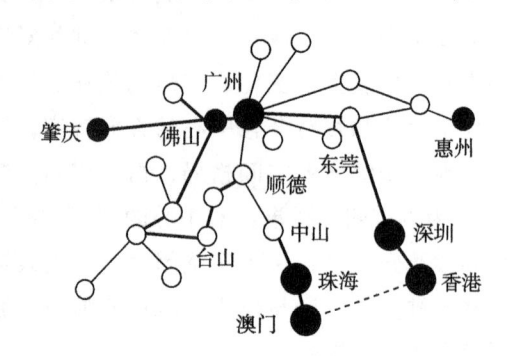

图3-1-4　20世纪末珠三角地区的城镇群网络
资料来源：李红卫（2005）。

进入21世纪后，珠三角地区的工业化和城镇化出现了明显的转变。经济全球化、区域一体化进程的纵深推进成为新的发展动力，在现代通信、基础设施和物流网络影响作用下，城市间的空间、时间距离明显缩减，区域一体化趋势不断增强，正逐步发展成为全球城市区域。珠三角城镇体系获得了长足发展，区域内各类规模等级的城镇逐步发育完善。大量中小城市的快速发展、不同层级城镇作为新增长中心的出现，以及区域内部城镇经济联系的不断强化，使得原有区域性中心城市在区域经济中的极化作用相对减弱，区域的内部差异逐步缩小，区域均衡网络化发展的趋势特征明显（见图3-1-5、图3-1-6）。

图3-1-5　2007年珠三角地区城镇格局
资料来源：《大珠江三角洲城镇群协调发展规划研究》。

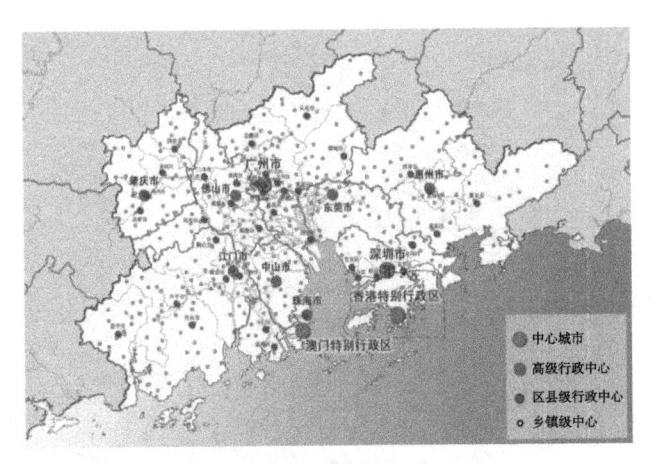

图 3-1-6　珠三角地区城镇多中心空间格局

资料来源：《大珠江三角洲城镇群协调发展规划研究》。

在区域协调发展战略的引导下，珠三角区域发展开始逐步突破行政区划的限制，经济要素在城镇群内部更加合理的配置和高效流动，形成了较为紧凑的城镇空间组织模式。珠三角地区城镇体系的空间集聚，首先表现为广州、深圳、珠海3个核心城市的集聚，大珠三角的层面则体现为广佛都市区、深港都市区和珠澳都市区3个都市区的集聚；其次表现为珠三角中部地区广佛肇都市圈、东岸深莞惠都市圈和西岸珠江中都市圈三大都市经济区圈的集聚。在此基础上，以城镇群核心城市、区域级综合性中心和次区域级专业化中心等不同规模等级的城市为中心，以专业镇和产业园区为节点，构成了珠三角地区层级分明的多中心城镇群空间网络体系（见图3-1-7、图3-1-8）。

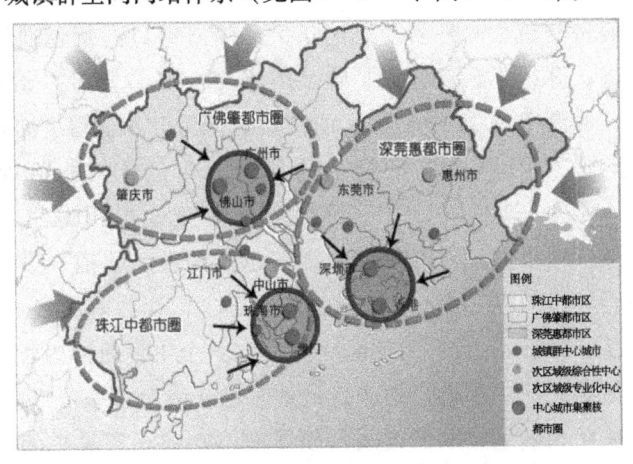

图 3-1-7　2007年珠三角地区都市圈格局

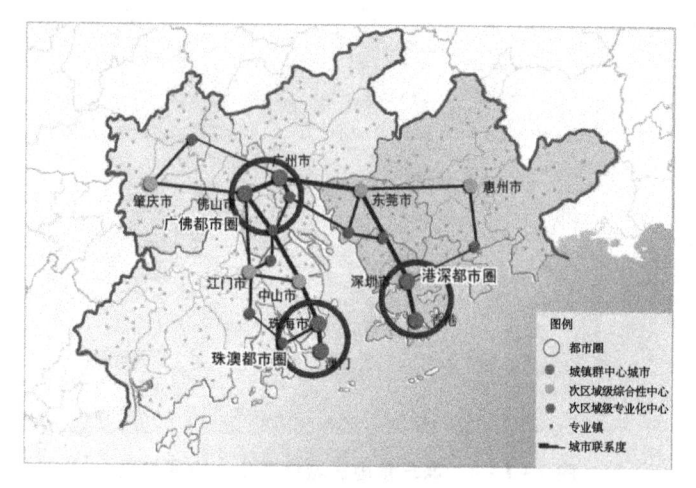

图 3-1-8 珠三角地区城镇多中心城镇群空间格局

第二节 港口体系的发展历程

一 我国沿海港口体系的发展

我国有 18000 公里海岸线，具有发展海洋运输的天然优势。新中国成立初期，我国港口数量少，沿海仅有 6 个港口、泊位 133 个，港口码头设施差、等级低，主要依靠人工进行装卸作业。全国港口货物吞吐量约为 0.1 亿吨，几乎没有国际航运。在之后相当长一段时期内，我国港口都处于缓慢恢复发展阶段，直到 19 世纪 70 年代中期，我国对外关系开始逐步改善，对外经济交流、对外贸易迅速扩大，沿海港口的货物通过能力出现不足，沿海港口开始不断新建和扩建。1978 年年底，全国主要港口泊位数达到 735 个，沿海港口 20 个，深水泊位达到 133 个，全国货物吞吐量增加到 2.8 亿吨，其中沿海港口货物吞吐量为 1.9 亿吨，外贸货物吞吐量 0.595 亿吨（黄杰，2011）。1978 年沿海地区率先改革开放后，沿海地区，特别是沿海港口城市和经济开发区步入跨越式的发展轨道，沿海港口的建设步伐加快。经过 20 年的建设发展，20 世纪末，我国基本形成了以大连、天津、秦皇岛、青岛、上海、广州、深圳等 20 个主枢纽港为骨干，地方性重要港口作为补充，中小港口适当发展的多层次港口体系。进入 21 世纪以来，经济全球化和航运技术的发展，使得港口在国际贸易中的战略地位日益提升，港口成为国家推进对外开放的战略支点，成为沿海地区推进外向型工业化、实现与国际经济对接的重要链接枢纽，港口发展更加注重大型化、专业化泊位建设，以及现代物流功能的拓展和港口服务水平的全面提升。2012 年，全国港口码头泊位数达 31862 个，万吨级及以上泊位为 1886 个，沿海港口码头泊位为 5623 个，万吨级及以上泊位 1517 个，全年完成货物吞吐量 107.76 亿吨（沿海完成 68.8 亿吨），外贸货物吞吐量为 30.56 亿吨（沿海为 27.86 亿吨），集装箱吞吐量完成 1.77 亿标准箱（沿海为 1.58 亿标准箱）（见图 3-2-1）。

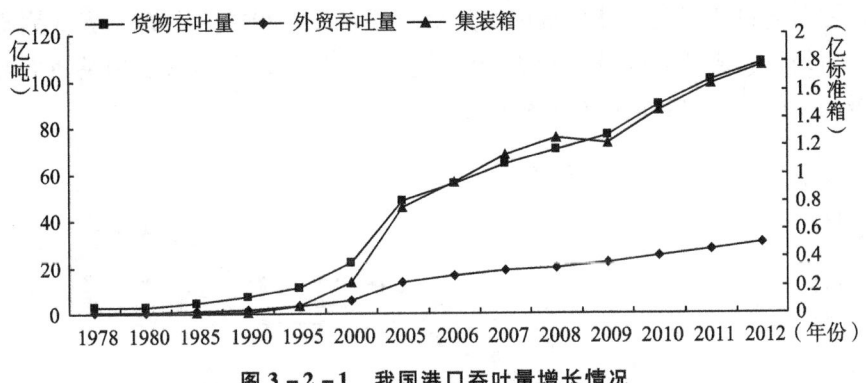

图 3-2-1 我国港口吞吐量增长情况

经过改革开放以来的快速发展，我国已成为世界港口大国、航运大国和集装箱运输大国，港口成为我国介入全球经济体系、融入经济全球化的重要桥梁与战略通道，对我国沿海地区经济的快速发展起了重要的支撑作用。目前，我国沿海业已形成 5 个规模较大、现代化水平较高的港口群，由北至南依次为：环渤海湾港口群、长三角港口群、东南沿海港口群、珠三角港口群和西南沿海港口群。其中，长三角港口体系以上海国际航运中心为核心、以江浙为两翼，包括上海港、宁波-舟山港、温州港、连云港港、南通港、苏州港、南京港、镇江港等港口；珠三角港口群以香港国际航运中心为核心、以深圳和广州为副中心，包括深圳盐田港、广州港、珠海港、中山港、惠州港等港口；环渤海湾港口群以大连、天津和青岛为中心，主要包括天津港、青岛港、大连港、秦皇岛港、营口港、黄骅港、唐山港、烟台港、锦州港、日照港、威海港等港口。三大港口群作为我国最主要的贸易门户，年集装箱吞吐量占全国总量的比重高达 90%。

二 珠三角港口体系的发展

珠江三角洲港口群地处外向型经济高度发达的珠江三角洲地区，是广东以及京广、京九和西江干流沿线地区的重要出海口。由于珠三角港口群腹地的资源缺乏，经济发展以"两头在外、大进大出"的外向型加工制造业为主导，能源、原材料和半成品大多从外地或国外输入，产品也以外部和国际市场为主，因此，区域经济发展对海上运输依赖程度较高，海上运输直接支撑和促进了区域港口群的发展。同时，珠三角港口群在珠三角地区以及广大腹地经济发展中发挥着不可替代的作用，是腹地参与国际经贸合作、介入全球生产体系的重要通道。改革开放以来，珠三角港口体系的吞吐量呈现快速增长的态势，2012年，珠三角、大珠三角港口完成的吞吐量分别为10亿吨和13亿吨，分别占全国港口吞吐量的10.1%和12.6%（见图3-2-2）。

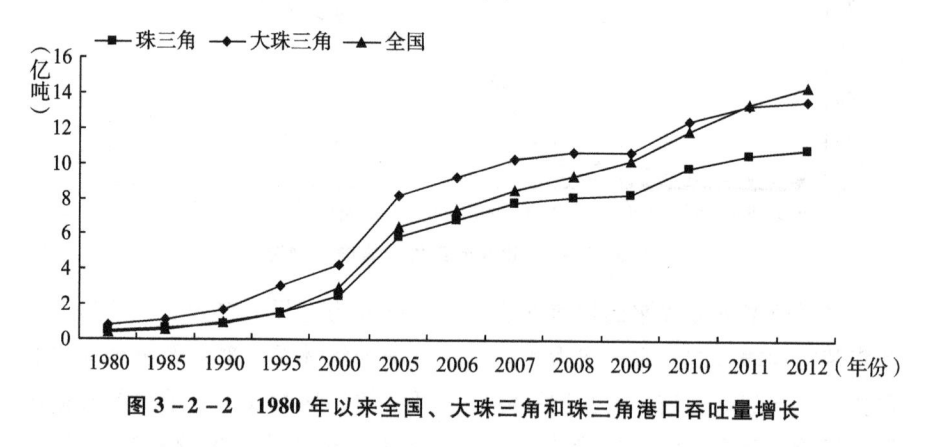

图3-2-2　1980年以来全国、大珠三角和珠三角港口吞吐量增长

改革开放以来珠三角区域经济的腾飞，促进了港口体系的快速发展和壮大，形成了以香港、广州和深圳3个枢纽港为中心，佛山、东莞、惠州、珠海、中山、江门、肇庆及澳门等中小港口共同发展的区域港口体系。香港、广州、深圳是珠三角地区港口体系中对外海运的主要枢纽港。其中，香港、深圳是珠三角外贸集装箱运输干线港，承担了腹地大部分的外贸集装箱运输。广州港则依托江海联运优势，成为腹地煤炭、油气品、钢材等能源和原材料运输的综合性枢纽港。港口体系内其他港口主要利用地处珠三角地区的区位优势，为香港、深圳和广州等区域枢纽港提供喂给和集散运输服务，并在各地临港经济发展中发挥着重要作用。

从大珠三角港口体系内部港口的发展情况来看，各港口自改革开放以来均呈现较快的增长势头，但内部各港口增长的差异化也比较明显。香港作为大珠三角地区的国际性枢纽港，吞吐量在改革开放初期要明显高于广州、深圳。但改革开放后，特别是20世纪90年代以来，广州、深圳的吞吐量增长要明显快于香港。2004年，广州港的吞吐量开始超过香港成为吞吐量最大的港口。其他中小港口由于港口吞吐量的基数较小，在腹地经济跨越式增长的驱动下呈现较快的增长势头。1992~2002年，惠州、东莞的港口吞吐量增长分别高达26.94%和18.62%，2002年吞吐量分别为1992年的10.86倍、5.52倍。2002~2012年，惠州、东莞、中山、肇庆的港口吞吐量年均增速均在20%左右，肇庆高达22.56%（见表3-2-1、图3-2-3）。

表3-2-1 大珠三角各港口吞吐量增长情况

港口	1992~2002年		2002~2012年	
	年均增速（%）	倍数	年均增速（%）	倍数
广州	9.98	2.59	10.40	2.69
深圳	16.19	4.48	10.03	2.60
珠海	10.32	2.67	12.72	3.31
佛山	15.51	4.23	4.32	1.53
惠州	26.94	10.86	18.58	5.50
东莞	18.62	5.52	19.07	5.73
中山	9.19	2.41	19.75	6.06
江门	10.74	2.77	12.33	3.20
肇庆	8.77	2.32	22.56	7.64
香港	6.48	1.87	3.41	1.40

资料来源：历年《中国港口年鉴》、《广东统计年鉴》和各市统计年鉴。

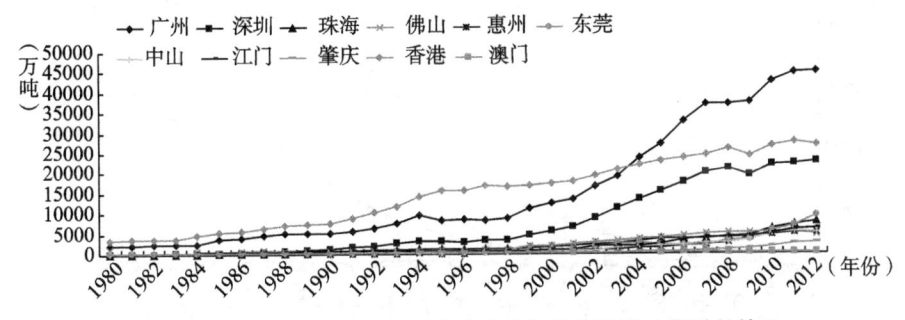

图3-2-3 1980~2012年以来大珠三角各港口吞吐量增长情况

进入20世纪90年代以来，珠三角地区港口的集装箱吞吐量增长速度更加迅猛。1994~2002年，深圳、惠州、江门、广州和佛山的港口集装箱吞吐量均超过30%，深圳和惠州分别为59.93%、58.75%。2002～2012年，肇庆、东莞、广州、佛山的港口吞吐量年均增速均超过20%，肇庆和东莞分别高达33.27%、27.31%。香港的港口集装箱吞吐量增速相对珠三角的港口而言，则明显较慢，其在1994～2002年、2002～2012年的年均增速分别仅为7.11%和1.9%（见表3-2-2、图3-2-4）。

表3-2-2 大珠三角各港口集装箱吞吐量增长情况

港口	1994～2002年 年均增速（%）	倍数	2002～2012年 年均增速（%）	倍数
广州	33.07	9.83	21.10	6.79
深圳	59.93	42.80	11.66	3.01
珠海	3.27	1.29	8.90	2.35
佛山	30.81	8.57	20.30	6.35
东莞	24.86	5.91	27.31	11.18
中山	23.23	5.32	7.37	2.04
江门	47.94	22.95	1.59	1.17
惠州	58.75	40.34	6.06	1.80
肇庆	13.04	2.67	33.27	17.68
香港	7.11	1.73	1.90	1.21

资料来源：历年《中国港口年鉴》、《广东统计年鉴》和各市统计年鉴。

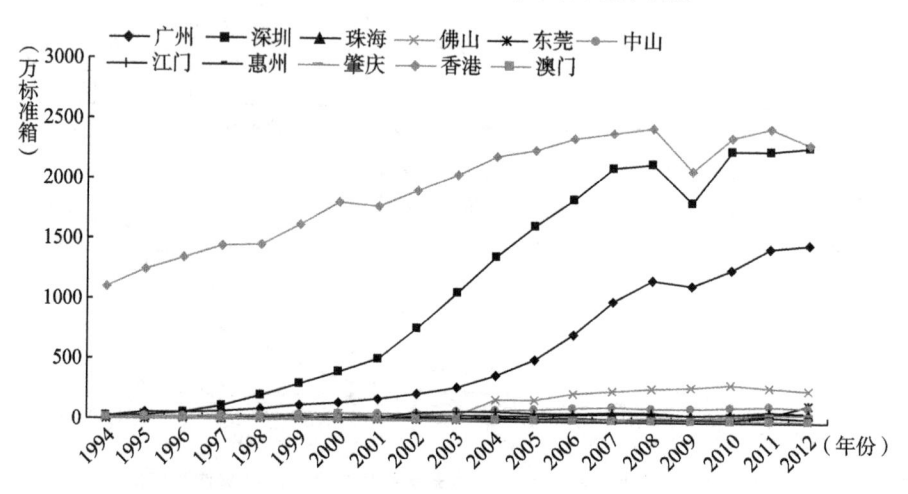

图3-2-4 1994年以来大珠三角各港口集装箱吞吐量增长情况

第三节　港口体系的规模结构特征

一　港口体系的首位特征

马克·杰斐逊（M. Jefferson）于1939年首次提出的城市首位度，已成为衡量地区首位城市集聚程度的最常用指标。为了弥补城市首位度这一指标无法反映首位城市在整个城市体系中的集中程度的缺陷，戴维斯提出了4城市指数的概念，周一星（1999）提出了城市首位比的概念。在对珠三角港口体系空间结构的研究中，借鉴城市首位分析的理念，用港口首位度、四港口指数和首位比这3个指标来衡量港口体系在首位港口的集中程度。其中，港口首位度为港口体系内首位港口与第二大港口的吞吐量之比（$PPD_j = X_{1f}/X_{2j}$），PPD_j为第j年的港口首位度，X_{1f}为第j年首位港口的吞吐量，X_{2j}为第j年第二大港口的吞吐量；四港口指数则表示首位港口吞吐量与第2至4位港口吞吐量总和之比 [$P_{4j} = X_{1f}/(X_{2j} + X_{3j} + X_{4j})$]，$P_{4j}$为第$j$年的四港口指数，$X_{3j}$、$X_{4j}$分别为第$j$年第三、第四大港口的吞吐量；港口首位比为首位港口与港口体系总吞吐量之比（$PPR_j = X_{1f}/X_j$），X_j为第j年珠三角港口体系的总吞吐量；此外，还有11城市指数，即首位港口与第2到第11位港口规模之和的比值乘以2。PPD和PPR的值越大，表示港口体系在首位港口的集中程度越高。

大珠三角港口体系的集装箱吞吐量首位度呈现明显的下降趋势，而货物吞吐量的首位度虽有波动但总体比较稳定。从集装箱吞吐量首位度来看，1994年首位港香港港的集装箱吞吐量为1105万标准箱，为第二大港口集装箱吞吐量的41.23倍，香港港一港独大，港口体系首位分布特征明显。随后，尤其是进入21世纪以来，深圳港的集装箱吞吐量增长迅猛，2012年深圳港的集装箱吞吐量达到1994年的128.9倍，而香港港仅为2.1倍。由于香港港与深圳港集装箱吞吐量增长速度的巨大差距，大珠三角港口体系的集装箱吞吐量首位度从1994年的41.23持续下降到2012年的1.01，首位港口一直为香港港，直到2013年深圳港取代香港港成为大珠三角港口体系中的首位港口。从货物吞吐量来看，大珠三角港口首位度在 1985～2012 年大致经历了上升、下降之后再上升的斜"N"形波动态势。从 1985 年的 1.45 增长到 1997 年的 2.02，之后降到 2003 年的 1.08，随后又增长至 2012 年的 1.68。在 2003 年及其之前，香港港是大珠三角港口体系中货物吞吐量的首位港口，但首位度自 1998 年以来逐年下降，由 1997 年的 2.02 降到 2003 年的 1.08，排位第 2 位的广州港已与香港港差距很小，表明香港港的港口地位开始下降，而广州港地位明显上升。2004 年，广州港货物吞吐量超过了香港港，取代香港港成为大珠三角港口体系货物吞吐量的首位港口；2004 年之后，首位度有所上升，2012 年达到 1.68，表明广州港的地位不断得到强化（见图 3-3-1）。

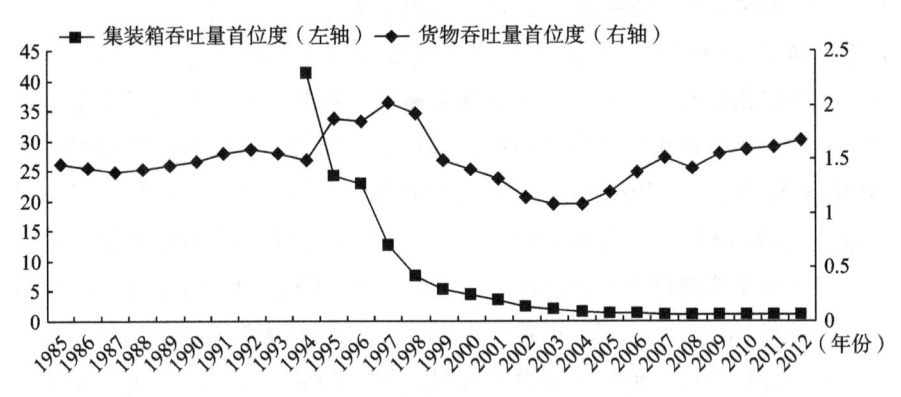

图 3-3-1 大珠三角港口首位度变化

珠三角港口体系的集装箱吞吐量首位度呈现先升后降的特征，而货物吞吐量首位度则呈现持续降低的态势。1994～2012 年，以集装箱吞吐量角度衡量的珠三角港口首位度的最大值出现于 2003 年，首位港深圳港的集装箱吞吐量为第二大港广州港的 3.85 倍。1994～2003 年，该指标总体处于上升态势中，这主要是因为深圳港集装箱吞吐量增长迅猛，远超广州港。2003 年之后，珠三角集装箱吞吐量首位度逐步下降，这主要是因为深圳港的集装箱吞吐量增长慢于广州港，2012 年深圳港集装箱吞吐量仅为 2003 年的 2.2 倍，与广州港（5.3 倍）、佛山港（5.6 倍）的增长速度有一定差距。从货物吞吐量来看，珠三角港口体系货物吞吐量的首位度则从 1985 年的 6.70 经多次波动降到 2012 年的 1.98，总体上呈现持续下降的态势（见图 3-3-2、表 3-3-1）。

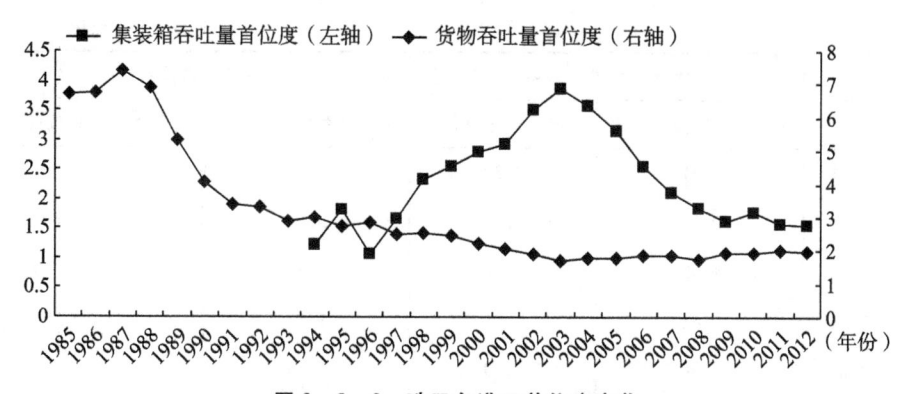

图 3-3-2 珠三角港口首位度变化

表 3-3-1 大珠三角和珠三角港口体系首位度

年份	大珠三角港口体系		珠三角港口体系	
	集装箱吞吐量首位度	货物吞吐量首位度	集装箱吞吐量首位度	货物吞吐量首位度
1985	—	1.45	—	6.70
1986	—	1.42	—	6.75
1987	—	1.38	—	7.39
1988	—	1.40	—	6.90
1989	—	1.44	—	5.33
1990	—	1.48	—	4.05
1991	—	1.55	—	3.40
1992	—	1.59	—	3.31
1993	—	1.55	—	2.89
1994	41.23	1.49	1.21	3.00
1995	24.27	1.87	1.81	2.71
1996	22.85	1.85	1.06	2.82
1997	12.56	2.02	1.67	2.50
1998	7.46	1.92	2.32	2.53
1999	5.43	1.49	2.55	2.43
2000	4.53	1.40	2.79	2.19

续表

年份	大珠三角港口体系 集装箱吞吐量首位度	大珠三角港口体系 货物吞吐量首位度	珠三角港口体系 集装箱吞吐量首位度	珠三角港口体系 货物吞吐量首位度
2001	3.51	1.32	2.92	2.04
2002	2.51	1.15	3.51	1.91
2003	1.92	1.08	3.85	1.71
2004	1.61	1.08	3.58	1.76
2005	1.40	1.19	3.14	1.78
2006	1.27	1.38	2.55	1.86
2007	1.14	1.51	2.11	1.85
2008	1.14	1.42	1.83	1.75
2009	1.15	1.55	1.61	1.94
2010	1.05	1.59	1.77	1.92
2011	1.08	1.61	1.57	2.01
2012	1.01	1.68	1.56	1.98

大珠三角和珠三角的集装箱、货物吞吐量四港口指数，除珠三角集装箱四港口指数在1994~2003年表现为上升外，总体上均呈现下降态势。四港口指数表示首位港口吞吐量与第2位至第4位港口吞吐量总和之比，可以反映首位港口在前4位港口中的地位。对于大珠三角港口体系，以集装箱吞吐量衡量的四港口指数在1994~2013年主要处于下降态势，从1994年的16.57下降到2012年的0.57。而以货物吞吐量衡量的大珠三角四港口指数则呈现截然不同的趋势，即先平稳后波动再至平稳状态的趋势，但总体而言，四港口指数有所降低。1985~1993年，该指数在1.05~1.13波动，之后由1994年的1.02上升至1998年的1.24，然后降至2005年的0.64，2006~2012年，该指数在0.71~0.78波动。对于珠三角港口体系，以集装箱吞吐量衡量的四港口指数在1994~2012年呈现先升后降的态势，从1994年的0.52增至2003年的2.46，之后降至2012年的1.22。而以货物吞吐量衡量的珠三角四港口指数则主要呈现下降态势，从1985年的2.66下降至2012年的1.13（见图3-3-3、图3-3-4、表3-3-2）。

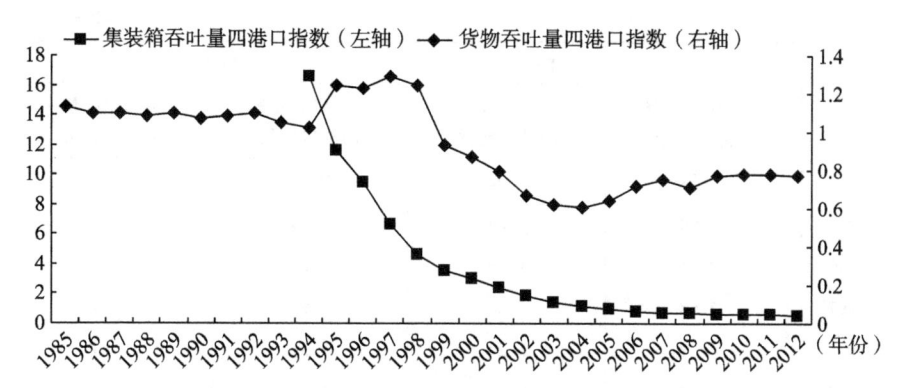

第三章 珠江三角洲地区港口体系的发展演化 | 079

图 3-3-3 大珠三角港口体系四港口指数变化

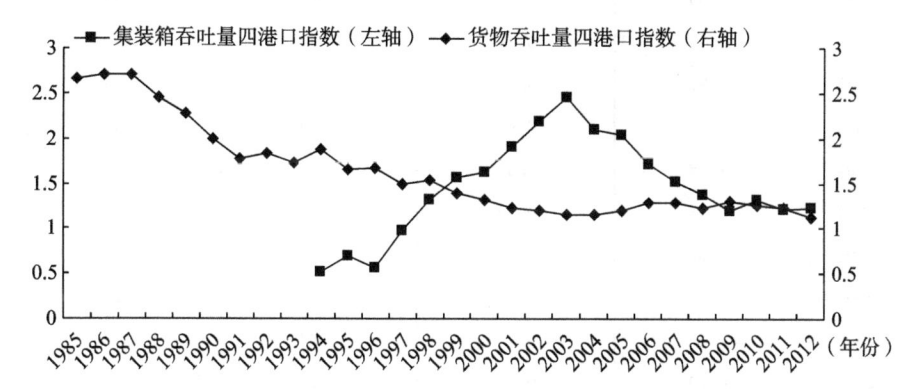

图 3-3-4 珠三角港口体系四港口指数变化

表 3-3-2 大珠三角和珠三角港口体系四港口指数

年份	大珠三角港口体系		珠三角港口体系	
	集装箱吞吐量四港口指数	货物吞吐量四港口指数	集装箱吞吐量四港口指数	货物吞吐量四港口指数
1985	—	1.13	—	2.66
1986	—	1.10	—	2.70
1987	—	1.10	—	2.70
1988	—	1.08	—	2.46
1989	—	1.10	—	2.28
1990	—	1.07	—	1.99
1991	—	1.08	—	1.78
1992	—	1.10	—	1.83
1993	—	1.05	—	1.73

续表

年份	大珠三角港口体系 集装箱吞吐量四港口指数	大珠三角港口体系 货物吞吐量四港口指数	珠三角港口体系 集装箱吞吐量四港口指数	珠三角港口体系 货物吞吐量四港口指数
1994	16.57	1.02	0.52	1.87
1995	11.64	1.24	0.70	1.65
1996	9.51	1.23	0.56	1.67
1997	6.68	1.29	0.98	1.49
1998	4.58	1.24	1.31	1.53
1999	3.53	0.93	1.56	1.39
2000	3.05	0.87	1.63	1.31
2001	2.42	0.79	1.91	1.23
2002	1.82	0.67	2.18	1.19
2003	1.44	0.62	2.46	1.15
2004	1.14	0.61	2.10	1.16
2005	0.98	0.64	2.04	1.19
2006	0.84	0.72	1.72	1.28
2007	0.71	0.75	1.52	1.28
2008	0.68	0.71	1.37	1.22
2009	0.64	0.77	1.19	1.30
2010	0.62	0.78	1.32	1.26
2011	0.61	0.78	1.21	1.23
2012	0.57	0.77	1.22	1.13

大珠三角和珠三角的集装箱、货物吞吐量港口首位比，除珠三角集装箱首位比指数在1994~2003年表现为上升外，总体上均呈现下降态势。港口首位比为首位港口与港口体系总吞吐量之比，可以反映首位港口在整个港口体系中的地位。对于大珠三角港口体系，从集装箱吞吐量的角度衡量的首位比从1995年的0.90降到2012年的0.34，表现为明显的下降态势。从货物吞吐量的角度衡量的首位比则呈现阶段性，但总体表现为下降，1985~1994年在0.45~0.47以较小幅度波动，1995~1998年在0.5左右小幅波动，之后下降至2004年的0.317。对于珠三角港口体系，从集装箱吞吐量的角度衡量的首位比在1995~2012年呈现先上升后下降的态势，从1995年的0.39增加为2003年的0.65，之后再降至2012年的0.50。从货物吞吐

量的角度衡量的首位比在 1985～2012 年呈现波动性下降的态势，由 1985 年的 0.598 在波动中下降至 2012 年的 0.415（见图 3-3-5、图 3-3-6、表 3-3-3）。

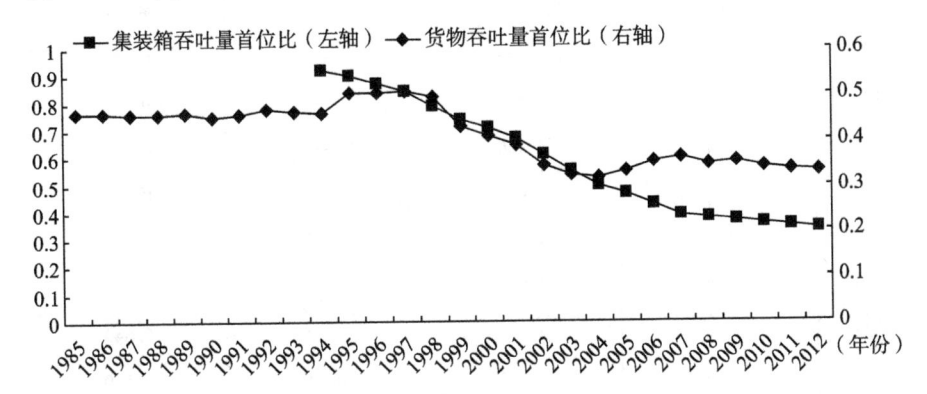

图 3-3-5 大珠三角港口体系首位比

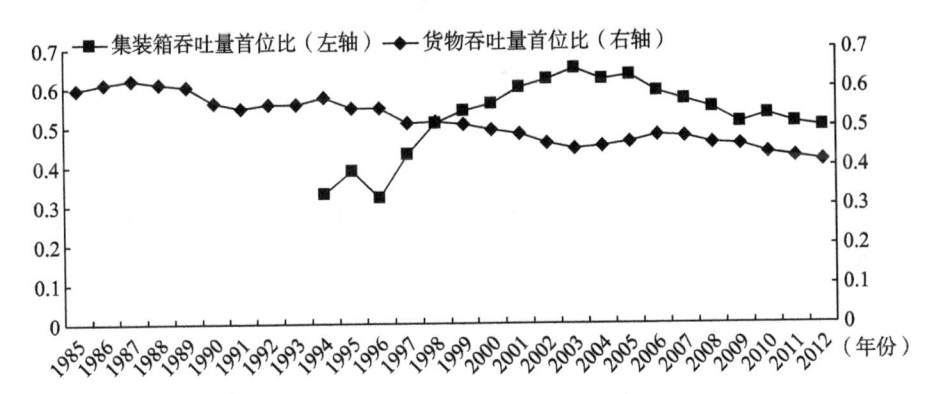

图 3-3-6 珠三角港口体系首位比

表 3-3-3 大珠三角和珠三角港口体系首位比

年份	大珠三角港口体系 集装箱吞吐量首位比	大珠三角港口体系 货物吞吐量首位比	珠三角港口体系 集装箱吞吐量首位比	珠三角港口体系 货物吞吐量首位比
1985	—	0.457	—	0.598
1986	—	0.457	—	0.610
1987	—	0.455	—	0.621
1988	—	0.454	—	0.610
1989	—	0.459	—	0.602

续表

年份	大珠三角港口体系 集装箱吞吐量首位比	大珠三角港口体系 货物吞吐量首位比	珠三角港口体系 集装箱吞吐量首位比	珠三角港口体系 货物吞吐量首位比
1990	—	0.449	—	0.563
1991	—	0.455	—	0.549
1992	—	0.466	—	0.558
1993	—	0.461	—	0.558
1994	0.92	0.458	0.33	0.576
1995	0.90	0.503	0.39	0.549
1996	0.87	0.501	0.32	0.549
1997	0.84	0.504	0.43	0.510
1998	0.79	0.493	0.51	0.513
1999	0.74	0.428	0.54	0.506
2000	0.71	0.408	0.56	0.494
2001	0.67	0.386	0.60	0.482
2002	0.61	0.343	0.62	0.458
2003	0.55	0.323	0.65	0.444
2004	0.50	0.317	0.62	0.451
2005	0.47	0.332	0.63	0.463
2006	0.43	0.353	0.59	0.478
2007	0.39	0.361	0.57	0.477
2008	0.38	0.345	0.55	0.457
2009	0.37	0.351	0.51	0.455
2010	0.36	0.341	0.53	0.435
2011	0.35	0.335	0.51	0.424
2012	0.34	0.332	0.50	0.415

总体而言，从用首位度、四港口指数、首位比衡量的大珠三角、珠三角港口体系首位特征来看，除了珠三角集装箱吞吐量的3项指标在1994～2003年表现为上升外，其他指标总体上均呈现下降的特征，表明大珠三角、珠三角港口体系首位港口的地位明显下降。大珠三角初步形成三门户

港口体系，珠三角则初步形成双门户港口体系。在大珠三角层面，从集装箱吞吐量的角度来看，2012年，深圳、香港、广州3港的集装箱吞吐量分别为2294万标准箱、2311万标准箱、1474万标准箱，均超过了1000万标准箱，3港集装箱吞吐量分别占大珠三角港口体系的33.3%、33.5%、21.4%，3港所占比例之和达到了88.2%。从货物吞吐量角度来看，2012年深圳、香港、广州3港的货物吞吐量分别为22807万吨、26930万吨、45125.2万吨，分别占大珠三角港口体系的16.8%、19.8%、33.2%，3港所占比例之和达到了69.8%。深圳、香港、广州3门户港口塑造了目前大珠三角港口体系的空间格局，大珠三角港口体系正逐渐进入Hayuth模型的第5阶段（Hayuth，1981）。在珠三角层面，从集装箱吞吐量的角度来看，2012年，深圳港、广州港的集装箱吞吐量分别占珠三角港口体系的48.4%、31.8%，而第三大港佛山港仅占5.2%，与深圳港、广州港相差很大；深圳港、广州港的集装箱吞吐量占珠三角港口体系之和在近几年一直保持在80%以上。从货物吞吐量的角度来看，2012年广州港、深圳港的货物吞吐量分别占珠三角港口体系的41.5%、21.0%，两者所占比例之和为62.5%。不论是从集装箱吞吐量还是从货物吞吐量的角度来看，珠三角港口体系均形成了双门户港口体系。

二 港口体系的集中与分散特征

反映港口空间集中程度的指标主要有基尼系数和赫希曼－赫芬达尔（H－H）指数。在港口体系空间分布的研究中，借鉴基尼系数反映分布均匀程度的原理，可以使用基尼系数测算港口吞吐量在港口体系的分布情况，以此来分析港口体系货流集中度的空间分布和变化情况。目前，基尼系数的计算存在许多公式和算法，而复杂的矩阵计算和多次排序使得相关方法显得复杂烦琐（曹有挥，1999），所以这里拟采用简化后的基尼系数计算公式：

$$G_j = 0.5 \sum_{i=1}^{n} |X_{ij} - Y_{ij}| \tag{1}$$

在式（1）中，G_j表示第j年港口体系的基尼系数；X_{ij}为第j年i港口的吞吐量占港口体系总吞吐量的比重；n为港口体系内的港口数量；Y_{ij}为第j年港口绝对均匀分布时i港口吞吐量占港口体系总吞吐量的比重。根据公式可以看出，基尼系数的值越大，表明港口体系空间分布就越不均衡，相应的港口体系空间结构则趋于集中；当基尼系数为0时，表明港口体系内每个港口的吞吐量均相等，港口吞吐量处于绝对均匀分布的状态，相应的港口体系空间结构则趋于绝对均衡的状态。

虽然基尼系数可以作为衡量港口体系集中分散程度的重要指标，但该指标也存在因特殊情况失效的缺陷，如由两个各自占50%吞吐量的港口组成的港口体系与由100个各占1%吞吐量的港口组成的港口体系的基尼系数是相同的（潘坤友等，2013）。而赫希曼－赫芬达尔指数可以准确反映港口体系内不同港口的相对规模，可以弥补基尼系数的这一缺陷（曹有挥等，2004）。该指数的计算方法为：

$$H_j = \left(\sum_{i=1}^{n} P_{ij}^2\right) / \left(\sum_{i=1}^{n} P_{ij}\right)^2 \qquad (2)$$

式（2）中，H_j为第j年港口体系的赫希曼－赫芬达尔（H－H）指数；P_{ij}为第j年i港口的吞吐量；n为港口体系内的港口数量。由此可知，$0 < H_j \leq 1$。当H_j趋向于0时，港口体系内的港口吞吐量空间分布越分散；反之，当H_j趋向于1时，港口体系内的港口吞吐量空间分布越集中。

基尼系数显示，大珠三角和珠三角港口体系的集装箱吞吐量和货物吞吐量均已在一定程度上进入分散化发展阶段。在大珠三角层面，1995年以来，集装箱吞吐量和货物吞吐量的基尼系数均呈下降趋势，港口集装箱吞吐量的基尼系数从1995年的0.807降到2012年的0.609，港口货物吞吐量的基尼系数则从1995年的0.6降到2012年的0.424。具体来看，集装箱吞吐量和货物吞吐量的基尼系数变动趋势略有不同。对于集装箱吞吐量来说，其基尼系数在1995～2004年下降较快，这与货物吞吐量基尼系数的变动特点类似。而在2005年之后，两者的演变趋势发生了变化，集装箱吞吐量基尼系数在波动中略有下降，从2005年的0.632降到2012年的0.609；货物吞吐量基尼系数的下降态势仍然十分明显，从2005年的0.525降到2013年的0.424。这表明大珠三角港口体系已进入分散化的空间结构演变阶段。在珠三角层面，集装箱吞吐量的基尼系数在2008～2012年由0.622降至0.601，呈现一定程度的下降。货物吞吐量的基尼系数在2006～2012年则由0.512下降至0.402。这一变化表明，从基尼系数的视角来看，珠三角港口体系空间结构演变也已逐渐进入分散化阶段（见图3－3－7、图3－3－8、表3－3－4）。

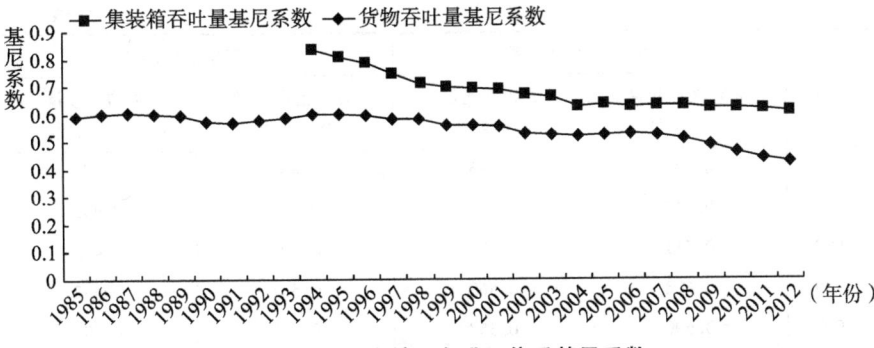

图 3-3-7　大珠三角港口体系基尼系数

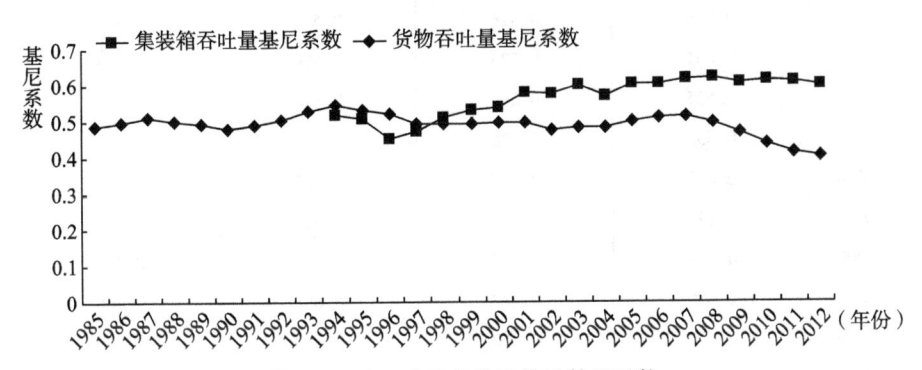

图 3-3-8　珠三角港口体系基尼系数

表 3-3-4　大珠三角和珠三角港口体系基尼系数

年份	大珠三角港口体系 集装箱吞吐量基尼系数	大珠三角港口体系 货物吞吐量基尼系数	珠三角港口体系 集装箱吞吐量基尼系数	珠三角港口体系 货物吞吐量基尼系数
1985	—	0.590	—	0.487
1986	—	0.597	—	0.498
1987	—	0.603	—	0.510
1988	—	0.598	—	0.499
1989	—	0.596	—	0.492
1990	—	0.571	—	0.480
1991	—	0.567	—	0.488
1992	—	0.577	—	0.505
1993	—	0.587	—	0.529
1994	0.833	0.597	0.517	0.546
1995	0.807	0.600	0.507	0.530

续表

年份	大珠三角港口体系		珠三角港口体系	
	集装箱吞吐量基尼系数	货物吞吐量基尼系数	集装箱吞吐量基尼系数	货物吞吐量基尼系数
1996	0.784	0.595	0.452	0.522
1997	0.747	0.581	0.471	0.492
1998	0.711	0.579	0.509	0.493
1999	0.698	0.560	0.531	0.492
2000	0.690	0.558	0.539	0.498
2001	0.685	0.552	0.578	0.496
2002	0.668	0.526	0.577	0.476
2003	0.661	0.525	0.600	0.482
2004	0.625	0.517	0.570	0.484
2005	0.632	0.525	0.604	0.501
2006	0.627	0.527	0.605	0.512
2007	0.628	0.523	0.618	0.513
2008	0.629	0.512	0.622	0.497
2009	0.619	0.487	0.608	0.468
2010	0.621	0.460	0.613	0.439
2011	0.617	0.437	0.610	0.413
2012	0.609	0.424	0.601	0.402

赫希曼-赫芬达尔（H-H）指数表明，大珠三角和珠三角港口体系已在一定程度上进入分散化发展阶段。大珠三角港口体系集装箱吞吐量和货物吞吐量的赫希曼-赫芬达尔指数呈现与基尼系数类似的下降趋势，港口集装箱吞吐量赫希曼-赫芬达尔指数从1995年的0.809降到2012年的0.271，港口货物吞吐量赫希曼-赫芬达尔指数从1995年的0.339降到2012年的0.192。具体来看，集装箱吞吐量和货物吞吐量的赫希曼-赫芬达尔指数变动趋势略有不同。集装箱吞吐量的赫希曼-赫芬达尔指数自1995年以来一直处于下降的态势；而货物吞吐量赫希曼-赫芬达尔指数，1985～1995年在波动中呈现略为上升的态势，由1985年的0.315上升到1995年的0.339；之后总体呈现逐步下降的趋势，从1995年的0.339下降到2012年的0.192。因此，基于赫希曼-赫芬达尔指数角度的分析，也表明大珠三角港口体系正处于分散化的空间结构演变阶段。珠三角港口体系，集装箱吞吐量的赫希曼-赫芬达尔指数在1994年呈现先升后降的趋

势,先从 1994 年的 0.252 上升到 2003 年的 0.461,之后却降至 2012 年的 0.361。货物吞吐量的赫希曼-赫芬达尔指数则呈现波动下降的趋势,大致经历了 1985~1991 年、1992~2003 年、2004~2012 年 3 个阶段,最终由 1985 年的 0.382 下降至 2012 年的 0.238。因此,珠三角港口集装箱吞吐量和货物吞吐量的赫希曼-赫芬达尔指数也表明珠三角港口体系空间结构演变已进入分散化阶段(见图 3-3-9、图 3-3-10、表 3-3-5)。

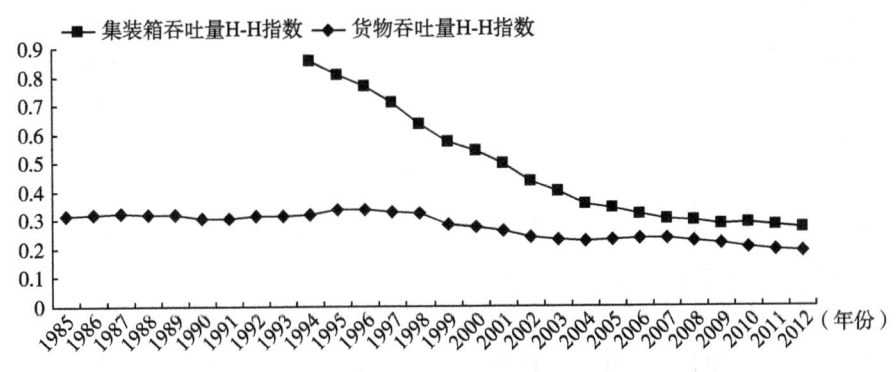

图 3-3-9　大珠三角港口体系赫希曼-赫芬达尔指数

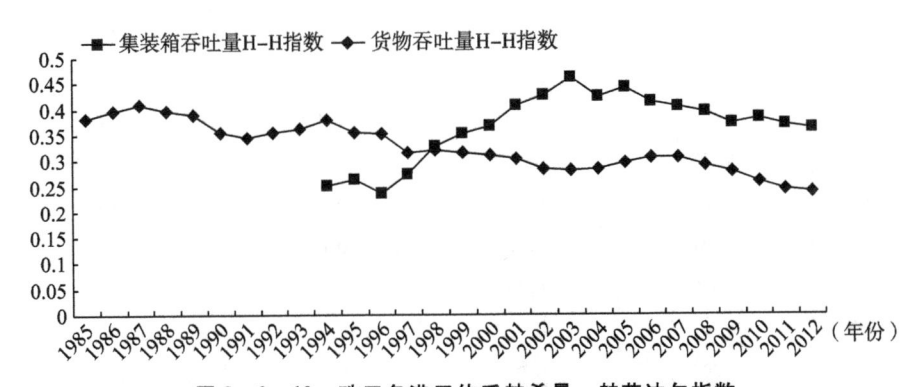

图 3-3-10　珠三角港口体系赫希曼-赫芬达尔指数

表 3-3-5　大珠三角和珠三角港口体系赫希曼-赫芬达尔指数

年份	大珠三角港口体系		珠三角港口体系	
	集装箱吞吐量赫希曼-赫芬达尔指数	货物吞吐量赫希曼-赫芬达尔指数	集装箱吞吐量赫希曼-赫芬达尔指数	货物吞吐量赫希曼-赫芬达尔指数
1985	—	0.315	—	0.382
1986	—	0.319	—	0.396
1987	—	0.323	—	0.409

续表

年份	大珠三角港口体系 集装箱吞吐量赫希曼－赫芬达尔指数	大珠三角港口体系 货物吞吐量赫希曼－赫芬达尔指数	珠三角港口体系 集装箱吞吐量赫希曼－赫芬达尔指数	珠三角港口体系 货物吞吐量赫希曼－赫芬达尔指数
1988	—	0.320	—	0.397
1989	—	0.320	—	0.390
1990	—	0.305	—	0.354
1991	—	0.305	—	0.344
1992	—	0.315	—	0.355
1993	—	0.314	—	0.361
1994	0.854	0.319	0.252	0.379
1995	0.809	0.339	0.263	0.355
1996	0.769	0.337	0.237	0.353
1997	0.709	0.330	0.273	0.316
1998	0.634	0.323	0.327	0.319
1999	0.574	0.285	0.351	0.316
2000	0.540	0.274	0.367	0.311
2001	0.497	0.262	0.406	0.304
2002	0.434	0.239	0.426	0.284
2003	0.398	0.232	0.461	0.280
2004	0.353	0.226	0.424	0.283
2005	0.341	0.230	0.440	0.295
2006	0.318	0.233	0.415	0.306
2007	0.302	0.233	0.405	0.306
2008	0.295	0.224	0.393	0.290
2009	0.284	0.217	0.372	0.278
2010	0.286	0.205	0.383	0.258
2011	0.279	0.196	0.369	0.245
2012	0.271	0.192	0.361	0.238

结合基尼系数和赫希曼－赫芬达尔指数分析可得出，1985~1995年，大珠三角港口体系空间结构呈现集中化的趋势，并且香港港一港独大。港口货物吞吐量的基尼系数和赫希曼－赫芬达尔指数分别从1985年的0.590和0.315增加到1995年的0.600和0.339，港口货物吞吐量的首位度和首

位比则分别从1985年的1.45和0.457增加到1995年的1.87和0.503。之所以呈现集中化趋势，主要原因是香港港一港独大，其1995年货物吞吐量分别是广州港、深圳港的1.87倍、5.06倍。尽管深圳、珠海两港的货物吞吐量在1985~1995年分别增长到原来的8.96倍和6.24倍，均高于香港港的2.91倍，但由于深圳、珠海两港的基数较小，在此期间的快速增长仍无法扭转集中化的趋势。

1995~2012年，大珠三角港口体系空间结构逐渐由集中化转向分散化，并且逐渐由香港港一港独大转向深圳港、香港港、广州港共同构成的三门户空间格局。港口集装箱吞吐量的基尼系数和赫希曼-赫芬达尔指数分别从1995年的0.807和0.809降到2012年的0.609和0.271，港口货物吞吐量基尼系数和赫希曼-赫芬达尔指数分别从1995年的0.600和0.339降到2012年的0.424和0.192。港口集装箱吞吐量的首位度和首位比则分别从1995年的24.27和0.90降到2012年的1.01和0.34，港口货物吞吐量的首位度和首位比则分别从1995年的1.87和0.503降到2012年的1.68和0.332。2012年，香港港、深圳港、广州港的货物吞吐量占比分别为19.8%、16.7%、33.1%，集装箱吞吐量占比分别为33.5%、33.3%、21.4%，香港港一港独大的空间格局为香港港、深圳港、广州港三门户的空间格局所取代。

第四节　港口体系的空间布局特征

珠三角包括广州、佛山、肇庆、江门、中山、珠海、东莞、惠州和深圳9个城市，大珠三角则在此基础上增加香港和澳门。从空间分布来看，广州市位于珠三角的中心位置，西江、北江和东江在此交汇。西江沿岸城市主要包括肇庆和佛山，东江沿岸城市主要有惠州。江门、中山、珠海和澳门分布在珠江口西岸地区，东莞、深圳和香港位于珠江口东岸地区。从2012年的经济总量来看，大珠三角东部城市（香港、深圳、东莞、惠州）GDP总量约占全部城市GDP总量的55%，西部城市（澳门、珠海、中山、江门、佛山、肇庆）GDP总量约占区域GDP总量的25%，广州市GDP约占GDP总量的20%，大珠三角东部城市的经济总量高于西部城市的经济总量。

大珠三角港口主要分布在珠江口、珠江及其支流沿岸。其中，广州市港口主要分为内港区、黄埔港区、新沙港区和南沙港区，港口码头主要包括新风码头、河南码头、黄埔港、新港码头、新沙港以及南沙港等。深圳市港口主要分布在东部的大鹏湾，以盐田港为主，西部以深圳湾的蛇口港为主，共包括蛇口、赤湾、妈湾、盐田、大铲湾、福永和内河等10个港区。珠海市港口西区以高栏港区为主，东区以桂山港区为主，市区以九洲、香洲、唐家、前山、斗门等港区为主，形成三大港区。佛山市港口主要有三山港、三水港两个重点港区，另外包括新市港、高明港、九江港、勒流港、容奇港等港口码头区。惠州市港口主要包括地处市区的内河码头和大亚湾的东马港区、荃湾港区。东莞市港口主要划分为麻涌、沙田、沙角、长安以及内河等5大港区。中山市港口主要分布在磨刀门水道和横门水道，主要港口包括黄圃港区、小榄港区、神湾港区和中山港等港口码头区。江门市的港口主要分布在潭江沿岸和虎跳门水道沿岸，主要有江门港、新会港、恩平港、台山港等港口码头区。肇庆市港口主要包括东江沿岸的内河港，包括新港、高要、四会、德庆、封开、大旺、三榕等港区，在本书的研究中，没有把怀集县、封开县、广宁县和德庆县等包含进来，因此也不包括封开港、都城港和德庆港等港口。澳门港主要有内港、九澳港和外港组成，内港位于澳门半岛西面，九澳港位于澳门路环岛东北的九澳湾，外港亦称港澳码头，位于澳门半岛东面。香港港主要包括香港仔、青山、银矿湾、长州、吉澳、西贡、沙头角、深井、大澳、塔门和维多利亚等港口码头，主要集装箱码头为葵涌、青衣两大港区（见图3-4-1）。

　　港口依地理环境和区位条件的不同，可大致分为湖泊港、内河港、河口港、海港。海港主要处理海运船舶业务，而内河港主要为内河航运服务，河口港则兼具海运和内河运输的功能。珠三角地区港口群依托珠江河网水系和深水岸线资源发育，内河港、河口港和海港等不同类型特征的港口均有较好发育，港口类型特征比较完备。深圳港、珠海高栏、惠州大亚湾港等港口依托深水岸线资源，发展成海港；中山港、三水港、广州黄埔港等位于珠江口的港口，具有典型的河口港特征；小榄港、德庆港、惠州内河港和广州内港，在珠江口上游的内河段发育，具有典型的内河港特征。广州港作为我国经久不衰的南方大港，港口贸易和城市的发展，驱动港口码头不断发生空间拓展和位移，特别是行政区划的调整促进了南沙深水港区的开发，使得广州港逐步实现了从内河港、河口港到海港的蜕变。

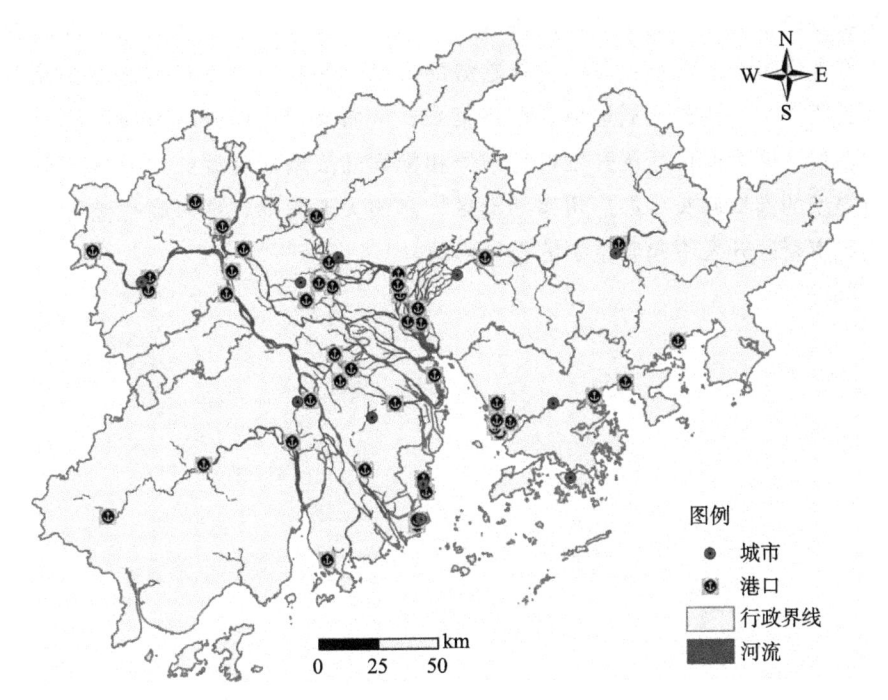

图 3-4-1　大珠三角城市和港口码头空间分布

广州港口码头的空间拓展，导致广州港发展成包括内河港区（内港区）、河口港区（黄埔港区）和深水海港区（南沙港区）等不同类型特征港口码头的现代化大港。从这个角度来看，广州港不同港区的发展特征规律，在一定程度上是内河港、河口港和海港普遍规律的反映。广州港不同港区的发展，也在很大程度上反映了珠三角地区内河港、河口港和海港发展的普遍性规律。

港口码头的空间分布，相对于城市中心城区的空间区位特征而言，总体可划分为中心城区指向型和城市新区（各类产业新区或开发区）指向型两大类。从珠三角各城市来看，大部分城市的中心城区附近均布局有港口码头，这类港口基本上都属于内河港的性质，如广州内港区、惠州内河港和珠海香洲港等，这类港口码头的主要功能都逐步转向为中心城区提供相关服务，以城市物流运输和商业贸易功能为主。从区域港口物流和吞吐量来看，城市新区指向型的港口码头占主导地位。城市新区指向型的港口码头，往往是为城市空间拓展、城市新区开发配套而重点开发的港口码头。在城市新区开发过程中，城市发展和产业发展布局重点的转移，也相应导致了港口物流活动向新的港口码头或港区进行转移，从而促进了新港口码头实现较快发展。而新港口码头区，往往具备较好的水深和航运条件，能更好地满足船舶大型化等航运新趋势的要求，通过港口物流的快速发展而吸引相关经济要素在周边地区逐步集聚，从而反过来促进城市新区的开发和发展，成为城市新区开发过程中争相配套的战略性资源。这类城市新区指向型的港口码头，如广州南沙港区、惠州大亚湾港、珠海高栏港等，都在城市新区开发中起着重要的先导作用。

第四章 珠江三角洲地区港-城规模耦合关系分析

区域港口体系和城市体系既遵循各自的规律发展演化，也存在紧密联系和相互作用。港口和城市体系发展的内部差异，导致港口体系、城市体系不断重构，港-城间的规模位序关系、经济关系以及规模耦合关系都会发生相应的演化，并表现出不同的规律特征与演化模式。

第一节 港-城位序演变分析

一 城市规模位序变化分析

改革开放之初，香港作为国际金融中心，经济地位突出，在珠三角地区占据绝对优势，1990年以前是大珠三角唯一国民生产总值在1000亿元以上的城市。而广州市作为华南地区的政治、经济、文化中心，城市规模仅次于香港，但其经济总量（1980年）仅为香港的1/20，两者差距悬殊。自20世纪90年代以来，作为改革开放的前沿地带，整个大珠三角的城市发展速度加快，特别是深圳经济特区的设立和市场经济的深入推进，使得大珠三角城市规模位序发生了巨大的变化，并呈现波动式变化趋势，除香港、广州两个城市的位序保持相对不变之外，其他各城市的位序都发生了不同程度的交替。

从大珠三角各城市经济总量的变化过程来看，香港在1980年已经超过1000亿元，1985年突破2000亿元，2000年突破1万亿元，2012年超过1.6万亿元。从所占的比例构成来看，香港所占的比重最高，1980年约占整个区域的88%，2012年下降至24.7%。相对而言，广州市的经济总量在大珠三角中所占的比重呈现逐步上升的态势，2005年突破5000亿元，2010年突破1万亿元，2012年接近1.4万亿元，经济总量所占的比重也从1980年的0.8%上升到2012年的20.2%。深圳、东莞经济总量的位序变化也非常明显，1980年深圳和东莞的经济总量分别位于第10位和第9位，而1995年深圳和东莞已经分别上升到第3位和第5位，在城市体系中的位序大幅度上升。

2012年，大珠三角的GDP超过5000亿元的城市达到5个，分别为香港、广州、深圳、佛山和东莞。香港的绝对优势地位逐渐下降，但仍为大珠三角的首位城市。2012年，广州市的经济总量高达13551亿元，已经是首位城市——香港的81.8%，与香港的差距正逐渐缩小。改革开放以来，深圳的GDP一直保持高速增长，2000年突破2000亿元大关，2012年高达12950亿元。但是，从其他城市的GDP增长情况看，后6位城市的GDP增长并不快，其中排在第5位的东莞市经济总量为第6位城市中山市经济总量的2.05倍。由此可见，大珠三角内城市发展并不均衡，经济总量内部差异显著。

从城市规模位序变化来看，香港、广州一直保持首位城市和第2位城市的位序，但香港的绝对优势地位正逐渐下降，广州与香港的差距正逐渐缩小。深圳在20世纪90年代中期迅速跃升至第3位，并一直保持第3大城市的位置。佛山的位序比较稳定，基本稳居第4大城市的位置。东莞的位序明显上升，由1980年的第9位上升到2012年的第5位。澳门、江门和肇庆的位序则明显下降，分别由1980年的第3、4、6位，下降到2012年的第6、9、11位。中山、珠海、惠州的位序虽有波动，但相对较为稳定（见图4-1-1）。

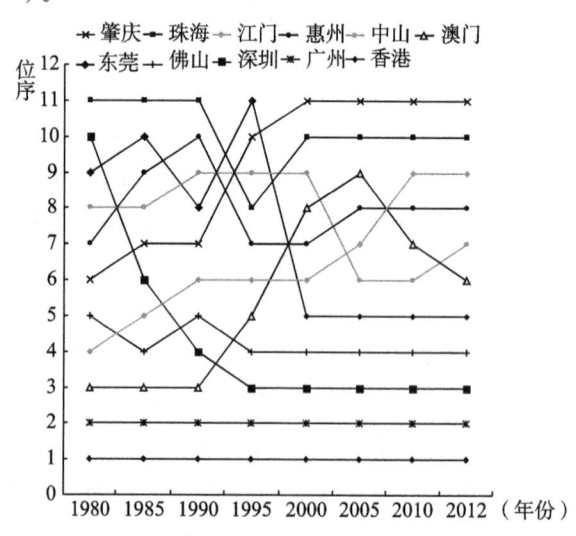

图4-1-1　大珠三角1980年以来各城市规模位序变化

二 港口规模位序变化分析

从大珠三角各港口的货物吞吐量来看，除澳门港存在较大的波动性外，其余各港口吞吐量逐年增加。香港在1980年的港口货物吞吐量为3000多万吨，1990年突破7500万吨，2000年突破1.7亿吨，2005年突破2.3亿吨，2010年突破2.6亿吨，2012年达2.69亿吨。广州港口货物吞吐量的增长非常明显，1980年仅有2000多万吨，1990年已增长至5000万吨，2000年已突破1.2亿吨，2005年突破1.9亿吨，2010年突破4.2亿吨，2012年达到4.5亿吨。深圳港货物吞吐量也获得了快速增长，1980年尚不足30万吨，1990年增长至1258万吨，2000年增长至5697万吨，2005年突破1.5亿吨，2010年突破2.2亿吨，2012年高达2.28亿吨。

香港港、广州港和深圳港三大港口占区域港口货物总吞吐量的比例最大。香港港所占的比重在1980年约为42.5%，1980～2000年，香港港所占的比重在40%～55%波动，2005年下降至不足30%，2012年则下降到19.8%。而广州港在大珠三角港口体系中所占的比重呈现较为明显的波动性，最低水平约为25%，最高水平约为36%，2012年占比为33.2%。深圳港在港口体系吞吐量中所占的比重快速抬升，1980年所占的比重尚不足0.5%，1990年已经增长至7.6%，2000年增长至13.4%，2005年已经高达18.7%，2010年略微下降至17.7%，2012年为16.8%。然而，从第4位、第5位港口东莞港和珠海港的货物吞吐量来看，2012年大致分别相当于第3位城市深圳港的2/5和1/3。

从大珠三角港口规模位序变化过程来看，各港口的位序起伏波动变化幅度较大。1980～2000年香港港保持在第1位，直到2004年广州港超越香港港，跃居第1位，其后，广州港以绝对优势稳居首位。深圳港的位序快速提升，1990年跃居第3位并一直保持这个位序。珠海、东莞、惠州的位序也明显提升，珠海从1980年的第9位上升到2012年的第5位；东莞从1980年的第5位下降到1995年的第10位后，2012年又回升到第4位。肇庆、江门、澳门的位序则出现下降，肇庆由1980年的第4位下降到第10位，江门由第3位下降到第7位，澳门由第8位下降到第11位。佛山和中山的位序则相对较为稳定（见图4-1-2）。

以集装箱吞吐量来衡量，大珠三角港口规模的位序变化有所不同。截至2012年，香港港集装箱吞吐量一直保持在第1位。自20世纪90年代中

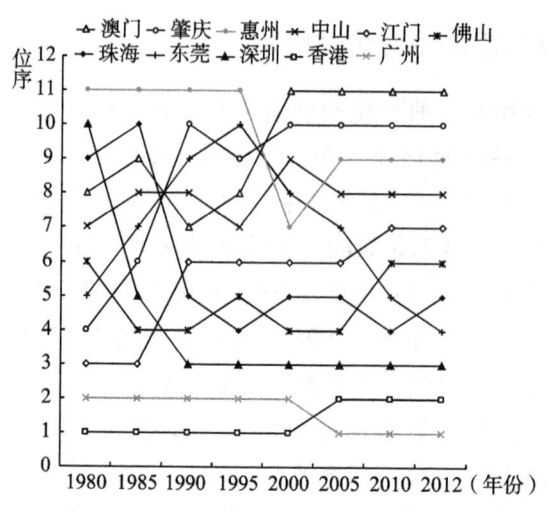

图 4-1-2 大珠三角港口货物吞吐量规模位序变化

期以来，深圳港集装箱运输快速发展，1996年超过广州港成为排在第2位的集装箱港口，并一直稳居第2位。广州港集装箱运输直到21世纪初才步入快速发展的轨道，但仍远远落后于深圳港，居第3位。佛山、东莞、惠州的位序明显上升，分别由1995年的第8、9、11位上升到第4、5、7位。珠海、澳门的位序则明显下降，分别由1995年的第4、6位下降到第9、11位。中山和肇庆的位序则相对比较稳定（见图4-1-3）。

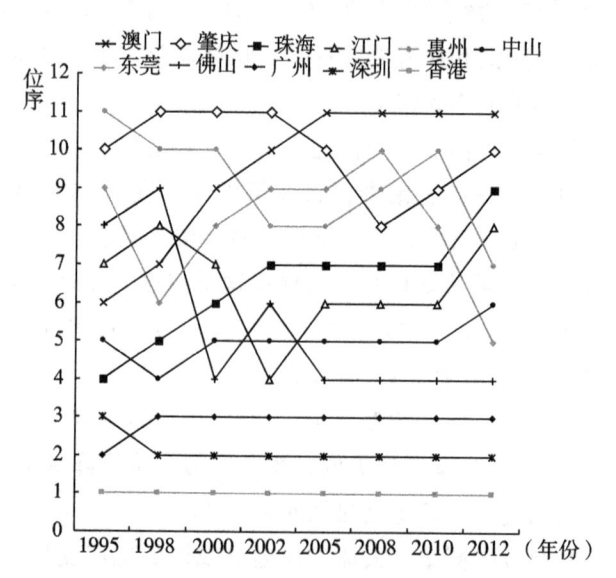

图 4-1-3 大珠三角港口集装箱吞吐量规模位序变化

三 城市和港口位序变化的相关性

在上述城市和港口位序变化分析的基础上，以港口规模位序对数 $\ln R$ 为横坐标，城市规模对数 $\ln NR$ 为纵坐标，做出大珠三角地区港口规模位序与城市规模位序的双对数回归模拟直线图。结果表明，港口规模位序与城市规模位序之间存在较好的正相关关系，两者的相关系数较高。港－城规模对数回归斜率不断上移，表明自 20 世纪 80 年代以来，大珠三角的各大、中等城市和港口均不断发育，广州、深圳的城市规模和港口规模不断壮大，香港一城独大的局面逐渐演变成香港、广州、深圳等多中心发展的格局，城市和港口规模分布有向均衡分布演变的趋势，但是变化趋势并不明显。但从总体上来看，大珠三角港口和城市规模分布离标准规模－位序曲线分布还有相当明显的差距（见图 4-1-4）。

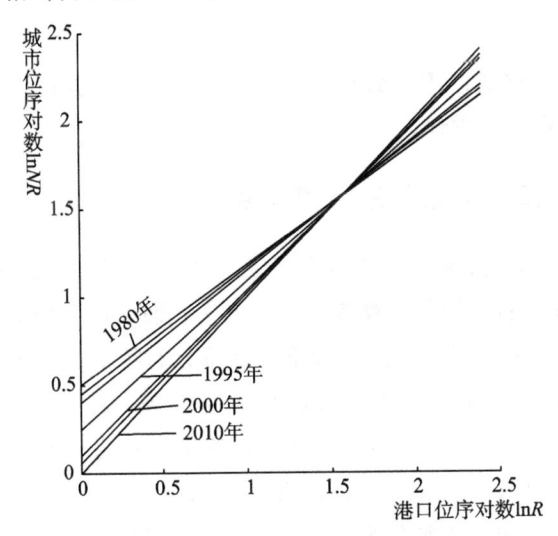

图 4-1-4 大珠三角港口规模和城市规模双对数回归

第二节 港－城位序规模分布的演变分析

一 研究方法

为探讨珠三角城市与港口规模位序的演变特征，本文进一步利用位序规模法则进行分析。位序规模法则自提出后，经奥尔巴克（F. Auerbach）、罗特卡（A. J. Lotka）和捷夫（G. K. Zipf）等人不断改进，逐步成为城市等级体系分析中最常用的研究方法之一，其公式为：

$$\log P_i = \log P_1 - q \log R_i \tag{1}$$

其中，P_i 表示第 i 位城市或港口的规模，R_i 表示第 i 位城市或港口的位序，城市规模用城市地区生产总值衡量，港口规模用港口吞吐量衡量。q 为 $Zipf$ 维数（分维指数），$|q|<1$ 表示城市或港口的规模分布较为分散，高位序城市或港口规模优势不明显，中小城市或港口比较发育。$|q|=1$ 表示城市规模分布为理想的捷夫分布，完全符合位序捷夫法则。$|q|>1$ 表示高位序城市或港口优势明显，中、低位序城市或港口发育不足。$|q|$ 越接近 1，城市或港口位序规模分布越符合捷夫法则。

为行文方便，我们令（1）式中的 $\log P_i = Y$，$\log P_1 = a$，$q = -b$，$\log R_i = x$，则（1）式可改写为：

$$Y = a + bx \tag{2}$$

将历年城市与港口规模数据用（2）式进行回归分析，即得到珠三角城市与港口位序规模方程。

二 大珠三角城市位序规模演变

按照位序－规模法则，若 2 城市首位度为 2，则 4 城市指数和 11 城市指数应该为 1，城市首位指数计算方法参照前文。而大珠三角城市体系的首位度在 2002 年之前要明显高于这个标准，首位分布特征非常明显。1993 年以前，首位度一直在 10 以上，改革开放初期高达 20，表明香港的城市规模要明显高于第 2 位城市广州，2000 年之后首位度开始明显下降，2006 年降到 2，2012 年仅为 1.2068。2000 年，11 城市指数已降到 1，2003 年，4 城市指数也降到 1。这表明，随着大珠三角城市体系的发展，首位城市香港的规模已不具有绝对优势，城市体系开始由首位分布逐步向位序－规模分布转变。这也表明，大珠三角中、低位序城市的增长速度要明显快于首位城市香港。

从位序－规模回归方程来看，大珠三角城市体系规模－位序回归模型分维指数 q 均明显小于理想值 1，这说明自 20 世纪 80 年代以来，大珠三角地区城市体系的城市规模差异较大，首位城市的垄断地位较为明显。根据分维指数 q 的变动情况，可以把大珠三角的城镇体系变化划分为 3 个阶段。第一阶段是 1980～1990 年，分维指数 q 呈现逐年上升的趋势，表明大珠三角地区的中、小城市发展速度较快，中间位序的城市规模迅速增长，城市体系开始由明显的首位分布向位序-规模分布转变。第二阶段是 1991~2000 年，城市规模分维指数 q 增长缓慢，表明大珠三角地区的中小城市发展速度有所减缓，首位城市香港的垄断地位的下降趋势有所减缓。第三阶段是 2001 年至今，分维指数 q 呈现上下波动状态，城市首位度下降到 1，表明大珠三角地区城市体系多中心并存的格局已经初步形成，香港、广州、深圳成为城市体系的中心城市（见表 4-2-1）。

表 4-2-1 大珠三角地区城市位序-规模和首位度变化情况

年份	位序-规模方程	Zipf 维数	R^2	首位度	4 城市指数	11 城市指数
1980	$y=0.1235x+0.8502$	0.1235	0.3022	20.1238	10.4703	7.0777
1981	$y=0.1247x+0.8429$	0.1247	0.3081	21.9218	10.7887	7.2110
1982	$y=0.1266x+0.8314$	0.1266	0.3177	21.7538	10.7067	6.9225
1983	$y=0.1368x+0.7701$	0.1368	0.3710	21.8388	10.1810	6.7280
1984	$y=0.148x+0.7029$	0.148	0.4342	21.4665	10.0285	6.4514
1985	$y=0.1582x+0.642$	0.1582	0.4958	17.9093	8.8108	5.4472
1986	$y=0.1582x+0.642$	0.1582	0.4958	18.3937	9.0591	5.5058
1987	$y=0.1611x+0.6248$	0.1611	0.5139	18.2510	8.9755	5.3405
1988	$y=0.1619x+0.6199$	0.1619	0.5191	15.1786	7.8418	4.6470
1989	$y=0.1647x+0.6027$	0.1647	0.5377	14.5755	7.4054	4.4833
1990	$y=0.1752x+0.5401$	0.1752	0.6080	15.0184	6.9860	4.0756
1991	$y=0.1718x+0.5606$	0.1718	0.5845	14.3186	6.5143	3.7973
1992	$y=0.181x+0.5049$	0.181	0.6494	12.6572	5.7281	3.3012
1993	$y=0.1758x+0.5361$	0.1758	0.6126	10.0648	4.8451	2.8183
1994	$y=0.1783x+0.5215$	0.1783	0.6297	8.6113	4.2129	2.4872
1995	$y=0.1823x+0.4971$	0.1823	0.6587	7.2096	3.3828	2.0593
1996	$y=0.1948x+0.4223$	0.1948	0.7518	6.8470	3.1306	1.9451
1997	$y=0.1977x+0.4051$	0.1977	0.7742	6.6801	2.9547	1.8695
1998	$y=0.1963x+0.4131$	0.1963	0.7638	5.6888	2.4546	1.5892
1999	$y=0.1953x+0.4192$	0.1953	0.7558	4.7522	2.0781	1.3775
2000	$y=0.2019x+0.3795$	0.2019	0.8080	4.2973	1.8693	1.2513
2001	$y=0.2019x+0.3795$	0.2019	0.8080	3.7234	1.6245	1.0974
2002	$y=0.2009x+0.3859$	0.2009	0.7994	3.2429	1.3850	0.9121
2003	$y=0.2009x+0.3859$	0.2009	0.7994	2.6778	1.1280	0.7482
2004	$y=0.2049x+0.3618$	0.2049	0.8317	2.3698	0.9903	0.6541

续表

年份	位序-规模方程	Zipf维数	R^2	首位度	4城市指数	11城市指数
2005	$y = 0.2049x + 0.3618$	0.2049	0.8317	2.1942	0.9056	0.5959
2006	$y = 0.2049x + 0.3618$	0.2049	0.8317	1.9824	0.8124	0.5348
2007	$y = 0.2017x + 0.3271$	0.2017	0.8794	1.8597	0.7548	0.4945
2008	$y = 0.2117x + 0.3207$	0.2117	0.8883	1.6645	0.6718	0.4406
2009	$y = 0.2061x + 0.3545$	0.2061	0.8416	1.4542	0.5997	0.3970
2010	$y = 0.2117x + 0.3207$	0.2117	0.8883	1.3240	0.5477	0.3608
2011	$y = 0.2131x + 0.3123$	0.2131	0.9001	1.2481	0.5145	0.3370
2012	$y = 0.2131x + 0.3123$	0.2131	0.9001	1.2068	0.4939	0.3239

三 大珠三角港口位序规模演变

单纯从港口首位度来看，大珠三角港口等级体系规模分布与捷夫法则有一定的偏离。但从大珠三角地区港口体系规模分布的实际情况来看，除1997年的首位度达到2外，其余年份的首位度多在1.1~1.8摆动，明显低于理想的首位度指数2。根据港口首位度的变化情况，可以把港口规模变化划分为3个阶段。第一阶段是1980~1997年，首位度呈现波动增长趋势，说明港口发展比较集中，高位次港口规模较突出。第二阶段是1998~2004年，次位港口发展迅猛，与首位港口的差距越来越小，首位度接近1。第三阶段是2004年至今，首位度又重新开始上升，2004年首位港口发生置换，广州港首次取代香港港，跃居首位，此后其首位度不断增长的趋势表明，广州港的垄断性在不断增强。

根据历年回归方程中 Zipf 维数 q 的变化情况，大珠三角地区港口体系的规模分布变化可划分为两个阶段。第一阶段为1980年到20世纪90年代末，Zipf 维数 q 呈逐年快速增长趋势，表明大珠三角地区港口体系正处于分散发展的过程中，中间位序的港口数目逐步增多。第二阶段是2000年至今，从表4-2-2可以看到，港口 Zipf 维数 q 增长缓慢，表明大珠三角地区的港口规模差异逐渐缩小，首位港口广州和香港的垄断地位逐步减弱，港口规模分布愈来愈倾向于分散的力量，有朝均衡性发展的趋势。就总体情况来看，Zipf 维数基本上在0.2徘徊，说明港口规模分布趋于分散的力量大于集中的力量。回归相关系数 R^2 越接近1代表回归模型的解释性越强，从大珠三角港口各年份的 R^2 值来看，在1989年之前，R^2 值小于 0.5，说明 1980~1989 年大珠三角港口规模分布不符合位序-规模分布；在 1989 年之后，R^2 值均在 0.5 以上，特别是 2012 年接近 1，说明位序-规模法则能较好地解释后期大珠三角港口规模分布规律。由此，我们可以从另一方面判断大珠三角港口规模分布是由首位分布向位序-规模分布转变的（见表 4-2-2）。

表 4-2-2 大珠三角地区港口位序-规模和首位度变化情况

地名	位序-规模方程	Zipf 维数	R^2	首位度	4 港口指数	11 港口指数
1980	$y = 0.1047x + 0.9465$	0.1047	0.2287	1.5932	1.1558	0.8394
1981	$y = 0.1047x + 0.9465$	0.1047	0.2287	1.6506	1.2135	0.8660
1982	$y = 0.1031x + 0.9726$	0.1031	0.2106	1.5517	1.1664	0.8419
1983	$y = 0.1031x + 0.9726$	0.1031	0.2106	1.5051	1.1303	0.8154
1984	$y = 0.1216x + 0.8615$	0.1216	0.293	1.8979	1.4059	1.0038
1985	$y = 0.1307x + 0.8067$	0.1307	0.3386	1.4503	1.1607	0.8722
1986	$y = 0.1307x + 0.8067$	0.1307	0.3386	1.4232	1.1386	0.8759
1987	$y = 0.1391x + 0.7563$	0.1391	0.3836	1.3806	1.1209	0.8660
1988	$y = 0.1544x + 0.6645$	0.1544	0.4726	1.3958	1.1161	0.8693
1989	$y = 0.161x + 0.6252$	0.161	0.5135	1.4433	1.1075	0.8685
1990	$y = 0.1535x + 0.6698$	0.1535	0.4671	1.4767	1.0707	0.7859
1991	$y = 0.1647x + 0.603$	0.1647	0.5373	1.5484	1.0841	0.8332
1992	$y = 0.1728x + 0.5543$	0.1728	0.5916	1.5868	1.1146	0.8663
1993	$y = 0.1728x + 0.5543$	0.1728	0.5916	1.5670	1.0565	0.8523
1994	$y = 0.1728x + 0.5543$	0.1728	0.5916	1.7368	1.1343	0.9163
1995	$y = 0.1596x + 0.6338$	0.1596	0.5044	1.8773	1.2476	1.0015
1996	$y = 0.1598x + 0.6324$	0.1598	0.5059	1.8574	1.2389	0.9710
1997	$y = 0.1679x + 0.5837$	0.1679	0.5585	2.0238	1.2951	0.9999
1998	$y = 0.1679x + 0.5837$	0.1679	0.5585	1.9180	1.2193	0.9261
1999	$y = 0.1743x + 0.5455$	0.1743	0.6017	1.4910	0.9493	0.7532
2000	$y = 0.1743x + 0.5455$	0.1743	0.6017	1.4022	0.8652	0.6864
2001	$y = 0.1779x + 0.5237$	0.1779	0.6271	1.3162	0.7916	0.6249
2002	$y = 0.1779x + 0.5237$	0.1779	0.6271	1.1478	0.6748	0.5236
2003	$y = 0.1796x + 0.5133$	0.1796	0.6394	1.0813	0.6198	0.4785
2004	$y = 0.1859x + 0.4755$	0.1859	0.685	1.0815	0.6059	0.4648
2005	$y = 0.1831x + 0.4923$	0.1831	0.6645	1.1558	0.6286	0.4837

续表

地名	位序－规模方程	$Zipf$维数	R^2	首位度	4港口指数	11港口指数
2006	$y = 0.1751x + 0.5407$	0.1751	0.6073	1.3786	0.7162	0.5463
2007	$y = 0.1734x + 0.5506$	0.1734	0.5958	1.5099	0.7483	0.5652
2008	$y = 0.1831x + 0.4923$	0.1831	0.6645	1.4246	0.7077	0.5269
2009	$y = 0.1806x + 0.5077$	0.1806	0.646	1.5452	0.7700	0.5428
2010	$y = 0.2023x + 0.3771$	0.2023	0.8112	1.5927	0.7753	0.5177
2011	$y = 0.2078x + 0.3446$	0.2078	0.8552	1.6139	0.7822	0.5042
2012	$y = 0.2131x + 0.3123$	0.2131	0.9001	1.6758	0.7653	0.4958

四　港－城位序规模分布的关系

从城市$Zipf$维数与港口$Zipf$维数的变化来看，两者的q值相近，并且随着城市$Zipf$维数的增大，港口$Zipf$维数也呈增大的趋势。1984年与1990年散点连接之前的曲线斜率比较陡，说明大珠三角港口规模分布较为集中，特别是集中于前几位港口。在此期间，城市$Zipf$维数也有一个较大的波峰，说明城市规模与港口规模的扩张具有同步性。通过对港口$Zipf$维数和城市$Zipf$维数进行线性关系模拟，可以得到线性方程$y = 0.8768x + 0.0398$，其中y表示港口$Zipf$维数，x表示城市$Zipf$维数，R^2为0.8894，其R^2值大于0.8，表示城市与港口$Zipf$维数之间的线性关系较为明显（见图4－2－1）。

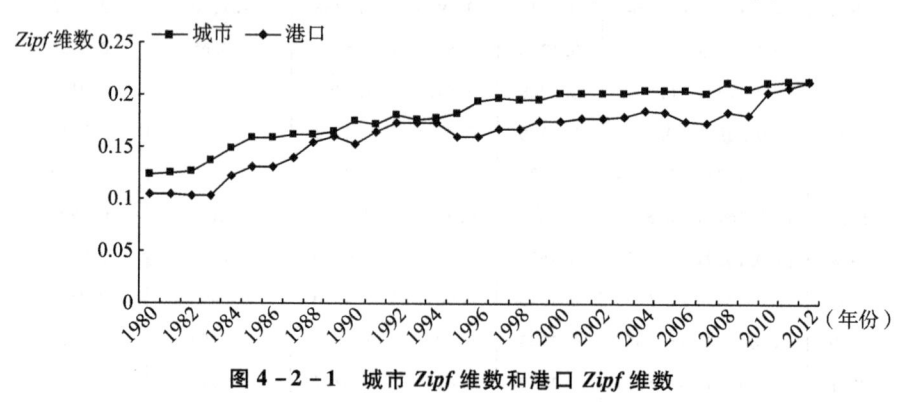

图4－2－1　城市$Zipf$维数和港口$Zipf$维数

综上所述，在城市化进程中，大珠三角城市规模分布已由改革开放初期的港城规模首位分布向位序－规模分布格局转变。城市规模分布也由香港一枝独秀演变为香港、广州、深圳、东莞多中心并存，其余中小城市各领风骚的态势。相对而言，港口规模分布的变化更加明显，次位港口广州港后来居上，直接取代香港港首位港口的位置，深圳港作为改革窗口也取代江门港居第 3 位，并且与香港港的差距越来越小。目前，不论是城市规模还是港口规模，大珠三角城市群已从香港独占鳌头演变成香港、广州、深圳三足鼎立的局面。与国内其他城市群发展历程相似，大珠三角的港城发展非常迅速。但与长三角、京津冀城市群不同的是，该区域内有国际大都市香港，经济地位突出，其他城市水平发展参差不齐，所以在大珠三角城市化进程中，早期特大型首位城市的规模分布模式十分明显，城市首位度一度在 20 以上。经过 30 年的发展，特别是在 2000 年后，大珠三角各城市逐渐进入经济与城市化成熟期，中小城市的城市规模增长率高于首位城市，首位城市香港占大珠三角经济的比重已逐渐下降，首位港口已被广州港取代，深圳、东莞等城市的城市位序逐年提升。港口规模分布与城市规模分布具有高度拟合性，前三位港口位序与城市位序相同，其余的城市和港口的位序变化较大，这可能与各城市的产业布局、国家政策性导向有关（见图 4 - 2 - 2）。

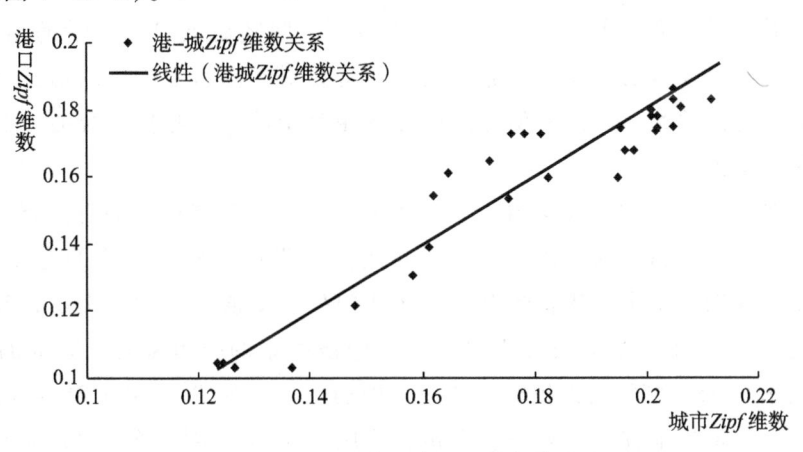

图 4 - 2 - 2　港 - 城 $Zipf$ 维数关系

第三节　港 - 城经济关系的回归与矩阵分析

一　港 - 城经济关系的回归分析

（一）单一港 - 城经济关系回归分析

为了分析港口规模与城市经济之间的关系，本文对城市经济总量指标

（地区生产总值 GDP）与港口吞吐量，分别用指数方程、对数方程和一次线性方程进行模拟分析。在港－城经济关系的回归分析中，横坐标表示港口吞吐量，用 x 表示；纵坐标表示城市经济规模，用 y 表示；R^2 表示线性拟合方程的拟合程度。如果 R^2 值大于 0.95，表示拟合效果极优；R^2 在 0.85 到 0.95 之间，说明拟合效果较优；R^2 在 0.75 到 0.85 之间，说明拟合效果一般；R^2 在 0.50 到 0.75 之间，说明有一定的拟合效果；R^2 在 0.5 以下，说明拟合效果不理想。

在回归分析过程中，如果拟合方程符合指数形式，说明随着港口吞吐量的增大，城市经济总量也呈现增大的趋势，并且城市经济相对于港口吞吐量的变化呈现越来越快的趋势，具体表现为城市经济与港口吞吐量拟合曲线的斜率不断变大。如果拟合方程符合对数方程的形式，说明随着港口吞吐量的增大，城市经济也呈现增大的趋势，但是城市经济相对于港口吞吐量的变化呈现越来越慢的趋势，具体表现为城市经济与港口吞吐量拟合曲线的斜率不断变小。如果拟合方程符合一次线性方程形式，并且线性方程的一次项系数为正数，说明随着港口吞吐量的增大，城市经济也表现出增长的趋势，城市经济相对于港口吞吐量的增长呈现相对稳定的关系，具体表现为城市经济相对于港口吞吐量拟合曲线的斜率为固定值。

在大珠三角 11 个城市中，一次线性方程模拟效果极优的有广州、惠州、江门、中山、珠海和香港，一次线性方程模拟效果较优的有东莞、佛山、深圳和肇庆。从总体上看，除澳门外，R^2 值最低的是佛山，其值也在 0.85 以上。从对数方程对港－城经济关系的模拟来看，香港的 R^2 值大于 0.95，模拟效果极优。江门、中山、东莞的 R^2 值在 0.85 到 0.95 之间，模拟效果较优。惠州、广州、肇庆和佛山的 R^2 值在 0.75 到 0.85 之间，模拟程度一般。其他城市对数方程对港口和城市经济关系也有一定的模拟程度。通过指数方程来看，R^2 最大的是香港，大于 0.85，模拟效果较优。广州 R^2 值在 0.75 到 0.85 之间，模拟程度一般，其他城市指数方程对港口和经济之间的关系也具有一定的拟合程度。以上分析表明，港口吞吐量与城市经济之间具有明显的相关性，多数港口和城市呈现一次线性的关系，部分港口或区域呈现对数曲线的关系，少数城市和港口呈现指数方程的关系（见表 4-3-1）。

表 4-3-1　港-城经济关系回归模拟方程

	指数方程	对数方程	线性方程
东莞	$y=66.42e^{0.0008x}(0.507)$	$y=1294.4\ln(x)-7370(0.899)$	$y=0.696x+86.88(0.862)$
佛山	$y=63.18e^{0.0009x}(0.729)$	$y=1940.7\ln(x)-12614(0.753)$	$y=1.009x-621.5(0.859)$
广州	$y=201.4e^{0.0001x}(0.761)$	$y=3481.6\ln(x)-28906(0.783)$	$y=0.266x-981.9(0.959)$
惠州	$y=60.92e^{0.0009x}(0.547)$	$y=381.7\ln(x)-1767(0.813)$	$y=0.406x+62.87(0.973)$
江门	$y=83.14e^{0.0006x}(0.5882)$	$y=590.1\ln(x)-3611(0.924)$	$y=0.310x-0.702(0.955)$
深圳	$y=89.67e^{0.0002x}(0.668)$	$y=1423.9\ln(x)-8287(0.561)$	$y=0.437x-368.4(0.936)$
肇庆	$y=61.81e^{0.0014x}(0.372)$	$y=439.2\ln(x)-2285(0.781)$	$y=0.5811x+0.669(0.878)$
中山	$y=51.71e^{0.0009x}(0.608)$	$y=606.5\ln(x)-3430(0.903)$	$y=0.441x-32.58(0.979)$
珠海	$y=24.82e^{0.0008x}(0.652)$	$y=247.9\ln(x)-1312(0.686)$	$y=0.209x-32.45(0.980)$
香港	$y=1702.0e^{9E-05x}(0.856)$	$y=6485.7\ln(x)-52802(0.951)$	$y=0.554x+1.453(0.964)$

注：因澳门确实数据较多，故没有单独进行回归分析；括号内数值为回归系数 R^2。

（二）区域港-城经济关系回归分析

在不考虑香港和澳门的情况下，珠三角港口吞吐量在 1980 年接近 3000 万吨，1982 年突破 3000 万吨，1986 年突破 6000 万吨，1991 年突破 1 亿吨，1994 年突破 1.5 亿吨，1999 年突破 2 亿吨，2004 年突破 5 亿吨，2011 年突破 10 亿吨。从增长过程来看，可以分为两个阶段，第一个阶段是 1980～1999 年，港口吞吐量增长的速度较慢，第二个阶段是 2000 年之后，港口吞吐量增长的速度较快（见图 4-3-1）。

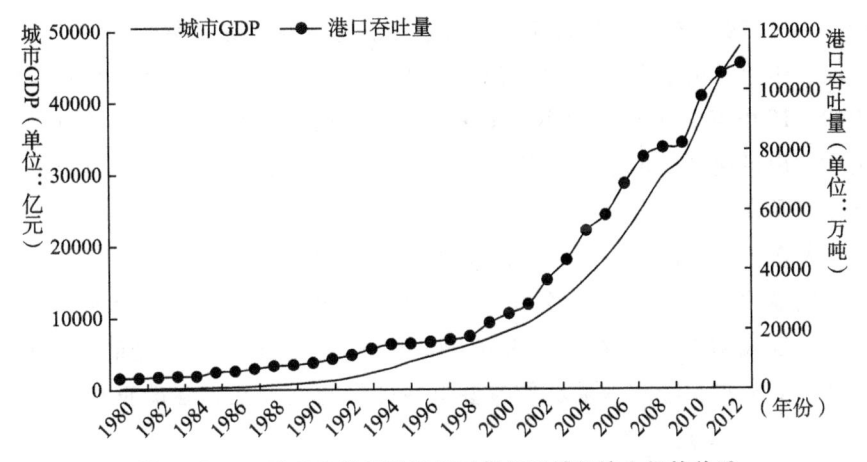

图 4-3-1　珠三角地区港口吞吐量与区域经济之间的关系

珠三角经济总量呈现稳步增长的态势。1980年仅为129亿元，1984年突破200亿元，1991年突破1000亿元，1997年突破5000亿元，2002年突破1万亿元，2009年突破3万亿元，2012年接近5万亿元。其中广州市所占的比重最高，1980年约占44.5%，2002年下降至30%，2012年下降到28%。

下面通过3种不同形式的方程模拟区域经济与港口吞吐量之间的关系。其中，模拟效果最好的是线性方程，R^2值为0.981，指数方程和对数方程也有一定的拟合效果，但是R^2值相对较低。

从大珠三角港口吞吐量的变化来看，1980年港口吞吐量为7000多万吨，1985年突破1亿吨，1992年突破2亿吨，1995年突破3亿吨，2007年突破10亿吨。其中比例较大的两个港口分别是香港和广州，香港所占的比重在1980年为46%，1980~2000年，香港所占的比重在40%~50%波动，2000年之后，香港所占的比重逐渐下降，2012年下降到20%。而广州港在大珠三角港口体系中所占的比重呈现较为明显的波动，最低水平为25%，最高水平为35%。广州港和香港港口吞吐量之和在区域中的比重也呈现逐步下降的趋势，最高比重为80%，最低比重为53%。

从大珠三角经济总量的变化来看，1980年已经超过1000亿元，1986年突破3000亿元，1993年突破1万亿元，2002年突破2万亿元，2010年突破5万亿元。从其中的比例构成来看，香港所占的比重最高，1980年占整个区域的88%，1995年下降为70%，2002年下降为50%，2012年占24.5%。相对而言，广州市经济总量在大珠三角中所占的比重呈现逐步上升的态势，这种上升的过程可分为三个阶段：第一个阶段是1980~1990年，变化程度较小；第二个阶段为1990~2009年，所占的比重呈现迅速增长的态势；第三个阶段是2010年之后，所占的比重趋于稳定（见图4-3-2）。

大珠三角经济发展过程与港口吞吐量呈现较为稳定的相关关系。其中一次线性方程的拟合程度最高，R^2为0.979，对数方程和指数方程的拟合程度相对较弱，R^2分别为0.848和0.792，也具有一定的拟合度。从总体上来看，经济总量水平与港口吞吐量之间存在较强的正相关关系（见表4-3-2）。

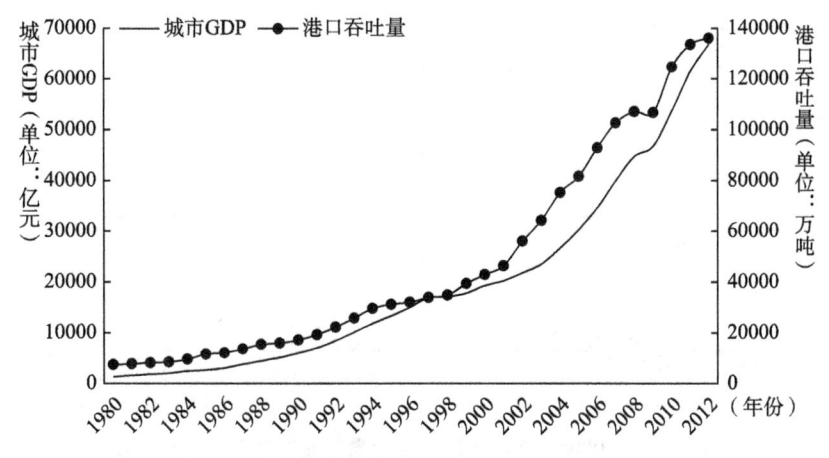

图 4-3-2　大珠三角地区港口吞吐量与区域经济之间的关系

表 4-3-2　区域港-城经济关系的模拟方程

地区	指数方程（R^2）	对数方程（R^2）	线性方程（R^2）
小珠三角	$y=659.4e^{5\text{E}-05x}$（0.726）	$y=11249\ln(x)-10000$（0.795）	$y=0.41x-2593$（0.981）
大珠三角	$y=3371.e^{3\text{E}-05x}$（0.792）	$y=18143\ln(x)-16877$（0.848）	$y=0.447x-1770$（0.979）

二　港-城经济关系的矩阵分析

为了更加直观地表达港口吞吐量与城市经济之间的关系，对数据进行无量纲化处理，运用矩阵来分析城市经济与港口吞吐量之间的关系，其中横轴表示港口吞吐量，纵轴表示城市经济。港-城经济之间的发展关系可分为 4 种类型：第一种，大经济大港口；第二种，大经济小港口；第三种，小经济小港口；第四种，小经济大港口。由于各城市的港-城关系矩阵年际变化不明显，所以这是选取以 5 年为一个时间段，并取这个时间段的中间年份来分析港口吞吐量与城市经济间的关系。

从 1980~1984 年的港口吞吐量与城市经济的矩阵关系图来看，由于发展历史悠久，地理位置优越，基础雄厚，香港属于典型的大经济大港口类型，经济规模庞大，港口发展也比较成熟，所以港口的吞吐量也相应地具有较大的规模。广州属于小经济大港口的类型，港口的规模相对比较大，城市的经济规模相对较小。澳门、东莞、佛山、惠州、江门、深圳、肇庆、中山和珠海 9 个城市均属于小经济小港口的类型，城市的经济规模和港口规模均相对较小（见图 4-3-3）。

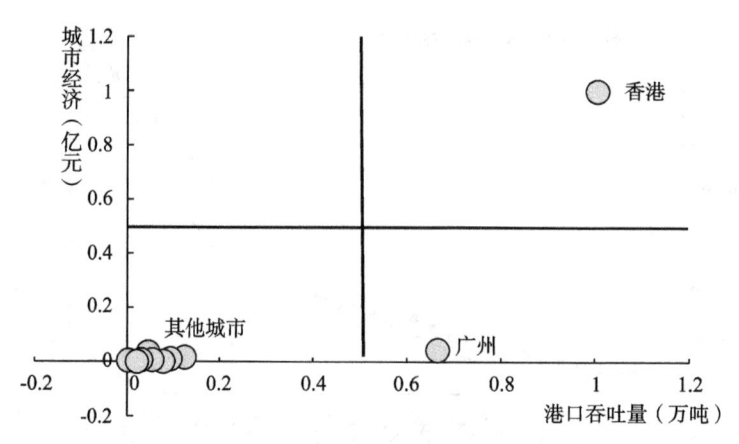

图 4-3-3　1980~1984 年港口吞吐量与城市经济间的矩阵关系

从 1985~1989 年的港口吞吐量与城市经济的矩阵关系图来看，虽然各城市的经济规模和港口吞吐量都有所增长，但各城市的港-城经济发展类型并没有发生明显变化。香港仍属于大经济大港口的类型。广州仍属于小经济大港口的类型，港口的规模相对比较大，城市经济的规模还处于较小的状态。相比之下，澳门、东莞、佛山、惠州、江门、深圳、肇庆、中山、珠海 9 个城市依旧属于小经济小港口的类型，城市经济规模小，港口规模也相对较小（见图 4-3-4）。

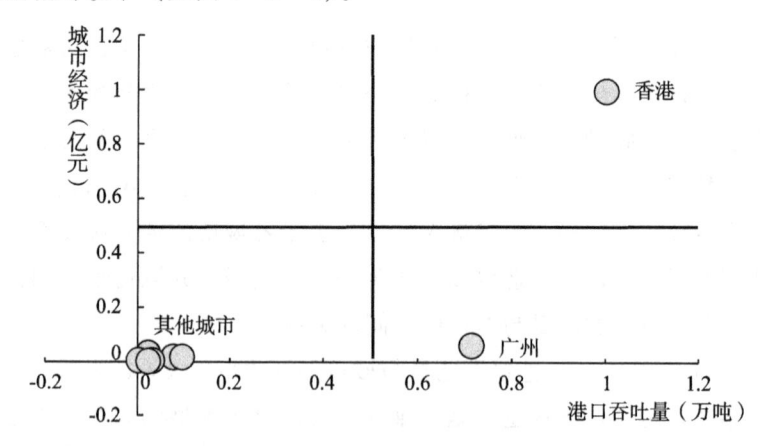

图 4-3-4　1985~1989 年港口吞吐量与城市经济间的矩阵关系

从 1990~1994 年的港口吞吐量与城市经济的矩阵关系图来看，各城市的经济规模和港口吞吐量都有所增长，但港-城经济发展矩阵并没有发生明显变化。香港依旧属于大经济大港口类型。广州仍属于小经济大港口的类型，港口的规模变化不明显，但城市经济规模稳步增长。从矩阵的发展来看，有一个比较明显的变化是，深圳正逐渐脱离小经济小港口的阵营，港口规模快速扩大。而澳门、东莞、佛山、惠州、江门、肇庆、中山、珠海8个城市仍处于小经济小港口的地位，城市经济规模小，港口规模也较小（见图4-3-5）。

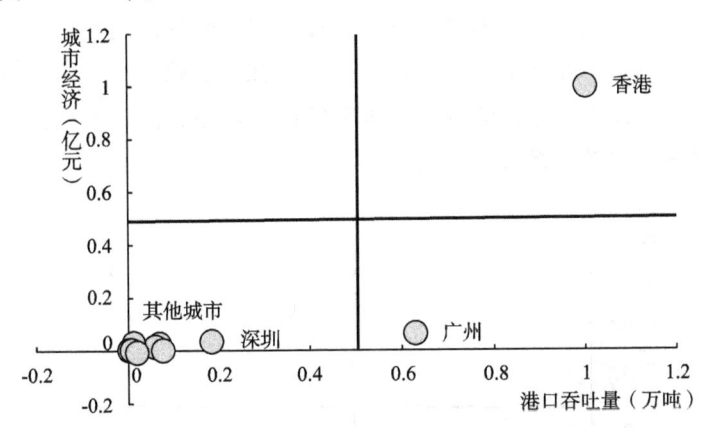

图4-3-5 1990~1994年港口吞吐量与城市经济间的矩阵关系

从1995~1999年的港口吞吐量与城市经济的矩阵关系图来看，各城市的港-城经济发展矩阵类型并没有发生明显的变化。香港仍属于大经济大港口类型，广州的港口规模相对有所萎缩，城市经济规模则相对稳步发展。澳门、东莞、佛山、惠州、江门、肇庆、中山、珠海8城市仍属于小经济小港口的类型，城市经济规模和港口规模仍相对较小（见图4-3-6）。

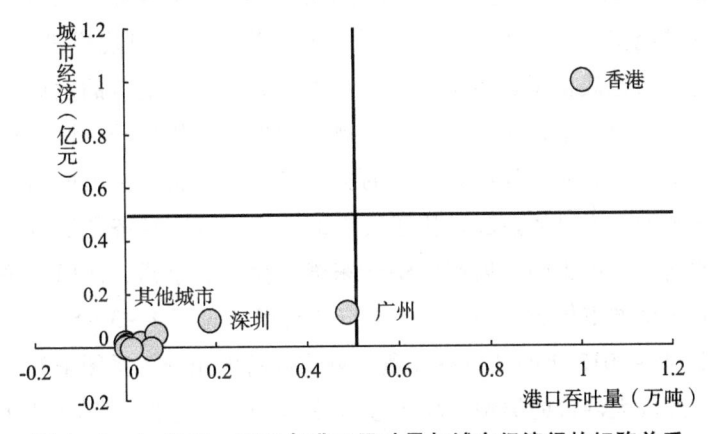

图4-3-6 1995~1999年港口吞吐量与城市经济间的矩阵关系

从2000~2004年的港口吞吐量与城市经济的矩阵关系图来看，各城市的经济规模和港口吞吐量都有所增长，港-城经济发展矩阵也发生了较为明显的变化。香港仍属于大经济大港口的类型，广州的发展依旧稳健，港口的规模明显扩大，城市经济规模也相应稳步发展。深圳的城市经济规模和港口规模都出现了快速扩大，但仍属于小经济小港口的类型。东莞和佛山两个城市虽属小经济小港口的类型，但相对澳门、惠州等这些相对落后的阵营，其城市经济规模和港口吞吐量都出现了较快的增长，尤其是佛山的增长更加明显。相比而言，澳门、惠州、江门、肇庆、中山、珠海6个城市仍属于小经济小港口的类型，城市经济规模小，港口的规模也相对偏小，发展速度比较缓慢（见图4-3-7）。

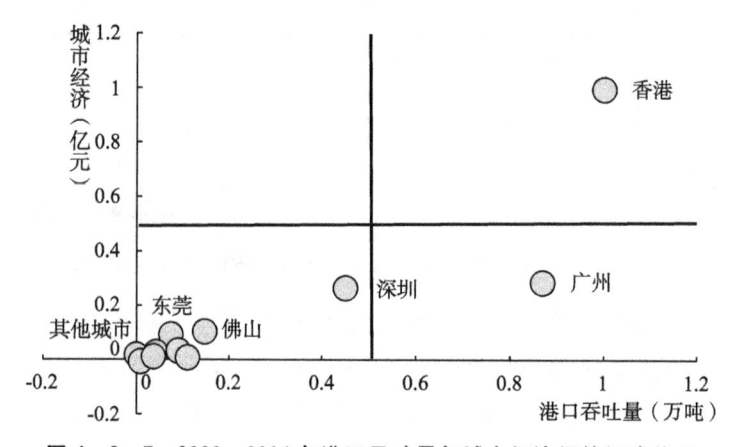

图4-3-7 2000~2004年港口吞吐量与城市经济间的矩阵关系

从2005~2009年的港口吞吐量与城市经济的矩阵关系图来看，个别城市的港-城经济发展类型发生了显著变化。广州的港口规模进一步扩大，城市经济规模也获得了稳步发展，已经迈入大经济大港口的发展行列。深圳在这一阶段得到了迅速发展，港口规模的地位大幅提升，城市经济的发展势头旺盛，开始向大经济大港口的类型演变。东莞和佛山虽仍属小经济小港口的类型，但已明显步入快速发展的轨道，城市经济和港口规模都出现较快的增长，佛山的发展速度快于东莞。澳门、惠州、江门、肇庆、中山、珠海6个城市仍属于小经济小港口的类型（见图4-3-8）。

从2010~2012年的港口吞吐量与城市经济的矩阵关系图来看，香港依旧属于大经济大港口的类型，城市经济规模仍较为稳健，但港口规模处于相对萎缩的状态，相对地位有所下降。广州已成为名副其实的大经济大港口发展类型，港口规模进一步扩大，城市经济规模也比较稳定。深圳在这一阶段得到了迅速发展，港口稳步发展，城市经济发展迅速，成功迈入大

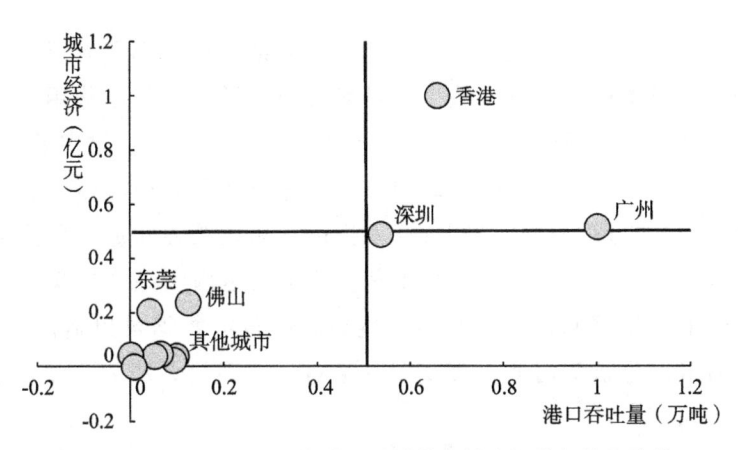

图 4-3-8 2005~2009 年港口吞吐量与城市经济间的矩阵关系

经济大港口的发展行列。东莞和佛山两个城市保持着较快的发展势头，但仍属小经济小港口的类型，东莞的发展速度快于佛山。澳门、惠州、江门、肇庆、中山、珠海 6 个城市仍属于小经济小港口的类型，港口和城市经济规模相对关系没有发生明显变化（见图 4-3-9）。

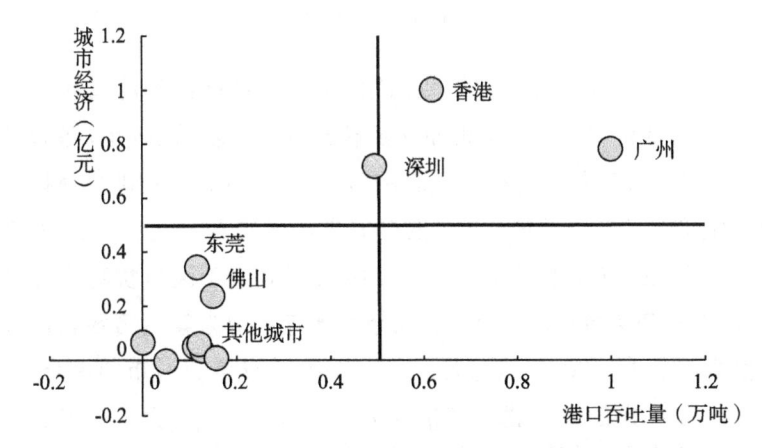

图 4-3-9 2010~2012 年港口吞吐量与城市经济间的矩阵关系

第四节 珠三角港-城规模耦合关系分析

一 研究方法

为了研究需要，本书对港城关系矩阵和 RCI 指数进行了如下改进。一是将反映集中性的城市规模指标由人口规模改进为经济规模（GDP）。

这主要是因为我国城市人口规模统计口径复杂多样，不具有可比性；且采用经济规模指标，可以反映港口对城市经济活动的带动作用。二是将研究对象从海港扩展到包括沿江港口和海港的所有港口。这主要是因为，尽管海港在当前的经济社会发展中发挥着重要作用，但海运的发展离不开沿江港口的支撑。三是将港口规模指标从集装箱吞吐量扩展为港口吞吐量、港口集装箱吞吐量的综合视角。这不仅是因为综合视角可以更全面地反映港口发展状况，也是因为港口吞吐量的数据可以追溯到更早，从而使得可以分析的时间尺度更长。通过上述改进，RCI 指数的测算公式为：

$$PR_{ij} = PORT_{ij} \bigg/ \sum_{i=1}^{n} PORT_{ij} \tag{3}$$

$$CR_{ij} = CITY_{ij} \bigg/ \sum_{i=1}^{n} CITY_{ij} \tag{4}$$

$$RCI_{ij} = \frac{PORT_{ij} \bigg/ \sum_{i=1}^{n} PORT_{ij}}{CITY_{ij} \bigg/ \sum_{i=1}^{n} CITY_{ij}} \tag{5}$$

在式（3）~（5）中，$PORT_{ij}$ 表示第 j 年 i 港口城市的港口规模（用港口货物吞吐量或港口集装箱吞吐量来反映），$CITY_{ij}$ 表示第 j 年 i 港口城市的城市规模（用 GDP 来反映），PR_{ij} 表示第 j 年 i 港口城市的港口规模占区域总规模的比例，CR_{ij} 表示第 j 年 i 港口城市的城市规模占区域总规模的比例，RCI_{ij} 表示第 j 年 i 港口城市的 RCI 指数（对应于港口货物吞吐量，则为货物吞吐量 RCI 指数；对应于集装箱吞吐量，则为集装箱吞吐量 RCI 指数）。根据该公式，PR_{ij} 的值越大，反映出第 j 年 i 港口城市的中介性越强；CR_{ij} 越大，反映出第 j 年 i 港口城市的集中性越强。RCI_{ij} 大于 1 表示中介性高于集中性，即港口功能强于城市功能；小于 1 则表示中介性低于集中性，即港口功能弱于城市功能；与 1 的距离减小，则表示港 - 城规模耦合关系增强。

此外，Ducruet and Lee（2006）所提出的港口城市分类标准，只考虑了运用 RCI 指数来分析港口功能（中介性）和城市功能（集中性）的相对关系，却忽略了港口规模和城市规模。本部分则综合考虑 RCI 指数、港口规模、城市规模 3 个方面要素对港口城市分类进行重新测算。在重新测算中，考虑到城市功能和港口功能的均衡是港城关系矩阵的理想状态，因此选取第 j 年港口规模指标占整个区域的比例和城市规模指标占整个区域的比例中的最大值，作为中介性维度和集中性维度的最大值（用 max 来表示）。

$$\max_j = \max_i(P_{ij}, C_{ij}) \tag{6}$$

根据 Ducruet and Lee（2006）所提出的 *RCI* 指数临界点（0.33、0.75、1.25、3），测算出其所对应的中介性和集中性的临界点分别为：中介性的临界点是 max 的 0.33、0.75，集中性的临界点是 max 的 0.33、0.8，从而将中介性和集中性的临界点作为港城关系类型划分的标准，则港－城规模耦合关系可以划分为 9 种类型。在集中性和中介性的二维坐标体系中，斜率即为 *RCI* 指数，如图 4－4－1 中虚线所示，虚线上所有点的 *RCI* 指数相同。

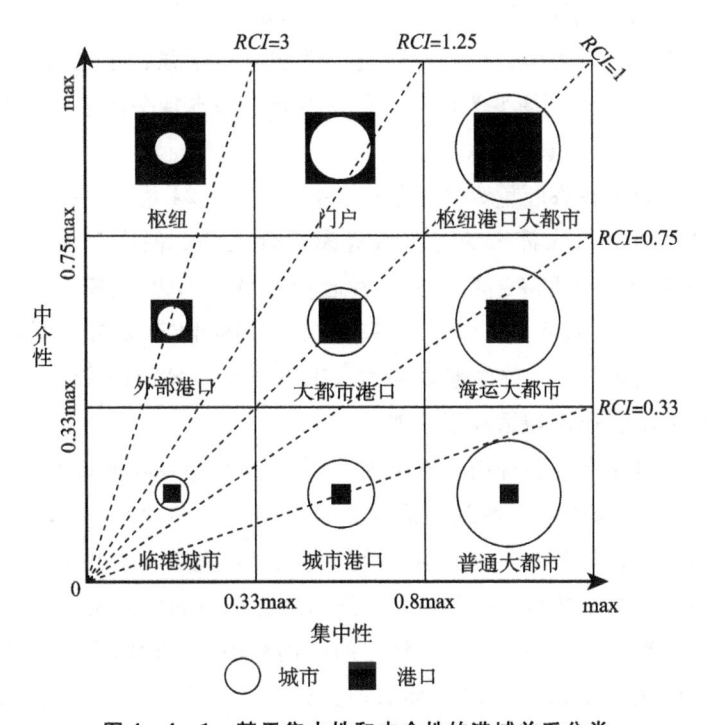

图 4－4－1　基于集中性和中介性的港城关系分类

注：为制图美观易辨，坐标轴上的距离非比例距离。后文中的图同理。

在这 9 种港－城规模耦合关系类型中，中介性由下向上逐渐增强，集中性由左向右逐渐增强。对于临港城市类型，由于其中介性和集中性均较弱，不论是中介性还是集中性的改变，都能较容易引起 *RCI* 指数的较大变化，因而临港城市类型的 RCI 指数在理论上可囊括从极小到极大的情况，即港－城规模耦合的相对比例关系可囊括很大的范围；随着中介性和集中性的增强，中介性和集中性的改变对 RCI 指数的影响程度将逐渐下降，而枢纽港口大都市的 RCI 指数变动的幅度则在 9 种类型中减到最小。

二 大珠三角地区港－城规模耦合关系

从集装箱吞吐量视角对大珠三角地区港－城规模耦合关系进行分析，发现港－城规模耦合关系类型变化较大的为广州、深圳。1995 年，广州、深圳均属于临港城市类型。2005 年，广州仍为临港城市类型，但集中性和中介性均有所上升，集装箱吞吐量 RCI 指数由 1995 年的 0.49 增长至 2005 年的 0.70；深圳则演变为枢纽类型，中介性和集中性均有所增强，集装箱吞吐量 RCI 指数由 1995 年的 0.40 降低至 2005 年的 2.30。2012 年，广州演变为大都市港口类型，中介性和集中性均有所增强，集装箱吞吐量 RCI 指数增至 1.06；深圳演变为门户类型，中介性基本持平而集中性增强，集装箱吞吐量 RCI 指数增至 1.72。

香港的集装箱吞吐量 RCI 指数由 1985 年的 1.24 增至 2012 年的 1.36，一直保持枢纽港口大都市的港－城规模耦合关系。但中介性和集中性在 1995～2012 年有所下降，其集装箱吞吐量和城市 GDP 规模占大珠三角地区总量的比例分别从 1995 年的 89.8%、72.4% 降至 2012 年的 33.5%、24.7%。这主要是由于除港澳以外的大珠三角港口城市的集装箱吞吐量和城市规模的增长速度均远高于香港。

其余港口城市，除佛山、肇庆因 1995 年集装箱吞吐量缺失而无法测算其在 1995 年所属的港－城规模耦合关系类型外，在 1995～2012 年均属于临港城市类型，但其港－城规模耦合关系也有所差异。从中介性的角度来看，澳门、珠海集装箱吞吐量占大珠三角地区总量的比例在 1995～2012 年有所降低；惠州、东莞、中山、江门的比例在 1995～2012 年有所上升，佛山、肇庆的比例在 2005～2012 年有所上升。从集中性的角度来看，澳门、珠海、佛山、惠州、东莞、中山、江门、肇庆等港口城市的城市 GDP 规模占大珠三角地区总规模的比例在 1995～2012 年均增加，集中性均有所增强。从 RCI 指数的角度来看，澳门、珠海、中山的集装箱吞吐量 RCI 指数在 1995～2012 年有所降低，佛山的集装箱吞吐量 RCI 指数在 2005～2012 年有所降低；惠州、东莞、江门的集装箱吞吐量 RCI 指数在 1995～2012 年有所上升，肇庆的集装箱吞吐量 RCI 指数在 2005~2012 年有所上升。而该类型的集装箱吞吐量 RCI 指数的取值范围较大，最小值为 2012 年澳门的 0.04，最大值为 1995 年珠海的 1.81，其取值范围甚至超过了集中性较高的普通大都市、海运大都市、枢纽港口大都市 3 种类型的集装箱吞吐量 RCI 指数理论上的取值范围总和（见图 4-4-2）。

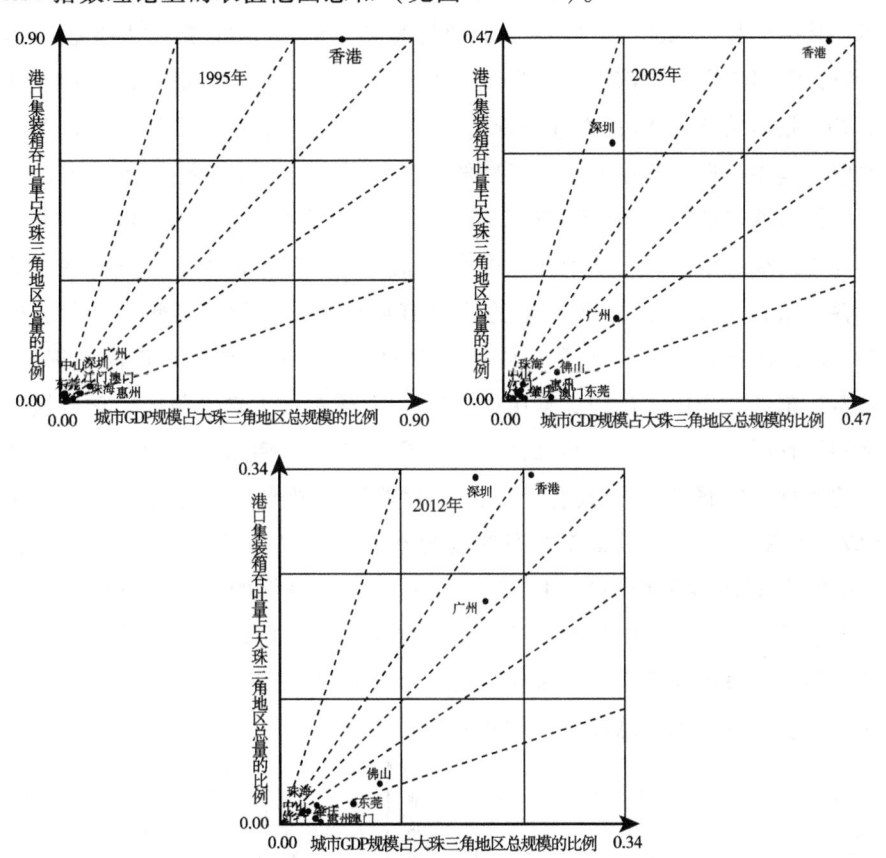

图 4-4-2 大珠三角货物集装箱吞吐量港-城规模耦合关系

从货物吞吐量视角对大珠三角地区港-城规模耦合关系进行分析，发现港-城规模耦合关系类型变化较大的为香港、广州、深圳。1985~1995年，广州的港-城规模耦合关系保持着外部港口的类型，其中介性和集中性均减弱，货物吞吐量 RCI 指数则由 3.60 降低至 3.57；深圳的港-城规模耦合关系保持着临港城市的类型，其中介性和集中性均有所加强，货物吞吐量 RCI 指数由 1.07 增至 1.97。香港则由海运大都市转变为枢纽港口大都市类型，其中介性略有增强而集中性略有减弱，货物吞吐量 RCI 指数由 0.62 增至 0.70。2005 年，广州演变成介于枢纽与门户之间的类型，中介性和集中性均有所增强，货物吞吐量 RCI 指数降至 2.19；深圳演变成介于外部港口和大都市港口之间的类型，其中介性和集中性均有所增强，货物吞吐量 RCI 指数降至 1.29；香港则转变为海运大都市，中介性和集中性均有所减弱，货物吞吐量 RCI 指数降至 0.64。2012 年，广州演变成门户类型，其中介性与 2005 年持平而集中性增强，货物吞吐量 RCI 指数减至 1.64；深圳演变成大都市港口类型，中介性减弱而集中性增强，货物吞吐量 RCI 指数降至 0.87；香港仍保持与 2005 年相同的港－城规模耦合关系类型，其中介性和集中性均有所减弱，货物吞吐量 RCI 指数升至 0.80。

其余港口城市在 1985～2012 年均属于临港城市类型，但其港－城规模耦合关系也有所差异。从中介性的角度来看，澳门、佛山、肇庆的港口货物吞吐量占大珠三角地区总量的比例有所降低，珠海、惠州、东莞、中山、江门的比例则有所上升。从集中性的角度来看，澳门、珠海、佛山、惠州、东莞、中山、江门、肇庆的城市 GDP 规模占大珠三角地区总规模的比例均有所上升。从 RCI 指数的角度来看，澳门、佛山、东莞、中山、肇庆的货物吞吐量 RCI 指数有所下降，而珠海、惠州、江门的货物吞吐量 RCI 指数则有所上升。而该类型的货物吞吐量 RCI 指数的取值范围较大，最小值为 2010 年澳门的 0.04，最大值为 1995 年珠海的 3.28，其取值范围甚至超过了集中性居中的城市港口、大都市港口、门户及集中性较高的普通大都市、海运大都市、枢纽港口大都市等 6 种类型的货物吞吐量 RCI 指数理论上的取值范围总和（见图 4－4－3）。

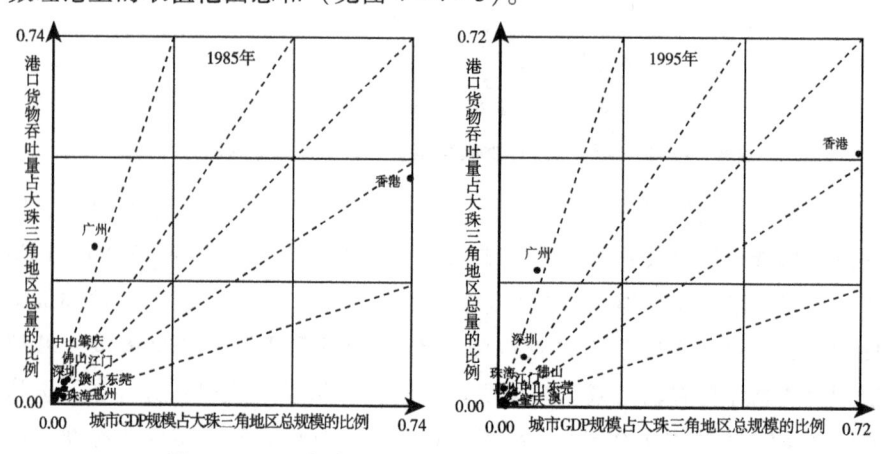

图 4－4－3　大珠三角货物吞吐量港－城规模耦合关系

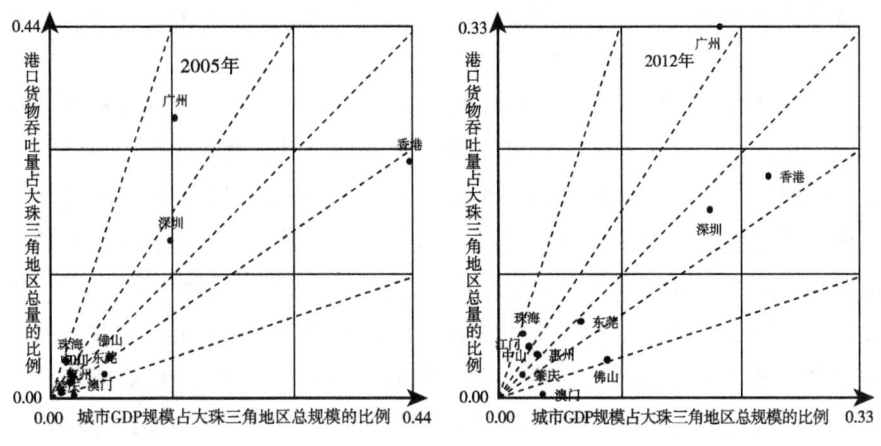

图 4-4-3 大珠三角货物吞吐量港-城规模耦合关系（续）

三 珠三角地区港-城规模耦合关系

从集装箱吞吐量视角对珠三角地区港-城规模耦合关系进行分析，发现港-城规模耦合关系类型变化较大的为广州、深圳、珠海、中山。1995 年，广州的集装箱吞吐量 RCI 指数为 1.26，属于枢纽港口大都市类型，这主要是因为在这个时期，广州的港口和城市规模均在珠三角地区处于首位，远高于处于第二位的深圳；深圳属于大都市港口类型，其集装箱吞吐量 RCI 指数为 1.04；珠海、中山属于外部港口类型，其集装箱吞吐量 RCI 指数分别为 4.64、3.13。2005 年，广州演变为城市港口类型，其集装箱吞吐量 RCI 指数降至 0.71，中介性和集中性均有所减弱，这主要是因为深圳的港口集装箱吞吐量已远超广州而城市 GDP 规模与广州的差距大幅缩小，从而使得广州的中介性和集中性减弱而所属港-城规模耦合关系类型发生改变；深圳演变为门户类型，集装箱吞吐量 RCI 指数升至 2.31，中介性和集中性均有所增强；珠海、中山则演变为临港城市类型，集装箱吞吐量 RCI 指数分别降至 0.53、0.80，珠海的中介性和集中性均减弱，中山的中介性减弱而集中性有所增强，这也与深圳的快速增长从而导致这两个港口城市的相对重要性发生变化有关。2012 年，广州演变成大都市港口类型，集装箱吞吐量 RCI 指数升至 1.14，中介性增强而集中性基本上与 2005 年持平；深圳仍为与 2005 年相同的门户类型，集装箱吞吐量 RCI 指数降至 1.85，中介性略有下降，集中性基本上与 2005 年持平；珠海、中山仍为与 2005 年相同的临港城市类型，珠海的集装箱吞吐量 RCI 指数升至 0.56，中山的集装箱吞吐量 RCI 指数降至 0.53。

对于其余港口城市，从中介性的角度来看，惠州、东莞集装箱吞吐量占珠三角地区总量的比例在 1995~2012 年有所上升，肇庆集装箱吞吐量占珠三角地区总量的比例在 2005~2012 年有所上升；江门集装箱吞吐量占珠三角地区总量的比例在 1995~2012 年有所下降，佛山集装箱吞吐量占珠三角地区总量的比例在 2005~2012 年有所下降。从集中性的角度来看，佛山、东莞等港口城市的城市 GDP 规模占珠三角地区总规模的比例在 1995~2012 年有所上升；惠州、江门、肇庆等港口城市的城市 GDP 规模占珠三角地区总规模的比例在 1995~2012 年有所下降。从 RCI 指数的角度来看，惠州、东莞、江门的集装箱吞吐量 RCI 指数在 1995~2012 年有所上升，肇庆的集装箱吞吐量 RCI 指数在 2005~2012 年有所上升；佛山的集装箱吞吐量 RCI 指数在 2005~2012 年有所下降。而该类型的集装箱吞吐量 RCI 指数的取值范围与理论上的取值范围差别较大，最小值为 2005 年东莞的 0.06，最大值为 2005 年江门的 0.57，表明这些港口城市的集装箱吞吐量港 – 城规模耦合的相对比例关系的变化幅度较小。之所以会出现这种与理论取值范围差别较大的情况，主要是因为用集装箱吞吐量占珠三角地区总量比例衡量的这些港口城市的中介性均较弱，从而限制了其集装箱吞吐量 RCI 指数提升的空间（见图 4-4-4）。

从货物吞吐量视角对珠三角地区港 – 城规模耦合关系进行分析，发现港 – 城规模耦合关系类型变化较大的为深圳。1985 年，深圳属于临港城市类型，货物吞吐量 RCI 指数为 0.48。1995 年，深圳的港 – 城规模耦合关系类型演变为大都市港口类型，并在 2005 年和 2012 年保持着该类型。尽管深圳在 1995~2012 年所属的港 – 城规模耦合关系类型没有发生变化，但其间也有一些差别。从中介性方面来看，深圳的港口货物吞吐量占珠三角地区的比例由 1995 年的 20.3% 升至 2005 年的 26.0%，之后降至 2012 年的 21.0%。从集中性方面来看，深圳的城市 GDP 规模占珠三角地区的比例升至 2005 年的 27.1%，并在 2012 年保持该比例。从 RCI 指数的角度来看，深圳的货物吞吐量 RCI 指数由 1995 年的 0.98 降至 2005 年的 0.96，之后降至 2012 年的 0.77。

广州、佛山所属的港 – 城规模耦合关系类型也发生了变化。1985~2005 年，广州、佛山分别保持门户、临港城市的类型。2012 年，广州演变

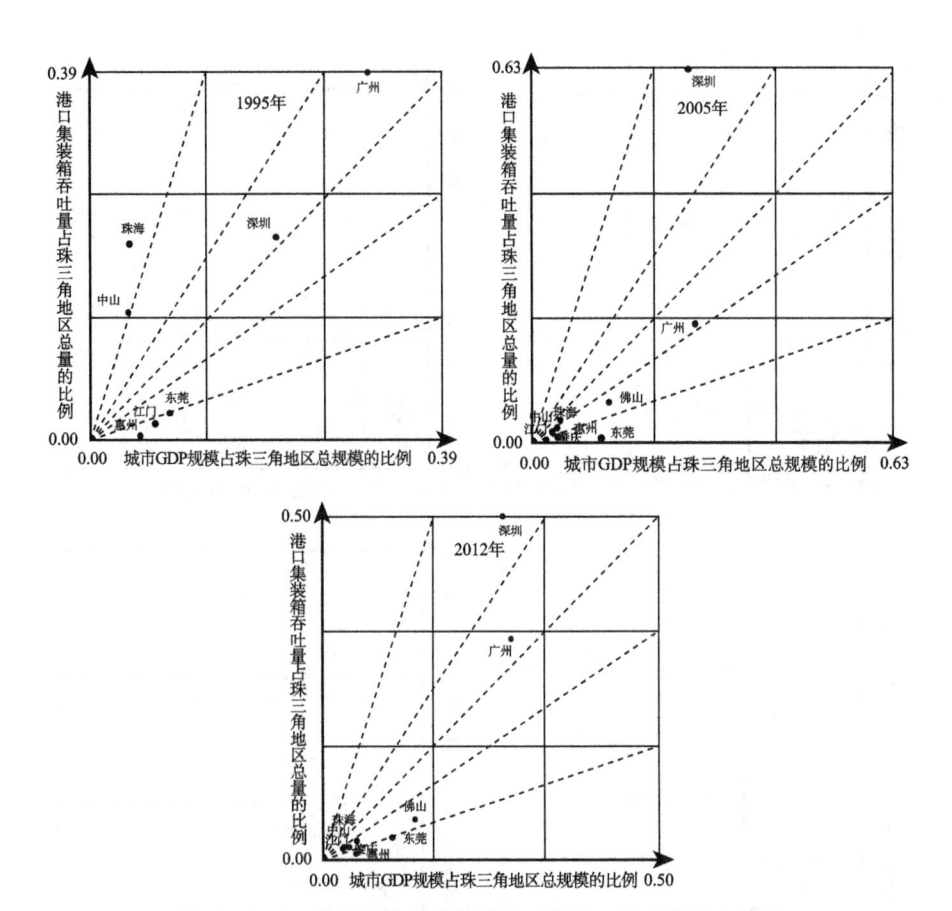

图 4-4-4　珠三角货物集装箱吞吐量港-城规模耦合关系

成门户和枢纽港口大都市之间的类型，佛山则演变成临港城市和港口城市之间的类型。从中介性的角度来看，广州的港口货物吞吐量占珠三角地区的比例从1985年的59.8%降至2012年的41.5%，佛山的比例则从8.9%降至4.2%。从集中性的角度来看，广州城市GDP规模占珠三角地区的比例由1985年的36.8%降至2012年的28.4%，佛山的比例则由14.2%降至13.8%。从 RCI 指数的角度来看，广州的货物吞吐量 RCI 指数由1985年的1.63降至2012年的1.46，佛山的货物吞吐量 RCI 指数则由0.63降至0.30（见图4-4-5）。

其余的港口城市在1985～2012年均属于临港城市类型，但其港-城规模耦合关系也有所差异。从中介性来看，江门、肇庆的港口货物吞吐量占珠三角地区总量的比例有所下降，珠海、惠州、东莞、中山的比例有所上升。从集中性的角度来看，中山、江门、肇庆的城市GDP规模占

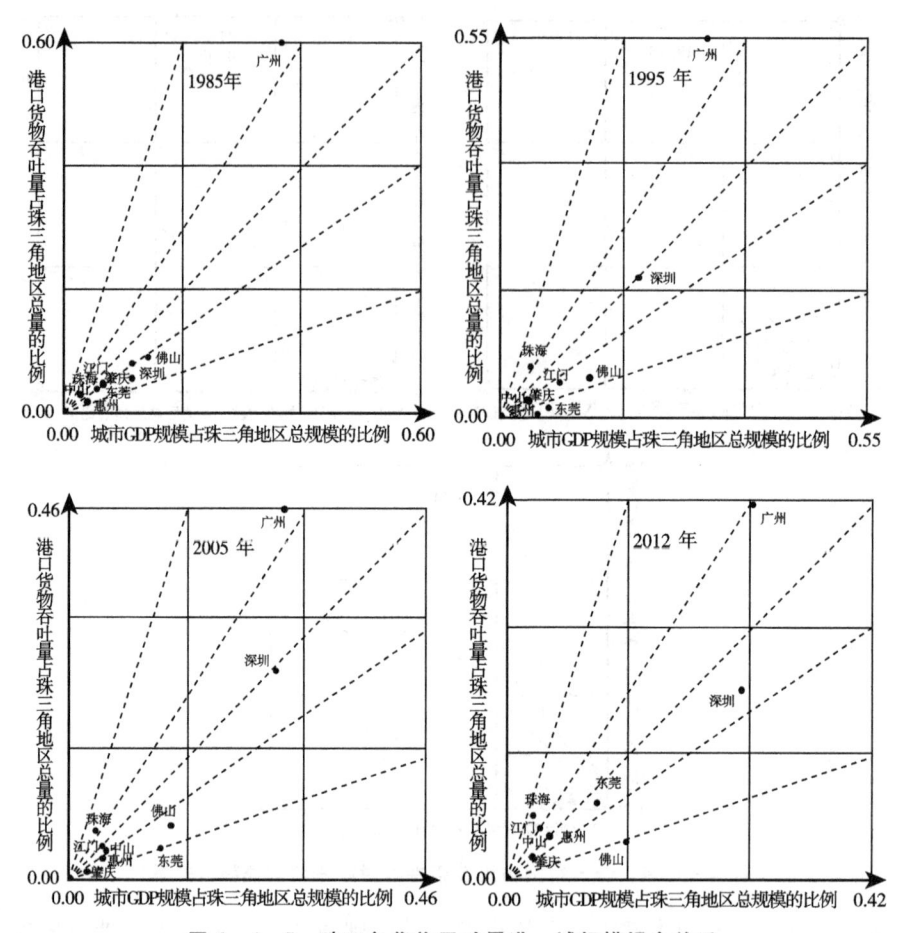

图4-4-5 珠三角货物吞吐量港-城规模耦合关系

珠三角地区总规模的比例有所下降,珠海、惠州、东莞的城市GDP规模占珠三角地区总规模的比例有所上升。从RCI指数的角度来看,珠海、惠州、东莞、中山、江门、肇庆的货物吞吐量RCI指数均有所上升。而该类型的货物吞吐量RCI指数的取值范围较大,最小值为1995年惠州的0.09,最大值为2012年珠海的2.26,其取值范围甚至超过了集中性居中的城市港口、大都市港口及集中性较高的普通大都市、海运大都市、枢纽港口大都市等5种类型的货物吞吐量RCI指数理论上的取值范围总和。

基于中介性和集中性的分析发现,不论是从集装箱吞吐量视角还是从货物吞吐量视角来看,在大珠三角地区层面,港口城市中的大部分保持着临港城市的港－城规模耦合关系类型，仅香港、广州、深圳有所突破而演变为更加高端的类型；在珠三角地区层面，大部分港口城市也保持着临港城市的港－城规模耦合关系类型，仅广州、深圳有所突破而演变为更加高端的类型。此外，珠海、中山仅在 1995 年暂时达到了以集装箱吞吐量视角衡量的外部港口类型，但之后又恢复了临港城市的类型。对于属于临港城市类型的港口城市，尽管其所属港－城规模耦合关系类型没有变化，但在多数情况下，RCI 指数却有较大幅度的变化，表明其港－城规模耦合的相对比例关系发生了较大变化。这也证明了 RCI 指数在中介性和集中性较弱的阶段，可以呈现更大的波动范围，但随着中介性和集中性的增强，其同一港－城规模耦合关系类型中 RCI 指数的波动范围则逐渐减小。

为了从货物吞吐量视角与集装箱吞吐量视角进行综合分析，需要根据货物吞吐量和集装箱吞吐量在港口发展指标衡量中的相对重要性的变化，构建反映港口中介性和 RCI 指数的指标：

$$PR_{ij}^Z = \begin{cases} PR_{ij}^H & j \text{ 取值为 1985 年、1995 年} \\ \dfrac{1}{2}(PR_{ij}^H + PR_{ij}^J) & j \text{ 取值为 2005 年、2012 年} \end{cases} \tag{7}$$

$$RCI_{ij}^Z = PR_{ij}^Z / CR_{ij} \tag{8}$$

在式（7）、（8）中，PR_{ij}^Z 为综合视角的第 j 年 i 港口城市的中介性指标，PR_{ij}^H 为第 j 年 i 港口城市的港口货物吞吐量占区域总量的比例，PR_{ij}^J 为第 j 年 i 港口城市的港口集装箱吞吐量占区域总量的比例，RCI_{ij}^Z 为综合视角的港口城市 RCI 指数，CR_{ij} 可通过公式（4）计算得出。之所以在 1985 年、1995 年从货物吞吐量视角进行分析，是由于 20 世纪八九十年代除香港以外的大珠三角地区港口的集装箱运输体系仍处于起步期，货物吞吐量可以更好地反映大珠三角港口城市的中介性；进入 21 世纪以来，珠三角港口集装箱运输快速发展，并且集装箱运输已成为国际贸易的主要运输方式，因此 2005 年、2012 年的中介性指标选取集装箱吞吐量和货物吞吐量的综合视角，以更加突出集装箱运输在港口中介性中的重要性。由此，可对 1985 年、1995 年、2005 年、2012 年 4 个年份的综合视角港－城规模耦合关系进行定量定性分析（见图 4－4－6）。

由此可总结出，大珠三角地区港－城规模耦合关系演变呈现如下几个阶段。在初期（1985 年），香港属于海运大都市类型，广州属于外部港口类型，其他港口城市属于临港城市类型，大珠三角港－城规模耦合关系呈

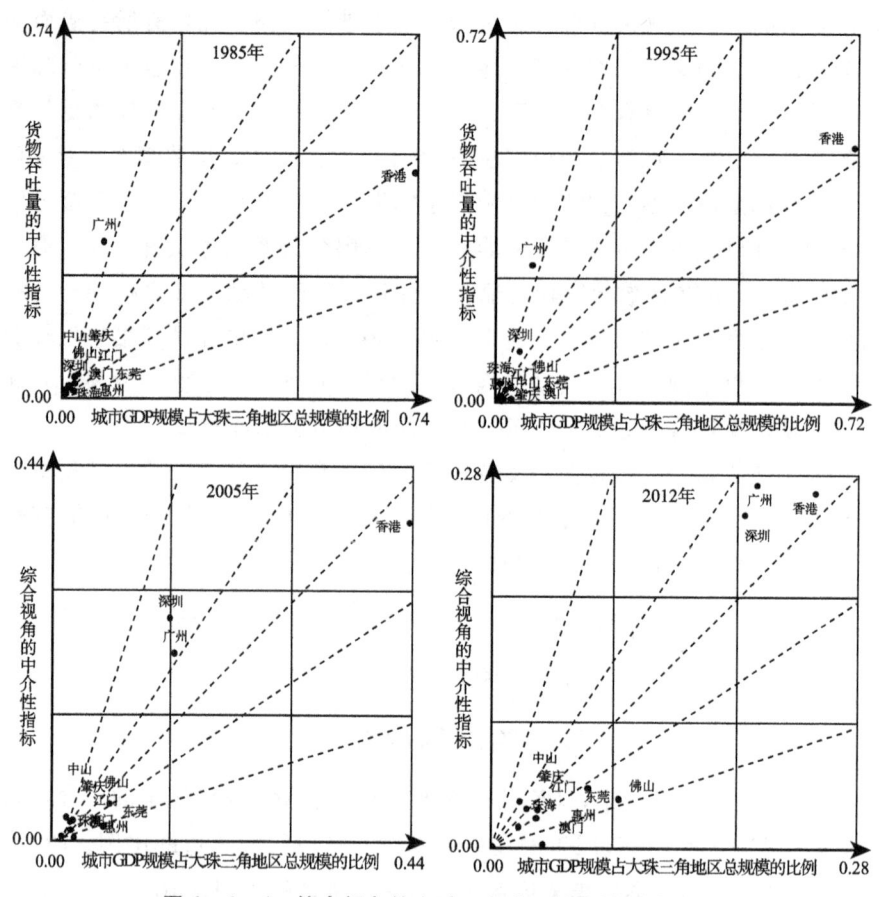

图 4-4-6　综合视角的大珠三角港-城规模耦合关系

现香港"单门户"格局。1995 年,香港演变成枢纽港口大都市类型,广州属于外部港口类型,其他港口城仍属于临港城市类型,香港与其他港口城市之间的港口联系和城市联系均强于其他港口城市之间的联系,大珠三角港-城规模耦合关系呈现以香港为枢纽港口大都市类型的"单门户"格局。2005 年,广州、深圳演变成大都市港口、外部港口类型,但广州、深圳仍与香港有较大差距,大珠三角港-城规模耦合关系仍保持香港作为枢纽港口大都市的"单门户"格局,广州、深圳向大珠三角"门户"演变的趋势已初步显现。2012 年,广州、深圳演变为枢纽港口大都市类型,香港仍为枢纽港口大都市类型,香港、广州、深圳之间的港口联系和城市联系均强于其他港口城市之间的联系,"三门户"港-城规模耦合发展体系基本形成(见表 4-4-1)。

表 4-4-1　综合视角的大珠三角港口城市 RCI 指数

港口城市	1985 年 大珠三角	1985 年 珠三角	1995 年 大珠三角	1995 年 珠三角	2005 年 大珠三角	2005 年 珠三角	2012 年 大珠三角	2012 年 珠三角
香港	0.62	—	0.70	—	0.85	—	1.08	—
澳门	0.57	—	0.19	—	0.10	—	0.05	—
广州	3.60	1.63	3.57	1.77	1.45	1.17	1.35	1.30
深圳	1.07	0.48	1.97	0.98	1.79	1.64	1.30	1.31
珠海	2.20	0.99	3.28	1.63	1.43	1.13	1.53	1.41
佛山	1.39	0.63	0.86	0.43	0.59	0.51	0.37	0.36
惠州	0.94	0.43	0.17	0.09	0.50	0.40	0.62	0.57
东莞	1.48	0.67	0.37	0.18	0.25	0.19	0.59	0.56
中山	1.51	0.68	1.09	0.54	0.88	0.76	0.77	0.73
江门	1.53	0.69	1.14	0.57	0.91	0.76	1.03	0.96
肇庆	1.61	0.73	1.26	0.62	0.37	0.30	0.69	0.66

注：表中"大珠三角层面""珠三角层面"分别表示该列的 *RCI* 指数是以大珠三角地区、珠三角地区作为参照而计算得出的。

综合来看，大珠三角 11 个港口城市的港-城耦合表现出不同的演化路径。广州、深圳和香港之外的其他 9 个港口城市，虽然港-城耦合关系呈现一定范围的变动，但由于港口和城市规模在区域中的地位较低，这些港口城市的港-城耦合类型没有表现出明显的演变，一直表现为临港城市的类型。香港作为大珠三角的天然门户，在改革开放初期属于海运大都市，随着大珠三角的经济发展，香港港口不断发展壮大，到 20 世纪 90 年代中期和 21 世纪初期，香港发展成枢纽港口大都市，之后由于广州、深圳的激烈竞争，香港港口的相对地位略微下降，在 21 世纪第一个 10 年中仍保持枢纽港口大都市类型。深圳自改革开放以来，港口和城市都获得了跨越式的发展，港-城耦合类型在 21 世纪初已发展成为外部港口，在 21 世纪第一个 10 年中更是跃迁为枢纽港口大都市。广州作为经久不衰的港口城市，其耦合类型演化明显具有渐进性特征，在深圳港快速崛起之前，广州港一直充当着小珠三角区域性中心枢纽港的角色，20 世纪 80 年代和 90 年代均表现为外部港口的港-城耦合类型，随着城市规模和地位的提升，21 世纪初演变成大都市港口，而南沙港的开发建设，进一步提升了广州港在大珠三角的区域地位，港-城耦合类型在 21 世纪第一个 10 年演变成枢纽港口大都市。相比香港、深圳，广州的港-城耦合类型演化更具有代表性（见图4-4-7）。

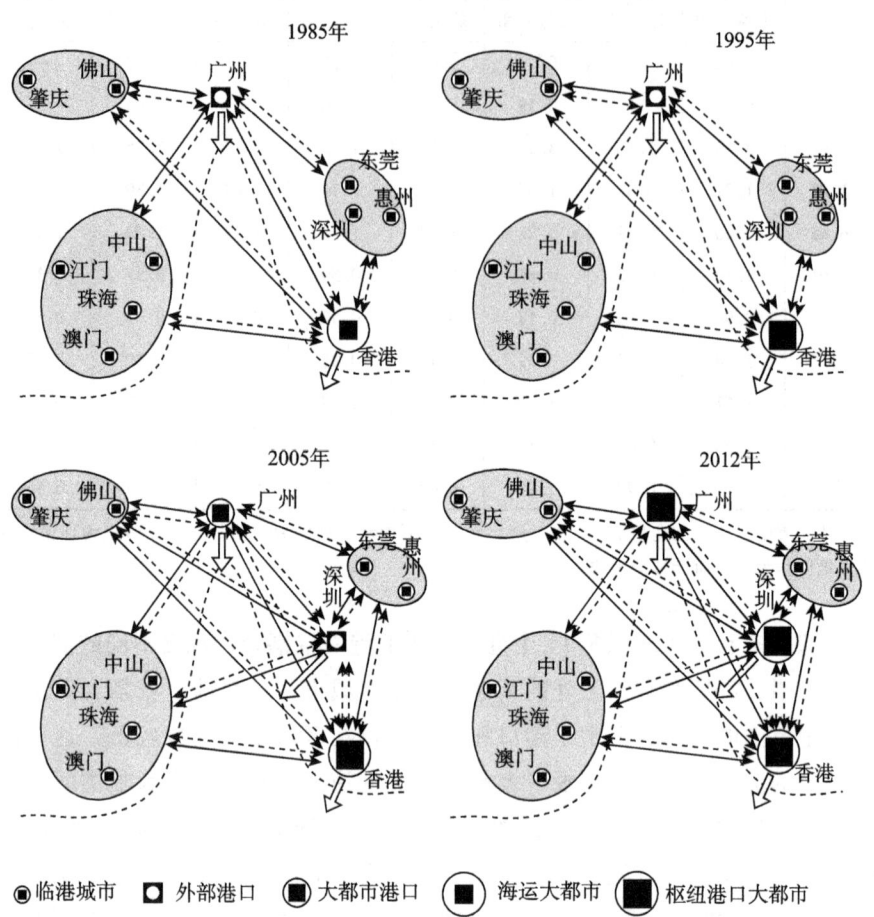

图4-4-7 大珠三角地区港-城规模耦合关系演变

第五章　珠江三角洲地区港－城空间关系分析

港口体系和城市体系都属于多元复杂的地域空间系统，港－城之间的相互促进、相互作用关系，都会直接反映到港口和城市发展的空间运动与变化之中，从而形成复杂的区域港－城空间关系，并随着港口、城市的发展而不断演化，表现出特有的规律和特征。

第一节　港－城重心关系的空间位移与路径

一　港－城分布的重心及变化

为了测度珠三角港口重心的分布与变化，本书首先计算每一个年份港口的重心。具体计算步骤是首先算出每一个地级城市或特别行政区的港口分布重心。每一个地级区域或特别行政区港口均会有多个港区，由于在统计中一般以行政区为单位，具体港区或码头的吞吐量数据难以获取，因此，本书在研究过程中把行政单位的港口吞吐量赋予港口的重心，以广州港为例，它包含多个港区，本书所标出的广州港的位置实际上是多个港区的几何重心。

通过港口重心和港口吞吐量可以进一步计算不同年份港口的分布重心，具体公式如下：

$$\overline{X}_w = \frac{\sum_{i=1}^{n} w_i x_i}{\sum_{i=1}^{n} w_i}$$

$$\overline{Y}_w = \frac{\sum_{i=1}^{n} w_i y_i}{\sum_{i=1}^{n} w_i}$$

公式中$\overline{X}_w$表示港口重心的X坐标，$\overline{Y}_w$表示港口重心的Y坐标，w_i表示第i个港口的吞吐量，x_i表示第i个港口的x坐标，y_i表示第i个港口的y坐标。

港口重心的计算结果表明，改革开放至1997年前，大珠三角港口重心持续向深圳、香港方向移动，1997年后，港口重心开始向广州方向移动。具体来看，港口重心分布在广州南沙区和与东莞相邻的珠江口附近区域，具体位置是1985年以前位于广州市南沙区万顷沙和龙穴岛附近，1985~2005年位于珠江口虎门一带，2005年之后，港口的重心逐渐跨过珠江口向南沙区黄阁镇和东涌镇一带迁移。港口重心的空间位移总体可以划分为两个阶段：第一个阶段是1980~1997年，除个别年份有小幅度波动外，港口重心持续向东偏南方向迁移；第二个阶段是1997~2012年，除个别年份有小幅度波动外，港口重心持续向西北方向移动（见图5-1-1）。

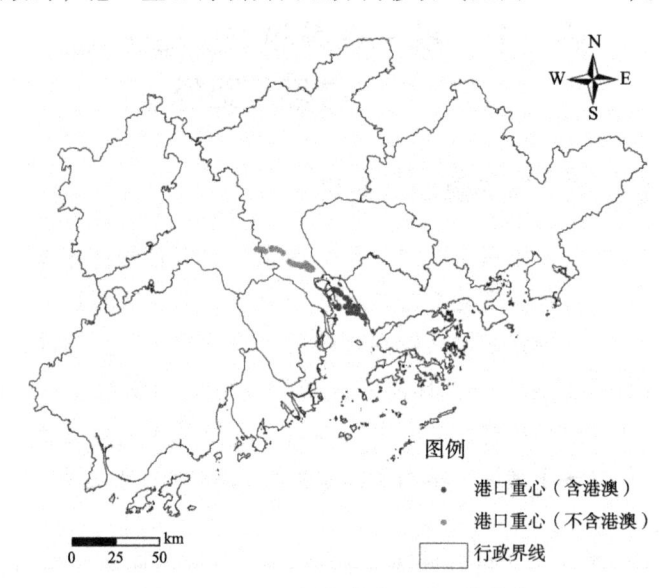

图5-1-1 不同年份港口重心的分布

珠三角港口重心的空间位移有别于大珠三角，1980~2012年总体表现为持续向东南方向移动。在不考虑香港和澳门港口的情况下，珠三角地区的港口重心主要分布在广州市番禺区和南沙区范围内。具体分布状况是1980年港口重心位于顺德区与番禺区交界附近的顺道水道附近。1981年之后，港口重心开始向番禺区附近移动，1981~1992年，港口重心一直位于广州市番禺区范围内。1993年之后，港口重心一直位于广州市南沙区的黄阁镇范围内。总体来看，港口重心向东南方向转移，转移过程大致可以划分为3个阶段：第一个阶段是1984~1985年，港口重心向正东方向转移；第二个阶段是1986~2000年，港口重心向东偏南方向转移；第三个阶段是2001~2012年，港口重心转移的方向性减弱，港口重心之间的相对位移缺乏明晰的方向性（见图5-1-2）。

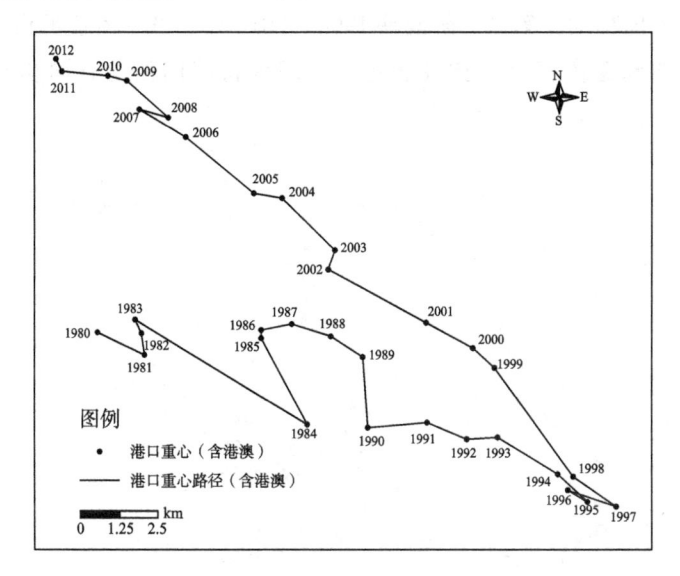

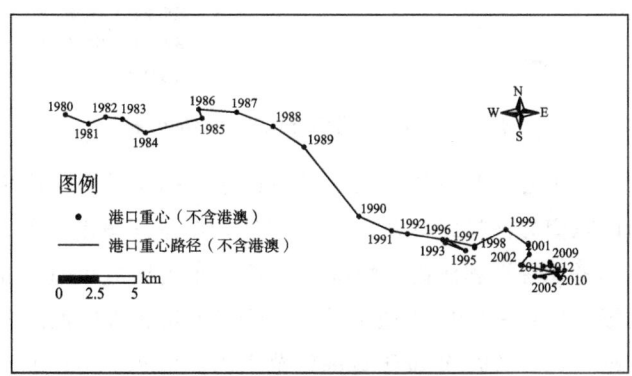

图5-1-2 港口重心迁移路径

大珠三角城市重心在1980~1994年整体表现为向东南方向的香港移动，而1994~2012年则表现为持续向广州方向移动。城市重心的计算方法与港口重心的计算方法基本相同，不同的是在城市重心的计算过程中，城市重心的权重指标是该市的GDP总量。从大珠三角来看，城市重心主要位于珠江口东岸，具体分布情况是：1980~1983年，城市重心主要位于深圳湾靠近香港屯门区一侧；1984~1998年，城市重心主要在香港半岛，先后从屯门区、荃湾区向元朗区方向偏移；1999~2000年，城市重心位于深圳湾，2001~2002年位于深圳市南山区，2003~2007年位于深圳市宝安区，2008~2012年位于宝安区西部珠江口。大珠三角城市重心的变化过程可以分为两个阶段：第一个阶段是1980~1994年，城市重心变化的路径方向是向东偏南方向移动；第二个阶段是1994~2012年，这一阶段城市重心变化的路径方向和距离都相对比较稳定，表现为持续向西北方向移动（见图5-1-3）。

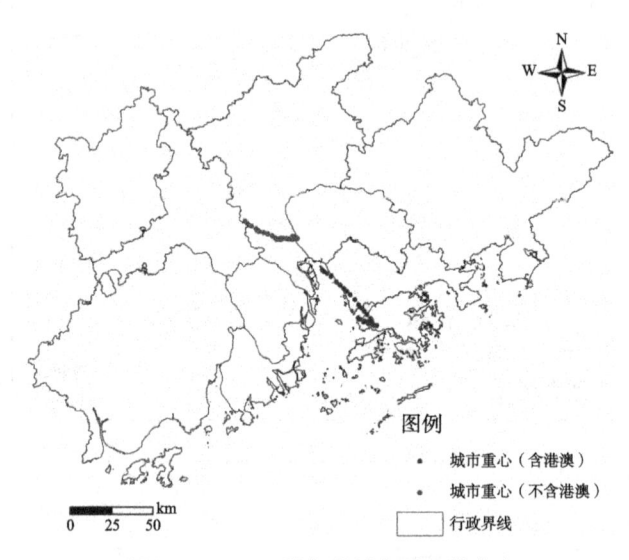

图5-1-3 不同年份城市重心的分布

珠三角城市重心空间位移与大珠三角也存在明显区别，1980~2003年整体表现为向东南方向持续移动，2003年后开始呈现重新朝西北方向移动的趋势。在不考虑香港和澳门的情况下，珠三角地区城市重心主要位于广州市南部区域。1980~1993年城市重心位于广州市番禺区范围内，1994年位于南沙区范围内，1995年位于番禺区范围内。1996~2001年位于南沙区范围内，2003~2008年位于东莞范围内，2009~2011年位于番禺区范围内，2012年城市重心又回到东莞市范围内。珠三角城市重心的变迁过程可以划分为3个阶段：第一个阶段是1980~1992年，城市重心迁移路径以东偏南方向为主；第二个阶段是1992~2003年，城市重心移动路径以向东方向为主；第三个阶段是2003~2012年，重心迁移路径以西偏北方向为主，相邻年份重心之间的迁移距离较短（见图5-1-4）。

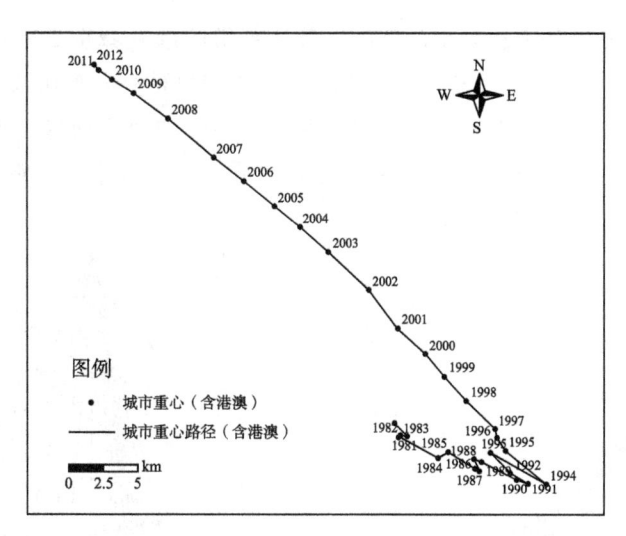

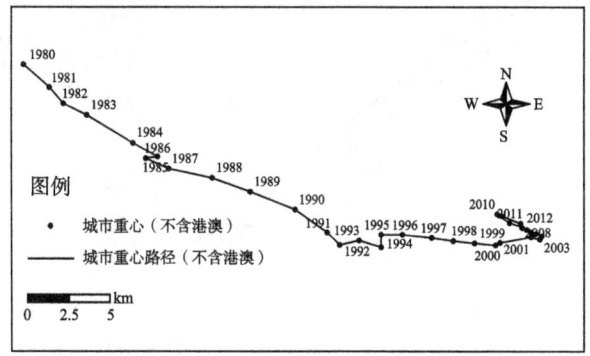

图 5-1-4　城市重心迁移路径

二　港-城重心关系的向量分析

为了分析不同年份城市重心与港口重心之间的相对位置关系，可绘制每一个年份港-城重心关系的向量图。具体步骤是以该年份城市重心的位置作为向量的起点，以该年份港口重心的位置作为终点，计算每一个年份的港-城重心关系向量，然后把向量的起点平移到坐标原点。港-城重心向量的方向表征港口重心相对城市重心的区位方向，而向量长度则表征港口重心与城市重心之间相对空间距离的大小。

港-城重心关系向量表明，大珠三角港口重心偏向广州、城市重心偏向香港，珠三角港口重心偏向深圳而城市重心偏向广州。在考虑香港和澳门的情况下，2008 年、2009 年、2011 年和 2012 年 4 个年份港口的港-城重心向量的方向基本接近正西方向，其他年份的港-城重心向量的方向是向西偏北 30~40 度，其基本含义是大珠三角港口重心分布在城市重心的西偏北方向。在不考虑香港和澳门的情况下，港-城重心向量基本上在正南方向，部分年份向东西方向有 20 度左右的偏移，表明珠三角港口重心分布在城市重心的正南方向（见图 5-1-5）。

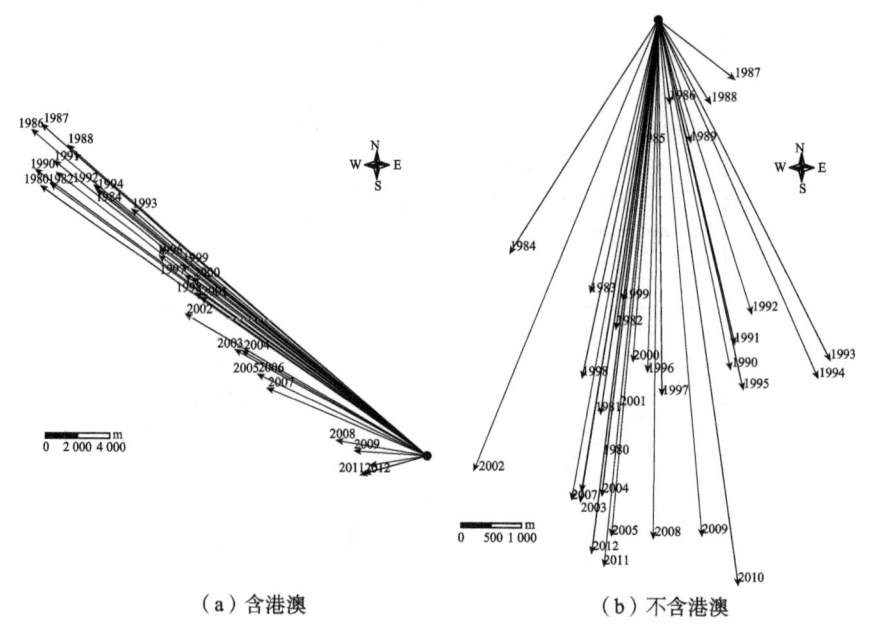

（a）含港澳　　　　　　　　　（b）不含港澳

图 5-1-5　港-城重心关系的向量分析

从港-城重心向量的长度来看，大珠三角港-城重心的空间距离较大，珠三角港-城重心的空间距离较小，且港-城重心关系呈现明显的阶段性特征。在考虑香港和澳门的情况下，1980~1990 年，港-城重心向量的长度较大，基本上在 30 千米左右。1990 年之后，港-城重心向量的长度呈现波动下降的趋势，2008 年之后进入相对稳定的阶段，港-城重心向量的长度约为 5 千米。在不考虑香港和澳门的情况下，1980~1985 年，港-城重心向量的长度呈现下降趋势。1986~1989 年长度较小，相对比较稳定。1990~1999 年，港-城重心向量的长度相对上一阶段有明显的增长，基本保持 6 千米，2000 年之后，港-城重心向量的长度呈现缓慢的增长趋势（见图 5-1-6）。

从港-城重心向量长度的发展趋势来看，大珠三角港-城重心空间距离持续缩短，港口与城市重心在空间上趋于靠近，并且幅度较大；而珠三

图 5-1-6 港-城重心空间距离变化

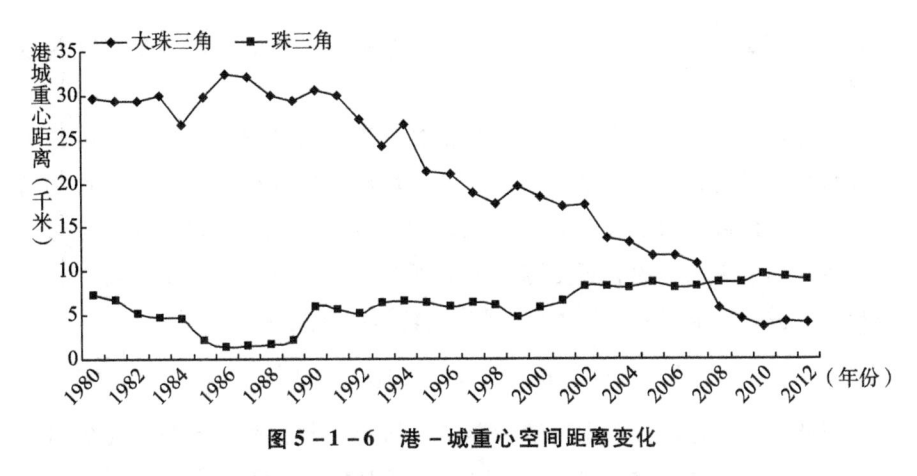

角的港-城重心空间距离则有略微扩大的趋势,港口与城市重心在空间上趋于远离,但幅度明显较小。从变化趋势的发展阶段来看,可以划分为3个阶段。第一个阶段是1980~1990年,该阶段城市重心向量长度的特征是在包含香港和澳门的情况下,向量长度较大,而在不包含香港和澳门的情况下,向量长度较小,两者向量长度的差距较大。第二个阶段是1991~2007年,该阶段城市重心向量的长度特征是大珠三角的向量长度逐渐缩短,而珠三角的向量长度逐渐扩大,但是大珠三角的港-城重心向量的长度依然大于珠三角的向量长度。第三个阶段是2008~2012年,该阶段向量长度的特征是大珠三角港-城重心向量长度进一步缩短,珠三角的港-城向量长度进一步扩大,大珠三角的向量长度小于珠三角的向量长度。

第二节 港-城空间效应的测度及其变化

一 空间效应的分析思路与方法

以区域内港口或城市的重心作为参照,对一定半径范围内港口或城市的规模进行积分,假定港口或城市的空间分布是均匀的,即港口或城市在地域空间上的密度是均匀的,则可以得出一定半径范围内港口或城市的规模总量与半径呈现以下关系:

$$N(r) = N_0 * \rho * \pi r^2 = N_1 r^2$$

其中,$N(r)$ 表示以某一港口(城市)为重心的一定半径范围内的港口(城市),r 表示半径,N_1 表示比例系数。其意义是一定范围内的港口

（城市）规模仅仅与面积呈正相关关系，面积与半径的二次方呈正相关的关系。

在港口（城市）空间密度不固定的情况下，为了测度港口（城市）的密度状况与重心距离的关系，假定港口（城市）空间分布呈各向同性的特征，即只探讨港口（城市）的密度与距离之间的关系。不论是密度随着与重心距离的增大而增大，还是随着增大而减小，都可以假定密度与半径也呈现指数关系。假定 $\rho = r^x$，则上述公式转为如下关系：

$$s = N(r) = N_0 * r^x * \pi r^2 = N_1 r^{x+2} = N_1 * r^D$$

因此，可以把这种关系理解为港口（城市）规模累计量与半径的指数次方呈正相关关系。对公式两边同时取自然对数，则可以得到：

$$\ln(s) = D\ln(r) + m$$

其意义是港口（城市）规模的累计量与半径同时取自然对数后呈线性关系。其一次项系数 D 称为分维指数，通过分维指数的大小和变化可研究港－城空间效应。在研究过程中为表述方便，把上述线性关系转化为更加一般的形式：$y = ax + b$，其中 y 表示 $\ln(s)$，x 表示 $\ln(r)$，a 表示分维指数 D，b 为一次项系数（见图 5-2-1）。

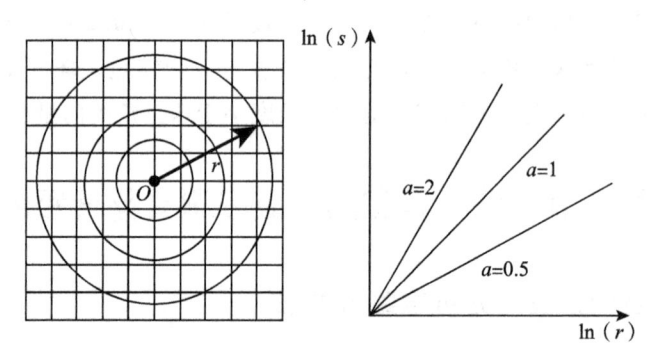

图 5-2-1　港－城空间效应的测度思路示意

如果分维指数 $D = 0$，说明港口（城市）规模与相对于港口（城市）重心的半径没有相关关系，港口（城市）规模是一个常数。一个极端的情况是：区域内只有一个港口（城市），因此整个区域内港口（城市）的空间效应表现为极端集聚的效应。

如果分维指数 $0 < D \leq 1$，说明随着搜索半径的增大，搜索到的港口（城市）规模呈现增大的趋势，但是增大的幅度较小。这主要表现为港口

(城市)主要分布在重心位置,在重心位置以外的区域虽然有港口(城市)分布,但是,由于规模较小,港口(城市)规模随搜索半径增大的幅度较小。港口(城市)空间效应表现为强集聚效应。

如果分维指数 $1<D<2$,说明随着搜索半径的增大,搜索到的港口(城市)规模有明显增大的趋势,但增大的幅度小于面积增大的幅度。这主要表现为港口(城市)分布越靠近重心位置,港口(城市)的规模密度就越大。港口(城市)分布表现为弱集聚效应。

如果分维指数 $D=2$,说明随着搜索半径的增大,搜索的港口(城市)规模有明显增大的趋势,增大的幅度与面积增大的幅度相等。这主要表现为港口(城市)分布呈现均衡分布的态势。集聚效应与分散效应的力量相当。

如果分维指数 $2<D\leq3$,说明随着搜索半径的增大,搜索到的港口(城市)规模有显著增大的趋势。搜索到港口(城市)规模增大的趋势大于搜索区域面积增大的趋势。这表现为随着与港口(城市)重心距离的增大,港口(城市)的规模密度呈现增大的态势。越向外围港口(城市)的规模密度越大,港口(城市)的空间效应表现为集聚的力量弱于分散化的力量,整体表现出弱分散效应。

如果分维指数 D 大于 3,说明随着搜索半径的增大,搜索到的港口(城市)规模呈现急剧增大的态势。搜索到港口(城市)的规模增加的速度显著高于面积增大的趋势。这表现为重心区域港口(城市)的规模较小,远离重心城市的区域港口(城市)规模较大。D 值越大,极化效应越弱,分散化的效应越强。集聚效应高于分散效应,整体表现出强分散效应。

二 大珠三角港-城空间效应分析

首先,计算出不同年份港口的重心,然后以重心为中心,计算中心到不同港口之间的距离,同时搜索该距离半径内所有港口并计算其规模总量,然后对距离半径和规模累计量取自然对数,并对其自然对数进行回归分析。其中,搜索半径的单位是千米,港口规模的单位为万吨。其次,计算出不同年份城市的重心,然后以重心作为中心,计算中心到不同城市的距离,同时搜索该距离半径内城市的累计规模总量,然后对搜索半径和规模总量同时取自然对数,并对其自然对数进行回归分析,其中城市规模通过城市 GDP 来衡量。

从拟合方程的拟合程度来看，港口的搜索半径和港口累计规模的自然对数呈现一定的线性关系。R^2水平整体上在 0.60~0.80 之间，线性关系较好。城市搜索半径与累计城市规模取自然对数之后的线性关系在不同的年份之间有显著的差异。除 1994 年之外，1997 年之前的年份线性关系较弱（见表 5-2-1）。

表 5-2-1　大珠三角港-城空间效应的测度方程

年份	拟合方程（港口）	D（港口）	R^2（港口）	拟合方程（城市）	D（城市）	R^2（城市）
1980	$y = 3.086x - 5.149$	3.086	0.786	$y = 1.841x - 1.113$	1.841	0.329
1981	$y = 3.085x - 5.101$	3.085	0.796	$y = 1.679x - 0.224$	1.679	0.326
1982	$y = 3.159x - 5.367$	3.159	0.796	$y = 1.569x + 0.397$	1.569	0.323
1983	$y = 3.172x - 5.384$	3.172	0.798	$y = 1.462x + 0.984$	1.462	0.322
1984	$y = 3.358x - 6.181$	3.358	0.739	$y = 1.306x + 1.847$	1.306	0.331
1985	$y = 3.223x - 5.342$	3.223	0.773	$y = 1.209x + 2.363$	1.209	0.354
1986	$y = 3.296x - 5.627$	3.296	0.774	$y = 1.179x + 2.615$	1.179	0.346
1987	$y = 3.141x - 4.828$	3.141	0.754	$y = 1.153x + 2.942$	1.153	0.347
1988	$y = 2.742x - 2.937$	2.742	0.771	$y = 1.113x + 3.294$	1.113	0.368
1989	$y = 2.536x - 1.991$	2.536	0.767	$y = 1.068x + 3.642$	1.068	0.371
1990	$y = 2.036x + 0.429$	2.036	0.732	$y = 0.944x + 4.320$	0.944	0.363
1991	$y = 1.768x + 1.798$	1.768	0.697	$y = 0.104x + 8.301$	0.104	0.867
1992	$y = 1.721x + 2.136$	1.721	0.691	$y = 0.900x + 4.862$	0.900	0.385
1993	$y = 1.611x + 2.769$	1.611	0.690	$y = 0.913x + 4.998$	0.913	0.427
1994	$y = 1.467x + 3.486$	1.467	0.661	$y = 0.143x + 8.608$	0.143	0.845
1995	$y = 1.291x + 4.380$	1.291	0.605	$y = 0.826x + 5.633$	0.826	0.473
1996	$y = 1.324x + 4.260$	1.324	0.603	$y = 0.821x + 5.775$	0.821	0.499
1997	$y = 1.281x + 4.508$	1.281	0.611	$y = 0.808x + 5.956$	0.808	0.519
1998	$y = 1.307x + 4.421$	1.307	0.612	$y = 0.818x + 5.929$	0.818	0.572
1999	$y = 1.553x + 3.448$	1.553	0.695	$y = 0.823x + 5.948$	0.823	0.614
2000	$y = 1.615x + 3.213$	1.615	0.742	$y = 0.821x + 6.044$	0.821	0.644
2001	$y = 1.604x + 3.362$	1.604	0.765	$y = 0.840x + 6.006$	0.840	0.669
2002	$y = 1.719x + 3.020$	1.719	0.799	$y = 0.867x + 5.961$	0.867	0.708
2003	$y = 1.600x + 3.699$	1.600	0.800	$y = 1.069x + 5.083$	1.069	0.652

续表

年份	拟合方程（港口）	D（港口）	R^2（港口）	拟合方程（城市）	D（城市）	R^2（城市）
2004	$y = 2.166x + 1.364$	2.166	0.592	$y = 1.095x + 5.101$	1.095	0.66
2005	$y = 2.192x + 1.350$	2.192	0.598	$y = 1.258x + 4.456$	1.258	0.669
2006	$y = 2.704x - 0.785$	2.704	0.650	$y = 1.423x + 3.868$	1.423	0.740
2007	$y = 2.712x - 0.748$	2.712	0.672	$y = 1.478x + 3.795$	1.478	0.767
2008	$y = 2.648x - 0.375$	2.648	0.656	$y = 1.507x + 3.825$	1.507	0.789
2009	$y = 2.573x - 0.087$	2.573	0.694	$y = 2.032x + 1.497$	2.032	0.570
2010	$y = 2.430x + 0.743$	2.430	0.700	$y = 2.270x + 0.607$	2.270	0.634
2011	$y = 2.522x + 0.407$	2.522	0.749	$y = 2.027x + 1.829$	2.027	0.717
2012	$y = 2.490x + 0.589$	2.490	0.738	$y = 2.057x + 1.812$	2.057	0.704

港口分维指数的变化趋势可以划分为以下几个阶段。第一个阶段是1980~1987年，港口分维指数大于3，空间效应表现为分散化力量显著大于集中化力量。第二个阶段是1987~1997年，港口分维指数呈现不断下降的趋势，从接近3的水平下降到1.28，空间效应表现为分散化力量逐渐减弱而集中化力量逐渐增强。第三个阶段是1997~2007年，港口分维指数呈现不断上升的趋势，从1.28逐步上升到2.71，空间效应表现为集中化力量逐渐减小，而分散化力量逐步增强。第四个阶段是2007~2012年，港口分维指数呈现相对稳定的水平，分维指数徘徊在2.5到2.7之间，港口的空间效应表现为分散化力量稍大于集中化力量。从整个发展阶段来看，大珠三角港口经历了从分散到集中再到分散3个明显的阶段。

城市分维指数的变化趋势可以划分为如下几个阶段。第一个阶段是1980~1989年，城市分维指数在1到2之间，空间效应表现为集中化力量大于分散化力量，并且集中化力量逐渐增大，分散化力量逐渐减小，城市分布的密度是越靠近城市重心城市的规模密度越大。第二个阶段是1990~1995年，城市分维指数小于1，并且呈现明显的波动特点。空间效应表现为集中化力量大于分散化力量。第三个阶段是1996~2012年，城市分维指数呈现缓慢上升的态势，分维指数从0.82上升到2.06，城市空间效应表现为集中化力量逐渐减小，分散化力量逐渐增强。其中，2009~2012年，城市分维指数均稍大于2，城市空间效应表现为分散化力量开始大于集中化力量，远离城市重心区域的规模密度大于邻近重心区域的城市规模密度。

  大珠三角港－城空间效应的关系变化趋势可以划分为以下几个阶段。第一个阶段是1980~1987年，港口与城市呈现完全不同的空间效应状况。城市规模的空间分布向中心集中，而港口规模的空间分布呈向外围区域集中的态势。港口的空间效应表现出极强的分散效应，而城市的空间效应则表现出极强的集中效应。第二个阶段是1988~1990年，港口与城市依然呈现不同的空间效应格局，港口的分散效应有所降低，城市的集中效应仍呈现出较高的水平。第三个阶段是1991~2002年，港口的空间效应表现出明显的集聚效应，城市的空间效应也表现出较强的集聚效应，相对而言，港口的集聚效应较弱，而城市的集聚效应较强。2003年是一个过渡年份，港口与城市的空间效应均表现出弱集聚效应。第四个阶段是2004~2008年，该阶段港口的空间效应表现出弱的分散效应，而城市的空间效应则表现出弱的集聚效应。第五个阶段是2009~2012年，该阶段港口的空间效应表现出弱的分散效应，城市的空间效应也表现出弱的分散效应（见图5－2－2）。

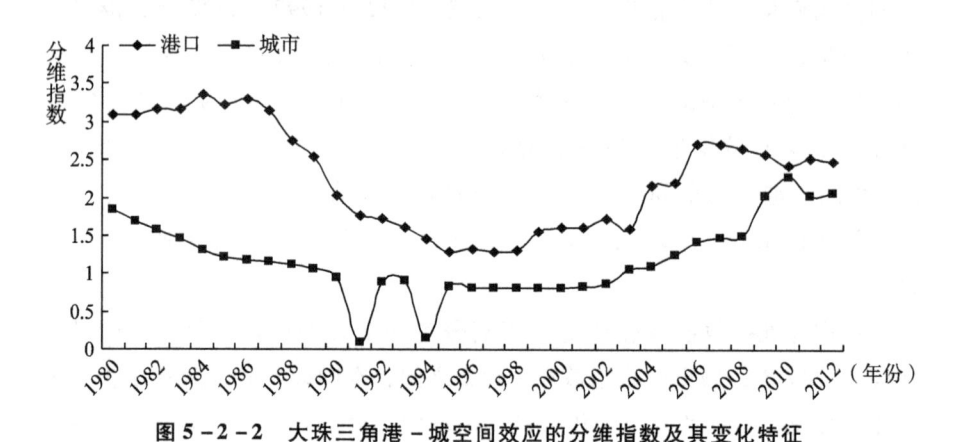

图5－2－2　大珠三角港－城空间效应的分维指数及其变化特征

  港口分维指数与城市分维指数存在弱的正相关关系（见图5－2－3）。对港口分维指数和城市分维指数进行线性回归分析，线性关系为$y = 0.4487x + 0.1731$，其中x表示港口分维指数，y表示城市的分维指数，R^2为0.387，一次项系数为正数，表示港口分维指数与城市分维指数之间存在正相关关系，测定系数较低，说明这种线性关系水平较弱。

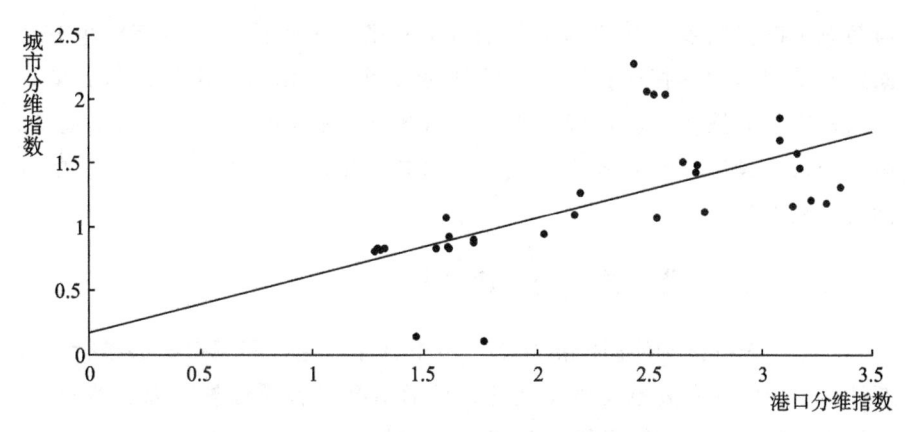

图 5-2-3 大珠三角港－城分维指数的线性关系

通过对港－城分维指数的绝对差异水平分析，发现港－城分维指数呈现趋同趋势。1980~1986 年，港－城分维指数的绝对差异呈现增大的趋势。1987 年之后，港－城分维指数的绝对差异呈现波动下降的趋势。拟合线性方程为 $y = -0.039x + 1.751$，其中 x 表示年份的序列号，y 表示港－城分维指数的绝对差异，R^2 为 0.481，整体表示港－城分维指数的绝对差异呈现下降趋势，其测定系数较低（见图 5-2-4）。

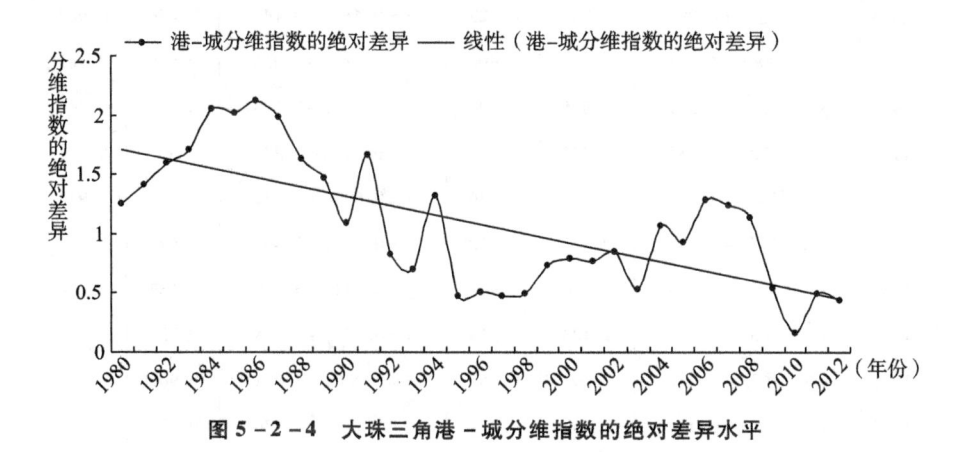

图 5-2-4 大珠三角港－城分维指数的绝对差异水平

整体上，1998 年之前，港口与城市分维指数均呈现降低的趋势，说明港口和城市呈向心化发展态势，集中化趋势进一步增强，分散化的力量进一步削弱。1998~2008 年，港口与城市的分维指数均呈现增大的趋势，分散化的力量有所强化，集中化的力量有所弱化。2009 年之后，港口与城市的空间效应开始趋于比较稳定的态势。在所研究的年份中，港口与城市的空间效应呈现如下几个特征：第一个特征是港口与城市的空间效应呈现趋同的特征；第二个特征是城市向心化程度高于港口，港口空间效应的分散化趋势较城市明显，而城市集中化的空间效应强于港口；第三个特征是港口空间效应的线性关系较为明显，而城市空间效应的线性关系相对较弱。

三 珠三角港 - 城空间效应分析

在不考虑香港和澳门的情况下，本书首先对港口和城市重心进行了重新计算，相应的距离也发生了变化，然后对半径和累计规模取自然对数，并做线性回归分析，结果如表 5 - 2 - 2 所示。

表 5 - 2 - 2 珠三角港 - 城空间效应的测度方程

年份	拟合方程（港口）	D（港口）	R^2（港口）	拟合方程（城市）	D（城市）	R^2（城市）
1980	$y = 0.987x + 3.891$	0.987	0.488	$y = 0.366x + 3.136$	0.366	0.920
1981	$y = 0.966x + 4.006$	0.966	0.461	$y = 0.408x + 3.089$	0.408	0.916
1982	$y = 0.944x + 4.176$	0.944	0.438	$y = 0.433x + 3.130$	0.433	0.911
1983	$y = 0.926x + 4.294$	0.926	0.423	$y = 0.456x + 3.147$	0.456	0.903
1984	$y = 0.906x + 4.395$	0.906	0.401	$y = 0.529x + 3.032$	0.529	0.909
1985	$y = 0.305x + 7.289$	0.305	0.904	$y = 0.562x + 3.178$	0.562	0.906
1986	$y = 0.283x + 7.433$	0.283	0.895	$y = 0.569x + 3.281$	0.569	0.901
1987	$y = 0.292x + 7.520$	0.292	0.926	$y = 0.608x + 3.339$	0.608	0.913
1988	$y = 0.317x + 7.531$	0.317	0.940	$y = 0.642x + 3.495$	0.642	0.93
1989	$y = 0.354x + 7.396$	0.354	0.929	$y = 0.682x + 3.498$	0.682	0.936
1990	$y = 1.403x + 2.891$	1.403	0.319	$y = 0.755x + 3.418$	0.755	0.881
1991	$y = 2.103x - 0.071$	2.103	0.456	$y = 0.906x + 2.972$	0.906	0.882
1992	$y = 2.200x - 0.354$	2.200	0.474	$y = 0.939x + 3.126$	0.939	0.882
1993	$y = 2.410x - 1.089$	2.410	0.521	$y = 1.551x + 0.773$	1.551	0.476
1994	$y = 2.500x - 1.366$	2.500	0.551	$y = 1.663x + 0.557$	1.663	0.499
1995	$y = 2.479x - 1.277$	2.479	0.526	$y = 1.653x + 0.878$	1.653	0.520
1996	$y = 2.409x - 0.943$	2.409	0.524	$y = 1.666x + 1.002$	1.666	0.576
1997	$y = 2.467x - 1.139$	2.467	0.572	$y = 1.682x + 1.103$	1.682	0.643

续表

年份	拟合方程（港口）	D（港口）	R^2（港口）	拟合方程（城市）	D（城市）	R^2（城市）
1998	$y = 2.358x - 0.602$	2.358	0.574	$y = 1.695x + 1.179$	1.695	0.681
1999	$y = 2.474x - 0.872$	2.474	0.592	$y = 1.976x + 0.053$	1.976	0.714
2000	$y = 2.552x - 1.083$	2.552	0.620	$y = 1.949x + 0.312$	1.949	0.737
2001	$y = 2.532x - 0.890$	2.532	0.626	$y = 1.907x + 0.621$	1.907	0.739
2002	$y = 2.565x - 0.772$	2.565	0.607	$y = 1.638x + 1.956$	1.638	0.771
2003	$y = 2.175x + 1.070$	2.175	0.666	$y = 1.615x + 2.224$	1.615	0.776
2004	$y = 2.238x + 1.003$	2.238	0.666	$y = 1.581x + 2.548$	1.581	0.778
2005	$y = 2.373x + 0.505$	2.373	0.654	$y = 1.559x + 2.812$	1.559	0.778
2006	$y = 2.557x - 0.116$	2.557	0.633	$y = 1.548x + 3.036$	1.548	0.776
2007	$y = 2.583x - 0.104$	2.583	0.624	$y = 1.368x + 4.031$	1.368	0.829
2008	$y = 2.373x + 0.835$	2.373	0.656	$y = 1.359x + 4.222$	1.359	0.831
2009	$y = 2.282x + 1.252$	2.282	0.654	$y = 1.376x + 4.232$	1.376	0.810
2010	$y = 2.073x + 2.325$	2.073	0.669	$y = 1.393x + 4.311$	1.393	0.804
2011	$y = 2.066x + 2.434$	2.066	0.654	$y = 1.427x + 4.309$	1.427	0.811
2012	$y = 2.057x + 2.503$	2.057	0.640	$y = 1.451x + 4.286$	1.451	0.817

在不考虑香港和澳门的情况下，港-城空间效应呈现出一些不同的特点。在对港口的线性回归分析中，1980~1984年的R^2值相对较低。1985~1989年的R^2值相对较高，在0.89到0.94之间。1990年的R^2值相对较低，仅为0.319，1990年之后的R^2值呈现不断上升的趋势，2000年之后一直保持在0.60以上。在对城市累计规模和搜索半径的回归分析中，其线性关系更加明显。从整体上看，R^2值明显高于港口。1980~1992年，R^2值一直在0.88以上。1993年下降到0.476，在此之后，R^2值呈现稳步提高的态势。2007年之后，R^2值又重新上升到0.80。

从港口分维指数的变化过程来看，港口空间效应的变化可以划分为5个阶段。第一个阶段是1980~1984年，分维指数相对比较稳定，整体水平在0.9到1.0之间，表示港口分布呈现集聚的空间效应，越接近港口重心，港口的规模密度就越大，越远离港口重心，港口的规模密度就越小。第二个阶段是1985~1989年，这5个年份的港口分维指数依然相对比较稳定，但是整体水平更低，在0.3左右，表示港口的规模分布主要集中在重心及其附近区域，外围区域的规模密度较低。第三个阶段是1990~2002年，分维指数处在不断上升的过程中，表示港口的空间效应不断从集中转向分散。第四个阶段是2004~2007年，港口的分维指数处在缓慢上升的过程中，但是上升的幅度较小，整体水平在2.1到2.6之间，表示港口的集聚效应减弱，分散效应增强，集中效应大于分散效应。第五个阶段是2008~2012年，分维指数呈现小幅度下降的态势，整体水平在2.0到2.5之间，分散效应略大于集聚效应。

从港口分维指数的绝对值大小来看，港口空间效应的变化可以划分为3个阶段。第一个阶段是1980~1989年，港口分维指数小于1，港口的空间效应表现为极强的集聚效应。在该阶段，广州港是距离港口重心最近的港口，同时广州港具有较大的规模优势。第二个阶段是过渡阶段，只有1999年一个年份的分维指数为1.4，港口的空间效应表现为弱的集聚效应。第三个阶段是1991~2012年，共包含22个年份，该阶段内的港口分维指数在2到3之间，港口的空间效应表现为弱的分散效应，距离港口重心近的区域，港口的规模密度分布较小，而距离港口重心远的区域，其规模密度分布较大，分散效应大于集聚效应。

从城市分维指数的变化过程来看，城市空间效应的变化可以划分为5个阶段。第一个阶段是1980~1999年，城市分维指数呈现不断上升的态势，逐步从0.366上升到1.976，城市的集聚效应强于分散效应。第二个阶段是2000~2008年，城市分维指数呈现不断下降的态势，从1.949下降到1.359，城市的集聚效应不断增强，分散效应不断减弱，集聚效应强于分散效应。第三个阶段是2009~2012年，城市分维指数又呈现回升的态势，集聚效应有所减弱，分散效应有所增强，但是集聚效应仍然强于分散效应。

从城市分维指数的绝对值大小来看，城市空间效应分为两个阶段。第一个阶段是1980~1992年，城市分维指数在0到1之间，城市空间效应表现为极强的集聚效应。距离城市重心近的区域，城市规模密度极大，距离城市重心远的区域，城市规模密度极小。第二个阶段是1993~2012年，城市分维系数在1到2之间，城市空间效应表现为集聚效应，距离城市重心近的区域城市规模密度较大，距离城市重心远的区域，城市规模密度相对较小。与上一阶段相比，城市空间的集聚效应有所减弱，分散效应有所增强，但是集聚效应依然强于分散效益。

从珠三角港－城空间效应的关系来看，港口和城市的空间效应可以划分为以下4个阶段（见图5-2-5）。第一个阶段是1980~1989年，港口和城市的分维指数均小于1，港口和城市的空间效应均表现出极强的集聚效应。距离重心近的区域，港口和城市的规模密度较大，而距离重心远的区域，港口与城市的规模密度较小。

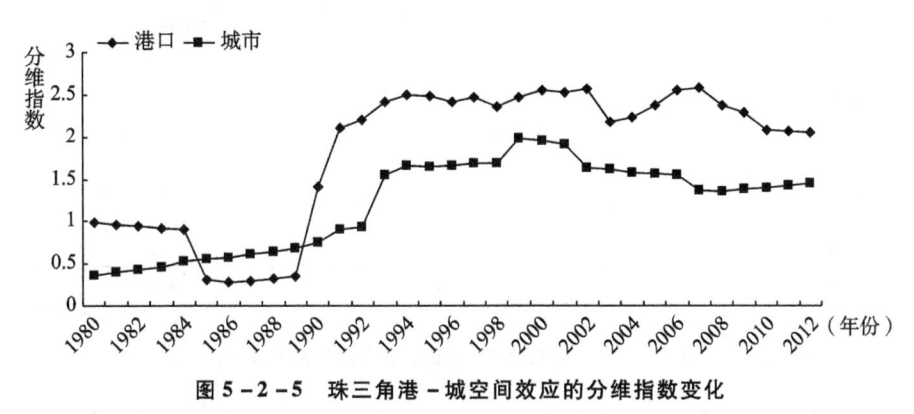

图5-2-5 珠三角港－城空间效应的分维指数变化

第二个阶段是1990年，属于过渡阶段，该阶段持续的时间较短，仅包含一个年份。港口的分维指数大于1，城市的分维指数小于1，港口的空间效应表现为弱的集聚效应，而城市的空间效应表现为较强的集聚效应。城市的集聚效应强于港口。

第三个阶段是1991~1992年，属于第二个阶段的延续，港口分维指数大于2，城市的分维指数小于1，港口的空间效应表现为弱的分散效应，城市空间效应表现为强集聚效应。港口和城市表现出截然相反的空间效应形态。

第四个阶段是1993~2012年，该阶段持续的年份最长。该阶段港口的分维指数大于2，城市的分维指数在1到2之间。港口空间效应表现为弱的分散效应，而城市的空间效应表现为弱的集聚效应。港口的规模密度是远离重心的区域较大，而城市的规模密度则是远离重心的区域较小。虽然空间效应呈现相反的形态，但是两者之间的差异较小，分别是略大于2和略小于2。

在不考虑香港和澳门的情况下，珠三角港口分维指数与城市分维指数存在更强的正相关关系。对港口分维指数和城市分维指数进行线性规划分析，可以得到 $y = 0.561x + 0.197$，其中 x 表示港口分维指数，y 表示城市分维指数，R^2 为0.791，一次项系数为正数，表示港口分维指数与城市分维指数存在正相关关系,测定系数较高,说明这种线性关系水平较强(见图 5-2-6)。

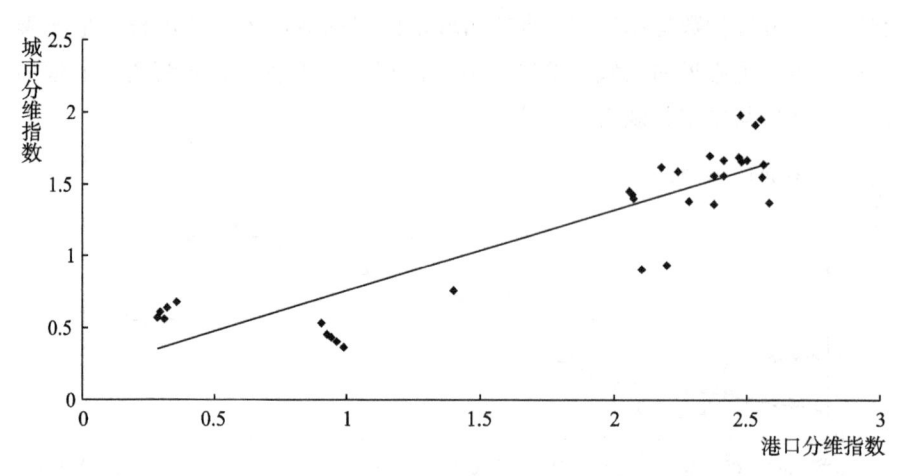

图 5-2-6 珠三角港-城分维指数的线性关系

从港口和城市分维指数的变化趋势来看,珠三角港口分维指数和城市分维指数的趋同性较弱。港-城分维指数的绝对差异呈现明显的阶段性和波动性,也呈现出明显的波峰与波谷(见图5-2-7)。第一个波谷出现在1986年前后,持续的时间较长,绝对差异的水平也较低,绝对差异水平在0.4以下。第二个波谷出现在1999年,绝对差异水平在0.5以下,持续的时间较短。第三个波谷是2003年,绝对差异水平为0.56,持续的时间更短。从三次波谷的具体水平来看,波谷的差异水平有增大的趋势。

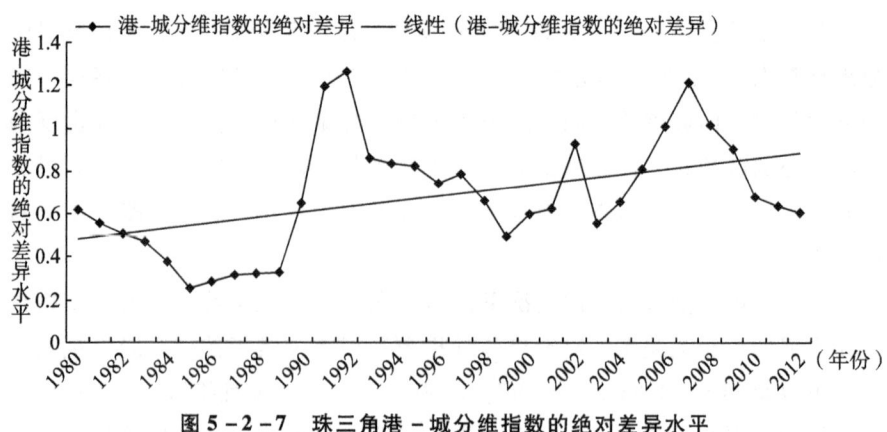

图 5-2-7 珠三角港-城分维指数的绝对差异水平

与波谷相对的是三次波峰。港城分维指数的绝对差异水平出现了3次比较明显的波峰。第一次波峰出现的时间是1992年，绝对差异水平为1.26，是所有年份中绝对差异水平最高的。第二次波峰出现的时间是2002年，差异水平为0.927，是三次波峰中最低的一个年份。第三次波峰出现的时间是2007年，绝对差异水平为1.215。

从港－城分维指数绝对差异的总体变化趋势来看，除存在较明显的波动性之外，还存在一定程度的上升趋势。通过绝对差异水平的趋势线来看，绝对差异水平存在增大的趋势。其线性方程为 $y = 0.012x + 0.47$，x 为年份序列号，其中一次项系数为正数，表示与年份之间存在正相关关系，R^2 为0.208，信度水平较低，表明港－城分维指数的趋同性较弱。

总体上，珠三角港－城空间效应呈现如下特征：其一，港口和城市共同向离心化方向发展，并在20世纪90年代之后趋于稳定；其二，港口空间效应与城市空间效应有正相关的线性关系，测定系数 R^2 值为0.7915，线性关系水平较强；其三，港口相对于城市具有更强的分散效应，而城市相对于港口具有更强的集中效应。从分维指数来看，港口分维指数大于城市分维指数，在所研究的33个年份中，仅5个年份的港口分维指数小于城市分维指数，其他年份的港口分维指数均大于城市分维指数。

第三节　港－城分布关系的空间耦合与演变

一　空间耦合分析的思路与方法

本书在研究的过程中首先对研究的区域进行格网化处理，从而方便对同一区域的属性进行对比分析。格网的大小为3.2千米×3.2千米，每个格网的面积为10.24平方千米。在自动生成的格网中，如果格网的重心落在研究的区域内则把该格网保留，否则则把格网剔除，把保留下来的全部栅格的范围作为空间耦合研究的范围。

为了对港－城分布关系进行空间耦合分析，本书在计算港口与城市分布空间引力值的基础上，进行空间耦合分析。港口（城市）分布空间引力的计算方法如下，首先把研究区域内港口（城市）所在的栅格 a 赋值为1，那么港口（城市）i 对该质点的引力 $Fai = (Gi \times Ga)/R^2$，其中 Gi 为港口（城市）的规模，$Ga = 1$，R 为质点 a 到港口（城市）i 的代数距离，城市（港口）所在的栅格距离赋值为1，则 $Fai = Gi$。其次，在有多个港口（城市）的情况下，对于没有港口（城市）分布的栅格，引力值大小通过空间差值进行计算。为测度港－城空间引力格局的变化，本书在研究过程中把引力大小分为十级区域，采用面积等距分类方法进行分级。其中一级区域的引力值最小，十级区域的引力值最大。

在空间引力的计算过程中，选取栅格的大小为 800 米 × 800 米，因此每个格网内包含16个栅格。把16个栅格的平均引力值赋予所在的格网。在耦合分析的过程中，本书对每一个栅格的港口引力值和城市引力值进行线性回归分析。港口引力值与城市引力值的线性拟合关系越明显，则 R^2 越接近1，说明港－城分布关系耦合程度越高。本书通过 R^2 的大小来衡量港－城分布关系的空间耦合程度。

二 港口引力的空间格局分析

大珠三角港口引力空间格局随区域内港口的发展而不断演化，总体上呈现为双中心格局，但两个中心的相对地位以及中心的内部结构出现了明显的重构。具体表现为：20世纪80年代呈现以香港为主中心、广州为副中心的一主一副双中心区域结构；从20世纪90年代开始，广州、深圳港口地位快速提升，区域港口体系演变成由广州、深圳、香港构成的三中心格局，大珠三角港口引力空间格局则相应地演变成除广州外，深圳和香港共同构成另一中心的双中心区域结构（见图5-3-1）。

1980年，港口引力的空间分布格局是以香港为中心，广州为副中心。十级引力区域主要分布在香港地区，九级引力区域主要分布在广州市中心城区以及香港的外围。八级引力区域主要分布在九级引力区域的外围，其中面积最大的一处分布在广州市近郊区，面积较小的一处分布在香港与深圳的交界处。七级引力区域主要分布在广州市远郊区以及增城和从化，在广州与佛山的交界处以及东莞西部也有小范围的分布。一级引力区域主要分布在惠州、珠海和肇庆等的中心区域。

1981~1985年，港口引力空间格局表现为一个渐变的过程。相对于1980年，1985年港口引力空间格局的变化主要表现在以香港和广州为中心的高级引力区域范围逐步扩大，以东莞和深圳为中心的低级引力区域范围

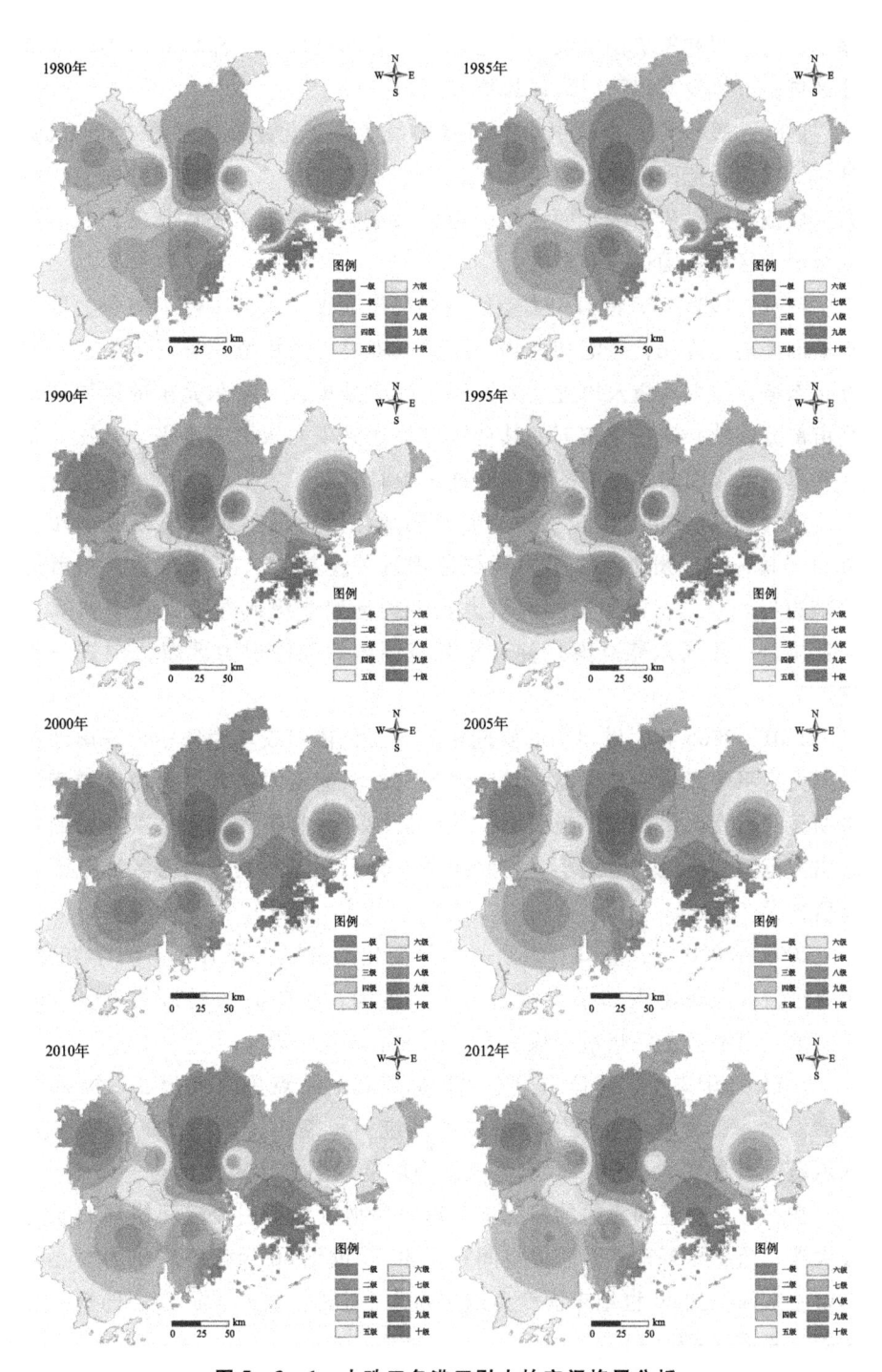

图 5-3-1 大珠三角港口引力的空间格局分析

缩小，而惠州和肇庆的低级引力区域范围有明显增大，深圳和东莞的大部分区域由五级及其以下引力区域提升到六级水平。

1986~1990年，港口引力空间格局最大的变化主要表现在3个方面。其一，广州市范围内引力等级水平进一步提高；其二，深圳范围内七级引力区域范围进一步扩大，而六级引力区域范围进一步缩小；其三，江门市低级引力区域范围进一步扩大。

1991~1995年，港口引力空间格局突出表现为深圳市范围内引力等级水平的提高。首先，香港和广州外围的八级引力区域范围呈现集中连片的分布态势，深圳八级及以上引力区域范围明显扩大，除东莞东部区域和惠州市部分区域，珠三角东部的其他区域均达到了六级引力水平。其次，东莞和惠州低级引力水平的区域范围进一步缩小。

1996~2000年，港口引力空间格局变化的特征主要表现在以下几个方面。其一，广州市八级引力区域范围进一步扩大，扩展到了广州市的北部边界。其二，深圳范围内引力水平提高到八级或九级，其中八级引力范围进一步向东莞范围延伸。东莞范围内的低级引力区域范围进一步缩小。

2001~2005年，港口引力空间格局的变化依然表现为珠三角东岸地区的引力水平等级进一步提高。具体表现为深圳范围内的九级引力区域范围有明显的扩大。广州市十级引力范围的区域进一步扩大，但是其外围的八级引力范围的区域有所缩小。与此同时，惠州外围的五级引力区域范围也有所扩大。

2005~2010年，港口引力空间格局变化的特征主要有以下两个方面。第一个特征是香港退出了十级引力区域范围，主要的区域为九级引力区域。第二个特征是广州市十级引力范围开始扩大到最大。

2011~2012年，港口引力空间格局变化的特点主要表现在以下几个方面。第一，香港的九级引力区域范围进一步缩小，而广州的九级引力区域范围有所扩大。第二，东莞范围内的低级引力区域范围进一步缩小。

在不考虑香港和澳门的情况下，珠三角地区港口引力空间格局的变化较大珠三角要显著得多，总体空间格局由20世纪80年代以广州为核心的单中心结构，到20世纪末演变为以广州为主中心、深圳为副中心的双中心结构（见图5-3-2）。

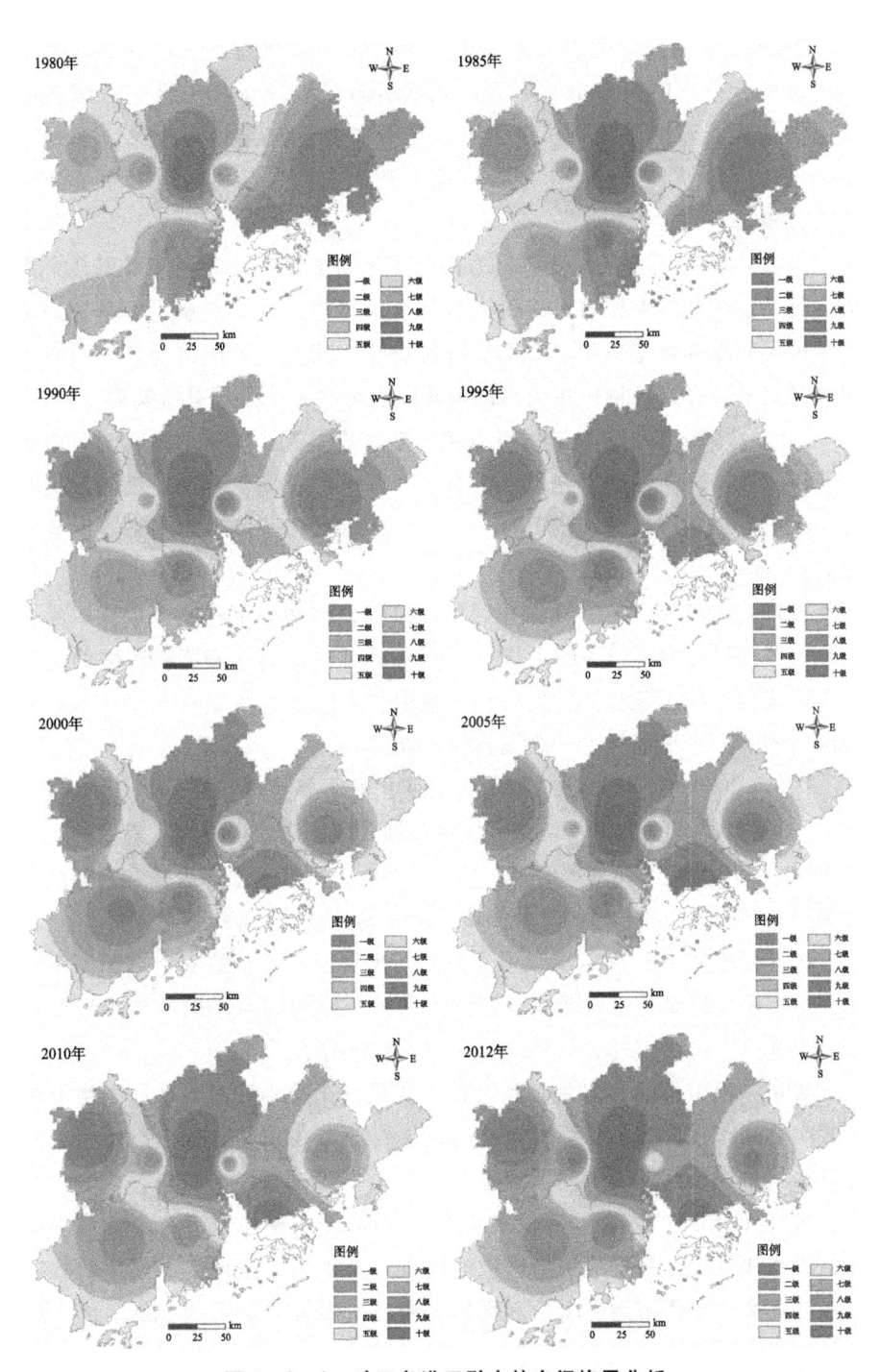

图 5-3-2 珠三角港口引力的空间格局分析

1980年，港口空间引力的分布格局是北部区域高于南部区域。十级引力区域分布在广州市中心城区，九级引力区域分布在十级引力区域的外围，依次向外围递减。一级引力区域分布在珠三角沿海地带，但是东岸地区的引力等级低于西岸地区。肇庆和佛山所在区域的引力水平处在中等位置。

1981~1985年，区域港口引力格局变化的主要特点表现在以下几个方面。其一，深圳所在区域港口引力由一级水平提升到二级水平。其二，珠海和中山所在区域港口的引力水平有所提高。其三，肇庆市港口的引力水平等级有所下降，而佛山市港口的低等级引力水平的区域有所减缩。

1986~1990年，区域港口引力格局变化的主要特点是东岸区域引力水平等级明显提高。深圳所在区域引力水平等级由二级上升到七级。肇庆所在区域引力水平等级进一步下降。中山、珠海所在区域引力水平等级有所提高。

1991~1995年，珠三角东岸区域港口引力水平等级进一步提高。深圳所在区域的引力水平等级由七级上升到八级。中山和珠海所在区域的引力水平等级依然低于五级。佛山所在区域的引力水平等级基本不变。东莞部分区域的引力水平等级由六级提高到七级。

1996~2000年，区域港口引力格局变化的主要特征包括以下几个方面。其一，深圳港口引力水平等级由八级提升到九级，随着引力水平等级的进一步提高，双中心的格局基本形成。其二，佛山市引力水平等级提升到五级和六级。其三，肇庆和惠州的部分区域，港口的引力水平等级依然较低。

2001~2005年，区域港口引力格局变化较小，主要的变化是深圳市九级引力范围的区域进一步扩大。江门市部分一级引力水平的区域提升到二级引力水平。佛山市部分区域的引力水平等级有所下降。

2006~2010年，区域港口引力格局变化也比较小。引力水平的高等级区域主要分布在广州和深圳，次级区域主要分布在东莞、佛山以及中山等邻近珠三角核心区域的空间范围。

2011年和2012年港口引力格局的特点主要表现在以下几个方面。首先，广州和深圳的高等级引力区域范围进一步扩大，呈现集中连片的分布形态。其次，东莞市港口引力水平的等级进一步提升。再次，佛山部分区域的港口引力水平等级有所下降。

三 城市引力的空间格局分析

大珠三角城市引力空间格局的形态主要表现为珠江左岸地区城市引力等级逐渐提高，而珠江西岸地区的城市引力所处的等级逐渐降低。20世纪80年代，城市引力水平的空间格局主要以香港作为高等级水平的区域中心，广州作为次中心的等级水平还比较低。20世纪90年代，广州的次中心地位有所增强。2000年之后，双中心的格局基本形成。2010年之后，双中心的格局进一步强化。珠江东岸的城市引力水平明显高于西岸地区（见图5-3-3）。

1980年，大珠三角城市引力空间格局的基本形态主要表现为由一个主中心和一个次级中心构成的双中心格局。由于香港的城市规模较大，其所在的东部沿海区域形成了带状的城市引力较高的区域。同时，由于广州的城市规模也比较大，形成了一个次级中心。其他区域由于城市规模较小，属于城市引力水平较低的区域。

1981~1985年，大珠三角城市引力空间格局主要表现为香港及其周边区域的城市引力水平的等级进一步提高。江门市沿海区域的七级城市引力水平区域有所扩大。广州市八级城市引力水平的区域有所缩小。东莞和惠州城市引力水平较低的区域也有所缩小。中山和江门北部区域的城市引力水平的等级进一步降低。

1986~1990年，城市引力空间格局的最主要特征是四级及其以下的城市引力水平较低的区域呈现集中连片的分布态势。高等级城市引力水平的区域被切割成几处比较破碎的区域。这主要表现为广州区域内的高等级城市引力水平的区域进一步缩小。香港周边区域的高等级引力水平的区域有所扩大。

1991~1995年，城市引力水平等级较低的区域重新被切割。广州市七级城市引力水平的区域范围明显扩大。深圳行政范围内的城市引力水平等级明显提高。城市引力水平等级较低的区域主要分布在珠海、中山、佛山和肇庆。东莞和惠州所在区域的城市引力水平也较低，形成两个孤立的区域。

1996~2000年，珠江东岸地区的城市引力水平等级进一步提高。首先是深圳所在区域的城市引力水平等级达到八级和九级。其次是广州市七级引力水平的区域进一步扩大，同时出现了部分八级引力水平的区域。东莞

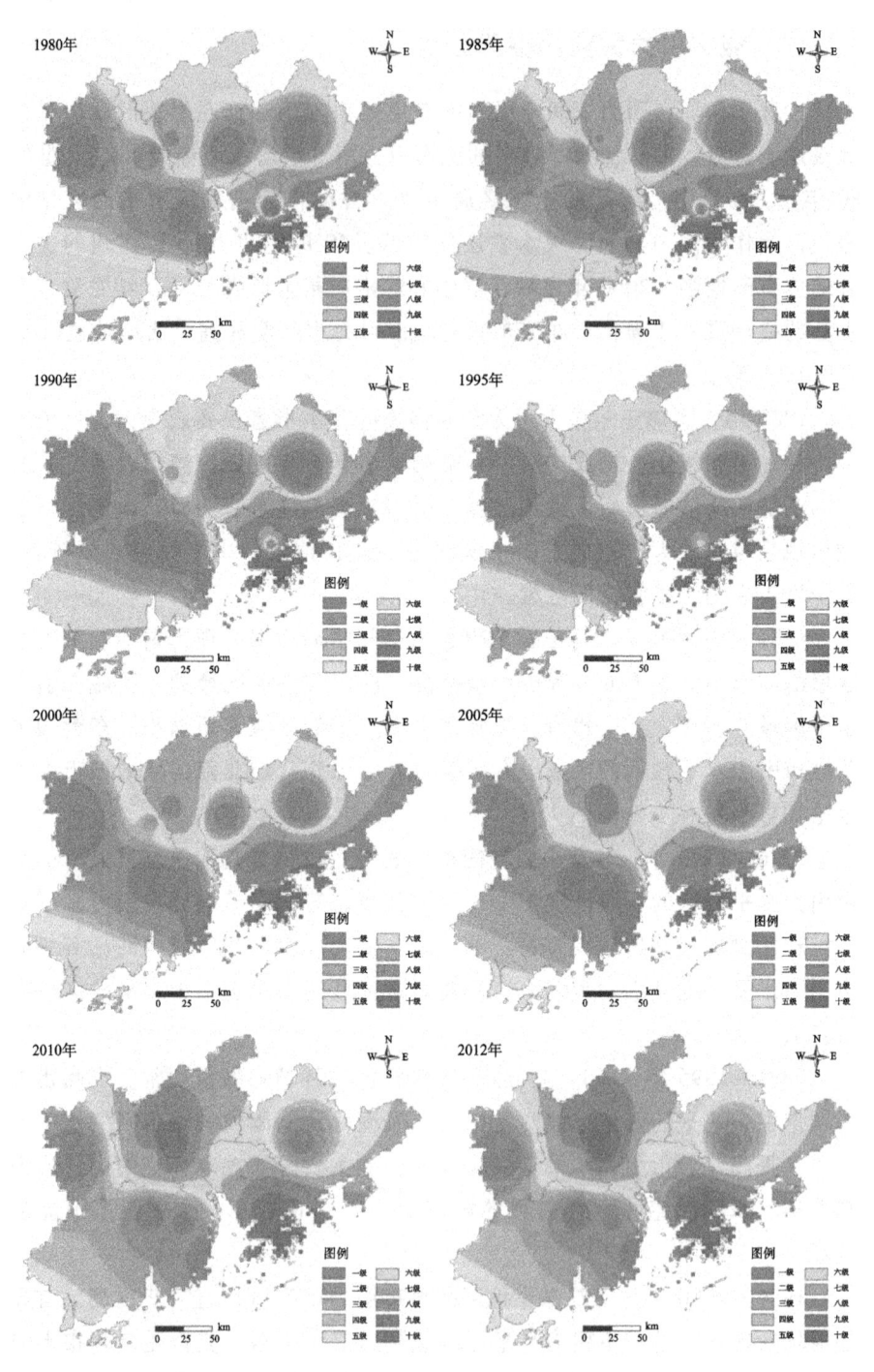

图 5-3-3 大珠三角城市引力的空间格局分析

和惠州四级及其以下城市引力水平的区域显著缩小。

2001~2005年,城市引力水平的格局主要表现为珠江东岸区域的城市引力水平等级进一步提高。香港所在的城市高引力水平区域进一步向北部扩张,东莞范围内四级以下引力水平的区域仅剩下一片孤立的点状区域。广州范围内八级城市引力水平的区域进一步扩大。佛山市大部分区域城市引力水平等级达到五级或者在五级以上。

2006~2010年,城市引力水平格局最明显的变化是双中心的城市引力格局重新形成。首先是广州市出现了较大范围的九级城市引力水平的区域,同时在其外围七级和八级城市引力水平的区域有明显扩大。其次是佛山和东莞大部分区域的城市引力水平也达到了较高的等级。

2011~2012年,城市引力水平的双中心格局进一步强化。广州范围内首次出现了十级城市引力水平的区域。城市引力水平等级较低的区域被切割成比较零散的区域,分别位于中山、惠州和肇庆等区域。其中惠州和肇庆是城市引力水平等级最低的两个区域。

在不考虑香港和澳门的情况下,珠三角区域城市引力空间格局的变化主要表现在珠江东岸区域城市引力等级不断提升,西岸区域城市引力水平不断下降,整体格局表现为由广州主导的单中心区域格局,发展成以广州、深圳为中心的双中心区域格局的演变过程(见图5-3-4)。

1980年,珠三角城市引力的空间格局主要表现为以广州市为中心,城市引力等级向外围不断下降。十级城市引力范围的区域分布在广州市中心城区,九级城市引力范围的区域分布在中心城区的外围,以及佛山市东部地带。江门市北部区域以及肇庆市东部区域的城市引力也处在较高的等级水平。珠海、中山、深圳和惠州等区域的城市引力等级水平相对较低。

1981~1985年,城市引力空间格局主要表现为深圳和东莞南部区域的城市引力水平达到六级。江门市北部区域的城市引力等级下降。四级及其以下城市引力水平的范围主要分布在肇庆市东部、东莞市、惠州市、珠海市和中山市南部。

1986~1990年,城市引力空间格局主要表现为深圳市和东莞市南部区域的城市引力等级水平进一步提高。江门市西部和北部区域的城市引力等级水平进一步下降。肇庆市东部区域以及佛山市部分区域的城市引力等级水平也有显著下降。

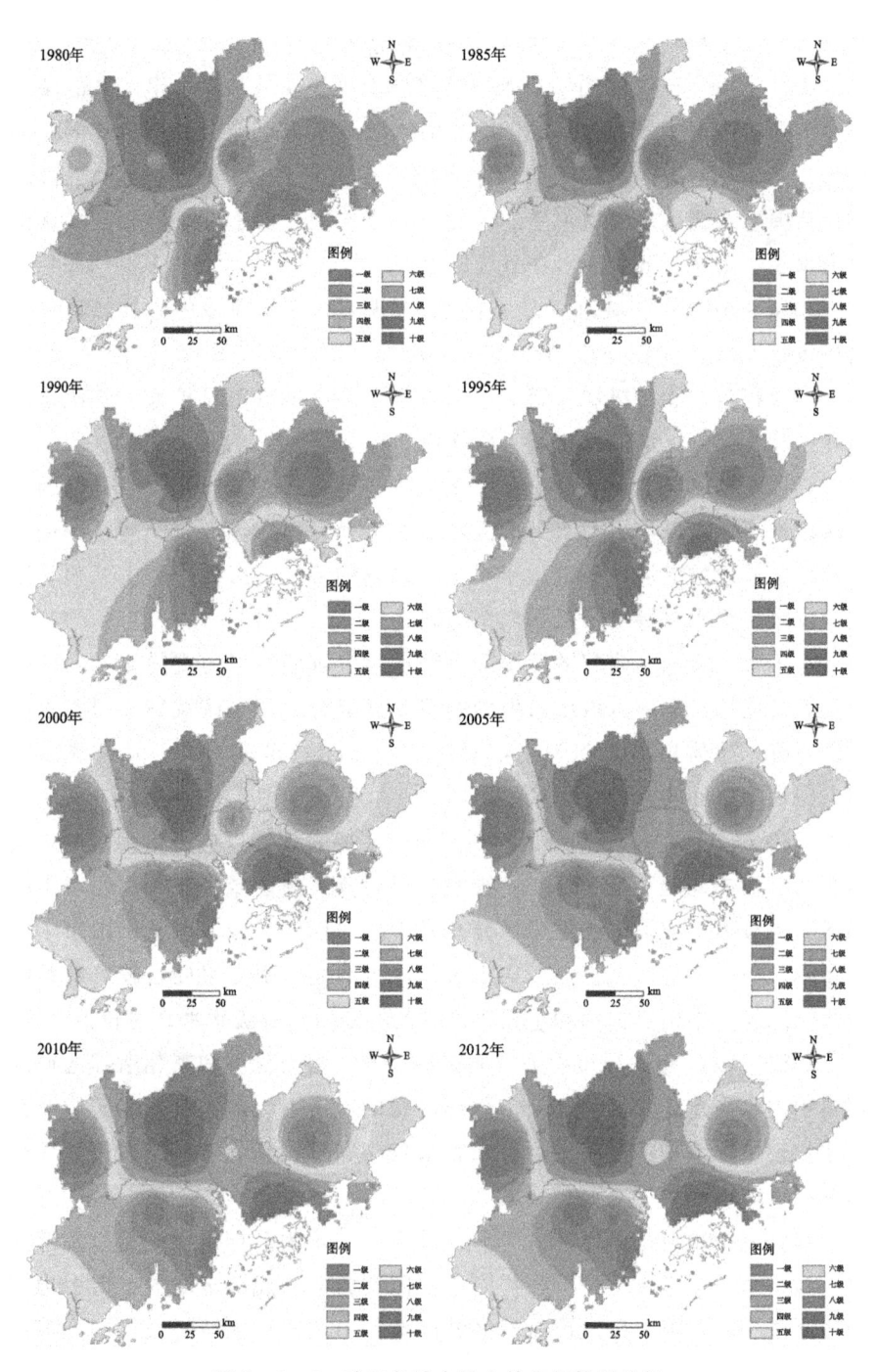

图 5-3-4　珠三角城市引力的空间格局分析

1991~1995年，珠三角城市引力水平的空间格局主要表现为双中心格局的初步形成。广州市依然是城市引力水平的高等级区域，随着相对于中心城区距离的增大，城市引力水平的等级呈现下降趋势。与此同时，深圳市逐渐成为城市引力水平的次中心，中心城区的城市引力水平提高到九级。东莞市南部区域和惠州市东部区域的城市引力水平也得到一定程度的提升，而江门市部分区域的城市引力水平等级有一定幅度的下降。

1996~2000年，珠三角城市引力水平的双中心格局基本形成。十级引力水平的区域分布在广州市中心城区和深圳市中心城区。两个十级引力水平区域的外围依次分布着九级和八级水平的城市引力区域。东莞和惠州城市引力水平较低的区域被切割成两处比较孤立的区域。相对而言，珠江西岸城市引力水平较低的区域逐渐形成集中连片的分布态势。

2001~2005年，珠三角城市引力水平的双中心向集中连片的方向发展。在该时段内，深圳市城市引力水平的等级进一步提高，其外围的七级城市引力水平的区域与广州市外围七级引力水平的区域连片发展。增城和东莞市大部分区域的引力水平开始达到七级。珠江东岸城市引力水平等级较低的区域仅剩下惠州市的部分区域。

2006~2010年，集中连片的双中心格局趋于稳定。城市引力水平的高等级区域范围变化较小。发生的变化主要表现在佛山市中东部区域城市引力水平的等级有所提高。东莞市有小部分区域的城市引力水平降为六级。

2011~2012年，珠三角城市引力水平的空间格局趋于稳定。发生的变化主要表现在东莞市中心城区城市引力水平的等级有所下降。惠州市东部区域城市引力水平的等级有所提高。其他区域的城市引力水平等级变化较小。

四 空间耦合的变化特征分析

本书把研究区域共划分为4081个单元格，对每个单元格内港口引力值与城市引力值进行回归分析。其中自变量为城市引力值，用 x 表示，因变量为港口引力，用 y 表示。假定港口引力值与城市引力值呈现完全的正相关关系，则模型的拟合优度为1，亦即 $R^2=1$，如果没有线性关系，则 $R^2=0$。R^2 值越接近0，线性关系越差，说明港-城空间耦合度越低。R^2 值越接近1,线性关系越好,说明港-城空间耦合度越高(见表5-3-1)。

表5-3-1 大珠三角港口与城市的耦合方程和耦合度

年份	耦合方程	耦合度	年份	耦合方程	耦合度
1980	$y=8.2469x+315.15$	0.4858	1997	$y=1.1143x+1009.6$	0.6634
1981	$y=6.7173x+324.93$	0.4678	1998	$y=1.1613x+1008.1$	0.6542
1982	$y=6.1769x+347.44$	0.4337	1999	$y=1.238x+1263.8$	0.555
1983	$y=5.6509x+365.68$	0.4195	2000	$y=1.2821x+1331.6$	0.5594
1984	$y=5.1071x+359.59$	0.5449	2001	$y=1.3663x+1379.9$	0.5615
1985	$y=4.4004x+489.56$	0.4144	2002	$y=1.5743x+1671.5$	0.5433
1986	$y=3.4593x+542.95$	0.3880	2003	$y=1.8532x+1540.8$	0.5714
1987	$y=3.1096x+607.33$	0.3784	2004	$y=1.9856x+1710.6$	0.5437
1988	$y=2.8994x+651.02$	0.4052	2005	$y=2.0084x+1559.9$	0.5501
1989	$y=2.5324x+661.2$	0.4314	2006	$y=2.1097x+1626.4$	0.5235
1990	$y=1.785x+756.15$	0.4440	2007	$y=2.1551x+1471$	0.5269
1991	$y=1.6601x+823.71$	0.4694	2008	$y=2.2725x+587.06$	0.6001
1992	$y=1.6345x+877.56$	0.4918	2009	$y=2.1542x+692.94$	0.5891
1993	$y=1.6207x+940.38$	0.5092	2010	$y=2.1585x+975.17$	0.5829
1994	$y=1.1367x+1125.6$	0.5437	2011	$y=2.1585x+975.17$	0.5829
1995	$y=1.2362x+993.92$	0.6052	2012	$y=1.8365x+1585.8$	0.5546
1996	$y=1.1304x+1022.7$	0.6083			

大珠三角城市引力和港口引力的线性拟合关系如表5-3-2所示。港-城空间耦合度的变化情况如图5-3-5所示。大珠三角港-城耦合水平整体上在0.3到0.7之间,平均水平为0.52。从发展阶段来看,港-城耦合度的变化过程可以划分为以下几个不同的阶段。第一个阶段是1980~1987年,港-城耦合度呈现逐渐下降的趋势。除1984年港-城耦合度较高外,这一时段港-城耦合度处在不断下降的过程中。第二个阶段是1987~1998年,该阶段港-城耦合度呈现不断提高的趋势。1987年港-城耦合度仅为0.38,1997年提高到0.66,1998年下降为0.65,整体上这一时段内港-城耦合度呈上升的趋势。第三个阶段是1999~2007年,该阶段港-城耦合度在0.5~0.6间波动。第四个阶段是2008~2012年,该阶段港-城耦合度比较稳定,耦合度水平相对较高。

表 5-3-2 珠三角港口与城市的耦合方程和耦合度

年份	耦合方程	耦合度	年份	耦合方程	耦合度
1980	$y = 28.538x + 17.218$	0.6024	1997	$y = 3.4566x - 260.99$	0.5197
1981	$y = 26.686x - 3.4843$	0.5914	1998	$y = 3.1347x - 199.37$	0.5146
1982	$y = 25.921x - 29.556$	0.5787	1999	$y = 3.652x - 375.29$	0.5227
1983	$y = 24.643x - 38.709$	0.5857	2000	$y = 3.4313x - 331.64$	0.5534
1984	$y = 20.543x - 51.167$	0.5861	2001	$y = 3.3241x - 303.57$	0.5745
1985	$y = 21.761x - 120.73$	0.5320	2002	$y = 3.5736x - 327.14$	0.6058
1986	$y = 21.054x - 175.73$	0.5357	2003	$y = 3.5385x - 364.47$	0.6173
1987	$y = 20.118x - 267.26$	0.5337	2004	$y = 3.6331x - 454.81$	0.6134
1988	$y = 16.986x - 321.96$	0.5418	2005	$y = 3.4331x - 610.58$	0.6114
1989	$y = 14.831x - 346.01$	0.5600	2006	$y = 3.4315x - 693.57$	0.5977
1990	$y = 11.884x - 300.33$	0.5223	2007	$y = 3.2625x - 745.8$	0.594
1991	$y = 10.597x - 315.16$	0.5036	2008	$y = 2.8764x - 654.82$	0.6061
1992	$y = 9.0695x - 385.02$	0.4954	2009	$y = 2.5751x - 128.82$	0.583
1993	$y = 7.4973x - 429.2$	0.4934	2010	$y = 2.4601x + 459.73$	0.5629
1994	$y = 6.2227x - 427.39$	0.4926	2011	$y = 2.1562x + 1174.2$	0.5402
1995	$y = 4.7309x - 392.34$	0.5000	2012	$y = 1.9849x + 1482.3$	0.5224
1996	$y = 4.044x - 348.15$	0.4994			

在不考虑香港和澳门的情况下，珠三角港-城耦合水平相对较高。平均水平为0.55，波动性较小。第一个阶段是1980~1984年，港-城耦合度介于0.58~0.60，不同年份之间的波动性较小。第二个阶段是1985~1989年，港-城耦合度介于0.53~0.56，波动性较小。第三个阶段是1990~1996年，港-城耦合度在0.52以下，处在较低的水平。第四个阶段是1997~2003年，港-城耦合度呈现缓慢上升的趋势。第五个阶段是2004~2012年，港-城耦合度呈现一定幅度的下降，但整体上依然处在比较高的水平。

从整体上来看，港-城耦合度呈现以下特点。其一，在考虑香港和澳门的情况下，港-城耦合度水平相对较低，在不考虑香港和澳门情况下的港-城耦合度水平相对较高。其二，在考虑香港和澳门的情况下，港-城耦合度的变异系数较大，不同年份之间的差异较为明显，港-城耦合度的阶段性较为明显；在不考虑香港和澳门的情况下，港-城耦合度的变异系数较小，不同年份之间的差异不明显，港－城耦合度的阶段性不明显。其三，不论是否考虑香港和澳门，港－城耦合度的总体趋势都是耦合度水平不断提高。

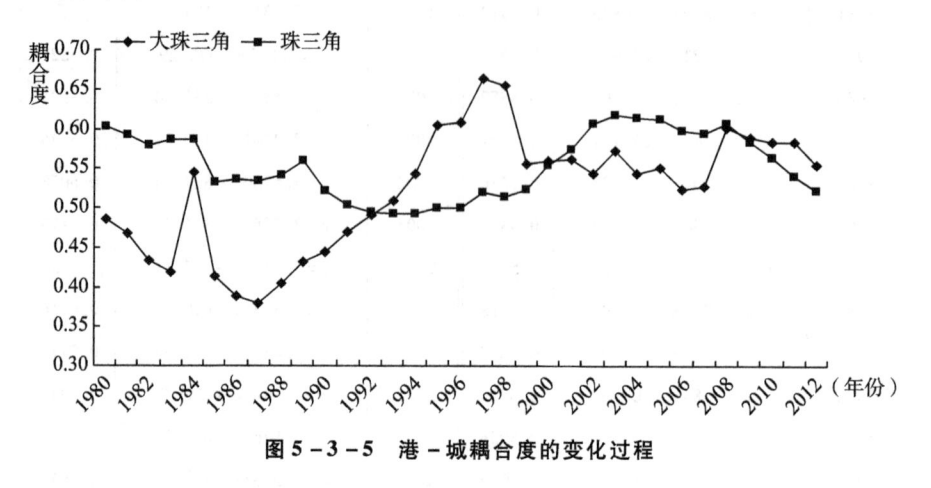

图 5-3-5　港－城耦合度的变化过程

第六章 广州的城市建设与港口发展

广州市作为两千多年来经久不衰的港口城市，城市与港口建设都经历了漫长的历史，在此过程中，港-城不断相互作用，塑造了典型的港口城市特性。随着港口和城市的发展，广州港口贸易不断发展、实力相应消长，从而导致港口城市的地位不断发生变化。厘清港口城市的发展历程，是深入剖析港-城关系发展演化的基础。

第一节 广州的城市建设与空间拓展

一 古代城市建设与空间拓展

广州城市发展具有两千两百多年历史。公元前214年，秦南海郡尉任嚣在甘溪以西的古番山、禺山修筑了"任嚣城"（今仓边路以西，广大路以东，北临越华路，南界中山四、五路稍南），乃广州筑城之始（李龙章，1995）。自此之后，广州一直都是广东乃至岭南地区的中心城市和经济、文化和政治中心。

公元前206年（汉高祖元年），赵佗建南越国，定都番禺，进一步扩建任嚣城，俗称赵佗城或越城（甘溪下游两侧，今芳草街以西，华宁里以东，西湖路以北，越华路以南），赵佗城的建设是广州史上第一次有规划的大规模建设（周霞，1999）。公元217年，步骘把交州治从广信（今封开，亦说梧州）迁至番禺，重新修筑赵佗城西半部，并向北拓展，称为步骘城（今中山四、五路一带）。自东汉的步骘城至唐初，广州均无扩城的历史记录（倪俊明，1996）。

唐以前，广州城垣范围较小，以保护官衙为主，商业大多布局在城外，南越王宫署、汉南海郡、隋刺史署、唐节度使署等官衙，均位于当时城垣的中心地带，成为城市的核心（今北京路至中山四路一带）。公元906年（唐天祐三年），唐节度使刘隐"凿平禺山以益之"，向南扩建广州而形成新南城（大致从今西湖路东口，南移至文明路西口），首次将南部的主要商业功能区纳入城垣之中。之后，又凿平番山、坡山，进一步扩大了广州城区。盛唐时，由于海上丝绸之路的繁荣、对外贸易的发展，广州发展成全国三大商业中心城市之一（另两个是扬州、汴梁），在城外西面、南临番舶码头附近地带，专门设置有番坊（亦作蕃坊）。

宋代，广州的城市建设和发展取得明显进展，城垣扩建和修缮达10多次，形成了"三城并立"的广州城。公元1044年，经略使魏瓘在南汉新南城的基础上修筑子城（今仓边路以西，华宁里和教育路以东，大南路以北，越华路以南），子城内部的功能分区明显，北部惠爱街（今中山四路）以北地区主要为官衙集聚地，南部为城内商业区，江边地区（今惠福路一带）则与港口码头区共同发展成沿江商业区，其余多为居民区（倪俊明，1996）。1069年，在子城东侧（古越城东部）以番禺县署为中心修建东城（今芳草街以西，文明路以北，豪贤路以南），周长仅有4里。1071年，为了保护外贸和商业，在子城西侧修筑了西城（东隔古西湖与子城相接，西抵今人民路，南至大德路，北临百灵路），周长13里，规模最大，城南的西澳（今南壕街）为重要的外商码头，城北蕃坊为外国商人聚居地，蕃坊附近形成象牙、玛瑙等专业集市。南宋时期，随着对外贸易日益发展壮大，城南沿江地区逐步发展成具有一定规模的商业中心，为更好地予以保护，1210年在子城、东城、西城南面的东西两端各修筑了一道城墙，直抵珠江而形成雁翅城。

元代，1278年，广州东城、西城被拆毁，仅子城和雁翅城得到保留。1293年又重修了三城，但没有进行扩建。

明代，广州城扩展，形成了老城和新城。明洪武三年，宋代"三城并立"的城墙被拆除而三城合一，并在此基础上进行了扩建，城垣向北、向东扩展，向北跨观音山（今越秀山）抵今越秀公园镇海楼一带，形成了明代老城，周长21里。老城以南逐渐淤积形成的陆地区域，逐步发展成重要的商业区，商贾云集。1566年，在宋雁翅城的基础上，与老城接壤修建了新城（南至今万福路、泰康路和一德路，东临越秀南路，西界人民南路），以保护南部沿江地区的商业区。从城垣内部功能分区来看，官衙和行政中心仍集中在宋代子城的北半部，沿江一带成为繁华商业区。由于南部珠江沿岸逐步淤积，陆地范围不断向南扩张，1647年（清顺治四年），在新城南面、东西两侧直至江边修建了两翼城（鸡翼城），进一步将沿江地区的商业地带纳入城市范围，以起到更好的保护作用。由此，广州城基本形成了北卧越秀山，南临珠江，东、西护以濠涌的格局（倪俊明，1996）。（见图6-1-1）。

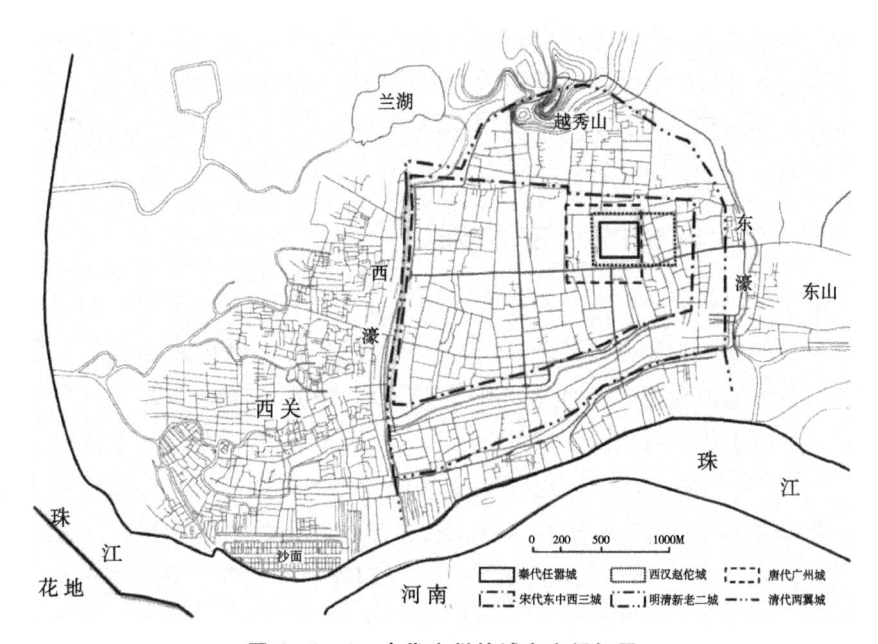

图6-1-1 古代广州的城市空间拓展

资料来源：根据曾昭璇《广州历史地理》，1991，并由作者改绘。

清代，广州城垣已基本稳定，城市发展突破城墙局限，向西、南、东方向拓展。这一时期，工业、商业贸易的发展成为影响城市空间拓展的重要因素。明末清初，在位于广州城外的西关，沿西濠和下西关涌（大观河）两岸先后建成了18个商业街圩，被称为十八甫商业区。1686年，设立了十三行（今广州文化公园到海珠南路一带）专营对外贸易事务，以便办理商务和储放货物，并有由行商兴筑、租给外商居住的十三夷馆。十三行区和十八甫商业区商馆林立、商铺密布，成为当时最繁荣的商业中心。同时，广州织造业也取得了长足发展，出现了以织造业为主的新兴手工业区。工商业的繁荣导致外来人口剧增，1845年，仅十三行区的外侨就多达250人（王云泉，1992）。众多富商、洋行买办纷纷迁至西关，大批织造工人也相继向西关迁移，人口剧增促进了西关居民住宅区的开发，清末同治、光绪年间形成了宝华街居住区，随后在上、下西关涌间又开辟了大片住宅区。清代河南（珠江以南）地区也得到了一定的开发，1661年，政府在跃龙里开辟了盐埠码头和仓库，导致不少商贾纷纷到河南地区开办商行，开展土特产加工、购销和外运。随后，官办鱼雷局以及近代先进的士敏工厂也先后在河南地区筹建。河南地区工商业的繁荣，同样促进了人口的增加和商民住宅建设的发展，逐步在洲头咀大街、洪德大街和岐兴街等地形成了成片的居住区，随之拓展至白鹤洲、同福大街一带。此外，广州城东郊也逐渐得到开发，东濠东侧以及沿珠江北岸一带均开辟成商业区（倪俊明，1996）。

二　近代城市建设与空间拓展

第一次鸦片战争后，广州城遭到惨重破坏，商业逐步凋零，外贸逐步衰落，其外贸中心地位被上海取代。但鸦片战争同时也在一定程度上促进了沙面租界的形成，以及西关、河南（珠江以南）地区的开发。

沙面自宋代至清代均为广州对外通商与游聚要津。1859年（清咸丰九年），英法联军强行租借该地区而使其成为租界，随后进行了统一规划，码头等市政公用设施陆续新建。清光绪末年，教会势力促进了东山地区的开发，特别是1911年广九铁路通车后，外国人与本地富商均在东山地区大建住宅，促进了该区域的发展（倪俊明，1996）。

近代以来，广州城垣周边地区不断得到开发。光绪末年，珠江沿岸修筑了长堤，并开始辟建新式马路。辛亥革命前后，近代工业开始在广州萌芽、发展，城市功能开始逐步向综合化方向发展，商业和金融业等服务业不断向沙面、东濠方向集中，高校与科研区则在城市的东北地区形成（牟凤云，2007）。辛亥革命后，广东军政府把拆城墙、开展城市建设作为重要施政内容。胡汉民主政期间，工务司司长程天斗提出了拆除城墙、大沙头埋填改造计划、黄埔江浚渫工程、港湾工程等计划（倪俊明，1996）。1918年，广州成立了市政公所，城墙拆除后，原城垣与业已开发的城郊区域逐步融为一体。

20世纪20年代，广州城市发展集中在荔湾至东山的老城区，西南则逐步发展成新兴的商业活动场所，城市空间结构整体呈现团块状。1932年，广州公布了《广州市城市设计概要草案》，这是广州第一部正式规划设计文件（王媛，2002），将全市划分为工业、商业、住宅以及混合4个功能区，将黄埔港定位为广州外港，白鹅潭一带为内港。在这部规划的指导下，工业区不断向城市外围拓展。1933年，海珠桥的建成，促进了海珠区的较快开发，沿江一带发展成繁华商业区。

总体而言，辛亥革命后，军阀割据、南北对峙，至全面抗日战争的爆发，内忧外患、战争连年，日军占领广州期间也给广州城造成了极大的破坏，广州城市发展和建设出现停滞，甚至倒退。

三 现代城市建设与空间拓展

新中国成立后，广州城市规划与建设步入了新时期。"一五"经济建设时期，广州先后制定了9个城市总体规划布局方案。1954年，第一、第二方案提出城市成片向东朝黄埔港方向发展，第三方案提出向东、西、南、北各方均衡发展，第四方案提出在芳村、河南、黄埔建设新中心，城市建设用地向东拓展到黄埔文冲地区，适当增加了码头和仓库用地面积，远期规划内港主要分布在沿江的河南、芳村、石围塘、南岸和黄沙，规划外港黄埔港的发展不超过乌涌河口（叶浩军，2013）。1955年，第五、第六、第七方案仍维持成片向东发展的城市空间格局。1956年，第八、第九方案打破了以往强调把几何中心作为城市中心的局限，第九方案提出了开辟石牌等10个区中心。

1958年开始的"二五"时期，广州城市获得迅猛发展，在大批工业区建设的驱动下，城市不断向东拓展、向北延伸，规划的重点在于增加工业和港区发展用地。1959年，第十方案提出了组团式的空间布局结构，确定城市继续向东拓展，着重建设员村、黄埔（包括吉山）、庙头3个工业新区；结合珠江大桥通车的影响，芳村东塱被规划为钢铁基地；为了配套新辟工业区和黄埔港的建设，规划在员村、芳村和河南建设铁路专线。1961年，第十一方案进一步强调"分散集团式"布局，广州城区被划分为旧城区、员村地区、黄埔地区和芳村地区4大组团（阎小培，1998）。

1971年，第十二方案提出把广州建成具有一定重工业基础、以轻工业为主、对外贸易占一定比重的现代化社会主义工业生产城市，为了服务和促进对外贸易的发展，规划增辟墩头东基和沥滘等为对外港口（叶浩军，2013）。1975年，编制了工业、港区、仓区、道路、生活配套、绿化和农田保护区等6个专项规划，1976年，在专项规划基础上编制了第十三方案。

改革开放以后，对外开放政策的实施使广州步入了快速发展阶段。

1984年，国务院批复广州城市总体规划的第十四方案，在空间结构上以带状组团式布局、沿珠江向东继续朝黄埔方向拓展。旧城区为第一组团，是广州的城市中心区；天河区为第二组团，以文教、体育和科研单位为主；黄埔地区构成第三组团，规划结合经济技术开发区，建设港口码头和仓库等设施，促进工业发展（王媛，2002）。在黄埔新港规划建设深水码头泊位，以适应工业快速发展和对外贸易不断扩张的需要。

从1989年开始，广州对城市形态进行了全面调整，城市用地除继续向东发展外，还向南、向北拓展，以中心区、东翼、北翼三大组团为基本构架，构成了多层次组团式的空间结构布局。其中，城市中心区大组团包括旧城区、天河、海珠以及芳村等小组团，以政治、经济、文体和对外交往为主，兼有工业、港口等多种功能；东翼大组团包括大沙地综合副中心区、黄埔开发区以及广州经济技术开发区3个相互联系的小组团（周枝荣，2007）。

2001年的《广州市城市建设总体战略概念规划纲要》明确了广州"山、城、田、海"的城市空间格局，"东进、南拓、西联、北优"成为广州的城市空间拓展战略，引导广州城市发展空间向更广的方向拓展，广州开始由滨江城市向滨海城市转变。"南拓"战略强调广州新城、大学城和南沙经济技术开发区的建设；"东进"战略则强调将传统产业转向黄埔区和增城新塘地区，利用港口条件形成密集的产业发展带。

2005年，广州市行政区划调整方案获得国务院批复，"东进、南拓、西联、北优"的广州城市空间拓展战略进一步得到强化，南沙区的成立使广州的临海战略得以凸显，促进了广州城市空间的"南拓"战略。2007年的《广州2020：城市总体发展战略》进一步强调了广州的"南拓"战略，提出南沙区要加快建设南沙港，发展临港物流产业，建设国家航运枢纽和物流中心。在此基础上，广州进一步编制了《广州城市总体规划（2010－2020）》。2012年，南沙新区正式获批为国家级新区，南沙地区的开发建设成为新时期广州城市建设的战略重点。

第二节 广州的港口建设与发展

一 古代港口建设与发展

广州是具有悠久历史的世界著名港口城市。秦汉之际，随着中原地区人口的不断迁入，经与越人的长期共处经营，广州（番禺）对外贸易和水上交通运输不断发展，已基本奠定了广州作为港口城市的这一基本特性。

据史考证，秦汉时期，泥城（今东风西路的西场）是广州最早建造的官办水陆码头，一直沿用至清朝末年（邓端本，1986）；此外，还有兰湖码头，位于城西北的象岗山（古称席帽山）下、古兰湖边。两晋至隋，广州出现了坡山（惠福西路）、西来初地（秀丽二路北侧）两个码头，西来初地在晋代成为著名的远洋客运码头之一，黄埔区南海神庙（波罗庙）附近的扶胥港作为外港开始形成。

唐代，广州港口获得空前发展。在这期间主要新建了光塔（今光塔街一带）、兰湖（流花湖公园附近）两个内港码头。光塔码头位于古坡山半岛西侧的浮丘湾畔，是当时最大、最主要的内港码头和对外贸易中心。兰湖码头也是当时重要的内河水运码头，从西江和北江来广州的船舶多在此登陆。外港包括古徐闻外港，以及扶胥（黄圃庙头村）、屯门（香港新界青山港）两港，扶胥港在唐朝已发展到相当繁荣的程度。

宋代，广州内、外港码头均有所扩建。内港码头有东澳（东濠，今清水濠街一带）、西澳（南濠，今南濠街一带），西澳是当时最重要的内港码头，东澳则是当时广州东部侧重于国内商船进出的内陆码头。外港码头除继续使用扶胥码头以外，还新建了琵琶洲港码头（芭洲）和大通港码头（花地附近）。琵琶洲港在宋代扩建为真正的外港，大通港是当时西江、北江船只到广州的必经港口。

明代，内港码头表现为向城外移动，离城区较近的外港向城区方向靠近，离城区较远处增建了一批外港。内港码头移至城外砚子步（今西关十八甫路），离城区较近的外港由于宋元时期扶胥港航道的淤积，从扶胥转移至黄埔洲（黄埔村）和琵琶洲（芭洲）一带水域。海禁期间，珠江口外布局了一批具有外港性质的外国船只停靠码头，其中以浪白和濠镜（澳门）最为繁盛。

清代前期，内港、外港码头的管理日渐完善。内港码头向专用码头转变，由十三行商合资修建的"公司夷馆码头"（今文化公园一带）成为当时最大的专业码头，也是对外贸易中最重要的内港码头，各商行均在该码头建有专用货栈，进口洋货在这里仓储并转运往北京和国内其他各地销售（《粤海关志》）。珠光里码头由四会、清远、三水商人共同出资兴建，是3个县的商民来广州进行商贸活动的专用码头。东堤一带发展有专门服务果菜装卸的专业码头。五仙门南岸（广州业余大学处）建有专门为装卸花草服务的"花渡头"。专用码头、专业码头的分工发展表明清朝时广州对外贸易与商品经济已发展到比较发达的水平。黄埔码头的外港功能进一步强化，外国商船基本经由黄埔进出（见表6-2-1）。

表6-2-1 古代广州港口码头建设发展情况

朝代	内港/码头	外港/码头
秦汉	兰湖	泥城
两晋隋朝	兰湖、坡山	西来初地、泥城、扶胥
唐代	兰湖、光塔	泥城、扶胥、屯门
宋代	西澳、东澳、兰湖	泥城、大通港、扶胥、琶洲码头
明代	砚子步	泥城、大通港、黄埔洲、琵琶洲
清代	十三行公司夷馆码头、珠光里码头、东堤果菜装卸码头、五仙门"花渡头"	泥城、大通港、黄埔洲、琵琶洲

资料来源：周枝荣：《港口与城市的空间关系研究》，2007；有补充修改。

二 近代港口建设与发展

清朝乾隆年间，广州港成为我国唯一的对外贸易口岸，辐射的腹地范围进一步延伸到内陆省份。第一次鸦片战争后，香港成为英国在国外倾销商品、进行转口贸易的重要基地，这导致广州港的航运发展和对外贸易发生了明显转变。19世纪40~70年代，广州不仅没有进行港口建设，而且尚未动工清除战争期间在水上、水底设置的各种障碍物。五口通商时，外港黄埔港是外国船只停泊的主要港口，第二次鸦片战争期间，外国船舶皆可以直接进入内河航道，这导致黄埔港的外港功能明显衰退、丧失。白鹅潭成为主要停泊和装卸货物的场所，并逐渐向珠江后航道的洲头咀、大涌口、芳村、白鹤洞和白砚壳方向延伸拓展，但省港澳轮船码头仍在沙面以东一带。19世纪60年代末期，开始有外国公司、商行介入参与广州的港口码头建设，1867年，省港澳轮船公司在老公行（天字码头以西）建立了专用码头，太古洋行先后修建3座码头、6间货仓，成为在广州建造码头、仓库最多的商行。19世纪末20世纪初，官方开始重新重视港口码头及仓库设施的建设。1889年，粤海关重建了天字码头；1906年，在白砚壳附近修建了"验货场"码头；1890年，招商局修建了大涌口码头，这是当时最大的轮船码头；1906年，华商华庆公司在芳村购买土地126亩，筑城堤岸2480尺，至1911年，已建成为一个包括码头、仓库和商店的综合性濒河"商城"；此外，广东铁路线段通车后，粤汉铁路公司在黄沙修建了铁路轮驳码头，广三铁路在石围塘也建有与黄沙衔接的轮驳码头。总而言之，清末时期广州港的码头、仓库等设施已遍布前后航道，基本构成了一个与城市相结合的近代港口。1934年编绘的《广州港口图》，标示了美、英、德、日等国公司及招商局的码头，仅白鹅潭就设置了20多个航标（梁国昭，2008）。民国时期的1937年，由于琶洲黄埔村的码头不断淤浅，不适应港口航运发展需要，于是新建了黄埔新埠（今黄埔老港）。

抗战胜利之初，广东国民党的军政各界都比较重视黄埔港这一战略资源，争相插手，但码头和仓库建设并未取得明显进展。1948年，交通部广州港工程局开始接管黄埔港，出于军队以及工商运输的需要，国民政府提出了"黄埔港修复之事"，但受严重通货膨胀的影响，当局并没有对黄埔港按计划进行扩建，而只做了些修修补补，仅修筑木码头一座。此外，一些商业公司和部门（如黄埔兴业股份有限公司和交通部广州储运处）为了包揽黄埔港的货物储运，配套兴建了部分工程设施。

三 现代港口建设与发展

新中国成立后，广州港进行了大规模开发、建设，新辟了深水港区，实现了由内河港到河口港再到沿海港的转变，其港口建设、港口码头设施扩展大致可分为5个发展阶段（见图6-2-1、表6-2-2）。

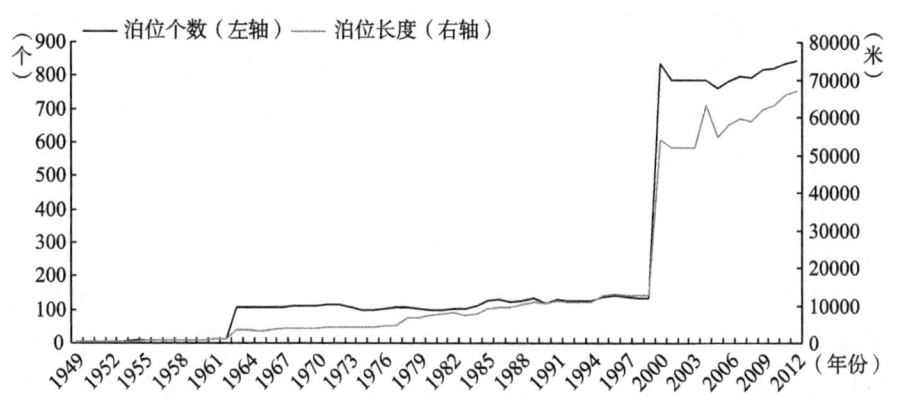

图6-2-1 1949年以来广州市港口码头泊位增长历程

资料来源：《广州市五十年》和历年《广州统计年鉴》。

表6-2-2　1949年以来广州市港口码头泊位增长历程

年份	泊位个数（个）	泊位长度（米）	万吨级泊位（个）	年份	泊位个数（个）	泊位长度（米）	万吨级泊位（个）
1949	2	400	2	1985	127	9191	19
1955	9	624		1990	118	10365	22
1960	9	733	2	1995	137	12492	27
1965	105	3277	5	2000	837	54051	50
1970	111	4032	7	2005	761	54678	51
1975	99	4359	7	2010	821	63166	62
1980	99	7404	12	2012	845	67142	68

恢复扩建阶段（1949~1957年）。1950年，黄埔港恢复开港。经整修以及航道疏浚建设，1952年，8000吨级的轮船可以直驶港内装卸货物。1954年，扩建中级码头100多米至524米，包括新建一个5000吨级泊位（现黄埔港务公司下属的3号泊位）。1957年，码头增至624米，泊位为9个。这阶段的恢复、扩建为黄埔港的发展奠定了坚实的基础。

改造续建阶段（1958~1966年）。这一阶段，广州港取得显著发展。国家对黄埔港进行续建，1966年，黄埔港共建成万吨级码头泊位5个，拥有码头岸线1439米。20世纪60年代初，内港的建设也十分突出。1961~1963年，泊位从12个增加到108个，所增加的泊位全部位于内港区的芳村、河南两个作业区。1960年，为改变原芳村与河南作业区客货混杂的问题，规划新建的新风和东风两个作业区相继建成投产。此后，货运功能由新风作业区和黄沙如意坊码头承担，客运则搬迁到大沙头码头。1963年，东风作业区开始筹建沿江码头，1964年，建成简易护岸码头300多米。芳村作业区也从1960年开始对原招商局码头和日清码头进行了改造。

曲折缓慢发展阶段（1967~1976年）。在这一时期，广州港对老港区进行了改造，先后新建和改建码头共有2347米，建成5000吨级泊位2个，即芳村港务公司的内四北段码头、内四南段码头，新建改建后新增码头岸线1130米。20世纪70年代，黄埔港的建设也取得一定进展，重点开辟了顺珠江下游东江口的墩头基新港区，规划建设8个万吨级以上码头泊位，1975年，建成5个万吨级以上泊位，其余3个万吨级泊位均在1976年开工，结束了广州港没有专业化深水码头泊位的历史。

稳步发展阶段（1977~1999年）。港口在改革开放中获得迅速发展，港口设施快速扩张。新港港区、黄埔港区先后掀起深水港口设施建设高潮，1977~1978年，新港港区增加深水泊位总数达7个，黄埔港1979年后兴建了洪圣沙水转水码头、西基煤码头。1981年，新港港务公司增添25000吨级码头泊位1个，1983~1987年，黄埔港区万吨级以上码头泊位新建数目达到7个。经过1977~1987年的深水港口设施建设，广州港万吨级以上泊位由7个增加到22个。20世纪90年代中期，新沙港的建设再一次掀起深水码头建设的高潮，新沙港区一期工程1~5号泊位于1996年正式投产，6~10号泊位于1999年年底建成投产。在这一阶段，内港区港口设施也有所发展，1984年，原东风作业区增添6个1000吨级的杂货码头泊位，即现属黄埔港务公司的员村码头。另外，内港区的河南港务公司于1985年、1987年两年新添5000吨级码头3个和1000吨级危险品码头泊位2个。

跨越式推进阶段（2000年至今）。2000年，广州市行政区划调整后，广州选定珠江西岸的龙穴岛作为建设南沙港区的港址，2001年正式开工建设标志着广州港跨入南沙时代。为配合实施广州"南拓"战略，广州港制定实施了新的《广州港总体规划》（2006年获批），广州港发展重心由黄埔港区、新沙港区逐步向南沙港区转移，重点开发南沙港区深水岸线资源，建设集装箱、液体石化和汽车滚装等深水专用泊位。2004年，南沙集装箱码头一期工程4个10万吨级泊位建成投产。2007年，南沙集装箱码头二期工程的6个10万吨级泊位相继建成。2012年，作为国际港口业界内规模最大、标准最高项目之一的南沙港三期工程动工建设，三期项目包含2个7万吨级集装箱泊位、4个10万吨级集装箱泊位，24个2000吨级集装箱驳船泊位，预计2015年全面建成投产。

经过长期的建设与经营，广州港已发展成为由内港港区、黄埔港区、新沙港区、南沙港区组成，年吞吐量超过2亿吨的世界大港。

第三节 广州的港口贸易发展与港口地位演变

一 古代港口贸易与港口地位演变

广州对外贸易起源甚早，秦汉之前岭南与海外已有贸易接触，广州（时称番禺）港市便开始萌芽。秦汉时期，广州港发展成海上贸易中心，是我国最早的对外贸易港，广州也是最早形成对外商贸型港口的城市。汉平南越后，我国海外贸易进一步发展，新兴的西卷、龙编港虽曾超过广州港，但广州港作为对外贸易港一直发挥着重要作用。两汉是我国对外贸易的启蒙阶段，从广州、徐闻和合浦起航至印度的南海航线，成为我国当时重要的海上"丝绸之路"。

三国至隋朝是国际航运业获得较快发展的一个时期。三国时期，岭南地区对外贸易获得了一定的发展，广州成为重要出海港。三国至魏晋南北朝期间，造船技术、航运技术的发展及船舶抗风浪能力的提高，使得船舶可选择相对较为快捷的路线直航广州，广州港的国际贸易地位也因此获得明显提升，西晋时成为"当时的市舶要冲"。在东晋和南北朝200多年的战乱中，广州港一直是我国最大的对外贸易中心。统一后的隋朝十分重视对外贸易，广州港成为联系东南亚各国，以及航行印度、波斯湾地区的主要海港，也是当时我国最重要的对外贸易港。

唐朝的封建经济和对外交往均获得空前的发展，西亚、印度洋沿岸以及东南亚国家与中国的贸易联系，使得唐帝国境内发展形成了四大国际贸易港（交州、广州、扬州、泉州）。唐代广州的对外贸易范围超越了以往任何朝代，成为中外商人云集之地，"聚集在广州的外商，据说有十多万人"。广州港作为世界大港的地位更加巩固并超过了任何时期，形成了6条国际定期航线，国内沿海航线也取得了进一步发展。

宋代是古代广州发展的一个重要时期，广州当时不仅是华南地区的政治和经济中心，而且也是全球最大港口之一。宋代对外贸易和海外交通均获得长足发展，贸易地区和范围相比唐朝明显扩大，海上航线扩展至东非地区和菲律宾等国（周枝荣，2007）。由于北方战乱，广州成为当时对外交通的主要门户，不论是海外贸易还是海外交通都超越了唐代，为全国最大的对外贸易港及海外贸易中心。

元代，由于受战争及其他原因的影响，广州的海外贸易虽被泉州超越而暂居第二位，但仍获得了一定程度的发展，广州作为当时世界上最大城市之一的地位仍被外商普遍认可。

明代初期，政府实施海禁政策，广州港作为朝廷指定贡使登陆最多的口岸，海外交通和对外贸易一直处于繁荣的状态，浙江、福建两个口岸在嘉靖年间被撤销，广州在当时的对外贸易中获得垄断地位。隆庆开放海禁，全国海外贸易得以发展，但广州港仍维持着其海外贸易第一大港的地位。

清初，政府执行更加严厉的海禁政策，但广州港仍被允许保留少量朝贡贸易以及与澳门间的陆路贸易。1684年（康熙二十三年），海禁政策被废止，广州港口贸易获得进一步发展。1757年（乾隆二十二年），江、浙和闽三地海关被撤销，广州粤海关再次成为全国唯一的对外通商口岸，在对外贸易中重获垄断地位。

由此可见，自海上贸易出现到鸦片战争前的两千多年的时间里，广州港除在南宋末年和元朝的100多年期间被泉州港超越屈居第二外，一直都是我国最大的对外贸易港，是我国资质最深、唯一经久不衰的对外贸易港。

二 近代港口贸易与港口地位演变

1840年以后，广州港进入了衰落期，近代广州港主要经历了以下8个发展阶段。

鸦片战争与太平天国运动期间（1840~1864年）的逐渐衰落。第一次鸦片战争后，随着上海崛起，厦门、宁波和福州相继开埠以及香港被迫割让，广州港的外贸地位发生了明显变化，具体表现为两个阶段：1843~1852年，广州港的对外贸易逐步下滑，其中心地位日渐削弱；从1853年起，广州港的外贸中心地位被上海取代。第二次鸦片战争后，由于沿海和内河通商口岸被迫开放，广州港的外贸地位被进一步削弱。

洋务运动时期（1865~1894年）的再度复兴。两次鸦片战争期间，广州港的对外贸易曾一落千丈，但20世纪60年代中期以后，随着民族资本主义近代工业的蓬勃发展，以及外国资本输入的影响，广州港的海内外贸易一度出现回升，这是近代广州港经济技术水平有所发展的第一个阶段。

中日甲午战争前后（1895~1911年）的发展期。甲午战争后，帝国主义列强的经济势力进一步侵入广州，对广州航运和港口贸易展开了激烈地争夺，尽管本国的航运实力受到严重打击，但此期间的广州港外贸进出口货值却出现了激增，1895~1905年广州港外贸进出口总值基本翻倍。

第一次世界大战前后（1912~1924年）的短暂发展。战前，广州港进出口贸易表现为波浪式递增。战时，帝国主义列强对广州的压力相对松弛，外加民族工业的"复兴"、广州港航道的疏浚，导致广州港贸易的短暂繁盛，广州港出现了经济技术水平有所发展的第二个阶段。战后，广州港进出口贸易也获得较大的增长，仍处于出超的有利地位。

省港大罢工前后（1925~1928年）的恢复发展。虽然省港大罢工导致了港口贸易的短期衰减（外贸出口仍表现出递增），但长期而言，其对广州港产生了巨大的促进作用，有利于广州港海内外交通和贸易的日益兴盛，是近代广州港经济技术水平有所发展的第三个阶段。

第二次国内革命至抗战前（1929～1936年）的再度勃兴。1929年秋后，广州港出口贸易每况愈下。1933～1936年，主政广州的陈济棠推行"三年计划"，广州港经济一度勃兴，对外贸易波动上升，对内贸易也取得了令人瞩目的发展。

抗日战争时期（1937～1945年）的严重破坏。抗战初期，北方战乱一度将广州港推到"华南贸易总汇"的特殊位置，但在广州沦陷前后，广州港的水运因遭日军封锁而奄奄一息，水铁中转瘫痪；在日军占领期间，广州对外贸易遭到惨重破坏和摧残，内贸也急剧下降，但太平洋战争爆发后，广州港内、外贸都出现急剧上升。

解放战争时期（1946～1949年）的全面崩溃。"二战"后，广州港外贸出现恶性发展，内贸极度萧条。解放战争胜利前夕，美蒋溃逃前对港口进行了毁灭性的破坏。

三 现代港口贸易与港口地位演变

（一）港口吞吐量与贸易发展

新中国成立后，广州港获得新生。新中国成立后的广州港口贸易发展，从内贸、外贸及其增长情况来看，大致可以分为4个阶段（见图6-3-1、表6-3-1、图6-3-2）。

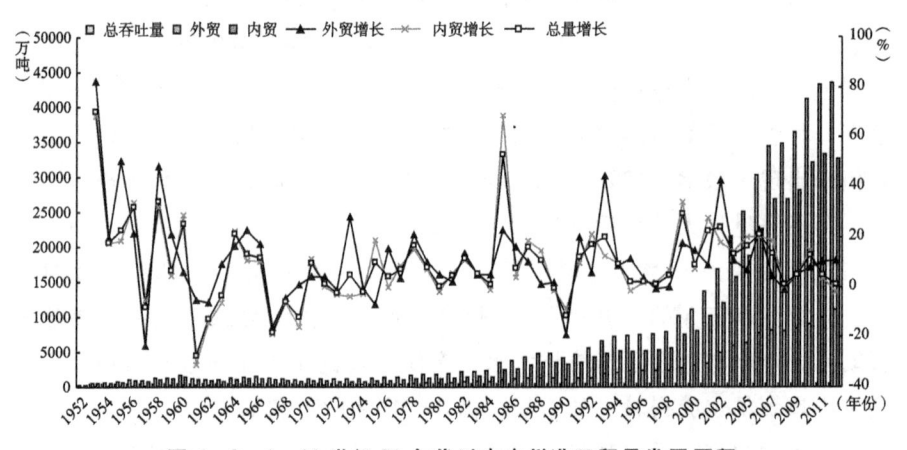

图6-3-1 20世纪50年代以来广州港口贸易发展历程

表6-3-1 20世纪50年代以来广州港港口贸易及其构成

单位：万吨

年份	总计 合计	总计 外贸	总计 内贸	进口 小计	进口 外贸	进口 内贸	出口 小计	出口 外贸	出口 内贸
1952	311	38	273	201	23	178	110	15	95
1955	764	124	640	423	89	334	341	35	306
1960	1669	221	1448	1261	174	1087	408	47	361
1965	1397	306	1091	819	204	615	578	102	476
1970	1157	302	855	672	178	494	485	124	361
1975	1295	370	925	752	216	536	543	154	389
1980	1823	615	1208	1141	385	756	682	230	452
1985	3445	965	2480	2334	761	1573	1111	204	907
1990	4164	1021	3143	2845	728	2117	1319	293	1026
1995	7300	2251	5049	5066	1835	3231	2234	416	1818
2000	11070	3108	7962	7421	2382	5039	3649	726	2923
2005	25034	6292	18742	17062	4270	12792	7972	2022	5950
2006	30281	7727	22554	19439	4759	14680	10842	2968	7874
2007	34323	8049	26274	21296	4792	16504	13027	3257	9770
2008	34699	7941	26758	21199	4739	16460	13500	3202	10298
2009	36394	8356	28038	22028	5346	16682	14366	3010	11356
2010	41093	8991	32102	24782	6025	18757	16311	2966	13345
2011	43147	9913	33234	25764	6680	19084	17383	3233	14150
2012	43515	10967	32548	26274	7505	18769	17241	3462	13779

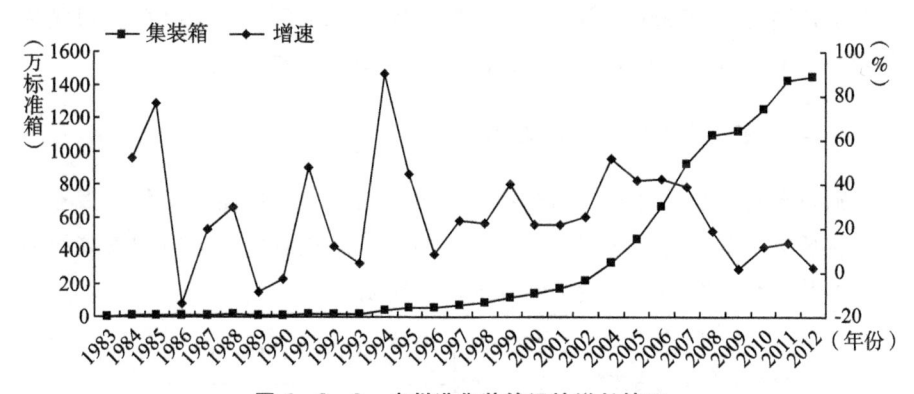

图6-3-2 广州港集装箱运输增长情况

新中国成立后的恢复期（1949～1960年）。新中国成立后，广州港口贸易进入了恢复发展期。1952～1960年，港口贸易总量年均增长率高达23.38%，外贸年均增长24.62%，内贸年均增长23.21%，其中又以外贸进口、内贸进口增长较为突出，分别为28.48%、25.39%。20世纪60年代初期，广州港已成为华南地区最大的港口，确立了华南主枢纽港的地位。

缓慢发展期（1961～1984年）。20世纪60年代初到20世纪70年代中期，港口吞吐总量及内外贸吞吐量增长均在"零增长"附近小幅波动。20世纪70年代中期后，尽管部分年份的外贸、内贸出现了负增长，但港口贸易总量总体呈现稳步的小幅度增长态势。

波动增长期（1985～1998年）。20世纪70年代中期到20世纪90年代中后期，广州港口贸易呈现波动增长的态势，如1985年贸易总量及外贸、内贸同比增长分别为52.84%、22.95%、68.81%，均表现为大幅增长，而1990年同比增长则分别为-11.48%、-19.26%、-8.62%，均表现为明显的负增长。但在总体趋势上，整个时期贸易总量及外贸、内贸总量均表现为较明显的增长，1997年的贸易指标相比1985年均成倍增长。

提升巩固期（1999年至今）。自20世纪90年代末期以来，广州港口贸易稳步快速增长。1999年，广州港吞吐量首次超过亿吨，在我国第二个进入亿吨大港行列。1999～2007年，广州港总贸易吞吐量及外贸、内贸吞吐量年均增长率分别高达17.79%、14.91%和19.07%。2008年全球金融危机爆发后，广州港的港口贸易与之前相比出现了明显回落，但仍保持着一定幅度的增长。2008～2012年，广州港总贸易吞吐量及外贸、内贸吞吐量年均增长率分别为4.86%、6.38%和4.01%。在集装箱运输方面，2000年以来，广州港获得了较快发展，2000～2012年年均增长率高达21.33%，2012年完成集装箱吞吐量1454.74万标准箱，已跻身全球十大集装箱港行列。

（二）货类结构的动态变化

通过分析港口吞吐货类结构特征，可以揭示港口职能的变化。借鉴产业结构研究中的结构变化指数和多样化指数，建立港口货类结构指数和多样化指数，可以刻画港口货类结构的动态变化。

货类结构变化指数为：$\theta = \arccos\left\{\dfrac{\sum_i F_i(t) \cdot F_i(t-1)}{\left[\sum_i F_i(t)^2 \cdot \sum_i F_i(t-1)^2\right]^{\frac{1}{2}}}\right\}$

式中，θ 为货类结构变化指数，$F_i(t)$ 为货类 i 在 t 年占港口货物吞吐总量的比重，$F_i(t-1)$ 为货类 i 在 $t-1$ 年占港口货物吞吐总量的比重。θ 值在 $0°\sim90°$ 变动，值越大表明 $t-1$ 年到 t 年间货类结构变化程度越大，反之亦然。

多样化指数为：$$DI = \left|\frac{\sum_i F_i \ln F_i}{\ln N}\right| \times 100$$

式中，DI 为多样化指数，N 为港口吞吐货物的种类数。DI 值在 $0\sim100$ 变动，值越大表明港口货物吞吐量在各货类上的分布越均匀，货类结构的多样性越强；反之则表明港口货物吞吐量在各货类上的分布越不均匀，不同货类间的比重相差越明显。

分析表明，随着广州港吞吐量的逐步增长，贸易的货类结构也相应发生了变化（见表6-3-2）。1987~2012年，以3年为时间跨度计算的广州港吞吐货类结构变化指数均在10以上，甚至有的时段高达20，这表明港口吞吐货类的结构变化比较明显。从港口货类结构的多样化指数来看，1987~2012年各时间断面的多样化指数表明，港口吞吐货类结构的多样化指数呈现逐步降低的趋势，表明货类比重分布的不均匀程度有所提高，少数货类所占的比重呈现上升趋势。具体来看，2005年以前，广州港吞吐货类结构的多样化指数较高，比重分布较为均衡，但煤炭及制品、石油天然气及制品一直占较高比重，表明虽然广州港具有较高的综合运输职能，但其货类在表现出多样化的同时也表现出相对的集中，能源运输在广州港的地位十分突出。2001年以后，在广州港吞吐货类中，矿建材料开始占据较大比重，2002~2008年所占的比重均在10%以上，特别是2005年和2006年两年所占的比重均高于17%。2001年后，机械、设备与电器吞吐量所占比重也明显上升，2010年为8.68%。此外，自2002年以来，随着南沙深水港集装箱运输的快速发展，其他货类所占比重逐年快速上升，已由2002年的12.81%上升到2012年的50.77%。其中，其他货类中大部分为集装箱，2012年，集装箱占其他货类比重高达61.7%，占广州港吞吐总量的比重高达31.33%。由此可见，矿建材料，机械、设备与电器等货类吞吐量比重的上升，以及集装箱货物吞吐量的快速发展，使得广州港吞吐货类集中在少数几类货物上的特征愈发明显（见图6-3-3）。

表6-3-2 广州港货类结构变化及多样化指数

年份	结构变化指数	多样化指数
1987~1990	21.14	87.39/81.86
1990~1993	18.46	73.70
1993~1996	11.65	72.37
1996~1999	10.86	77.78
1999~2002	15.31	74.46
2002~2005	17.34	71.03
2005~2008	26.02	65.52
2008~2011	15.54	62.92
2009~2012	10.55	59.39

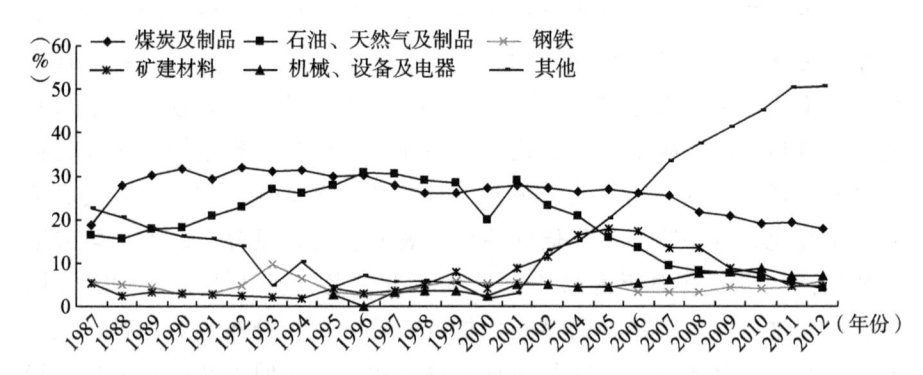

图6-3-3 广州港比重较大货类吞吐量比重变化情况

注：图中缺少2003年数据。

从广州港各货类吞吐量占总吞吐量的比例变化情况来看，不同货类的占比差异明显，大致可划分为几个货种类型（见图6-3-4、表6-3-3）。

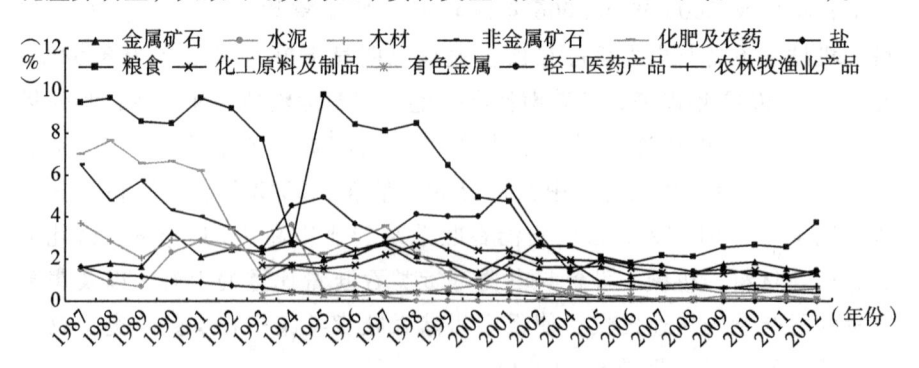

图6-3-4 广州港一般货类吞吐量比重变化情况

注：图中缺少2003年数据。

表 6-3-3　广州港吞吐量比重超过 1% 的货类情况

货类	占吞吐量比重（%）	货类	占吞吐量比重（%）
集装箱	31.33	石油、天然气及制品	4.19
煤炭及制品	17.81	粮食	3.73
机械、设备及电器	7.05	轻工、医药产品	1.45
钢铁	5.76	化工原料及制品	1.32
矿建材料	4.62	金属矿石	1.32

成熟型货种：主要是煤炭及制品、石油天然气及制品、粮食。该类货种所占的比重在经历较快上升后，进入较为稳定的时期，或是在出现明显回落后，仍占相对较高的比重，并且比较稳定。煤炭及制品所占比重虽有回落，但近年比重仍在 20% 左右，2012 年为 17.81%；石油天然气及制品所占比重在 20 世纪 90 年代中期曾高达 30%，之后逐年下降，但目前占比仍有 5%，2012 年占比为 4.19%，排在第 6 位；粮食所占比重曾接近 10%，之后回落，近 10 年均维持在 2%。

成长型货种：机械、设备及电器、集装箱。近 10 多年来，机械、设备及电器吞吐量占比逐年稳步上升，由 1995 年的 2.73% 提高到 2012 年的 7.05%。其他货类所占比重自 2000 年以来也呈现快速上升的势头，这主要是由集装箱货物吞吐量的快速增长所致，2012 年，集装箱货物吞吐量占广州港总吞吐量的比重已接近 1/3。

稳定型货种：主要为金属矿石、钢铁、化工原料及制品、有色金属。此类货物吞吐量呈现波动上升的态势，占总吞吐量的比重在一定幅度内波动，但相对较为稳定。

衰退型（相对）货种：主要是矿建材料、水泥、木材、非金属矿石、化肥及农药、盐、轻工医药产品、农林牧渔产品。其吞吐量绝对值表现为略微增长、小幅波动或逐步下降，但占广州港总吞吐量的比重呈现下降的趋势，对总吞吐量的贡献开始弱化。

从总体上来看，在广州港货物吞吐量中，煤炭及制品、钢铁、矿建材料、石油天然气及制品、粮食等传统货物仍占较大比重，但相对地位有所下降；集装箱、机械设备及电器吞吐量的快速增长，反映了南沙集装箱深水港建设以及产业转型升级等因素的影响；轻工、医药产品的相对地位也有所下降。

（三）货物流向结构的动态变化

港口吞吐货物流向结构的变化，是反映港口职能特征、港口地位与实力的重要指标（见表6-3-4）。在广州港货物吞吐量的内外贸结构方面，内贸占明显主导地位。1987年以来的数据显示，内贸吞吐量占总吞吐量的比重虽有波动，但基本上都保持在70%，1990年、2010年内贸所占比重分别高达75.47%和78.12%。内外贸结构直接表征港口发展的国际化程度，广州港货物吞吐量以内贸为主，表明广州港目前的商贸联系以国内为主。

表6-3-4　广州港货物流向结构变化

年份		1987	1990	1995	2000	2005	2010	2012
总吞吐量	外贸（%）	28.78	24.53	30.83	27.93	25.14	21.88	25.20
	内贸（%）	71.22	75.47	69.17	72.07	74.86	78.12	74.80
总吞吐量	出港（%）	33.39	31.67	30.61	32.99	31.85	39.69	39.62
	进港（%）	66.61	68.33	69.39	67.01	68.15	60.31	60.38

在货物吞吐量的进出港结构方面，进港货物吞吐量占主要地位。2005年以前，进港货物吞吐量所占比重在68%附近波动，2010年、2012年的数据有所降低，分别为60.31%和60.38%。货物吞吐量的进出港结构在某种程度上反映了港口的对外辐射能力，进港货物比重大表明港口服务腹地对外依赖性强，而出港货物比重大则表明港口对外辐射能力较强。广州港吞吐量进港货物占主要地位表明所服务的腹地经济对外依赖程度高。

广州港在内外贸结构中以内贸为主、在进出港结构中以进港为主，主要是受广州港吞吐量货物中煤炭及制品、钢铁、矿建材料、石油天然气及制品、粮食等传统货物占比较高的影响。广州港作为我国华南地区能源、物资大港的地位非常明显。

在集装箱运输方面，2004年以来的数据显示，国内航线占集装箱总吞吐量的比重份额相当大，基本上占6成以上。国际航线运输虽然也获得较快增长，2004～2012年年均增长率达14.33%，但占集装箱总吞吐量比重仍逐年下降，2012年所占比重不足3成（7.73%）。内支线[①]运输的增长

---

① 内支线是指外贸货物转驳的航线，集装箱支线港通过喂给或转驳方式营运的集装箱外贸货物。

非常迅猛，2004～2012年年均增长率高达46.36%，2012年所占比重由2004年的2.19%上升到10.47%。国内航线方面的发展也比较迅速，2004～2012年年均增长率为22.01%，2012年占集装箱总吞吐量比重的60.88%。由此可见，虽然南沙港吞吐量获得了较快发展，但在集装箱国际运输和国际航线方面，尚处于开拓阶段（见表6－3－5）。

表6－3－5　广州港集装箱运输流向结构变化

年份	国际航线 增速（%）	国际航线 占比（%）	内支线 增速（%）	内支线 占比（%）	国内航线 增速（%）	国内航线 占比（%）
2004		43.22		2.19		54.60
2005	22.48	37.35	-14.17	1.33	59.19	61.33
2006	37.06	36.01	85.99	1.73	44.30	62.25
2007	24.44	32.22	196.08	3.69	43.20	64.09
2008	6.89	28.98	43.91	4.47	23.37	66.55
2009	-0.29	28.38	20.05	5.27	1.49	66.34
2010	10.62	28.03	5.35	4.96	13.14	67.01
2011	10.02	27.15	52.96	6.68	12.17	66.17
2012	7.73	28.65	60.02	10.47	-6.08	60.88

集装箱进港、出港的货物流向结构与整体的流向结构表现出一定的差别。在进港方面，2012年国际航线所占比重相对较高，内支线所占比重相对较低，分别为31.17%、9.55%。这表明在国际集装箱进港运输方面，直达广州港的较多，而通过转驳的相对较少。在出港方面，与进港方面相比，国内航线所占比重相对较高，国际航线所占比重较低，内支线所占比重相对较高。这表明广州港在国际集装箱出港运输方面，通过转驳的比重相对较高。这些结构性特征都表明，广州港在国际集装箱运输方面尚处于支线港地位，国际辐射能力尚处于培育发展阶段（见表6－3－6）。

表6－3－6　广州港集装箱运输进出港流向结构变化

年份	进港吞吐量结构（%） 国际航线	进港吞吐量结构（%） 内支线	进港吞吐量结构（%） 国内航线	出港吞吐量结构（%） 国际航线	出港吞吐量结构（%） 内支线	出港吞吐量结构（%） 国内航线
2004	42.46	2.20	55.34	44.01	2.17	53.81

续表

年份	进港吞吐量结构（%）			出港吞吐量结构（%）		
	国际航线	内支线	国内航线	国际航线	内支线	国内航线
2006	38.27	1.12	60.61	33.85	2.32	63.82
2008	31.71	2.77	65.52	26.34	6.12	67.54
2010	29.14	4.74	66.12	26.97	5.17	67.86
2012	31.17	9.55	59.28	26.20	11.36	62.44

（四）外贸卸货港的空间分布与等级体系

1. 广州港外贸卸货港的空间分布

港口外贸卸货港的空间分布与等级体系是港口对外经济辐射能力的体现。采用从广州港运往中国大陆以外其他港口的货物重量来衡量相应的外贸卸货港的规模，其原始数据由广州港务局提供。从广州港外贸卸货港在全球的分布来看，2005 年，外贸卸货港主要分布在东南亚、东亚、南亚以及西亚等亚洲地区和北美地区。南美洲、大洋洲和亚洲北部区域的外贸卸货港分布较少，规模等级也相对较低。2008 年，外贸卸货港最主要的分布区域依然集中在东南亚国家及日本和韩国，西亚和北非地区外贸卸货港的数量有所增多。欧洲和北美洲的外贸卸货港的规模等级和数量也有一定程度的提升。撒哈拉以南的非洲外贸卸货港的数量有一定程度的增加，但是相对规模等级较低。与 2008 年相比，2011 年外贸卸货港的最大特点是红海沿岸和几内亚湾以及东非沿岸的外贸卸货港的规模等级有明显的提高，而在南美洲东海湾以及亚马孙河流域卸货港的规模等级也有所提高。2012 年，主要的外贸卸货港依然主要分布在东南亚国家以及日本和韩国，非洲的几内亚湾和莫桑比克海峡、红海沿岸港口和欧洲也是分布比较集中的区域。从空间分布的演变过程来看，欧洲地区、拉丁美洲地区和非洲地区的广州港外贸卸货港的数量和规模等级有比较明显的提升。

不同年份广州港外贸卸货量前 10 位的港口主要分布在东南亚等地区，其中香港是首位港口。2005 年，排在前 10 位的外贸卸货港分别是香港、基隆、新加坡、澳门、洛杉矶和吉达等港口，首位港口是香港，前 5 位的港口有 3 个位于港澳台地区。2008 年，排在前 10 位的外贸卸货港分别是香港、高雄、新加坡、鹿特丹和汉堡等港口。2011 年，前 10 位的港口分别是香港、高雄、巴生港、长滩和汉堡等港口。2012年，前10位的港口分别是香港、阿尔赫西拉斯、巴生港、新加坡和长滩等港口。前10位的港口分别位于东南亚、地中海、北非、欧洲和北美等地区（见表6-3-7）。从空间分布来看，2005年，前10位的港口主要分布在东亚、东南亚和西亚等亚洲地区。2008年，西欧、西亚和北美地区的港口开始进入前10位行列。2011年，拉丁美洲和西非地区开始有港口进入前10位。2012年，东非地区的坦桑尼亚也有港口进入前10位港口的行列。前10位港口的分布不再局限于亚洲地区（见图6-3-5）。

表6-3-7 外贸卸货量前10位的港口及其所在国家

位序	2005年	2008年	2011年	2012年
1	香港（中国）	香港（中国）	香港（中国）	香港（中国）
2	基隆（中国）	高雄（中国）	高雄（中国）	阿尔赫西拉斯（西班牙）
3	新加坡（新加坡）	新加坡（新加坡）	巴生港（马来西亚）	巴生港（马来西亚）
4	澳门（中国）	鹿特丹（荷兰）	长滩（美国）	新加坡（新加坡）
5	洛杉矶（美国）	汉堡（德国）	汉堡（德国）	长滩（美国）
6	吉达（沙特阿拉伯）	阿里山（阿联酋）	鹿特丹（荷兰）	巴尔博亚（巴拿马）
7	卡拉奇（巴基斯坦）	长滩（美国）	新加坡（新加坡）	吉达（沙特阿拉伯）
8	横滨（日本）	洛杉矶（美国）	蒙巴萨（肯尼亚）	特马（加纳）
9	雅加达（印度尼西亚）	阿巴斯港（伊朗）	巴尔博亚（巴拿马）	鹿特丹（荷兰）
10	墨尔本（澳大利亚）	安特卫普（比利时）	特马（加纳）	达罗斯萨拉姆（坦桑尼亚）

2005年

图6-3-5 广州港外贸卸货港的位序分布

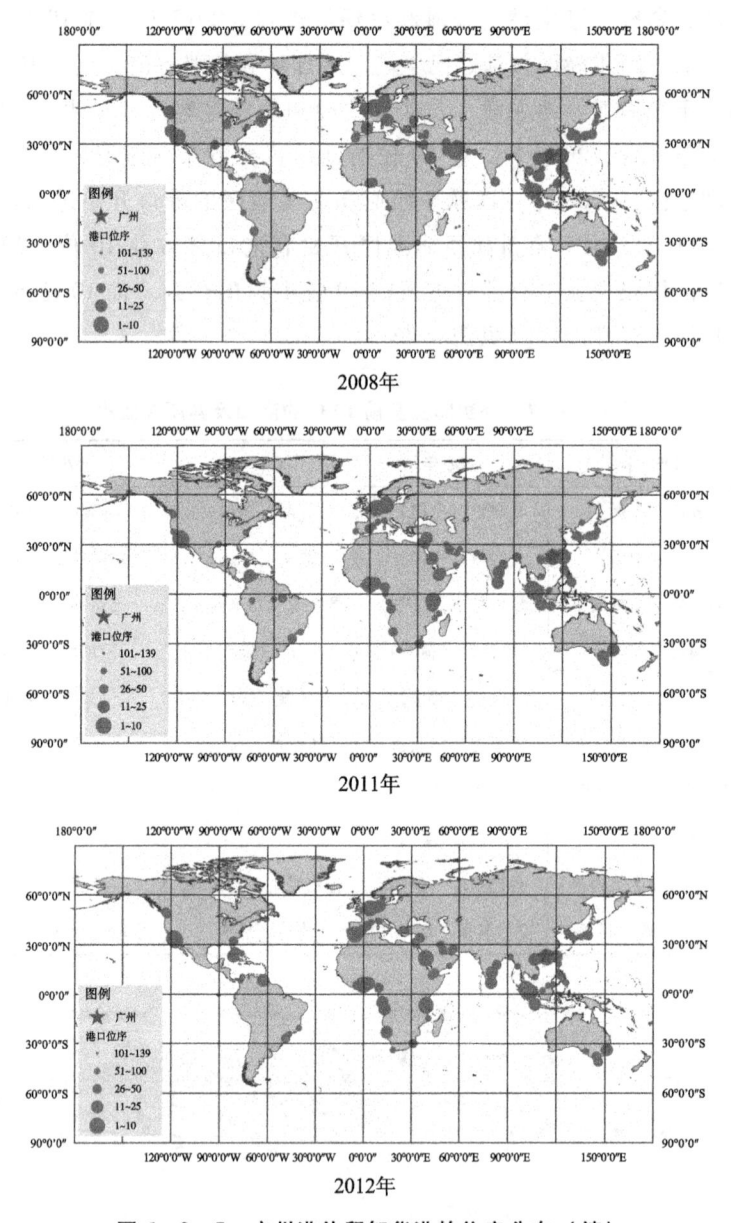

图 6-3-5　广州港外贸卸货港的位序分布（续）

以国家为单位分析广州港外贸卸货港，新加坡、马来西亚、美国和德国等国家的排名较为靠前。在 2005 年排前 10 位的国家中，亚洲有新加坡、日本、巴基斯坦、越南、沙特阿拉伯和印度尼西亚，欧洲有德国和比利时，北美洲有美国，大洋洲有澳大利亚。在 2008 年排前 10 位的国家中，亚洲有新加坡、马来西亚、韩国、阿联酋、沙特阿拉伯和越南，北美洲有美国和加拿大，欧洲有荷兰和德国。在2011年排前10位的国家中，亚洲国家下降到4个，包括马来西亚、新加坡、印度和越南，欧洲有德国和荷兰，非洲国家有尼日利亚和摩洛哥。在2012年排前10位的国家中，亚洲只有马来西亚、新加坡和沙特阿拉伯，欧洲有西班牙、德国和荷兰，非洲有尼日利亚和加纳。从整体上看，广州港外贸卸货港主要分布在亚洲国家，欧洲国家和非洲国家的位序有较为明显的提升（见表6-3-8）。

表6-3-8 排前10位的国家及其外贸卸货量

单位：吨

位序	2005年	2008年	2011年	2012年
1	新加坡（553353）	新加坡（1162405）	马来西亚（1467587）	美国（888665）
2	美国（224524）	美国（754408）	新加坡（890894）	西班牙（663744）
3	日本（159146）	荷兰（422675）	美国（637017）	德国（531906）
4	巴基斯坦（156534）	德国（408093）	德国（425627）	马来西亚（492838）
5	越南（141275）	马来西亚（369113）	印度（419051）	尼日利亚（392793）
6	德国（130476）	韩国（343279）	尼日利亚（376335）	沙特阿拉伯（339381）
7	沙特阿拉伯（120842）	阿联酋（319583）	摩洛哥（353029）	新加坡（325269）
8	印度尼西亚（110643）	沙特阿拉伯（241230）	越南（298667）	澳大利亚（284458）
9	澳大利亚（87469）	加拿大（230433）	荷兰（286445）	荷兰（282494）
10	比利时（79990）	越南（206639）	澳大利亚（277108）	加纳（280892）

2. 外贸卸货港的首位度和捷夫指数

利用位序规模法则来分析广州港外贸卸货港等级体系的特征。其公式为：

$$\lg(p_i) = \lg(p_1) - q\lg(R_i) \tag{1}$$

公式（1）中的 P_i 表示广州港第 i 位外贸卸货港的卸货量，R_i 表示该外贸卸货港卸货量的位序，q 为捷夫指数，其原始含义是规模与位序的 q 次方有线性关系。为方便表达，本书令 $y = \lg(p_i)$，$x = \lg(R_i)$，$b = \lg(p_1)$，则公式（1）转为线性方程更加一般化的形式：

$$y = -q \cdot x + b \tag{2}$$

在城市规模等级体系的研究中，一般根据捷夫指数绝对值的大小分为接近于1、小于1和大于1这3种情况。其中接近1，表示规模分布接近捷夫指数的理想状态；大于1，表示规模分布比较集中，中小城市发展较慢；小于1，说明规模分布较为分散，高位次城市规模不突出，中小城市发展较快。本书在此研究的基础上，根据港口研究的实际需要，对大于1和小于1的情况进行了进一步细分，根据公式（2）中线性方程的斜率差异，把外贸卸货港的等级体系分为6种类型。第一种类型是均衡分布，捷夫指数为0，该类型表示所有卸货港的卸货量的规模差异极小，卸货量随位序的变化较小。第二种类型是弱位序规模分布，捷夫指数大于0且小于1，该类型表示卸货港的卸货量随着规模等级的下降呈现下降趋势，但是高位序卸货港与低位序卸货港的卸货量规模差异较小。第三种类型是位序规模分布，捷夫指数等于1，卸货港的规模等级符合理想的规模位序分布，第二位卸货港的卸货量是首位卸货港的一半，第三位是首位卸货港的1/3。第四种类型是强位序规模分布，捷夫指数大于1且小于等于2，不同卸货港的卸货量随着所处等级的下降呈现明显下降趋势。第五种类型是极强位序规模分布，捷夫指数大于2且小于等于5，不同卸货港的卸货量随着所处等级的下降呈现剧烈的下降趋势，最高位序的卸货港在卸货总量中占据较高的比重。第六种类型属于首位分布，捷夫指数大于5，最大规模的卸货港在卸货总量中占据绝对优势，其他位序卸货港的卸货量在卸货总量中占据的比重较小（见图6-3-6）。

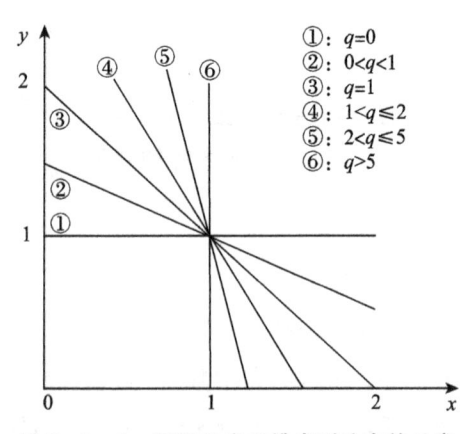

图6-3-6 不同位序规模类型分布的示意

在港口首位度的计算过程中，本书根据城市地理的相关研究采用2

港口首位度、4港口首位度和11港口首位度。从广州港外贸卸货港的首位度来看，尽管4个年份的首位度指数呈现剧烈的波动性，但是整体表现出首位分布的特征。按照捷夫法则的一般经验，外贸卸货港的2港口首位度指数为2，4港口首位度和11港口首位度指数为1。从广州市外贸卸货港的首位度指数来看，2005年与2008年首位度水平较低，但是整体上除2008年2港口首位度略低于2外，其他指标均大于捷夫法则的一般经验值。2011年与2012年，港口首位度的各个指标均远远大于捷夫法则的一般经验值，具有首位分布的明显特征。从首位港口来看，2005年、2008年以及2011年广州港在香港港的卸货量呈现稳定增加的趋势，2012年相对于2011年略有下降，但是依然保持在较高水平。从第2位港口来看，2005年，第2位港口为基隆港，其卸货量约为香港港的1/3，但是在2008年迅速降低，由于卸货量太小在统计中被归入台湾其他港口。2008年，第2位港口为高雄港，其卸货量约为香港港的56%。2011年，第2位卸货港依然是高雄港，但是高雄港的卸货量仅为香港港的7%。2012年，基隆港的卸货量不足香港的0.01%，而高雄港也仅为香港港的1.6%，位于广州港外贸卸货港的第11位。与此同时，台湾其他港口的卸货量有所提升，总量为香港港的1.2%。2012年，第2位港口为西班牙港口阿尔赫西拉斯，广州港其他年份在该港口的卸货量较少，排序在前10位港口之外。

从广州港外贸卸货港的等级体系来看，其等级分布类型属于极强位序规模分布。从捷夫指数的大小来看，理想的捷夫指数为1，在所研究的4个时间断面中，捷夫指数在2.1~2.3波动，整体水平大于2，属于极强的位序规模分布。极强位序规模分布的含义就是随着广州港外贸卸货港在整个港口体系中的位序下降，其卸货量也呈现迅速下降的趋势。广州港外贸卸货量主要集中在高位序港口，低位序港口的卸货量规模较小。从拟合方程的R^2大小来看，2005年与2008年较高，均在0.85以上，2011年与2012年较低，但也在0.8左右，整体拟合情况较好（见表6-3-9）。

表6-3-9　广州港外贸卸货港的捷夫指数及其首位度状况

年份	位序规模方程	捷夫指数 q	R^2	2港口首位度	4港口首位度	11港口首位度
2005	$y = -2.232x + 7.1232$	2.232	0.8599	2.97	2.52	4.38

续表

年份	位序规模方程	捷夫指数 q	R^2	2港口首位度	4港口首位度	11港口首位度
2008	$y=-2.284x+7.7646$	2.284	0.8628	1.77	1.56	2.65
2011	$y=-2.212x+7.7784$	2.212	0.7846	13.44	8.29	9.65
2012	$y=-2.148x+7.6996$	2.148	0.8154	27.98	11.78	9.32

从广州港外贸卸货港等级体系的变化趋势来看，其位序在研究的时间断面内呈现由极强首位分布向强首位分布转变的趋势。2008年的捷夫指数相对于2005年有所增大，在其后的3个时间断面，捷夫指数呈现下降趋势。然而从首位度的变化过程来看，除2008年较低之外，其他年份呈现明显的上升的趋势。捷夫指数的下降意味着中低位序卸货港发展较快，但是不同的首位度指标又呈现较为明显的上升趋势，这意味着第2~11位卸货港的相对规模总体缩小。因此，在所研究的时间断面内，广州港的外贸卸货港实际上是首位卸货港和低位序卸货港发展较快，中等位序卸货港则发展较慢。前10位港口的变化情况也能佐证广州港外贸卸货港的这一发展趋势，香港稳居首位卸货港，而第2~10位的卸货港则更替频繁。尽管广州港外贸卸货港非均衡发展的程度有所弱化，但是依然处在非均衡程度较高的水平。首位卸货港一枝独秀，中等位序卸货港位序变动程度较大，从而显示了广州港外贸卸货港的非均衡性和不稳定性。

广州港外贸卸货港属于极强的位序规模分布，外贸卸货港体系具有如下特征。其一，广州港外贸卸货港有较高的首位度。香港港是广州港外贸卸货港的首位港口，在广州港对外贸易运输中占据较高的地位。2005年，香港港占广州港外贸卸货总量的47.37%，2008年占44.34%，2011年占51.84%，2012年占42.64%，虽然不同年份所占的比例有所波动，但是整体上在40%以上。广州港在对外经济辐射中对香港有较高的依存度。其二，广州港外贸卸货港的捷夫指数大于2，属于一种极强的位序规模分布。这表明广州港外贸卸货量主要集中在高位序港口，中低位序港口的外贸卸货量所占的比重极低。其三，从广州港外贸卸货港的空间分布状况来看，广州港外贸卸货港主要分布在东南亚、东亚、红海沿岸、几内亚湾、地中海以及北美洲和中美洲等区域，其中分布在非洲西海岸的多数港口发展迅速。其四，从外贸卸货港的变化趋势来看，外贸卸货港逐步从极强位序规模分布向强位序规模分布演变，首位卸货港和低位序卸货港迅速发育。从总体上来看，广州港外贸卸货港逐步从集中走向分散，这意味着在广州港的对外贸易联系中，原有的中低位序港口迅速发育，这对于广州港作为国际大港而言，是一种利好的地理指标。

第四节　广州的港口服务业发展与特征分析

一　港口服务业的概念与构成

港口服务业是指为港口、航运服务的私人或公共行业和部门，由众多的商业活动（公司）集合组成。主要包括三大类：第一类是为在港的船舶和船员提供货物和服务的公司，包括杂货零售商、船具商、海运设备供应商、船舶漆供应商、酒吧、海员旅店等；第二类是与货物的实物移动直接相关的部门，包括装卸公司、货物重量检验所、搬运商、货物处理设备供应商；第三类是组织和安排船和货物移动的公司，这一类构成了港口服务业的最主要的部分，包括轮船公司和代理、转运公司、报关行、海上保险及代理等。斯莱克（Slack，1989）教授通过问卷调查判断哪些行业与海运活动的相关比例超过50%，从蒙特利尔港口名录中剥离出了港口服务业的29个核心部门（见表6-4-1）。

表6-4-1　蒙特利尔港口服务业核心部门

货物检验	叉式升运机卡车公司	轮船代理商	海运检验
杂货零售商	货代	轮船经纪商	港口建筑师
化学制品公司	船舶漆供应商	轮船公司	船绳公司
货物分捡部门	办公用品供应商	船舶承包商	铁路公司
报关行	水上设备供应商	海上保险	搬运商
打捞公司	航海辅助设备供应商	核秤部门	防水油布商
电器修理公司	货物处理设备供应商	谷物经营商	出租汽车公司
进口商			

资料来源：Brian Slack, *The Port Service Industry in an Environment of Change*, 1989。

从我国实际情况来看，并未专门出版《港口企业名录》，本研究主要依托电话号码簿（黄页）、工商企业名录等资料进行。根据广州市电话号码簿（黄页），有海关、港务、船务、集装箱运输、装卸搬运等22类可归为港口服务业（见表6-4-2）。按照各类服务活动与港口及航运关系的密切程度，以及自身的性质和特征，可将这22类港口服务活动大致分为三大类。

表6-4-2　广州市主要港口服务业部门

海关	港务	水上运输（驳运、拖运）	集装箱
边检	船务	救助打捞	报关行
出入境检验检疫	船舶	搬运装卸	储运、仓储
港监海监	外轮	海运	运输、货运
航运	客（货）轮	远洋	
航务	仓码、码头	外运	

基础型港口服务业。这类港口服务业本质上属于国家派出机构，其设置是为了保护国家的正当利益和维持社会经济活动的正常运行。这类港口服务业主要包括海关、口岸边检、出入境检验检疫、港监海监等。

核心型港口服务业。这主要是指为组织、安排船和货物移动，以及为船舶和船员提供相关服务的部门。这类活动是港口服务业的核心部分，主要包括航运、航务、港务、船务、外轮、客（货）轮、船舶、仓码、水上运输（驳运、拖运）、搬运装卸、救助打捞等11类。

拓展型港口服务业。主要指围绕港口和航运活动，提供相关服务和支持的服务部门，在港口物流日益发展的情况下，这类港口服务业往往与物流业相结合。主要包括海运、远洋、外运、报关行、集装箱运输、储运仓储、运输货运等7类。

二　广州的港口服务业发展

（一）古代港口服务业的缓慢演化

早在唐代，广州便开始设立管理海外交通和海外贸易的专门机构——市舶使，是我国最早设立市舶管理机构的城市，其主要职责包括加强海外交通的管理、征收关税、处理对外贸易事务等。

宋朝灭南汉后，即在广州设市舶司，是设市舶司最早的一个港口。市舶司的职责主要包括检验、保管、征税、签证、采购和保护外商等方面。

宋朝政府对海外进口的舶货管理和运送都非常重视，在首都开封设立榷易局、榷货务等机构，另还设香药库以储藏皇室自用之香药。

明代广州市舶司曾在海禁时被废止，新恢复设置后，为方便日益增多的贡使和蕃商，在广州增设怀远驿（今十八甫路），为招待贡使和蕃商之用。永乐年间，在市舶司下设牙行，凡蕃舶抵港后，都要通过牙行报官，经官方抽份后方准贸易。牙行之职掌是评估货价、介绍买卖，在买卖中充当中介人。隆庆、万历年间，随着沿海对外贸易的不断发展，牙行组织不断扩大，出现了三十六行的组织，基本垄断了对外贸易行业。

清朝在广州设立粤海关，主持对外贸易和征收关税。按清政府的规定，外商必须通过牙行开展商务活动，清朝十三行商就是由官方指定管理蕃商贸易业务的牙商。十三行是清朝对外贸易的垄断组织，主要作用包括：包销外商商品，代缴关税和各种规银，代替外商购买各种出口物资，以及传达政令和办理交涉事宜等，由外洋行、本港行、福潮行等3种商业机构组成。乾隆十年创设了以行商保外商的制度，外商抵达广州经商时，必须找保商担保。为了保护自身的利益，康熙五十九年，行商中出现了公行的组织，共同规定进出口货价和加强对外商的约束。十三行商在承接对外贸易业务时，设商馆（夷馆）以接待外商，商馆为外商居停之所，相当于现在的贸易办事处（见表6-4-3）。

表6-4-3 古代广州主要港口服务业及其职能

朝代	主要港口服务业类型	主要职能
唐代	市舶使	加强海外交通的管理；征收关税；处理对外贸易事务等
宋代	市舶司	检验、保管、征税、签证、采购和保护外商等
明代	市舶司	前期为朝贡贸易服务，隆庆以后，转为负责市舶管理
明代	牙行	官设机构，负责报官，评估货价、介绍买卖
明代	怀远驿	招待贡使和蕃商之用
清代	粤海关	主持对外贸易和征收关税
清代	牙行、行商、保商、公行	包销外商商品；代缴关税和规银；代替外商采购；监督外商；以及传达政令和办理交涉事宜等
清代	商馆（夷馆）	相当于现在的贸易办事处

资料来源：据《广州港史》（古代部分）和《广东航运史》（古代部分）整理。

由此可见，在古代，广州港作为最具影响力的对外贸易港之一，港口服务业不管是在萌芽，还是在演化方面，都要领先于国内其他港口。但从主要的港口服务业类型来考察，经过漫长历史时期的缓慢演化，其港口服务业种类仍十分有限。从行业性质来看，绝大部分港口服务业均为官设机构，尽管清朝的牙商具有明显的商业性质，但仍被赋予较多的官方职能。

（二）近代港口服务业的曲折发展

第一次鸦片战争前，广州港进出口贸易的实际经营权完全由公行掌握。第一次鸦片战争后，公行制度被迫废除，广州港进出口贸易的实际经营权和具体业务即逐为外国在穗的洋行所控制。外国侵略者还在广州地区开办轮船公司，设立银行，以从贸易运输、金融外汇等方面加强对广州港进出口贸易的操纵。

第二次鸦片战争期间，不平等条约的签订进一步洞开了中国海关的大门。1859年，英国组构广州海关，并任命英国人为海关税务司。西方资本主义国家凭借其所攫取的沿海及内河航行权，纷纷在中国投办航运业。如英国的太古公司、怡和公司亦先后兼办中国沿海和长江的航运，而且在相当长时间内左右了广州地区的航运业。

两次鸦片战争之后，西方资本主义国家凭借种种特权，加强了对广州地区的资本输入。交通运输业方面的资本输入，主要突出表现在投资开办轮船公司上。其中，省港澳轮船公司（香港）在广州设有支店，这是当时外国人经营香港至广州航线最大的轮船公司；伦敦中国航业公司以广州港为起讫点的航线有4条；而印度中国航业公司以广州为起讫点的航线有3条。另外，在洋务运动期间，国内出现了官督商办的轮船招商局，并在广州设立分局。

甲午战争后，帝国主义列强对广州航运权展开了剧烈的争夺，珠江内河及广州港的航行权丧失殆尽。日本在广州的航运势力扩张最为明显，其中以日清轮船公司和大阪商船公司为主要代表。与此同时，帝国主义列强加紧以外贸为重点的经济侵略，表现为老洋行进一步扩充，新洋行纷纷设立，在沙面比较著名的洋行有十三间，号称外资"十三行"（有别于鸦片战争前的华资"十三行"）。

第一次世界大战前后，西方帝国主义列强对广州港口及航运业的控制出现了一定程度的松弛，广州本地港航业得到了短暂的发展，新兴的航运业如雨后春笋。其中，粤海（航运）公司的创办，标志着旧中国广州港民用新兴航运力量的产生。另外，比较著名的还有广兴轮船公司。但战后，帝国主义列强便重新加紧对广州港的控制。美国在广州增设了新洋行——慎昌洋行广州分行，日本在战后与广州港直接建立业务关系的航运公司主要是大阪、日清两家大航商，英国在战后也接二连三地在沙面增设洋行，以加强对广州港进出口贸易的控制。

省港大罢工至抗战前，广州的港口服务行业有所发展。在省港大罢工前，旧中国海关税务司概用英国人。罢工期间，罢工委员会与广州四商会联合组成了工商检验货物处。1926年，广州建立起旧中国第一个由中国人自己创办和管理的港口卫生检疫机构——广州海港检疫所。陈济棠统治期间，政府当局还专门在广州沙面设立生丝检查所。1932年，广东省政当局"收回"了粤海关理船厅，成立了广东全省港务管理局，从被外国人控制的粤海关理船厅"收回"了部分权利。

广州沦陷后的抗日战争时期，日军筹组广东民船总公所，开展日伪控制下的民间航运。同时，日军当局还组织企业直接从事水上运输，在其操控下组建的航运公司有荣进、海安、利群等。抗战胜利之初，广州的民营轮运业出现了短暂的繁荣，粤海航业股份有限公司和中兴船务行等港航企业有所发展。但解放战争时期，广州港民营港航业的处境重陷艰难（见表6-4-4）。

表6-4-4　近代广州殖民性港口服务业的发展

时期	主要港口服务业	主要代表或公司
第一次鸦片战争前后	公行、洋行、轮船公司、引水业务	—
第二次鸦片战争期间	广州海关、航运业	海关税务司（英国）、太古公司、怡和公司
两次鸦片战争后	银行	英国的丽如、汇隆、有利、呵加剌、麦加利、汇丰、渣打、大英等银行；法国的法兰西和中法实业银行；美国的万国保通银行；德国的德华银行；日本横滨正金银行
	轮船公司	旗昌轮船公司、省港澳轮船公司、伦敦中国航业公司和印度中国航业公司
甲午战争后	航运公司、洋行	日清轮船公司、大阪商船公司、十三行、轮船招商局广州分局
第一次世界大战前后	民营港航业、洋行、航运公司	粤海航运公司、广兴轮船公司、慎昌洋行广州分行、德士古火油公司、日本南国公司

续表

时期	主要港口服务业	主要代表或公司
省港大罢工至抗战前	自主型港口服务业	工商检验货物处、广州海港检疫所、生丝检查所、广东全省港务管理局
沦陷后的抗日战争时期	日伪控制下的民间航运、民营轮运业	广东民船总公所、荣进、海安、利群航运公司、广州内河营运组合、广州航业同业组合、粤海航业股份有限公司、中兴船务行

资料来源：据《广州港史》（近代部分）和《广东航运史》（近代部分）整理；另因为大部分外国银行为随着广州市港口贸易的扩张而发展，并体现出为港口贸易服务的特征，故在此作为港口服务业分析。

综上所述，近代广州市港口服务业发展具有鲜明的殖民特色。大部分时期，均由外国殖民势力主导着广州市港口服务业的发展，仅在第一次世界大战前后、省港大罢工至抗战前和抗战胜利之初这3个时段内的部分时间，广州市的民营航运业和港口服务业得到一定的发展。很明显，近代殖民性的港航业压抑了广州民营港航业的发展，但与此同时，其却对广州市港口服务业的整体演化和发展产生了一定的积极影响。从港口服务业类型来看，其专门化的程度相对古代而言明显地得到了提升，港务管理局、轮船公司、航运公司和船务公司等港口服务部门相继出现，并得到较大的发展。总的来看，相对于古代而言，近代广州市港口服务业的整体规模明显扩大，服务部门明显增多，专门化程度不断提高。

（三）现代港口服务业的发展

广州市港口服务业具有悠久的发展演化历史，其现代港口服务业较之历史时期的港口服务业，无论是从业务类型，还是从行业规模来看，都有非常显著的发展。参考1996年和2000年广州市电话号码簿，其统计的行业分类基本类似，而2005年广州市电话号码簿（广州大黄页），在各行业的分类统计中，相对1996年和2000年而言具有明显的变化。在2005年的黄页统计中，物流成为关注的焦点和统计分类的依据，物流中的集装箱运输、报关业的大部分，国际货运代理中的相当一部分，以及货运、仓储中的小部分，均属于港口服务行业之列。参考1996年和2000年电话号码簿的统计口径，对2005年统计资料进行整理与重新归类，即可与1996年和2000年的情况进行比较。

在新中国成立后的相当长一段时期，广州港一直处于缓慢稳定的发展状态，港口服务业也得到了一定的发展，在经历了 20 世纪 80 年代末 90 年代初的波动增长期后，广州港在 20 世纪 90 年代中期进入了快速发展时期。相应地，20 世纪 90 年代中期的广州市港口服务业已颇具规模，1996 年，广州地区电话号码簿所登记的港口服务业公司已达 344 家。2000 年，所记录的港口服务业公司为 413 家，年均增长 4.68%；而到 2005 年，港口服务公司数目快速增长到 729 家，年均增长率高达 12.04%。从整体来看，广州市港口服务业在 20 世纪末 21 世纪初进入了快速发展期（见表 6-4-5）。

表 6-4-5　广州市现代港口服务业发展

	1996 年	2000 年	2005 年		1996 年	2000 年	2005 年
海关	13	12	22	仓码、码头	4	14	31
边检	6	6	16	水上运输（驳运、拖运）	14	14	16
出入境检验检疫	18	18	26	救助、打捞	3	4	5
港监、海监	6	7	6	搬运、装卸	11	11	12
航运	32	40	53	海运	10	21	24
航务	9	9	20	远洋	10	10	14
港务	40	41	47	外运	14	15	19
船务	46	53	111	集装箱	22	28	39
船舶	19	27	74	报关行	9	13	44
外轮	4	3	8	储运、仓储	19	22	33
客（货）轮	10	7	15	运输、货运	25	38	94
合计	344	413	729				

由于不同类型的港口服务业，其性质和作用不同，因此，港口服务业的发展在内部不同类型之间表现出较大的差异性。从公司增长的数量来看，基础型港口服务业的发展比较稳定，增长较少，9 年期间总共增加 27 个；而核心型港口服务业的发展则相当明显，2000 年相对 1966 年增加 31 个，占增加总数的 44.93%，2005 年相对 2000 年增加 169 个，占增加总数的 53.48%；拓展型港口服务业的发展也比较明显，前后两个时段公司数分别增加了 38 和 120 个，分别占增加总数的 55.07% 和 37.97%。从增长速度来看，基础型港口服务业发展较为稳定，2000 年所记录的单位与 1996 年相同，并无增减，而 2005 年相对 2000 年，年均增长为 10.24%；核心型港口服务业在研究时段内表现出明显的增长，1996~2000 年的年均增长速度为 3.81%，2000~2005 年的发展则更为迅猛，年均增长速度为

11.94%；拓展型港口服务业的发展则因港口对物流的介入而更为明显，年均增长速度分别为 7.76% 和 12.68%（见表 6-4-6）。

表 6-4-6　港口服务业的内部差异性发展

	1996 年	2000 年			2005 年		
	公司数（个）	公司数（个）	增加数（个）	年均增长（%）	公司数（个）	增加数（个）	年均增长（%）
基础型	43	43	0	0	70	27	10.24
核心型	192	223	31	3.81	392	169	11.94
拓展型	109	147	38	7.76	267	120	12.68
合计	344	413	69	—	729	316	—

由此可见，港口服务业发展的内部差异性相当明显。基础型港口服务业的发展相对平缓、稳定，核心型港口服务业呈现快速发展的态势，特别是进入 21 世纪后的发展更为迅速，拓展型港口服务业的发展也比较明显，尽管采取保守的估计，其所表现的速度也相当可观，而实际上与港口活动相关的拓展型港口服务业的发展更为迅猛。

历史视角的考察表明，广州市港口服务业发展演化遵循着一定的规律。最初仅限于基础型港口服务业（即官方机构），随着港口服务业的缓慢演化，在基础型港口服务业内逐步出现核心型港口服务业的分化，随后核心型港口服务业逐渐发展成为港口服务业的主体。在进入现代物流时代后，港口物流逐步得到发展，拓展型港口服务业不断得到充实（见图 6-4-1）。

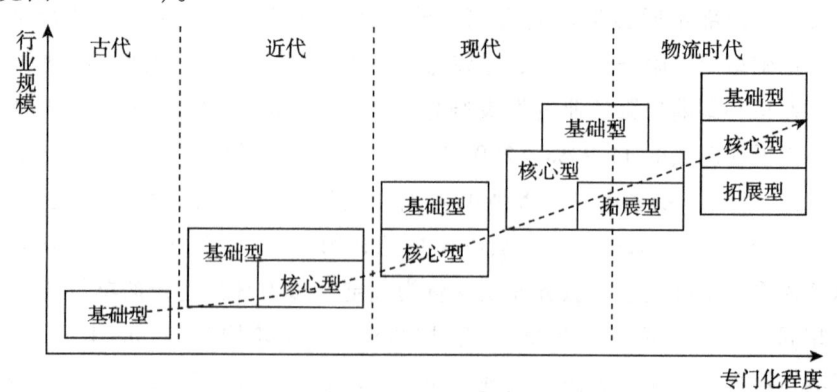

图 6-4-1　港口服务业的发展演化模式

三 港口服务业的业务联系特征

港口服务业公司的经营范围往往比较广,涉及多重业务类型。而公司在扩展业务类型时,往往根据各种业务之间联系的强弱程度进行。因为业务联系越紧密,意味着其对业务越熟悉,其面临的拓展成本和风险也就较低,因此往往最先考虑向自己熟悉和有紧密业务联系的领域进行业务扩展。通过对广州港集团和一些港口服务业公司的访谈,结合对电话号码簿中公司经营范围的考察,分析各部门公司经营范围的相互拓展,即可发掘港口服务业的业务联系。

(一)"双核型"的内部业务联系

船务和港务在整个港口服务业中处于核心地位,构成行业内部的"双核",与其他港口服务业部门的业务联系最为紧密。船务与报关行、客货轮、外轮、远洋、海运、外运和港务等部门均有密切的业务联系,港务则与航运、航务、仓码头、搬运装卸和船务等的业务联系较为密切,而船舶和救助打捞则处于相对独立的地位,与其他部门的业务联系相对较弱。具体从各个部门之间业务联系的强度来看,以船务与客(货)轮、外轮,港务与仓码头、搬运装卸两组部门之间的业务联系最为紧密;其次是港务与航运、航务之间,以及船务与报关行之间的业务联系也比较紧密;再次就是船务与远洋、海运、外运之间,以及港务与船务之间的业务联系。

由此可见,在港口服务业内部,涉及船货行程安排和运动的公司间的联系强度最大。港口服务业内部联系结构图表明,船务和港务在港口服务业的发展中具有特别重要的地位。它们(特别是港务)与该行业的许多分支机构和部门有日常联系。在某些情况下,这些联系往往导致形成了常规的商业权属关系,主要的业内经营者往往都是从港务 - 船务这一商业群中发展而来的。例如,广州第一个航行沿海、近洋的地方船队——广州船务企业(股份)有限公司,便是由广州港务局与广州远洋公司合作组建的。又如,广州联合运输总公司也是由港务局与铁路局、海运局、航运局等单位联合组建的,其主要业务范围包括:与上海联合开办穗沪货运班轮,与京广铁路沿线各中心城市开展集装箱联运,与香港协调航空公司组建"中协"航运联运(国际)有限公司等。

港口服务业内部业务联系的结构分析表明,港口服务业的内部并非均一的，特别是专门化的船舶物资服务和救助打捞服务明显地保持着相当程度的独立性。而为组织船舶和货物移动服务的船务、港务、码头搬运装卸，以及报关等活动则表现出明显的相互依赖（见图6-4-2）。

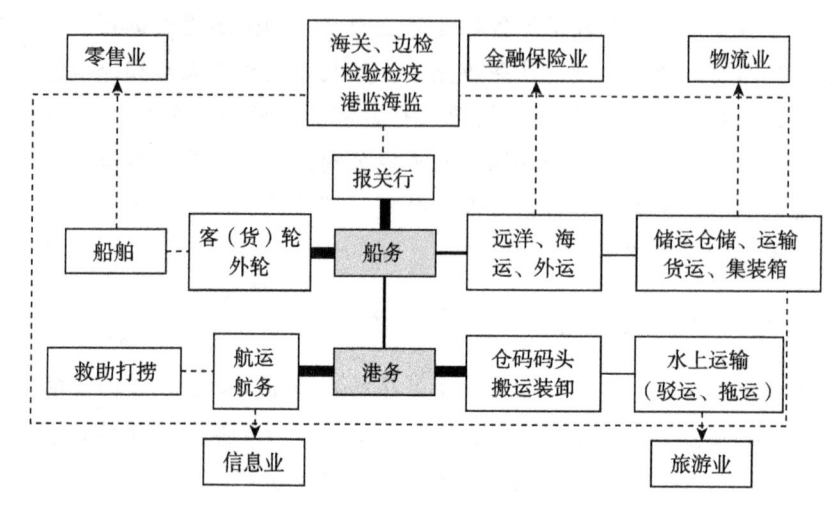

图6-4-2　港口服务业的业务联系特征

资料来源：根据Slack（1988）修改制作。

（二）"多维度"的外部业务联系

由于港口服务业属于流通性服务业，因此其除了在港口内部形成固有的业务联系结构外，往往与社会经济的其他部门之间也形成了错综复杂的关系。这些主要体现在港口服务业与物流业、金融保险业、信息通信业、零售业，甚至旅游业等行业所产生的业务联系上。首先，远洋、海运和外运往往需要提供保险、转账、网上支付等服务，因此也就需要金融服务业的相应支持，海上保险业务以及其他与航运相关的金融活动，即是港口服务业与金融保险业相结合的结果。其次，船舶零配件及物资服务部门专门提供船舶物资、船舶设备等服务，具有零售商业的性质，但从其服务对象和所起作用来看，仍属于港口服务业的范畴，船舶零配件及物资服务部门往往在其他零售业领域内拓展了其业务，因此也就促进了港口服务业与零售业在一定程度上的结合。再次，储运仓储、运输货运、集装箱等拓展型港口服务业，是港口在港口物流时代，港口服务业向物流领域拓展的结果，其发展本身就体现了港口服务业与物流服务行业的结合。最后，在水上运输中，客运及轮渡也是港口服务业的业务内容之一，在旅游业日益发展的今天，水上运输都纷纷向客运和轮渡注入了新的内容，从而逐步丰富了其旅游活动的内涵。还有，在航运日益规模化、船舶日益大型化和操作日益自动化的今天，引航、船舶货物装卸和堆场管理等港航活动，都需要先进通信设备和通信技术的支持，信息通信已成为港口服务业中不可缺少的内容，这在保障港航活动得以正常进行的同时，也在一定程度上促进了信息通信技术的发展和运用，实现了港口服务业与信息通信业的良好结合。

由此可见，港口服务业不仅在内部形成了特有的业务联系结构，同时由于其流通性服务业的性质，也与社会经济的许多其他部门和行业形成了错综复杂的外部业务联系，而且其内涵不断得到丰富和发展。

四 港口服务业的空间分布特征

（一）港口服务业空间分布的整体特征

1. 总体具有珠江指向性特征

广州市港口服务业空间分布总体上具有珠江指向性特征，但在一定程度上已呈现分散化趋势。从1996年和2005年广州市港口服务业的空间分布情况来看，港口服务业非常明显地集中分布在芳村、荔湾、越秀、东山、海珠、天河、黄埔等区珠江沿岸的狭长地带，在整个市域范围内具有珠江指向性的特征。具体来看，1996年，该区域内分布的公司数量为272个，占总量的90.67%，2005年，该区域的公司数量为455个，占总量的75.58%。从2005年与1996年港口服务业空间分布的对比情况来看，尽管这种珠江指向性的空间结构仍然得以保持，但番禺、增城等外围地区港口服务业公司数量明显增长，其中以番禺的增长最为明显，由1996年的11家增长到2005年的82家，这表明广州市港口服务业空间分布总体上呈现一定的分散化趋势（见图6-4-3、图6-4-4）。

2. 相对稳定的集聚空间与高频率的空间迁移

港口服务业空间集聚与"扎堆"现象十分明显。从较"宏观"的角度考虑，港口服务业往往在某个街区或特殊区域成"斑"成"块"分布，形成明显的块状集聚。广州市港口服务业的空间分布形成了沿江中-沿江东、滨江中-滨江东、环市东、天河北、黄埔老港等10个主要集中斑块。根据集聚斑块的区位可以分为两类，一类是临近港口码头和滨水区的斑块，如黄埔老港等，另一类是位于城市商务中心或次中心的斑块，如环市东、天河北，其中第一类占明显优势。

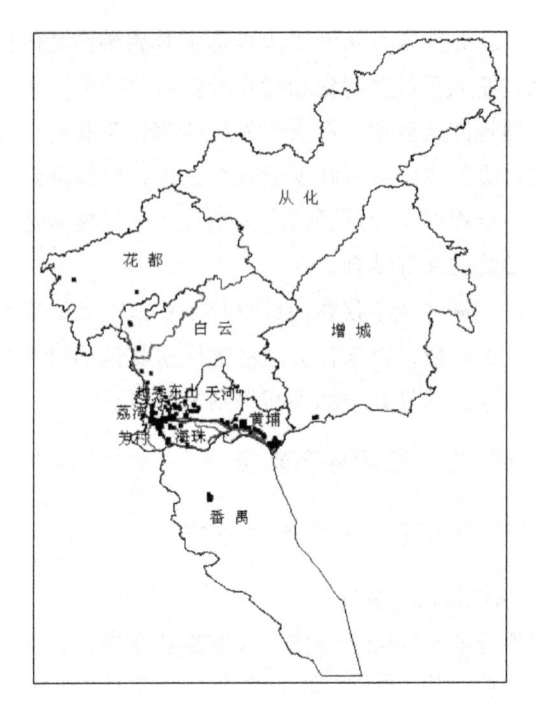

图6-4-3　1996年广州市港口服务业空间分布

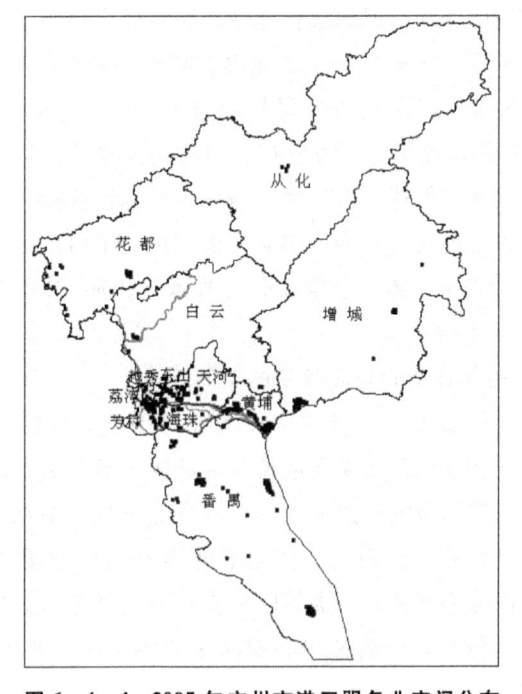

图6-4-4　2005年广州市港口服务业空间分布

从较"微观"的角度考察，港口服务业往往沿城市交通性和生活性主干道集中分布，形成典型的线状集聚。广州市港口服务业在滨江西路、同福西路、革新路、滨江中路、沿江中路、八旗二马路、长堤大马路、环市东路、黄埔大道西、体育东路、天河北路、港前路、港湾路、海员路、东江大道、新港路等道路的分布较为集中。1996年和2005年，在16条道路上分布的企业数分别为157和199个，分别占总量的45.6%和27.3%。其中又以港前路和港湾路上的港口服务业分布最为集中，两者合计分别为57和64个，分别占总数的16.57%和8.78%。尽管这些道路所占比重有下降的趋势，但线状集聚现象仍十分明显（见图6-4-5、图6-4-6）。

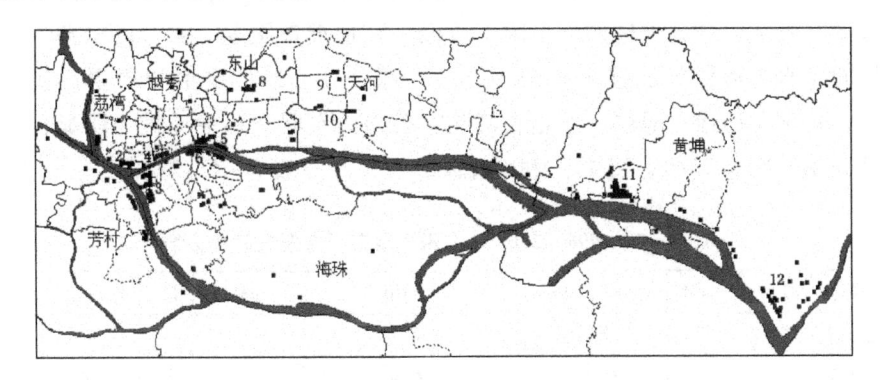

图6-4-5　1996年广州市核心地带港口服务业空间分布

注：主要集聚斑块对应关系为：1—黄沙；2—沙面；3—洲头咀-革新路；4—沿江西；5—沿江中-沿江东；6—滨江中-滨江东；7—江南西-江南大道中；8—环市东；9—天河北-体育东；10—黄埔大道西；11—黄埔老港；12—黄埔新港。

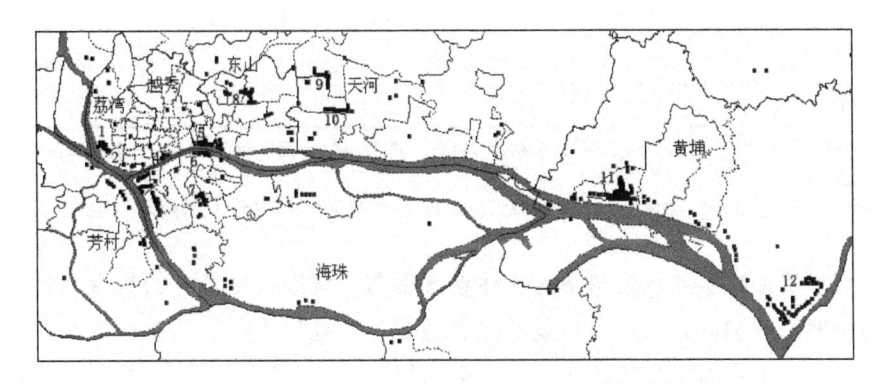

图6-4-6　2005年广州市核心地带港口服务业空间分布

注：主要集聚斑块对应关系为：1—黄沙；2—沙面；3—洲头咀-革新路；4—沿江西；5—沿江中-沿江东；6—滨江中-滨江东；7—江南西-江南大道中；8—环市东；9—天河北-体育东；10—黄埔大道西；11—黄埔老港；12—黄埔新港。

从更"微观"的角度考察，可以发现港口服务业在某"点"上集聚分布的现象也比较明显，即集聚在同一写字楼里。在这种情况下，往往在这"点"存在一个规模较大的港口服务业公司，在其本身拥有较多分公司的同时，也吸引了其他相关港口服务业的进驻。如八旗二马路广东航运大厦的广东省航运集团有限公司和黄埔西路的广东省远洋运输有限公司。

港口服务业公司在空间上具有较高的迁移频率，即频繁地变更公司的办公地址。1996~2005年，在125个公司中有51家发生迁移，迁移率为40.80%。海关、口岸边检等属于国家派出机构的港口服务业部门，其因行政意味较强而办公地址的变更频率较低。其他港口服务业类型除港务、客货轮、水上运输等迁移频率较小外，大部分办公地址变更的频率都比较高。特别是海运、船舶、外轮和集装箱公司的空间迁移情况最为明显，迁移频率分别为75%、75%、100%和85.71%（见表6-4-7）。

表6-4-7　1996~2005年广州市港口服务业空间迁移情况

类型	迁移数（个）	迁移率（%）	类型	迁移数（个）	迁移率（%）
报关行	2	33.33	远洋	2	40.00
海运	3	75.00	外轮	2	100.00
航运	7	33.33	客（货）轮	1	12.50
航务	2	33.33	外运	4	50.00
港务	5	17.86	集装箱	6	85.71
船务	10	71.43	仓码、码头	1	50.00
船舶	3	75.00	水上运输（驳运、拖运）	3	30.00
合计	51	40.80			

注：迁移率=(迁移公司数/旧公司数)×100%；旧公司数=起始年份公司数-期末减少的公司数。

资料来源：根据《广州市电话号码簿》(1996)、《广州大黄页》(2005)整理（下同）。

尽管港口服务业公司空间迁移频率很高，但港口服务业的集聚空间在所考察的时期内，表现出明显的位置稳定性。港口服务业的空间迁移，往往是从一个空间聚集区迁往另一个空间聚集区。前述主要港口服务业集中"斑块"，并未由于公司的频繁迁移而出现明显衰退或消亡的现象，这说明港口服务业空间集聚区具有明显的区位恒定性，其办公地址的变更往往只是内部的再区位和调整，港口服务业的集聚现象和集聚空间并未发生根本的改变。

（二）不同类型港口服务业的空间分布特征

港口服务业内部不同部门之间空间分布特征存在着明显的差异。总体来看，各类港口服务业均相对较为集中分布在内港区和黄埔港区，2005年，南沙港区各类港口服务业虽然明显增多，其中以航运、航务、外轮和仓码的增长最为明显，但其所占比重仍较小，仅有船务、外轮、海运、远洋等少数港口服务业部门在城市CBD进行选址布局。具体来看，1996年，航运、航务和客货轮明显集中分布于内港区，分别占总量的86.49%、62.50%和84.62%，其中航务有25%分布在城市CBD；港务、船舶、仓码、水上运输（驳运、拖运）、外运和集装箱集中分布在内港区和黄埔港区；船务和海运集中分布在内港区和城市CBD；而外轮和远洋则明显集中分布在黄埔港区和城市CBD；仅有救助打捞在南沙港区有相对较为集中的分布。2005年，客货轮和水上运输在内港区的分布占绝对优势，分别占78.57%和80.95%；港务、船务、船舶等部门明显集中分布于内港区和黄埔港区；远洋、外运和集装箱明显集中分布于黄埔港区和城市CBD；航运和海运相对集中分布于内港区和城市CBD；外轮和仓码相对集中分布在黄埔港区和南沙港区；航务和救助打捞则相对较为集中地分布在内港区和南沙港区；而报关行相对其他部门而言，除了城市CBD外，在其他港区有较为均匀的分布（见表6-4-8）。

表6-4-8　广州市不同类型港口服务业空间分布情况

	1996年				2005年			
	内港区	黄埔港区	南沙港区	城市CBD	内港区	黄埔港区	南沙港区	城市CBD
航运	32	2	2	1	18	7	9	12
航务	5	1	0	2	6	1	5	0
港务	10	13	1	0	13	18	7	2
船务	21	15	0	16	31	31	11	23
船舶	4	5	0	3	33	18	6	6
外轮	1	4	0	2	1	3	2	1
客（货）轮	11	1	1	0	11	1	2	0
仓码、码头	1	3	0	0	2	10	10	0

续表

	1996 年				2005 年			
	内港区	黄埔港区	南沙港区	城市CBD	内港区	黄埔港区	南沙港区	城市CBD
水上运输（驳运、拖运）	15	5	1	0	17	3	1	0
救助打捞	2	0	1	0	3	0	2	1
搬运装卸	2	3	2	0	2	2	1	0
海运	7	1	0	3	13	4	1	6
远洋	1	5	0	4	4	5	0	6
外运	7	8	0	1	3	10	1	5
集装箱	6	9	1	5	7	16	2	9
报关行	2	5	0	3	8	16	8	4

注：内港区包括海珠、越秀、荔湾、海珠、芳村、东山、白云区的沿江部分；黄埔港区包括天河员村码头附近地区和黄埔区；城市 CBD 则指环市东路和天河北及其附近地区（下同）。

（三）港口服务业空间分布格局的演化

广州港口服务业空间格局正处于重构之中，表现为向外港区和城市 CBD 集聚的趋势，番禺区和城市 CBD 布局的港口服务业增长要明显快于内港区和黄埔港区，所占比重明显增加，而内港区和黄埔区的港口服务业虽然也有所发展，但所占比重却有所下降。从港口服务业在各"斑块"的分布情况来看，沙面和沿江西两个"斑块"所分布公司的数量有所减少；黄沙、洲头咀－革新路、沿江中－沿江东、滨江中－滨江东等"斑块"所分布的公司数量没发生多大变化；而其他"斑块"则都呈现了明显的增长。从港口服务业在各港区的分布来看，内港区公司由 1996 年的 164 家增长到 2005 年的 187 家，所占比重由 1996 年的 51.25% 下降到 36.52%；黄埔港区公司由 1996 年的 108 家增长到 2005 年的 159 家，所占比重也由 33.75% 下降到 31.05%；番禺区港口服务业的数量增长明显要快于内港区和黄埔港区，公司由 1996 年的 11 家增长到 2005 年的 82 家，所占比重由 3.44% 上升到 16.02%；另外，城市 CBD 的港口服务业公司也明显增加，由 37 家发展到 84 家，所占比重相应地由 11.56% 上升到 16.41%（见表 6-4-9）。

表6-4-9　广州市港口服务业空间分布整体格局的演变

单位：个

	1996年	2005年		1996年	2005年
黄沙	10	12	天河北-体育东	4	19
沙面	9	4	黄埔大道西	7	15
沿江西	13	6	黄埔老港	60	87
洲头咀-革新路	28	28	黄埔新港	27	49
沿江中-沿江东	29	28	新塘镇	3	22
滨江中-滨江东	16	14	市桥	11	20
江南西-江南大道中	7	13	石楼镇	—	17
环市东	16	30	南沙港区	—	27
内港区	164	187	黄埔港区	108	159
番禺区	11	82	城市CBD	37	84

（四）港口服务业空间分布的区位因素

港口活动。港口服务业是围绕港口活动衍生的服务业综合体，因此港口活动的组织和发生场所也就成为所有港口服务业在做区位决策时所必须首要考虑的区位因素。港口活动对海关、边检、港务、搬运装卸等与船舶、货物移动联系较强的港口服务业类型具有决定性的影响，从而形成港口码头型港口服务业区位。在港口服务业空间分布所形成的集聚"斑块"中，有相当一部分是围绕着港口码头形成和布局的，如革新路-工业大道北、黄沙、黄埔老港、黄埔新港等。

城市商务活动。港口服务业与城市其他商务活动有着复杂的业务联系和关联，因此在空间选址和布局时，城市其他商务活动特别是城市中心商务区也就成为其所必须考虑的重要区位因素。对航运、海运、远洋、外运等与城市其他商务活动具有密切业务联系的港口服务业而言，港口活动并非其空间布局的决定性因素，而与其他商务活动的联系以及良好的信息资源的获取显得更为重要，因此其往往选择城市中心商务区进行布局，形成城市商务型港口服务业区位，如环市东、天河北-体育东斑块就属于这种区位类型。

办公场所租金。港口服务业公司的规模通常较小，并无雄厚的资金基础，租金在其经营成本中占有较大比重，面对激烈的竞争环境，减少企业运营费用显得极为重要，因此租金也就相应地成为港口服务业在做区位决策时所考虑的另一重要区位因素。但值得注意的是，公司的规模是影响这一区位因素发生作用的重要因子，对少数规模较大的港口服务业集团公司而言，其承租能力较强，租金并非关键性因素，在做区位决策时可选择城市中心商务区进行布局。

  各区位因素对不同性质的港口服务业公司具有不同意义，从而导致行为主体采取不同的区位决策行为。而且对于同一公司，影响其区位决策的区位因素也可能发生变化。如对外资公司而言，与其他商务活动的联系及其信息资源的获取更为重要，最初往往选择城市的商务中心进行布局。而在对当地市场熟悉之后，也有可能发生再区位的过程，如香港宝威船务有限公司广州办事处由环市东迁往东江大道（见图6-4-7）。

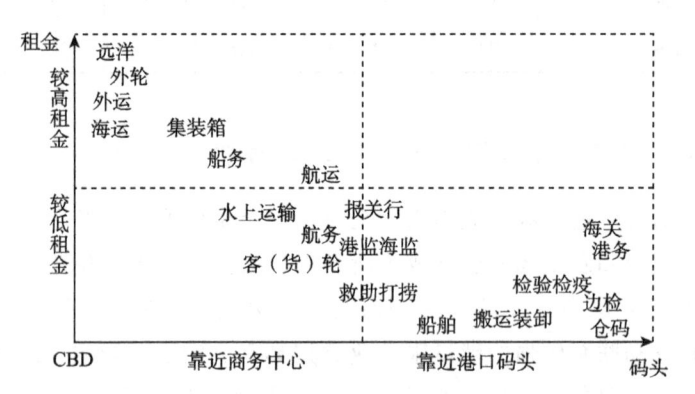

图6-4-7 不同港口服务业部门的区位选择行为

第七章　广州市港-城经济与空间关系分析

港市尺度的港-城关系是港口与城市在中观层面表现出的相互作用关系，体现的是单个港口城市层面港口与城市相互作用关系发展演化的规律特征。广州市作为2000多年来经久不衰的港口城市，港-城关系经历了漫长历史时期的发展演化，其内在规律性特征比较成熟而丰富。而广州市中观层面港-城关系发展演化的特征规律与模式，构成了宏观区域层面港-城关系发展演化的中观机制与基础。

第一节　港-城经济互动关系分析

一　分析方法与指标选取

（一）分析方法

就港口城市而言，港口作为所依托城市的物流子系统的进出口岸，其发展在很大程度上取决于城市经济尤其是外向型经济发展引致的运输需求。城市培育了港口，而港口一旦形成，便又成为其重要的基础设施，对城市经济发展产生强大的推动作用，这就是所谓的"城以港兴，港为城用"。港口发展与城市经济的关系一直是学术界的一个研究热点，其研究主要着眼于3个方面：①港口发展对城市经济的影响；②城市经济对港口发展的影响；③港口发展与城市经济的相互关系。但总的看来，第一方面的研究成果相对较多，后两个方面的研究成果则相对较少。由于港口发展与城市经济均为十分庞杂的系统，而两者的关系则更加复杂，因此给定量分析两者的关系带来较大的难度，但还是有不少的学者做了较好的尝试，取得了一定的研究成果。在借鉴前人研究的基础上，本文适当选取了一定的城市经济指标和港口经济指标，在系统分析广州港经济发展的基础上，借助相关分析与回归分析等定量分析方法，对广州港与广州城市经济发展的互动关系，从广州港对广州城市经济的影响和广州城市经济对广州港发展的反馈两个方面进行了系统的分析,旨在为广州的发展和建设提供一定的理论借鉴和依据。

目前普遍认为,研究两个复杂系统之间的关系,在数理分析上比较适合采用相关分析和回归分析相结合的方法。尽管相关系数只能表示数据间关联的密切程度和变化方向,无法反映其关联的机制,但对一复杂系统而言,由相关的数据抽象出系统的基本运作方向,相关分析仍然有效;而回归分析则能在相关分析的基础上进一步确定相关变量之间的数理关系。本节在科学选取指标的基础上,首先对城市经济指标和港口经济指标采取皮尔逊相关系数、双尾检验进行相关分析,再结合一定的因果分析选取相关程度较高的指标进一步进行回归分析,建立各相关指标间的回归模型。

(二) 指标选取

以如下4个原则作为选取分析指标的基础。①代表性:城市和港口是一个复杂的发展系统,所选指标应能反映这一系统的复杂性和丰富度,同时亦应对系统的发展过程和变化十分敏感,因此所选指标必须是同一类型指标中最有代表性的一个;②综合性:所选指标应能反映整个城市和港口系统的特征,要顾及系统各重要组分;③可操作性:所选各测度指标含义明确,信息集中,数据资料容易获得,计算方法简明易懂;④相关性:所选指标要能反映测度对象的客观情况,与测度对象无任何关系的指标不应被纳入测度指标体系中。依此4项原则,最终选取了如表7-1-1所示的18个城市经济指标和25个港口经济指标。

表7-1-1 城市经济指标与港口经济指标

一级指标		二级指标
城市经济指标	总体指标	国内生产总值(GDP) U_1
	产业指标	第一、第二、第三产业的国内生产总值(U_2、U_3、U_4)
	行业指标	工业 U_5、建筑业 U_6、交通运输与仓储邮电业 U_7、批发零售餐饮业 U_8、金融保险业 U_9 等的国内生产总值、体现交通运输业总体情况的货运量 U_{10}、货运周转量 U_{11}、水路货运量 U_{12}、体现零售业总体情况的社会消费品零售总额 U_{13}
	对外指标	外贸进出口总额 U_{14}、进口总额 U_{15}、出口总额 U_{16}、实际利用外资金额 U_{17}
	固定资产投资指标	全社会固定资产投资 U_{18}

续表

一级指标		二级指标
港口经济指标	总体指标	全港货物吞吐量 P_1、国际集装箱吞吐总量 P_2
	结构指标	内外贸吞吐量、进出口吞吐量（其中集装箱进出口吞吐量 P_3、P_4），内贸的沿海，内河吞吐量
	货类指标	煤炭及其制品 P_5、石油天然气 P_6、金属矿石 P_7、钢铁 P_8、矿建材料 P_9、水泥 P_{10}、木材 P_{11}、非金属矿石 P_{12}、化肥及农药 P_{13}、盐 P_{14}、粮食 P_{15}、机械设备电器 P_{16}、化工原料及制品 P_{17}、有色金属 P_{18}、轻工和医药产品 P_{19}、农林牧渔产品 P_{20}
	效率指标	船舶平均每艘次在港停时 P_{21}、装卸企业的全员劳动生产率 P_{22}
	财务指标	全局营运收入 P_{23}、全局实现利税 P_{24}、全局实现利润 P_{25}

广州港统计资料存在 3 种不同的统计口径：1987 年以前，广州港本港指现在广州港务局所属内港港区；1987 年以后，广州港本港指广州港港务局直属码头，广州港全港则指本港码头加货主码头。本书采用的是按 1987 年以后口径统计的全港（包括本港码头、货主码头）的数据，主要是考虑到一些厂矿的自备码头具有较大的吞吐量，减少这一部分将无法真实反映广州港的实际生产能力及其对广州市经济的实际影响程度。

通过对所选取的 18 个城市经济指标和 25 个港口经济指标的相关分析，得出各指标的相关矩阵。通过对相关矩阵的考察，并对指标间是否具有一定的因果关系进行适当的经验分析，最终筛选出具有较高相关程度的城市经济指标与港口经济指标（置信度 $\alpha > 0.05$，相关系数 $R > 0.7$）进行下一步分析（见表 7-1-2）。

表 7-1-2　广州港经济指标与广州城市经济指标的相关分析

城市指标	相关指标	港口指标	相关指标
U_1	P_1、P_2、P_{23}	P_1	U_1、U_3、U_5、U_6、U_{13}、U_{14}
U_3、U_5	P_1、P_2、$P_5 \sim P_9$、$P_{16} \sim P_{19}$	P_2	U_1、U_2、U_{14}、U_{17}
U_6	P_8、P_9	P_3	U_{15}、U_{17}
U_7	P_1、P_2	P_4	U_{16}、U_{17}
U_{14}	P_2、P_3、P_4	P_{22}	U_1、U_{18}
U_{17}	P_2、P_3、P_4	P_8	U_1、U_6
U_{13}	P_1、P_2	P_9	U_1、U_6

二 广州港对广州经济发展的影响

(一) 广州港对广州经济的直接贡献

所谓港口的直接经济贡献是指港口及相关产业对区域经济和国民经济的初始或第一轮影响。广州港作为广州交通运输行业的重要组成部分，是国民经济和地区经济的一部分，与其他行业一样，同样产生国内生产总值、国民收入，同时还产生就业机会、上缴国家和地方税收。广州港自建港以来，共完成固定资产投资290438.75万元，其运营收入、利润总额以及实现利润均呈现较快的增长态势，2000年全局运营收入达127615.3万元，实现利润总额2804.02万元。此外，港口服务业作为港口服务的核心部门，包括装卸、拖驳、堆存、配送等活动，其附加值、就业机会等也构成了港口贡献的最直接部分。

(二) 广州港对广州城市经济总量的影响

港口作为港口城市最重要的基础设施，在直接获得利润收入，为城市提供利税的同时，更重要的是通过产业、行业拉动城市经济的增长，从而为城市经济总量的增长带来巨大的间接贡献。港口发展对城市经济的间接贡献是一个难以衡量的灰色系统，为进一步描述港口对城市经济总量贡献的数理关系，对城市经济总量GDP（U_1）与港口吞吐量（P_1）、国际集装箱吞吐量（P_2）进行二元线性逐步回归分析，其最终的回归方程如式（1）。在逐步回归分析中，变量P_1被剔除，这在一定程度上说明广州港的国际集装箱吞吐量比港口吞吐量对城市经济更具拉动作用，更能反映城市经济总量的增长。回归模型说明集装箱吞吐量的变异能解释城市经济总量变异的97.6%，集装箱吞吐量每增长一个单位，则城市经济总量将增长2.543个单位。

$$U_1 = 1299450 + 2.543 \times P_2 \tag{1}$$

回归模型（1）的$R = 0.988$，$R^2 = 0.976$，在显著水平为5%时，$P = 0.00$，说明回归方程具有意义。$R^2 = 0.976$表明P_2变量可以解释U_1变量97.6%的变异性。

（三）广州港分货类吞吐量对广州市产业行业发展的影响

依托于广州港，广州形成了具有一定规模的港口工业企业，这类企业往往也是港口的重要客户。广州黄埔新港建成后，黄埔区依托黄埔港、黄埔新港，一直定位于港口和港口工业基地加以发展。经过20多年的发展，依托不同的港口资源，黄埔区已经形成了一批较大规模的工业企业，从而为黄埔区乃至整个广州市工业的发展做出了重要的贡献（见表7-1-3）。

表7-1-3　广州市的主要港口工业企业

工业企业	利用性质	工业企业	利用性质
广州石油化工总厂	利用河海运输条件	广州冶炼厂	运输条件
黄埔发电厂	岸线资源、运输条件	广州珠江冶炼厂	运输条件
恒运电厂	岸线资源、运输条件	太平洋马口铁有限公司	运输条件
明珠电厂	岸线资源、运输条件	黄埔造船厂	岸线资源、服务港口运输
广州鱼珠木材厂	内陆资源、出口加工	文冲船厂	岸线资源、服务港口运输
广州造纸厂	内陆资源、出口加工	中谷油脂	进口原料、出口加工
玖龙纸业	进口原料、出口加工	华农饲料厂	内地原料、出口加工

资料来源：根据调研访谈资料整理。

通过对广州港口经济指标与城市经济指标的相关分析可以看出，广州市工业、建筑业、交通运输与仓储邮电业等产业行业与港口总吞吐量、国际集装箱吞吐量，以及一些货类的吞吐量呈现较高的相关性（置信度P_2，相关系数P_1）。在回归分析过程中，考虑到集装箱吞吐量P_2、港口吞吐总量P_1与其他货类指标的相关程度很高，共线性很强，为了更准确地反映各产业行业与各货类吞吐量之间的相互关系，故剔除P_1、P_2，同时剔除观测值缺失较多的指标。在对第二产业、工业与相关指标进行多元逐步回归分析时，均只有P_{17}化工原料及制品进入模型，一则说明化工原料及制品在广州港的货物吞吐量中占有重要位置，广州港化工原料及制品的运输功能对广州市第二产业及工业的发展具有非常重要的意义；二则也在一定程度上说明了化工原料及制品可以作为广州市第二产业和工业发展的"指示指标"。回归模型（4）说明建筑业的发展对矿物性建筑材料具有较强的依赖性，广州港矿物性建筑材料的运输功能对广州市建筑业的发展具有明显的影响。回归模型（5）说明广州港吞吐总量和国际集装箱吞吐量均对广市的交通运输与仓储邮电业产生较为明显的影响，但吞吐总量对其影响要比国际集装箱吞吐量对其影响大得多（见表7-1-4）。

表7-1-4　广州港吞吐量对城市产业发展的影响模型

序号	回归模型	参数值
(2)	$U_3 = 1577590 + 31724.33 \times P_{17}$	$R = 0.911$；$R^2 = 0.829$；$P = 0.00$
(3)	$U_5 = 1327599 + 27554.53 \times P_{17}$	$R = 0.908$；$R^2 = 0.829$；$P = 0.00$
(4)	$U_6 = 196570.4 + 870.072 \times P_8 + 606.763 \times P_9$	$R = 0.799$；$R^2 = 0.639$；$P = 0.001$
(5)	$U_7 = -913087 + 218.666 \times P_1 + 0.198 \times P_2$	$R = 0.991$；$R^2 = 0.983$；$P = 0.002$

（四）广州港对广州市外向型经济发展的影响

对广州外贸进出口总值以及实际利用外资额与广州港国际集装箱吞吐总量、进口吞吐量、出口吞吐量的相关分析表明，外贸进出口总值、实际利用外资额均与国际集装箱吞吐量具有高度的相关性，特别是外贸进口总值与集装箱吞吐量进口值、外贸出口总值与集装箱吞吐量的出口值的相关系数分别高达0.953、0.969。进一步对各相关指标进行回归分析，回归模型（6）~（9）均在5%的显著水平上，$P = 0.00$，说明回归模型有意义，从而进一步说明了上述指标间对应影响关系的存在。由此可见，尽管随着科技的发展，空运在国际贸易中所占的比重有所上升，但由于国际的货运交流仍主要依靠海运来完成，海运在一定程度上仍对一个城市的对外贸易起着至关重要的作用。同时，随着一个城市对外贸易的增长，其利用外资也会表现出同步的增长。因此，港口的外贸吞吐量、国际集装箱吞吐量对所依托城市的对外贸易、利用外资情况具有重要的影响（见表7-1-5）。

表7-1-5　广州港对城市外向型经济的影响模型

序号	回归模型	参数值
(6)	$U_{17} = -40170.472 + 0.088047 \times P_2 - 5.28282317 E-09 \times P_2^2$	$R = 0.956$；$R^2 = 0.914$；$P = 0.00$
(7)	$U_{14} = 0.394509 \times P_2^{0.960601}$	$R = 0.959$；$R^2 = 0.920$；$P = 0.00$
(8)	$U_{15} = 50725.995 + 0.113816 \times P_3 + 1.28362700 E-08 \times P_3^2$	$R = 0.957$；$R^2 = 0.916$；$P = 0.00$
(9)	$U_{16} = 1.87489 \times P_4^{0.862825}$	$R = 0.967$；$R^2 = 0.934$；$P = 0.00$

三 广州经济发展对港口发展的反馈

(一) 广州城市经济发展对港口吞吐量的影响

港口作为国民经济的一个重要的基础产业部门,其主要功能就是为城市经济的发展服务。从根本上讲,港口的运输需要源自国民经济在运行过程中,尤其是在对外贸易过程中所产生的运输需求。因此,在某种程度上可以认为,一个国家或地区港口发展态势的好坏归根结底是由国民经济的总体运行状况及对外贸易决定的。国民经济的总体运行状况从整体上决定了港口的运输要求,而对外贸易则对国际集装箱运输的发展起着至关重要的作用。

相关分析表明,广州港吞吐总量 P_1、国际集装箱吞吐量 P_2 与广州国内生产总值 U_1、外贸进出口总值 U_{14} 的相关系数分别高达 0.965、0.964,存在高度的正相关。并通过对 P_1、U_1 进一步的回归分析(模型 10)可以看出,广州城市经济的发展对广州港吞吐量的增长确实存在较大的影响。回归模型(11)也说明国际集装箱吞吐量受外贸进出口总值的影响很大,甚至可以说是具有决定性的作用。对 P_1 与 U_3、U_5、U_6、U_{13}、U_{17} 等指标采用多元逐步回归分析,其回归模型如(12),只有变量 U_5 进入模型,说明广州港为广州市工业服务的功能十分明显,工业发展对港口吞吐量的拉动作用比其他行业的拉动作用更大。上述分析表明,城市经济、对外贸易的高速发展必然导致港口吞吐量的迅猛增长,尤其是在经济和对外贸易高速发展阶段,其增长趋势更加显著(见表 7-1-6)。

表 7-1-6 城市经济发展对港口吞吐量的影响模型

序号	回归模型	参数值
(10)	$P_1 = 3161.4949 + 0.000597 \times U_1 - 3.236225 E-11 \times U_1^2 + 8.629888 E-19 \times U_1^3$	$R = 0.990$;$R^2 = 0.980$;$P = 0.00$
(11)	$P_2 = -520807.55 + 5.97763 \times U_{14} - 5.1257713 E-07 \times U_{14}^2$	$R = 0.968$;$R^2 = 0.938$;$P = 0.00$
(12)	$P_1 = 2152.632 + 0.00103 \times U_5$	$R = 0.908$;$R^2 = 0.824$;$P = 0.00$

(二) 广州市既定经济结构对广州港发展的影响

港口城市在建立了一定的经济结构后,对城市经济运行中的资源条件做出了质的选择和量的规定，从而影响着港口的发展方向（徐永健，2000）。通过对城市经济结构特征和港口货类吞吐量的分析可以看出，广州市城市经济结构对广州港发展的影响突出地表现在经济特征与行业结构的变化上。广州每年的能源消耗巨大，能源结构以燃料煤为主，燃料的构成主要分为煤炭、燃料油、液化气或煤气。与此相对应的是，在广州港各货类的吞吐量中，虽然煤炭及其制品、石油天然气及其制品等传统货类在总吞吐量中所占的比例开始呈现下降趋势，但其绝对吞吐量却仍在爬升，两者的吞吐量在1999～2002年分别增长了58.5%、23.5%。此外，城市行业的发展也对广州港货类吞吐量造成了较大的影响。就建筑业来看，自1992年以来，广州市的建筑行业得到了较大的发展，10年来，其国内生产总值增长了4倍多。而与其建筑行业具有较大联系的钢铁、矿物性建筑材料与建筑业表现出较大的关联性增长，相关系数分别为0.72、0.76。回归模型（13）、（14）反映的是广州市建筑业的发展对广州港钢铁、矿物性建筑材料运输功能影响的数理关系，进一步看出广州市建筑业的发展对广州港钢铁、矿物性建筑材料运输功能具有重要的影响，甚至具有决定性的作用（见表7-1-7）。

表7-1-7　经济结构对港口发展的影响模型

序号	回归模型	参数值
（13）	$P_8 = -43.129 + 0.00189\ U_6 - 2.6811\ E - 09 \times U_6^2 + 1.152013\ E - 15 \times U_6^3$	$R = 0.846$；$R^2 = 0.715$；$P = 0.0014$
（14）	$P_9 = 24.193218 + 0.001017 \times U_6 - 2.023846 \times U_6^2 + 1.218242 \times U_6^3$	$R = 0.927$；$R^2 = 0.859$；$P = 0.000$

（三）广州市经济发展对广州港经济效益的影响

自1987年以来，广州港的经济效益、劳动生产率均出现了突飞猛进的增长，从相关分析可以看出，港口生产率（平均每次在港停时、全员劳动生产率）、全局运营收入与国民经济的总体指标（GDP）均表现出较大的相关性，分别为-0.691、0.989、0.948，从相关系数可以看出，港口的平均每次在港停时与城市经济的整体发展状况呈现较大的负相关，而全员劳动生产率、全局运营收入都与城市经济发展的总体指标（GDP）表现出高度的正相关。模型（15）、（16）反映的是港口劳动生产率指标平均每次在港停时、全员劳动生产率与国民经济总体指标（GDP）之间的数理关系，可以看出国民经济的总体发展情况是港口发展的重要保障，对港口的劳动生产率、全局运营收入均起到至关重要的决定性的作用。因此，城市经济的发展是港口建设、运营的重要保障，随着城市经济的发展，其社会固定资产投资、基础设施建设投资也将同步地增长，全社会的生产、运营效率得以大大提高。港口建设投资作为城市基础设施建设投资的一个重要组成部分，必将随着城市经济的发展而提高，从而使港口能不断适应城市经济更高层次发展的需求，实现港口、城市发展的良性循环（见表7-1-8）。

表7-1-8　城市发展对港口经济效益的影响模型

序号	回归模型	参数值
(15)	$P_{21} = 1059.499 + 0.000114 \times U_1 + 1.40502348 \times U_1^2$	$R = 0.990$；$R^2 = 0.981$；$P = 0.000$
(16)	$P_{22} = -3406.2619 + 0.014363 \times U_1 - 3.25584578 E-10 \times U_1^2$	$R = 0.987$；$R^2 = 0.974$；$P = 0.000$

第二节　港-城空间关系演化分析

一　古代港-城空间关系演变

（一）港口码头空间区位的演变

历史时期广州港口码头的位置变动，同广州地区的水陆变迁有紧密关系。2000多年前，广州古城南面的珠江水面非常宽阔，估计在2000米以上，被称为"海"。广州城区的水陆格局大体可概括如下：一个大湖——位于城西北的兰湖；两个半岛——位于城南的坡山半岛和番（山）禺（山）半岛；三个河（海）湾——位于坡山半岛之西的浮丘湾，位于坡山半岛与番禺半岛之间的海珠湾，位于番禺半岛之东的海印湾。兰湖水系的多个支流汇合流入浮丘湾，古文溪（甘溪）的两分支分别流入海珠湾与海印湾（梁国昭，2008）。

广州古代港口码头先后布局在这些湖泊和江湾中，随着珠江沿岸地带的不断淤积、珠江北岸线逐步南移、北部注入珠江的通港河道淤浅，以及船舶吨位和吃水深度的增加，不同历史时期港口码头的位置不断发生空间位移和变化。广州早在秦汉时期就有了外港和内港之分，内港相对靠近城垣，外港作为大船停泊或船舶中转的锚地，考虑到军事防御，往往分布在离城垣相对较远的郊区。秦汉时的兰湖码头，位于城西北的席帽山下、古兰湖边；泥城（西场附近）码头在当时担负着相当于广州外港的角色。两晋至隋时期出现坡山（惠福西路坡山）、西来初地（西关下九路）两个码头，西来初地承担外港的功能，在波罗庙附近扶胥开始形成外港。唐代光塔码头位于坡山半岛西侧的浮丘湾畔（今中山六路南面光塔街一带），是当时最大、最主要的内港码头，兰湖（今流花湖公园附近）仍是当时重要的内港码头，外港扶胥港已相当繁荣。宋代东澳、西澳码头分别位于东城、西城南侧的清水濠和南濠，为当时最重要的内港码头；外港码头除继续使用扶胥码头以外，还包括新建的琵琶洲港码头、大通港码头（花地河出口处）。明代内港码头外移至城外砚子步，由于宋元时期扶胥港航道淤积，外港从扶胥转移至黄埔洲和琵琶洲一带水域，始有黄埔港之名，葡萄牙人非法侵占澳门后，澳门在某种意义上充当了广州外港的角色（邓端本，1986）。清代内港码头向专用码头发展，形成了十三行公司夷馆码头、珠光里码头、东堤果菜码头、五仙门南岸"花渡头"等专业码头，黄埔码头作为外港的功能也进一步得到强化（见图7-2-1）。

（二）港-城空间关系演变

古代广州得天独厚的经济和交通区位，促进了城市经济、对外贸易、水运业和港口的繁荣发展。纵观古代广州城市的发展演变，港口航运业和对外商贸发展在城市空间扩张中发挥着至关重要的作用；同时，城市的空间扩张，也对港口空间区位的演变产生了直接的推动作用。港-城空间关系在城市空间扩展、港口区位演变过程中不断地演化与重构。

秦汉时期，任嚣城和赵佗城背山（越秀山）望江（珠江）临溪（文溪）而建（见图7-2-2）。城市距珠江的空间距离相对较小，然而当时的兰湖码头和泥城码头均未选择临珠江、靠近城市的位置修建，离城市的空间距离相对较大，形成了空间距离较大、空间分离的港-城空间关系。究其原因，在当时经济社会背景下，港口承担的主要功能为对外交通，在此

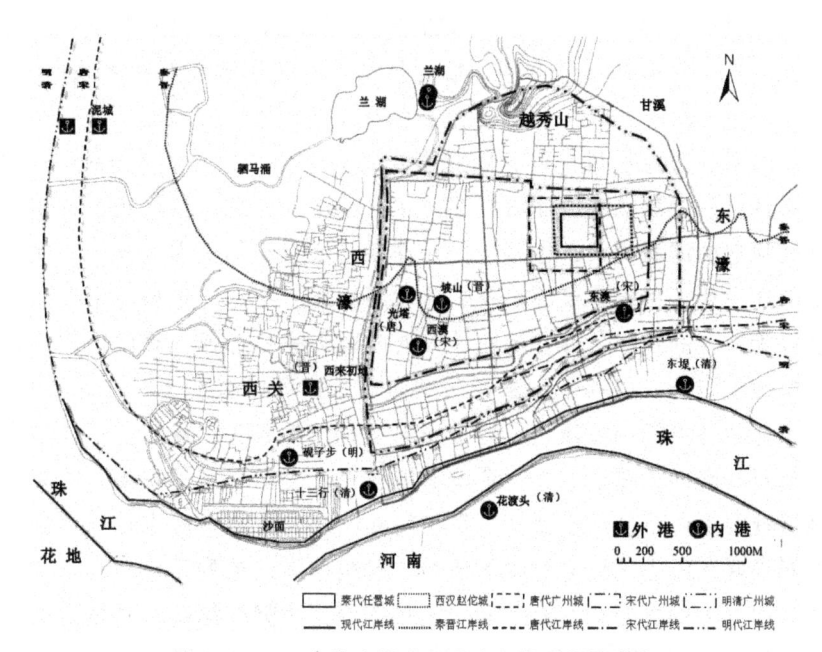

第七章　广州市港-城经济与空间关系分析 | 213

图7-2-1　古代广州港口码头空间区位的演变

资料来源：笔者根据《图说城市文脉——广州古今地图集》《广州历史地图精粹》《广州港史（古代部分）》绘制。

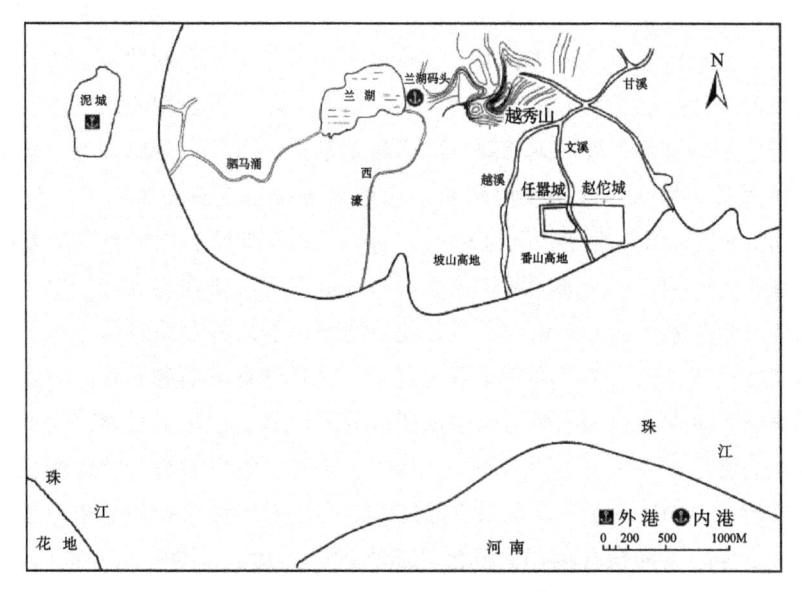

图7-2-2　秦汉时期广州的港-城空间关系

基础上兼具商贸和军事功能，港口的基本功能决定了港口码头布局所考虑的区位因素主要包括3个方面：航运技术、军事防御和对外联系的方向。首先，由于当时造船技术、航运技术水平较低，船舶抗风浪能力较弱，港口选址时必须考虑避风条件，因此主要码头选择了白云山和越秀山山脚、避风条件好的兰湖湖畔，而没有选择靠近城市附近的珠江岸边，即使是位于珠江河道的泥城码头，也是选择在珠江风浪较小的上游方向。其次，由于港口在古代承担着重要的对外交通联系功能，在选址布局时军事防御自然会成为重要的考虑条件，从而导致港口码头往往选择在离城市空间距离较远的地方布局，以利于军事布防和防御，这可以解释当时与珠江相连、与城市通达性更好的文溪河口地带为何没有建设码头。最后，水运是当时远距离对外交通的重要方式，港口承担着对外交通联系的重要功能。在当时经济社会条件下，通过珠江水系与南岭以北的中原地区进行联系，在广州的对外联系中占据较为重要的地位，泥城作为外港的角色，北来的船只经过石门（今石井镇内）后，可以很便捷地到达驷马涌口的泥城码头（梁国昭，2008），然后可以经驷马涌抵达南湖码头，因此泥城在当时广州的对外联系中占据重要地位。

两晋至隋，广州城市仍表现为背山、望江、临溪布局，港口码头则新出现了坡山、西来初地两个码头（见图7-2-3）。港口码头离城市的空间距离比较大，仍延续了空间距离较大、空间相分离的港-城空间关系。这种港-城关系的变化，仍受到航运技术、对外联系方向和军事防御考虑三方面因素的影响。三国至魏晋南北朝期间，造船和航运技术有了一定的发展，船舶抗风浪能力明显加强，这是坡山和西来初地码头可以选择城市南面"海"滨（古代这一水域因异常宽阔而被称为"海"）进行布局的重要原因和基础条件。在这一时期，广州的国际贸易地位明显提升，广州除与内陆中原地区通过珠江水系联系外，与东南亚各国和波斯湾地区的对外联系逐步增强，西来初地在晋代成了著名的远洋客运码头之一，这种联系方向的变化，导致了港口码头布局由珠江上游向较为接近珠江口的方向移动。军事防御方面的考虑继续影响着港口码头的空间布局，从总体上来看，港口码头离城市的空间距离仍比较大，同时由于国际联系日益加强，出于对国际防御的军事考虑，黄埔区波罗庙附近的扶胥港作为外港开始形成。因此，早期广州外港的设立，并不是因为老城区附近珠江航道的水深条件不能满足船舶停靠要求，而是为了防止"夷人"船舶直驶城市核心区而造成军事威胁。

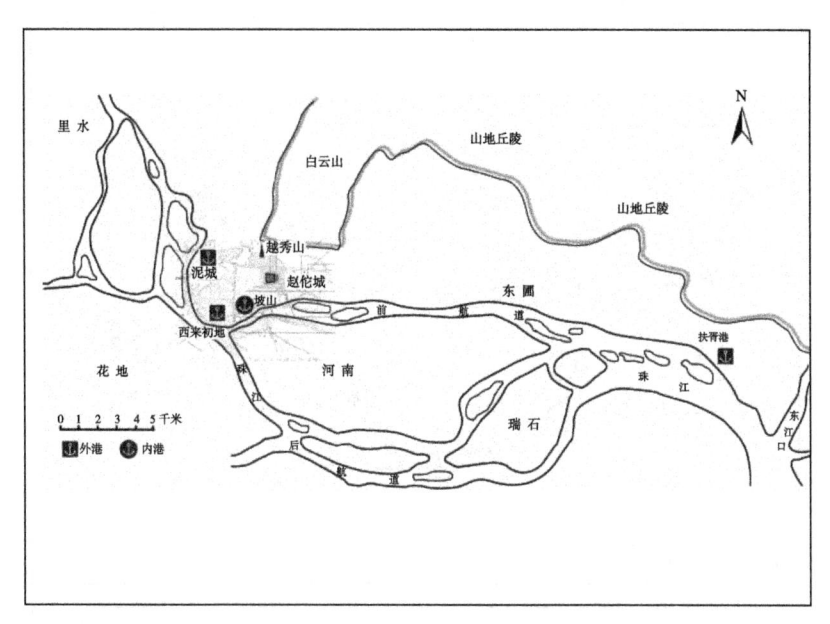

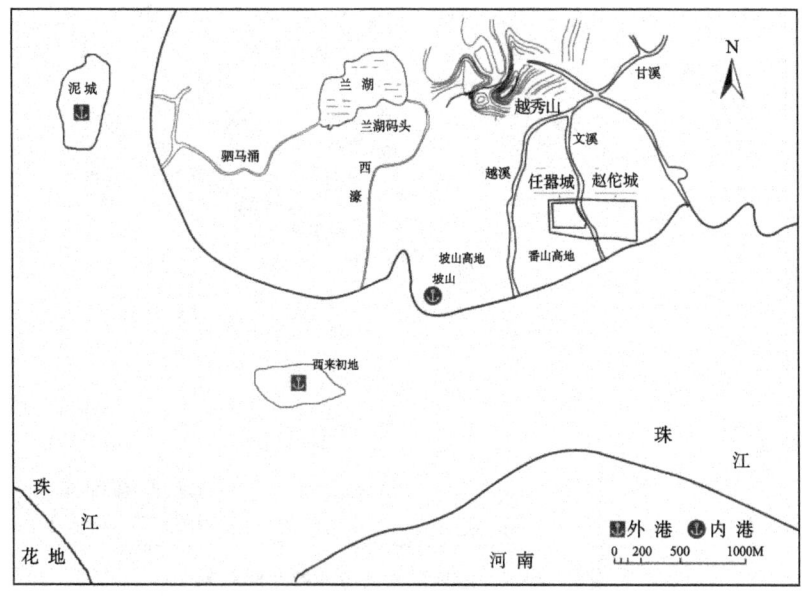

图 7-2-3 两晋时期广州的港-城空间关系

唐朝时期，广州向南扩建形成新南城，将城南商业区纳入城垣之中，城外西面码头附近则专辟有蕃坊区（见图7-2-4）。港口码头除继续沿用兰湖码头之外，新建了光塔码头作为最主要的内港码头；在外港方面，泥城继续发挥一定的作用，同时扶胥港获得了空前繁荣发展。随着唐朝商贸

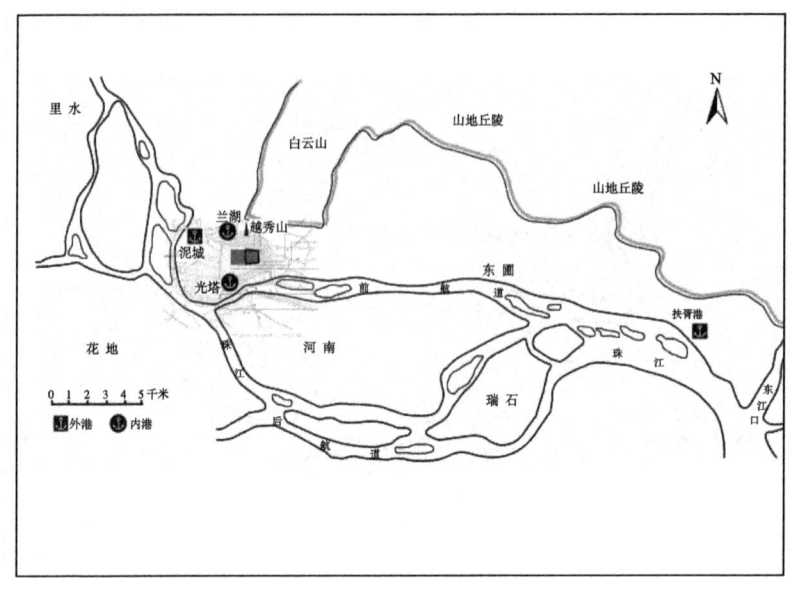

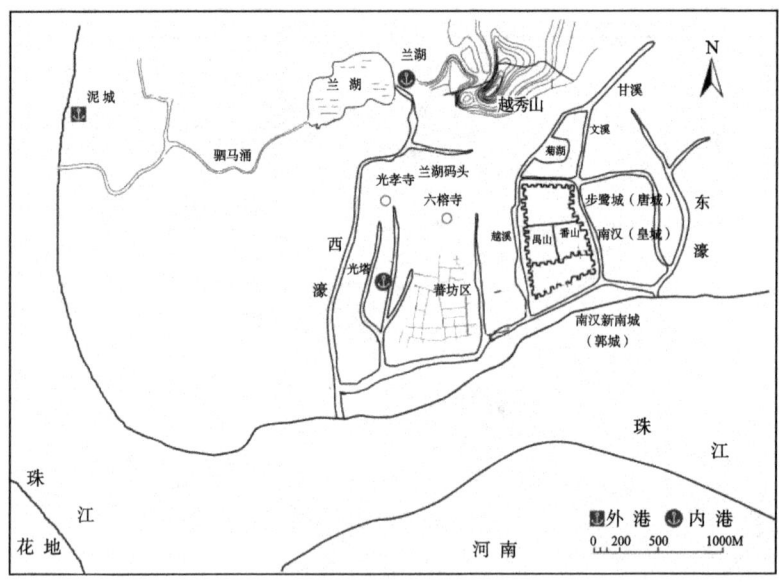

图 7-2-4　唐朝广州的港-城空间关系

的发展以及广州对外贸易中心地位的提升巩固,广州港的商贸功能得以加强和凸显。在对外商贸功能的主导下,唐代广州港-城空间关系出现了外港进一步分离、内港与城市融合发展的二元型港-城空间结构关系。广州港-城空间关系出现两个方面变化:一方面,内港码头与城市的空间距离大大缩小,在码头附近发育了蕃坊这种外向型的特殊商贸功能区,内港码头与城市开始融合发展；另一方面，为了顺应对外国际贸易的空前繁荣，承担商贸功能的港口码头必须在商贸便利性和军事防御之间寻求均衡，因此在远离城市的波罗庙扶持发展了扶胥港作为外港，扶胥港在国际贸易中起着中转站的作用，在满足商贸便利的同时迎合了军事防御的需求。

宋朝时期，城市发展形成了子城、东城和西城"三城并立"的城市空间格局（见图7-2-5），南宋时进一步修建了直抵珠江边的雁翅城。内港

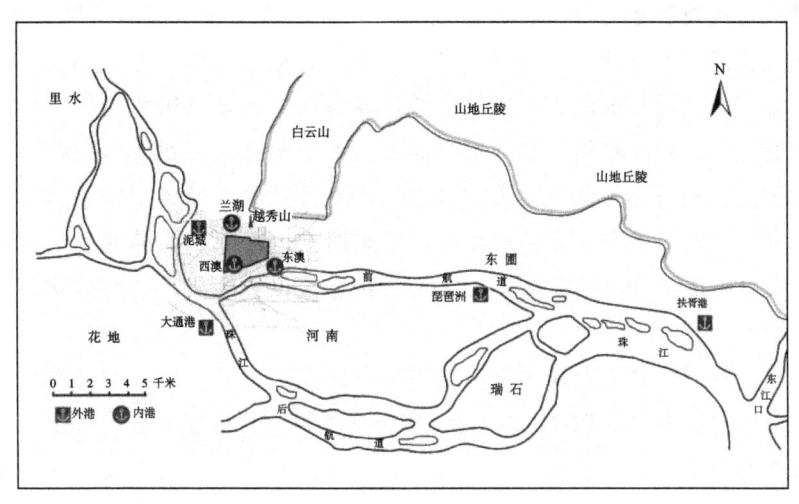

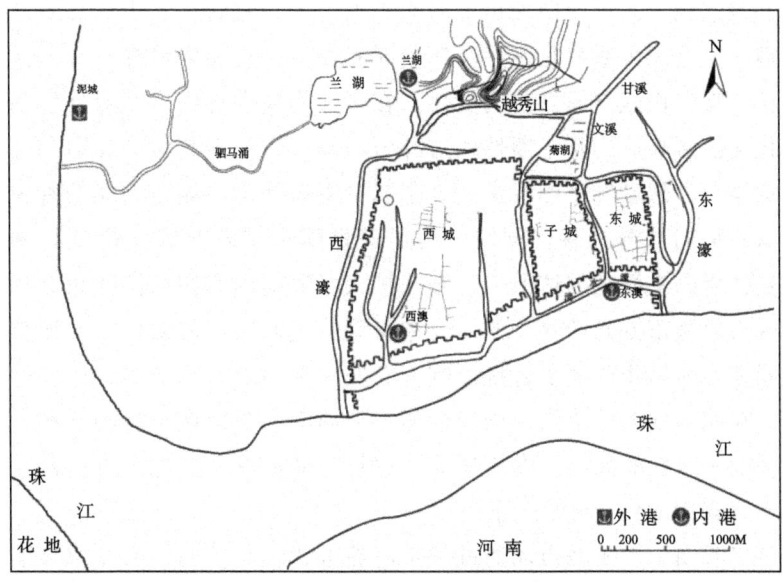

图7-2-5 宋代广州的港-城空间关系

码头有东澳、西澳，东澳侧重于国内商船进出，外国商船主要停靠在西澳码头；外港码头则新建了琵琶洲港码头和大通港码头。相比唐朝时期，宋朝时期广州的港－城空间关系呈现外港向城市靠近、内港与城市进一步融合发展的特征。宋代广州的商贸和对外贸易均获得较快发展，贸易范围明显扩大，港口的商贸功能进一步凸显。港口商贸功能的强化，对港口和城市发展均产生了重要影响。一方面，城市的对外商贸联系的变化，直接影响港口码头设施的建设与布局。为满足海外贸易和海外交通的需求，琵琶洲港在宋代被扩建为外港，为了迎合与西江、北江流域的商贸联系需求，在花地新建了大通港作为外港。另一方面，在港口商贸功能的刺激下，围绕东澳、西澳码头都形成了当时重要的商业区。在东澳码头周围，形成了沿江商业区，其规模随着对外贸易的发展而不断壮大。西澳是当时重要的外商码头，围绕码头专辟的蕃坊区进一步发展壮大，形成了外贸商品专业市场和外国商人集中居住的居住区。南宋时期，毗邻码头的城南沿江岸地区发展壮大成为当时的商业中心，为了更好地保护商贸活动而修建形成了雁翅城。

明代时期，城市由北向南不断拓展，形成了老城、新城和两翼城构成的城市空间格局（见图 7－2－6）。内港码头由明代的城垣之内或边缘外移至城外的砚子步，出现由城内向城外的迁移；外港码头则由扶胥转移至黄埔洲和琵琶洲，表现为向城市方向靠近的空间位移特征。由此导致这一时期的港－城空间关系变化刚好与唐朝时相反，表现为内港外移和外港内移的特征。港口设施空间区位的变化，在很大程度上受到广州对外贸易地位不断强化的影响。广州垄断性的对外贸易地位，使得其海外交通与贸易得以持续繁荣，随着城市的发展，为了减少港口活动与城市功能的冲突，主要港口码头向城外迁移。同时，为了满足朝贡和海外贸易持续高涨的需求，在扶胥码头淤积的情况下，修建扩大了黄埔洲和琵琶洲码头，外港码头表现为向城市方向迁移。同时，港口码头空间区位的变化，对城市功能区发展和空间扩张产生了直接影响，老城以南的沿江地带仍为重要的商业区域，在此基础上扩建为新城和两翼城。内港码头向砚子步的迁移，在带动西关地区开发的同时，在周边地区逐步发展形成了其他重要的商业功能区（十八甫商业区、十三行）。

清代时期，广州城市功能进一步向综合化方向发展，商业贸易继续繁荣的同时，手工业等功能区也取得了长足发展，城市向西、南、东方向扩

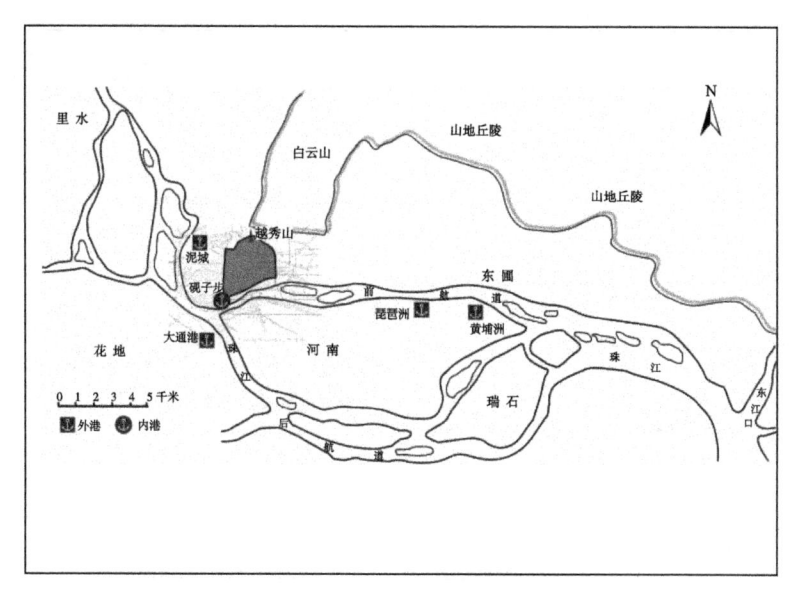

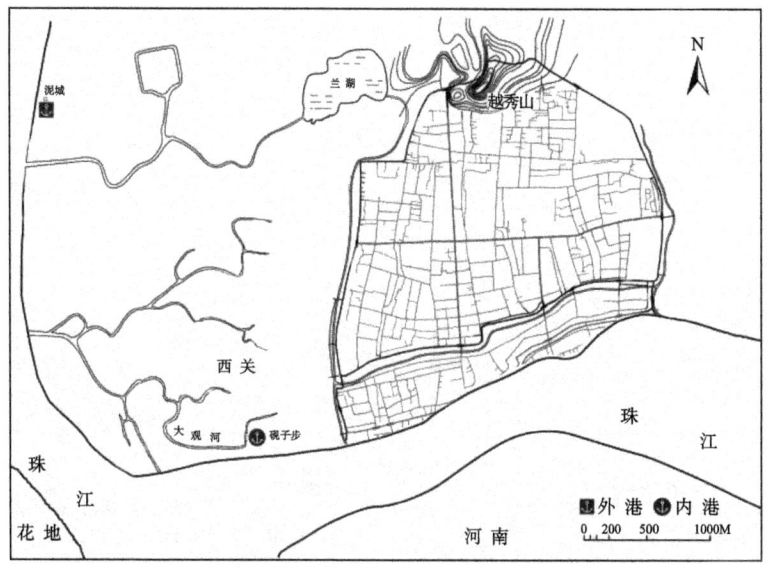

图 7-2-6 明代广州的港-城空间关系

展（见图 7-2-7）。港口码头向专用码头、专业码头方向发展，形成了公司夷馆码头、果菜专业码头、花渡头等专业、专用码头，黄埔码头的外港功能则进一步强化。港口码头的专业化发展，表明港-城空间关系的融合发展进一步深化，港-城空间关系向专业化、网络型方向发展。商贸业发展和商业功能区的壮大，依然是反映港-城空间关系的重要载体。十三行

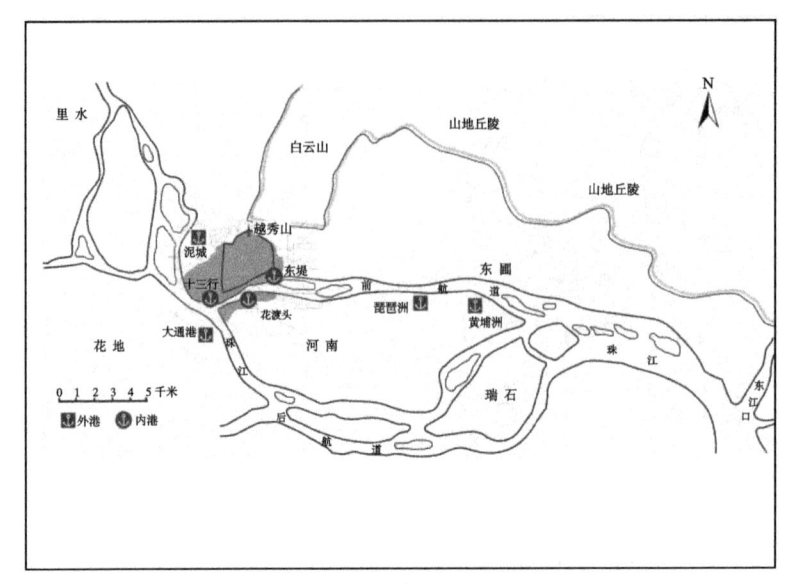

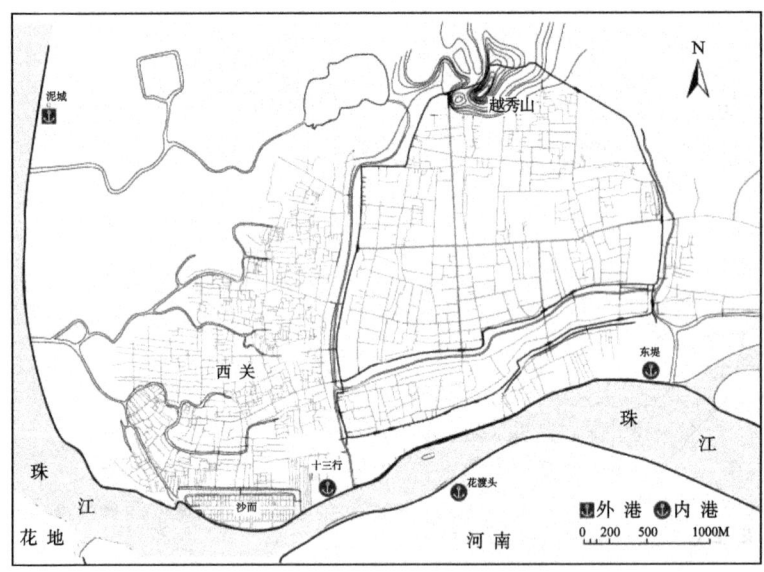

图7-2-7 清代广州的港-城空间关系

"公司夷馆码头"的发展，使得西关地区的十八甫商业区、十三行区等商业功能区得以不断发展壮大；河南地区盐埠码头和仓库的新建，也促进了临近地区商贸业的兴起和发展。除了商贸业发展之外，港口航运业的发展，也诱发了纺织业、土特产加工等手工业的发展以及相关工业功能区的发展壮大，在此基础上又促进了相关地区住宅区的开发建设，城市功能区呈现综合化的发展趋势。黄埔外港码头再度复兴，清康熙年间明文规定所有外国商船必须在黄埔港停靠，不得私自停泊在其他港口码头或岸线。海外贸易和交通的发展，带动了黄埔地区的城市发展，逐步形成了以商贸为主导的城市功能区。

二 近代港－城空间关系演变

（一）港口码头设施的发展

进入近代以来，广州城市突破城垣向周边地区不断拓展，早期比较明显的是沙面和东山地区的发展。辛亥革命前后，近代工业逐步发展，广州城市功能进一步综合化。直至1923年，广州城市主要集中在荔湾至东山的老城区，形成团块状城市空间格局，西南沙面和东濠形成商业、金融集聚发展的商业活动区，东北部地区形成高教科研区。1933年后，海珠桥的建成诱发了河南地区的快速发展，沿江地区成了较为繁华的商业区。第一次鸦片战争到第二次鸦片战争期间，广州港基本没有进行成规模的建设。第二次鸦片战争期间，由于被迫允许外国船舶都可以进入省河，黄埔港的功能衰退，港口活动开始向内港区集中，白鹅潭成为船舶停泊和装卸货物的主要场所，港口活动向内港区的集中，驱动港口活动范围逐渐向珠江后航道的洲头咀、大涌口、芳村、白鹤潭和白砚壳方向延伸拓展。从19世纪60年代末期开始，外国公司、商行逐步开始参与广州港口码头设施建设，成为影响广州港口设施建设的重要力量，公司和商行的码头建设行为往往根据自身商业活动需求进行，从而围绕码头形成了包括仓库和商店的滨江"商城"。20世纪30年代，美、英、德、日等列强的不少公司已在内港区拥有码头设施，并以此为依托开展商业活动。从抗日战争爆发至新中国成立，广州港口设施没有出现明显扩展。

（二）港－城空间关系演变

近代百年是我国和广州战乱较多的时期，总体而言，战乱时期的广州港口和航运业均受到挫伤或严重衰败（外国列强主导的外贸进出口在部分年份出现增长繁荣），港口功能被赋予明显的军事或殖民色彩，港口活动明显减弱，导致港－城关系相应弱化，港－城关系基本处于割裂状态。从"二战"到抗日战争爆发期间，外国船舶获准直航内河，黄埔港因此丧失了外港功能，地位出现明显衰落，港口活动与港口设施开始向内港区高度集中，并在空间上向珠江后航道拓展。外国列强公司和商行在修建一批码头的同时，围绕码头形成了以商业为主的城市功能区。码头型城市商业功能区的形成，在客观上强化了港口与城市的商贸功能联系。总体而言，广州近代港－城空间关系表现为外港明显衰落，内港在商贸功能驱动下与城市功能区间逐步形成了较为紧密的空间关系，内港区港－城空间作用的界面范围相比之前明显扩大。近代外国船舶直航内河后黄埔外港地位的衰落，进一步表明在船舶出现现代意义上的大型化发展之前，古代广州外港的发育和繁荣，更多的是军事防御约束下的空间区位选择行为。在通过空间分离满足军事防御方面的要求后，外加对外贸易联系方向的共同作用，决定了外港的选址与布局。由此可见，不管是在古代还是在近代，对外贸易联系和商贸功能，都是主导港－城空间作用与关系的重要因素（见图7－2－8）。

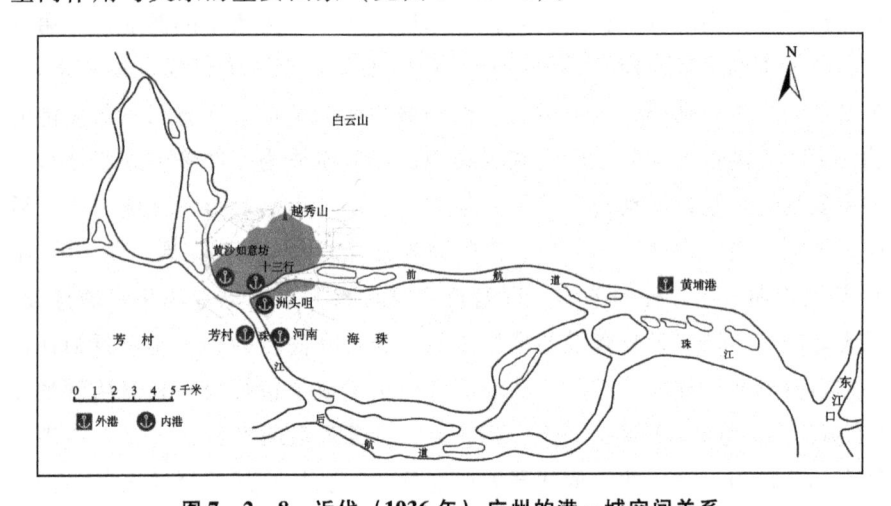

图7－2－8　近代（1936年）广州的港－城空间关系

资料来源：笔者根据《广州城市规划发展回顾》、《广州市志》卷三、Google地图（历史年份）绘制。

三　现代港－城空间关系发展演化

（一）港口设施空间系统的发展演化

广州港航道由内港航道和出海航道组成。内港航道包括西航道、东航道和南航道，南航道为内港区的主进港航道，维护水深为6米，可通航 3000 吨级海轮。黄埔港区段航道维持水深 7 米，乘潮可通航万吨级船舶。出海航道由黄埔港区到桂山锚地，全长 115 公里。2000 年，出海航道通过疏浚，航道水深达到 11.5 米，35000～50000 吨级船舶可乘潮进出港。在南沙港兴建以前，广州港的设施分布于珠江干流广州市区段的西河道、东河道、南河道、黄埔水道、铁桩水道、莲花山水道（狮子洋）等东西长约 50 千米的区域。南沙港区的兴建，从根本上改变了以前广州港设施分布的空间格局，广州港码头设施向深海航道方向拓展的趋势非常明显。

广州港在空间布局上包括内港区、黄埔港区、新沙港区、南沙港区 4 大港区，在空间上呈串珠状分布。从港口码头设施的空间分布来看，2000 年和 1990 年间存在明显的差异。2000 年与 1990 年情况相比，全港直属码头泊位由 1990 年的 118 个增加到 2000 年的 147 个，其中万吨级泊位增加了 11 个，码头总长由 10464.8 米增加到 13672.7 米，库场面积由 1031751 平方米增加到 1323626 平方米（见表 7-2-1）。但是，各港区港务公司的码头、泊位和库场的差异性十分明显，内港区河南港务公司和新风港务公司的泊位数目不但没有增加，反而因布局的调整而有所减少。而新增加的码头和泊位都属于外港区的黄埔、西基和新沙港务公司，共计增加泊位 37 个（万吨级泊位 11 个），码头长度增加了 3297 米，库场面积增加了 248335 平方米。其中，黄埔港务公司除了因并入员村码头而增加了 6 个泊位外，还新增加了 5 个泊位，西基港务公司也增加了 7 个泊位。特别是，新沙港的建设，增加了泊位 19 个，码头长度为 2210 米，库场面积为 210517 平方米。从码头长度占比来看，与 1990 年相比，2000 年外港区的比重明显增加。1990 年，内港区、外港区码头长度比重分别为 34.83% 和 65.17%，2020 年这一比重演变为 30.44% 和 69.56%，外港区的比重明显上升。

表 7-2-1　广州港港口设施空间分布

	1990 年				2000 年		
	泊位（个）	码头长度（米）	库场面积（平方米）		泊位（个）	码头总长（米）	库场面积（平方米）
黄埔	27（10）	2858.1	311950	黄埔	38（10）	3545.1	349768
新港	14（8）	1804.2	208219	新港	13（8）	1630.7	203640

续表

	1990 年				2000 年		
	泊位（个）	码头长度（米）	库场面积（平方米）		泊位（个）	码头总长（米）	库场面积（平方米）
西基	2（2）	440.0	77382	西基	9（2）	840.0	77382
GCT	5（2）	603.0	135529	GCT	6（6）	1284.5	209715
新风	17	1141.0	60144	新沙	19（7）	2210.0	210517
芳村	11	852.5	55898	新风	17	1141.0	66683
河南	14	1081.0	100996	河南	23	1717.4	170957
员村	20	1115.0	80568	客运	22	1304.0	34964
客运	8	570.0	1065				
合计	118（22）	10464.8	1031751	合计	147（33）	13672.7	1323626

数据来源：1990 年和 2000 年《广州市港口统计年鉴》；括号内数据为万吨级以上泊位数目；1992 年广州港对其生产力布局进行了内部调整，原河南港务公司和芳村港务公司合并成新的河南港务公司，而员村港务公司的员村码头并入黄埔港务公司，沿江码头和客运码头则分别并入新的河南港务公司和客运总公司。

21 世纪初南沙港开始大规模兴建后，广州市的港口码头设施空间系统进一步向深海方向拓展，南沙地区港口码头设施获得快速增长。从各港区港口码头长度来看，2012 年与 2000 年相比，内港区河南、新风的码头长度都明显缩短，分别为 2000 年的码头长度的 75.46% 和 60.03%。黄埔港区，除了西基码头长度由 840 米略微增加到 927 米外，黄埔、新港和 GCT 的码头长度都明显减少，分别由 3545.1 米、1630.7 米、1284.5 米减少到 2224 米、1208.5 米、794 米。新沙港区的码头长度则有所增加，由 2210 米增加到 2690 米。南沙港区的码头设施增长尤为迅速，2012 年南沙港区的码头总长度已达 9639 米，占广州港全部码头长度的 48.8%，将近一半（见表 7-2-2）。

表 7-2-2 2012 年广州港码头设施空间分布情况

港区	码头	码头长度（米）	港区	码头	码头长度（米）
内港区（10.03%）	河南	1296	南沙港区（48.80%）	NCT	1820
	新风	685		GOCT	2100
黄埔港区（27.55%）	黄埔	2224		南沙三期	724
	新港	1208.5		港发	838

续表

港区	码头	码头长度（米）	港区	码头	码头长度（米）
黄埔港区（27.55%）	西基	927	南沙港区（48.80%）	建滔码头	271
	GCT	794		小虎石化	1688
	石油化工	287.2		沙仔岛	623
新沙港区（13.62%）	新沙	2690		南沙粮食	1575
内港区比重		10.03%	外港区比重		89.97%

数据来源：广州港集团内部报告，括号内数据为各港区码头长度占广州港码头总长度比重；GCT是广州集装箱码头有限公司，是由广州港集团和新加坡国际港务集团共同投资经营的专业化国际集装箱码头；NCT是南沙海港集装箱码头的南沙一期；GOCT是南沙海港集装箱码头的南沙二期。

（二）港口吞吐量空间格局的发展演化

港口吞吐量由各港区码头完成，港口吞吐量的空间分布格局及变化，反映了港口生产能力的相应变化，以及港口发展的空间拓展方向。随着广州港发展重点向南沙地区的转移，港口设施空间系统重心也逐步向珠江口下游方向移动，港口所完成吞吐量的空间格局也呈现相应变化，港口活动的外移趋势非常明显。

从1990年和2000年广州港完成吞吐量的空间分布格局来看，外港区吞吐量的增长速度要明显快于内港区的增长速度，其在总吞吐量中所占的比重也进一步提高。1990年，内港区吞吐量为700.4万吨，占总吞吐量的23.09%，外港区吞吐量为2332.5万吨，占总吞吐量的76.91%；2000年，内港区吞吐量为1640.9万吨，年均增长率为8.89%，占总吞吐量的14.76%，而外港区吞吐量为9476.8万吨，年均增长率为15.05%，占总吞吐量的85.24%。具体从各港务公司的业务量来看，黄埔港务公司的吞吐量在此期间年均增长19.01%，其所占的比重由1990年的9.85%上升到2000年的15.31%，上升的幅度较大；更加明显的是，黄埔集装箱港务公司（GCT）业务量的年均增长速度高达24.69%，所占的比重由3.16%增加到7.83%；与此形成鲜明对比的是，内港区新风港务公司吞吐量的年均增长速度仅为2.01%，其所占的比重也由1990年的13.24%下降到2000年的4.41%（见表7-2-3）。

表7-2-3　1990~2000年广州港吞吐量空间格局变化

	1990年		2000年		
	合计（吨）	比重（%）	合计（吨）	比重（%）	年均增长速度（%）
黄埔	2987082	9.85	17025533	15.31	19.01
新港	10310462	33.99	32855861	29.55	12.29
西基	9070127	29.91	20719081	18.64	8.61
GCT	957714	3.16	8700806	7.83	24.69
新沙	—	—	15466455	13.91	—
河南	2989072	9.86	11508600	10.35	14.43
新风	4014662	13.24	4899992	4.41	2.01
合计	30329119	100	111176328	100	13.87
内港区	7003734	23.09	16408592	14.76	8.89
外港区	23325385	76.91	94767736	85.24	15.05

数据来源：《广州市港口统计年鉴》；1990年，黄埔港的吞吐量数据为员村与原黄埔港务公司数据之和，河南港务公司则为原河南港务公司与芳村港务公司数据之和；内港区包括河南和新风港务公司所辖码头，其他港务公司则属外港区。

2000年后，随着南沙港区码头的建设及相继投入运营，广州港的生产力空间格局发生了根本性变化，吞吐量空间格局重心进一步向南沙地区转移。2000~2012年，广州港主要港区码头的吞吐量增长情况进一步分化。内港区新风、河南港务公司辖区内码头的吞吐量表现为大幅度的负增长，新风码头吞吐量在2000~2004年、2008~2012年的年均增长率分别为-36.37%和-41.04%，2012年新风港务公司码头吞吐量占广州港的比重已由2004年的0.58%下降为0.03%，河南辖区码头的吞吐量所占的比重也由7.12%下降为1.97%。与1990~2000年不同的是，2000~2012年黄埔港区码头的吞吐量出现了负增长。黄埔港区码头吞吐量在2004~2008年的年均增速为-3.32%，2012年吞吐量占广州港的比重由2004年的17.81%下降到9.12%；新港码头吞吐量在2000~2004年、2004~2008年均为负增长，分别增长-0.55%和-24.49%，2012年比重由2004年的23.27%下降到5.08%；GCT（广州集装箱码头有限公司）吞吐量的比重在2004~2008年、2008~2012年也均为负增长，分别增长-3.44%和-6.22%。

从总体上来看，内港区码头完成吞吐量在2000~2004年、2004~2008年均为负增长，分别增长-10.27%、-16.3%，占广州港吞吐量的比重由

2004年的7.7%持续下降到2.0%。黄埔港区在2004~2008年基本为零增长（0.03%），占广州港比重由2004年的88.04%持续下降到2012年的47.52%。相比内港区和黄埔港区，南沙港区的各码头公司在建成投产后，整体呈现快速发展的态势，吞吐量贡献迅猛提升。2004~2008年，南沙港区码头完成的吞吐量年均增长率高达106.35%（基数小），2008~2012年虽然受国际、国内宏观环境的制约，但年均增速仍高达10.55%，明显高于广州港（7.81%）、内港区（4.81%）、黄埔港区（5.35%）的平均年均增速，南沙港区吞吐量占广州港的比重也持续上升，由2004年的4.26%上升到2008年的45.65%、2012年的50.48%（见表7-2-4）。

表7-2-4　2000~2012年广州港吞吐量空间格局变化

	2004年 吞吐量（万吨）	2000~2004年年均增速	比重（%）	2008年 吞吐量（万吨）	2004~2008年年均增速	比重（%）	2012年 吞吐量（万吨）	2008~2012年年均增速	比重（%）
新风	80.3	-36.37	0.58	72	-2.69	0.31	8.7	-41.04	0.03
河南	983.4	-3.85	7.12	450	-17.75	1.93	620.9	8.38	1.97
黄埔	2460.6	9.64	17.81	2150	-3.32	9.20	2878.7	7.57	9.12
新港	3214.3	-0.55	23.27	1045	-24.49	4.47	1603.9	11.31	5.08
西基	1316.5	-10.72	9.53	1800	8.13	7.70	2018	2.90	6.39
新沙	3030.3	18.31	21.94	3960	6.92	16.95	6263.7	12.15	19.85
GCT	2139.6	25.23	15.49	1860	-3.44	7.96	1438.6	-6.22	4.56
石油化工				1360		5.82	792.5	-12.63	2.51
船务				1600		6.85	390.4	-29.72	1.24
小虎				438		1.87	171.9	-20.85	0.54
南沙汽车				287		1.23	651.2	22.73	2.06
港发				440		1.88	181.9	-19.81	0.58
南沙粮食							1108.4		3.51
建滔							13.8		0.04
NCT				5700		24.40	8649.8	10.99	27.41
GOCT				2200		9.42	4763.8	21.31	15.10
能源公司	217.2		1.57						
南沙	371		2.69						
合计	13813.2	5.58	100.00	23362	14.04	100.00	31556.2	7.81	100.00

续表

	2004 年			2008 年			2012 年		
	吞吐量（万吨）	2000~2004年年均增速	比重（%）	吞吐量（万吨）	2004~2008年年均增速	比重（%）	吞吐量（万吨）	2008~2012年年均增速	比重（%）
内港区	1063.7	-10.27	7.70	522	-16.30	2.23	629.6	4.81	2.00
黄埔港区	12161.3	6.43	88.04	12175	0.03	52.12	14995.4	5.35	47.52
南沙港区	588.2		4.26	10665	106.35	45.65	15931.2	10.55	50.48

数据来源：广州港务局统计资料；2004 年增速为 2000~2004 年的年均增速，2004 年南沙港区仅分为南沙和能源公司；内港区包括河南和新风港务公司所辖码头，黄埔港区包括黄埔、新港、西基、GCT、石油化工、新沙等码头；南沙港区包括南沙地区的所有港口码头。

（三）广州港－城空间关系特征及演化

新中国成立以来，广州城市持续向东、南方向拓展，逐步由持续了 2000 多年的"云、山、珠、水"城市空间格局向"山、城、田、海"城市空间格局转变。与此同时，广州港的码头设施也不断向深水方向拓展，经历了从内河港、河口港到深海港的蜕变。城市发展空间格局与港口码头设施空间布局的这种演变，导致了港－城空间关系不断演化与重构。

20 世纪 50 年代，城市总体规划的第一、第二方案提出城市向东朝黄埔港方向发展，第四方案提出建设芳村、河南、黄埔等新功能区，城市建设用地向东拓展到黄埔文冲，1959 年第十方案提出城市建设用地继续向东拓展，形成员村、黄埔、庙头三个工业新区，芳村东塱发展成钢铁基地。港口方面，黄埔港恢复开港，并扩建和新建了一批码头设施，港口功能开始逐步恢复强化。在城市与港口发展过程中，黄埔港的重新启用，在客观上导致了外港在空间上与城市的重新分离，但港－城空间关系因城市往东拓展而逐步变得更加紧密，黄埔港因军事防御考虑而扮演外港角色的需求不复存在，围绕黄埔港开始形成城市功能区并逐步发展壮大，港－城空间关系总体表现为空间距离逐步缩小、功能联系不断强化并呈多样化发展的特征。具体来看，城市空间的向东拓展以及工业化进程的加快两个方面的动力，对这一时期港－城空间关系的变化产生了直接而重要的影响。从 20 世纪 50 年代开始，广州复建黄埔港，城市空间格局逐步向黄埔方向拓展，围绕黄埔港的城市功能区逐步发展壮大，黄埔组团的发展直接缩短广州港－城空间关系的距离，并密切了港－城的空间与功能联系。新中国成立后广州工业化进程的加快，成了港－城空间关系演变的重要驱动因素。港口码头是工业布局的重要区位因素，芳村东塑钢铁基地的形成，员村、黄埔、庙头等工业区的发展，一批大中型企业沿珠江航道布局，都与临近港口码头这一区位条件直接相关。临港型工业功能区的布局与发展，对城市空间的拓展方向与城市空间格局产生了直接影响，这导致了广州城市空间格局向西南，以及向东面黄埔方向的拓展（见图7－2－9）。

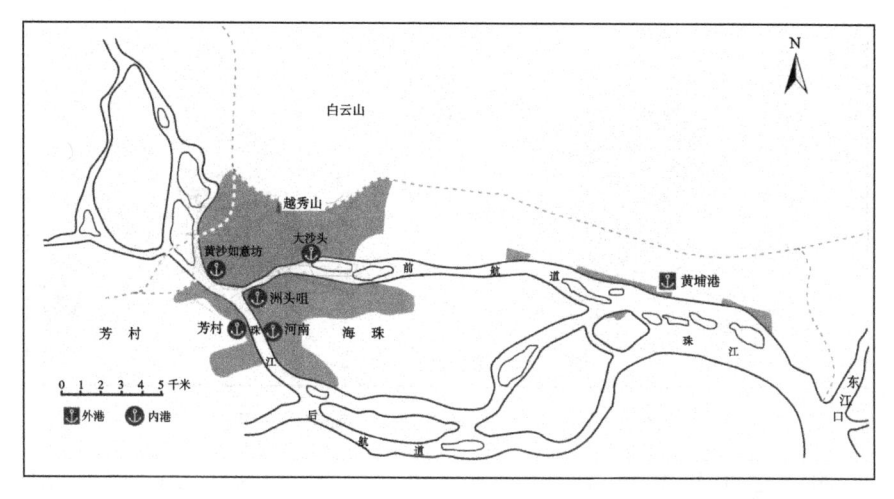

图7－2－9 1953年广州港－城空间关系

20世纪70年代初，广州被定位为具有一定重工业基础，以轻工业为主、对外贸易占一定比重的工业生产城市，并相继编制了工业、港区、仓区等专项规划，城市进一步发展壮大。在港口码头方面，深水港口建设继续东移，国家持续加强了对黄埔港的续建和扩建工作，并在顺珠江岸的下游方向新开辟了墩头基黄埔新港区，港口开始由内河港向河口港发展。通过续建和扩建，黄埔港的吞吐生产能力大大提升，其对临港型城市功能区发育的影响能力进一步增强。同时，内港区的建设也取得了突破性的进展，港口码头泊位规模在20世纪60年代和70年代出现了跨越式增长，客、货码头也进行了合理布局和调整。内港区码头设施及相邻地区城市功能的拓展，以及城市进一步东拓导致的黄埔城市组团的逐步壮大，使得广州港－城整体空间和功能关系进一步强化，而黄埔新港区的开辟则在一定程度上扩大了港－城关系的空间距离。这阶段港－城空间关系最为明显的变化是黄埔地区城市功能组团的明显壮大，导致黄埔港与周边城市的空间和功能联系得以明显强化，港－城空间关系更加紧密。黄埔港的建设，诱导一批大型工业项目跳出城区朝黄埔方向布局，城市沿珠江向东拓展的趋势更加突出。墩头基新港区的开辟，虽在一定程度上拉大了港－城空间距离，但随即诱发了周边地区开发区等城市功能板块的增长（见图7－2－10）。

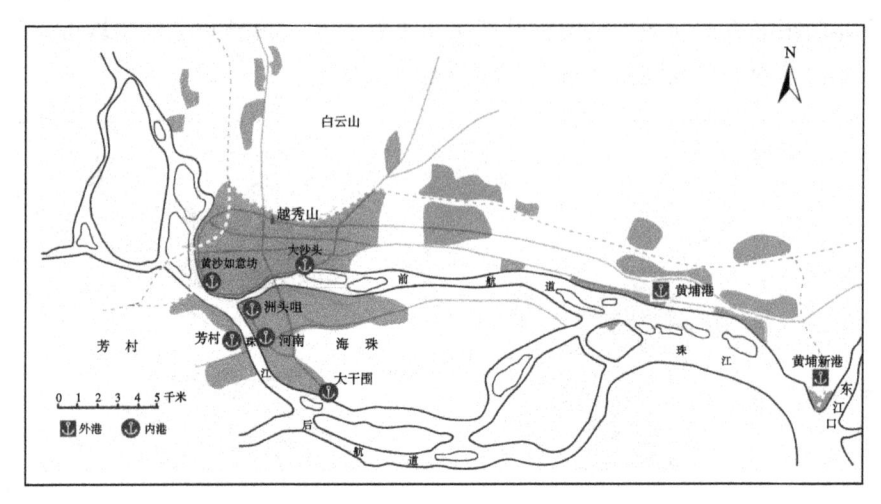

图7－2－10　1975年广州港－城空间关系

20世纪80年代，广州城市形成了带状组团、沿珠江北岸向东往黄埔发展的城市空间结构与空间格局，黄埔组团依托深水码头泊位大力发展工业，黄埔开发区和经济技术开发区获得了较快发展。与此同时，广州城市也在不断向南拓展，海珠地区、芳村地区的城市组团继续发展壮大。广州港在改革开放中获得迅速发展，新港港区、黄埔港区先后掀起深水港口设施建设高潮，港口码头的吞吐生产能力继续向黄埔港区集中。同时，内港区的员村码头、河南码头的设施也获得了一定的发展。随着城市的持续向东拓展、黄埔组团的发展壮大，以及港口码头设施重心向黄埔港区的转移，广州港－城空间关系整体上继续得到强化。内港区港口码头继续向专业化方向发展，与城市功能区形成了比较成熟的专业功能联系。黄埔新港区和新沙港区建成后，临港工业和临港型经济功能区逐步发展壮大，黄埔组团则逐步发展成包括大沙地综合中心区、黄埔开发区、广州经济技术开发区的综合型城市片区，港－城功能联系进一步加强，空间联系日趋紧密（见图7－2－11）。

20世纪末期，广州城市空间格局开始向"山、城、田、海"转变，东进、南拓成为广州城市发展的重要战略，广州由滨江城市向滨海城市转

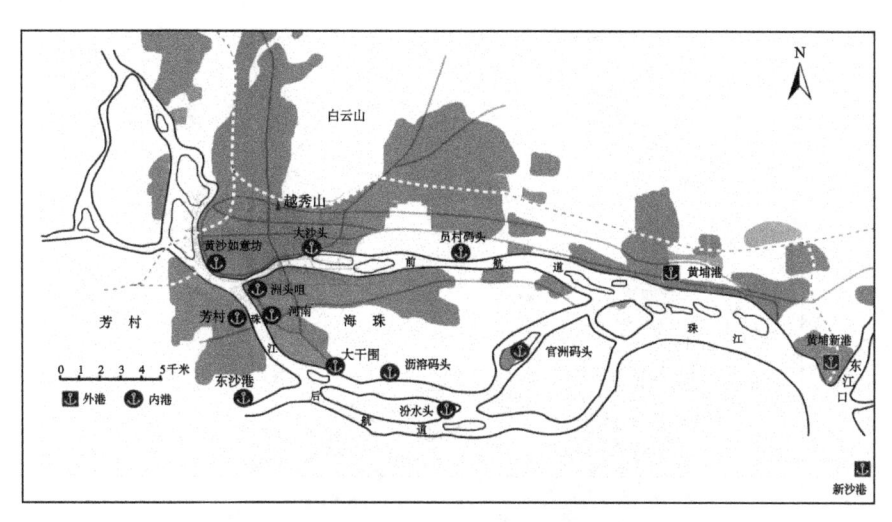

图 7-2-11 1985 年广州港-城空间关系

变。东进战略进一步突出了黄埔区的发展，南拓战略则加快了南沙地区的建设发展。伴随着城市空间发展战略的转变，从 20 世纪 90 年代新沙港区的开发建设，到龙穴岛南沙港区的建设，广州港也开始由河口港向海港蜕变，广州港的发展重心由黄埔港区、新沙港区逐步向南沙港区转移。21 世纪初，广州城市和港口的空间拓展，使得港-城空间关系发生了质的变化。南沙深水港区的崛起，使得港-城空间距离得到前所未有的扩大，港-城在空间上开始重新出现分离。南沙深水港口码头设施的兴建，使得南沙成为临港工业发展的重要优势区位地区，造船等临港工业开始向南沙地区集聚，港口周边逐步形成临港型的产业经济功能区，城市开发建设也相应的得以推进，这导致在南沙地区逐步形成基于海港发展的港-城关系。同时，由于港口码头设施、吞吐量等生产力逐步向新沙、南沙等深水码头转移，内港区和黄埔港区的港-城功能和空间关系开始出现重构。内港区的港口码头设施逐步减少，黄沙码头逐步转型为基于专业商贸功能的水产交易市场，形成了基于专业市场和商贸功能的港-城空间关系。黄埔港区的城市商业功能也开始发育，逐步由临港工业区和功能区向综合型城市功能区转变（见图 7-2-12）。

21 世纪初期，广州"东进、南拓、西联、北优"的空间拓展战略开始取得较为明显的成效，南沙区的成立进一步推动了广州的南拓战略、临海战略，2012 年南沙新区正式获批为国家级新区，成为新时期广州城市建设

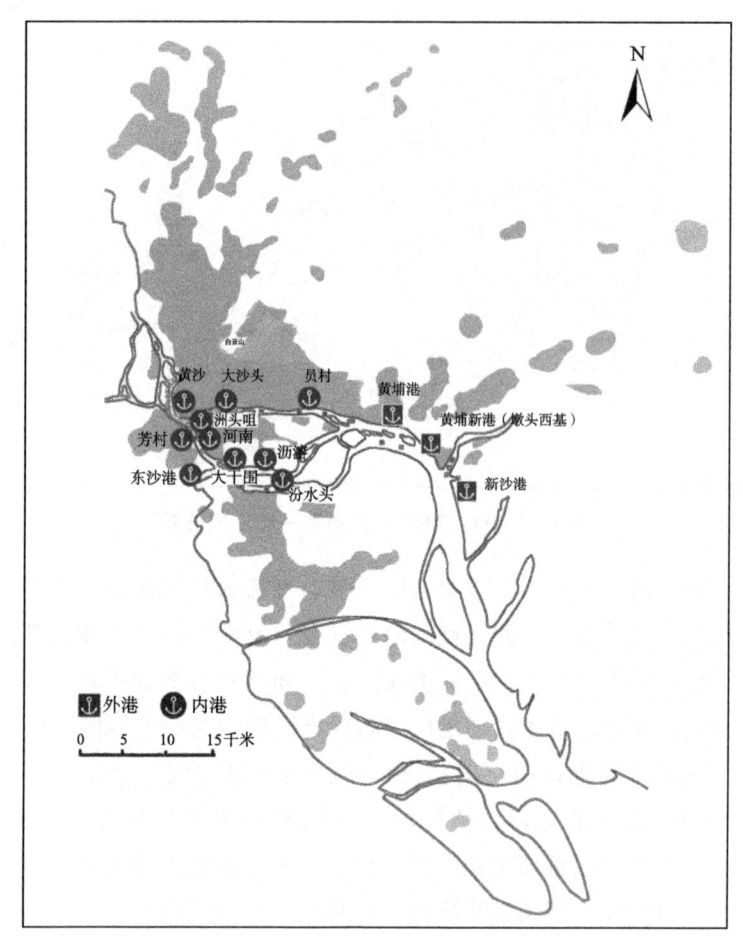

图 7-2-12 2000 年广州港-城空间关系

的战略重点。南拓战略的实施,推动了广州港南沙港区的开发建设,一批深水码头设施相继在南沙港区建成投产,广州的港口码头设施重心向南沙港区转移。南沙港区开发建设的加强,港口设施和港口活动开始向南沙港区转移,港口的这种外移进一步加强了广州港-城空间分离的趋势。由于港口活动持续向黄埔、新沙和南沙等外港区转移,内港区的港-城功能和空间关系持续重构,太古仓码头已完全转化开发成为集休闲、娱乐、餐饮等于一体的商业功能区,黄沙等码头的商业功能也持续强化,芳村广钢原有用地也开始启动城市更新和再开发,内港区港口码头功能及周边用地功能的转换,促进了港-城功能和空间关系的重构,基于商业功能的港-城空间关系重新得到强化。随着南沙港区的持续开发建设,临港型工业不断向港口码头周边的南沙地区集聚，城市开发建设也相应推进，其他城市功能区逐步发展，港－城空间关系开始由港口与临港工业区之间的空间关系向港口与城市功能区之间的空间关系转变，南沙地区海港型的港－城空间关系正逐步形成和强化（见图7－2－13）。

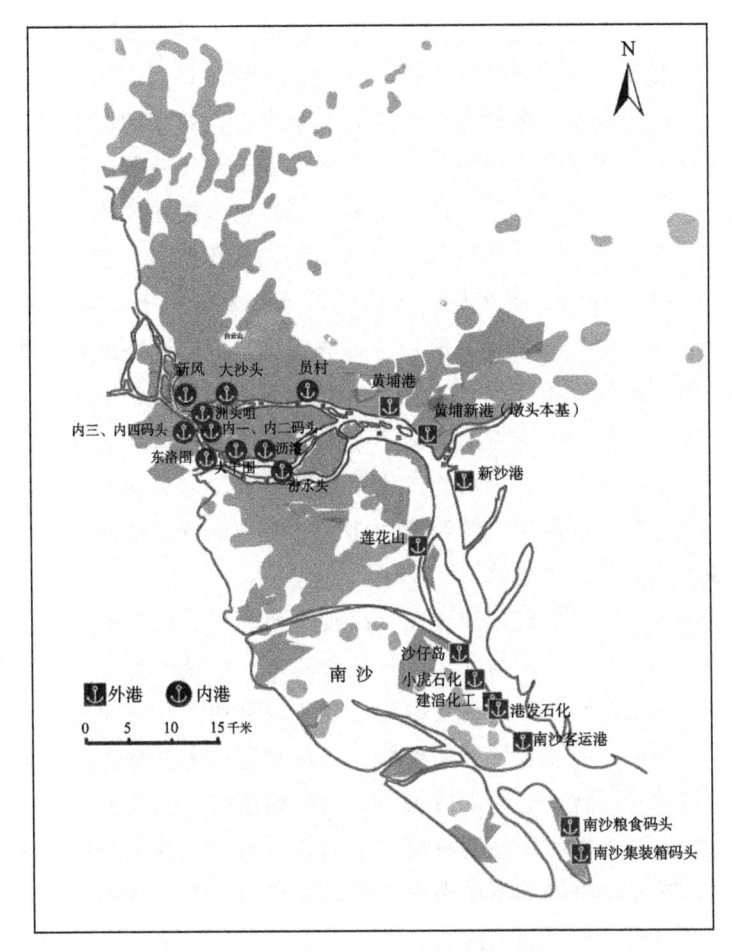

图7－2－13　2012年广州港－城空间关系

四　港－城空间关系演化特征与模式

纵观广州和广州港2000多年的发展历史，其作为我国经久不衰的千年商都和南方大港，城市与港口发展之间长期形成了唇齿相依的紧密联系。从广州港－城发展历史视角考察，港口对城市发展的影响集中体现在两个方面：港口的发展引导城市功能的发育与壮大，港址的空间位移影响城市的空间拓展方向。在港－城相互作用的过程中，港－城空间关系模式不断重构，明显具有周期性、螺旋式发展特征。

港口影响城市功能的发展演化。港口是一个孕育多种功能的经济区域（邹俊善，1997），在港口发展的诱发下，港口城市的临港商贸、临港工业等城市功能不断发育和壮大。从广州港口和城市发展历程来看，古代广州港口发展对城市功能的影响集中体现在商贸领域。自西汉后，广州港、广州逐步发展成为全球重要的商港和商业贸易中心，城市的商业贸易功能不断发育和壮大，各国商船和商贾云集广州。由于对外商贸活动特别是对外贸易联系必须依托港口航运，港口码头毗邻的地区往往成为广州不同历史时期商业旺盛、繁华热闹之地，如唐代光塔码头附近的"蕃商列肆而市"以及专门开辟的蕃坊、明清代的十八甫商业区和十三行区都是很好的例证。清朝末期，港口航运业的发展开始诱发纺织业、土特产加工等手工业的发展，城市功能开始朝综合化发展。新中国成立后，我国逐步步入现代意义上的工业化进程，随着港口的不断外移，依托港口码头发展的临港型工业和经济功能区，对城市功能产生了重要影响，从黄埔港后方的广州经济技术开发区到南沙港后方的经济功能区，都是港口发展诱发下临港工业功能不断发育和壮大的结果。

港口影响城市的空间拓展方向。纵观广州港口和城市的发展历程，港口毗邻经济功能区的发育与壮大，对城市的空间拓展产生了直接影响。古代广州作为华南乃至全国的商贸中心，商业贸易功能在很大程度上主导着城市空间的拓展。而商业贸易功能的发育与壮大，主要是依托港口航运的繁荣来实现的。因此，毗邻港口码头商贸功能区的形成和发展，构成了城市功能发展和城市空间拓展的重要影响因素。在古代漫长的历史时期，随着广州地区珠江北岸线的不断南移，珠江航道和码头相应地发生迁移。总体来看，港口码头在空间上向西、向南发生位移，从而导致了港口码头毗邻商业功能区和城市空间相应地向西、向南逐步拓展。近现代以来，工业化和临港工业功能区的发展，成为港口影响城市功能和城市空间结构的重要途径与载体。从黄埔港复兴以及后方广州经济技术开发区的崛起，到南沙深水港的开发与南沙临港经济功能区的逐步形成，都说明了临港工业功能区在城市发展与空间拓展中的作用和影响。随着港口码头设施由内港区向外港区深水方向的拓展，广州城市功能区和空间结构也不断向东、向南进行拓展。相应地，广州港各港区及依托其发育的经济功能区，构成了广州城市空间结构的重要节点。随着广州港由内河港向河口港、沿海港的转变，广州城市也实现了从滨江城市向滨海城市的蜕变。

港－城的空间关系模式不断重构。从长时间跨度的角度分析考察可以发现，广州港－城空间关系的演化有别于已有的理论模式，难以笼统地概括为"港城融合"或"港城分离"，明显具有周期性、螺旋式发展演进的特征。唐代以前，受城市选址、航运技术和军事防御等因素影响，港口码头离城市的距离较大，在空间上彼此相分离。唐朝时期，临港型商贸功能区的发展使得内港与城市的空间距离明显缩小，而扶胥港获得了快速发展，港－城空间关系出现外港进一步分离、内港与城市融合发展的二元型港－城空间结构关系。宋朝时期，广州的港－城空间关系呈现外港向城市靠近、内港与城市进一步融合发展的特征，西澳、东澳内港码头被纳入城垣之中。明朝时期，广州港－城空间关系变化刚好与唐朝时相反，表现为内港外移和外港内移的特征。清朝时期，港－城空间关系的融合发展进一步深化，港－城空间关系向专业化、网络型方向发展，黄埔码头的外港功能继续强化。近代百年，港口功能被赋予明显的军事或殖民色彩，港－城空间关系表现为外港明显衰落，内港在商贸功能驱动下与城市功能区逐步形成了较为紧密的空间关系。新中国成立后，黄埔港的复建和黄埔城市功能组团的壮大，直接缩短了广州港－城空间关系的距离，并密切了港－城的空间与功能联系。20世纪70~80年代，随着黄埔组团的发展壮大，黄埔港与周边城市的空间和功能联系继续强化，港－城空间关系更为紧密，而黄埔墩头基新港区、新沙港区的开辟，却在一定程度上拉大了港－城空间距离。2000年，内港区和黄埔港区的港－城功能和空间关系开始出现重构，内港区形成了基于专业市场和商贸功能的港－城空间关系，黄埔港区也逐步由临港工业区和功能区向综合型城市功能区转变。南沙港区开发再一次强化了广州港－城空间分离的趋势，内港区基于商业功能的港－城空间关系继续得到强化，南沙地区海港型的港－城空间关系正逐步形成（见表7－2－5）。

表7－2－5　广州市港－城空间关系模式演化

时期	概念模式	特征
唐朝以前		空间距离大，空间分离
唐朝		内港与城市融合，外港外移

续表

时期	概念模式	特征
宋代		内港纳入城垣,外港内移
明朝		内港外移,外港内移
清朝		内港与城市融合,黄埔外港强化
近代		黄埔外港功能丧失,内港商贸功能强化
20世纪50年代		黄埔城市组团壮大,港-城空间关系强化
20世纪70~80年代		港-城空间关系密切,新深水港区开辟
2000年		内港区转型重构,黄埔港区不断强化
2012年		内港区、黄埔港区重构,南沙港-城发育

注：○城区　◎内港　●外港　↗发展趋势　⊙规模大小

港市尺度港-城空间关系的发展演化,导致了内河港区（内港区）、河口港区（黄埔港区、新沙港区）、沿海港区（南沙港区）等不同功能性质港区的形成,这些港区成为港-城相互作用集中体现的区域。随着港口活动和生产能力重心由内港区向外港区的转移,不同港区的港-城界面和空间关系相应地不断发展演化。而不同港区的区位、功能和性质差异,决定了不同港区的港-城界面和港-城空间关系的发展演化也会呈现显著差异。不同港区港-城空间关系的发展演化,一方面是港市尺度港-城空间相互作用关系的直接体现,另一方面又反过来成为港市尺度港-城空间关系发展演化的重要动力。

第八章　广州市港区尺度港－城关系发展与演化

港区尺度港－城空间关系是港口与城市在微观层面表现出来的空间关系，体现的是港口城市不同港区的港口码头与城市其他功能区之间在空间上相互作用关系的规律特征，是港－城界面相互作用的集中体现。广州港在漫长的发展过程中，通过港口码头设施在空间上的不断拓展，已经由内河港、河口港发展成现代化海港，成为涵盖内港区、河口港区和海港区等不同类型性质港口码头的国际大港。由于广州港的规模要远大于珠三角其他大部分港口，故其不同类型性质的港区，在很大程度上已相当于其他城市的整个港口，或是相当于其他城市最重要的港区。不同港区因港口码头的功能性质不同，港－城空间关系也表现出不同的模式特征。因此，广州港区层面港－城空间关系发展演化的规律特征，既构成宏观区域尺度、中观港市尺度港－城空间关系发展演化的微观机制，也在很大程度上代表了珠三角地区其他内河港、河口港和现代化海港的港－城空间关系发展演化的规律特征。

第一节　内港区港－城关系演化

一　码头泊位设施区位演化与布局

广州内港码头的区位受珠江水陆变迁的影响，发生过数次变迁。从清末至民国年间，广州内港码头遍布珠江的南北航道。自此之后，广州内港码头基本上在珠江南北航道（前后航道，北航道亦称前航道，南航道亦称后航道）区域拓展。因此，从清末开始的内港港区，包括珠江南北航道的码头区域。

民国时期，广州内港码头主要集中分布在珠江的西航道以及南航道，即河南、花地以及沙面一带。沙面一带设有多个码头，主要位于沙面以西的地区，多数为私人码头。花地一带位于南航道西面，分布着多个外资公司仓库码头区，招商局货仓和码头以及粤海关分卡也设在此处。河南地区位于南航道东面，设有大阪码头、太古货仓等，河南地区西北部的洲头咀一带为广州工务局建设内港码头地区，是政府重新开辟内港码头的地址。除西航道以及南航道以外，东航道还设有天字码头。总体而言，这段时期受帝国主义资本进入的影响，内港码头多为外资私人公司所建，以外资公司的私人码头为主，分布较为零散，其功能主要是为外国资本主义公司提供运输商贸服务。码头零星分布在珠江南北航道的沙面、花地以及河南一带，官办码头的开辟时间较晚，分布在河南的洲头咀地区。

新中国成立初期，广州对内港区的码头进行整合，形成了芳村、河南、新风以及东风4个作业区，码头主要包括如意坊码头、大沙头码头、员村码头、大干围码头及洲头咀码头等，集中在河南、芳村、大沙头以及如意坊区域。其中货运主要集中在新风作业区的黄沙及如意坊码头，客运主要集中在东风作业区的大沙头码头。此外，员村码头、大干围码头、洲头咀码头等为临港地区提供运输及仓储服务，东风作业区的沿江码头则作休闲游憩用途。总体而言，内港区码头分布集中在南北航道靠近白鹅潭的区域，并向航道下游方向拓展。由于广州重点发展建设工业型城市，内港码头主要为当时的工业提供运输仓储服务（见图8-1-1）。

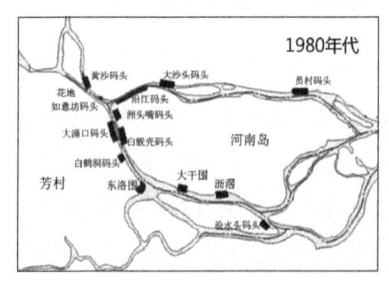

图8-1-1 内港区码头空间拓展示意

资料来源：参考《图说城市文脉——广州古今地图集》（2010）绘制。

改革开放后，内港区的码头遍布珠江南北航道，并进一步向珠江下游方向拓展，在海珠区以南分布着大干围码头、沥滘码头以及汾水头码头等。目前，内港区包括如意坊、东洛围、汾水头、洲头咀、大沙头、沿江、员村、内一、内二、黄沙、内三、内四、沥滘海心沙、大干围、石围塘等 15 个码头，基本集中在海珠区周边的珠江沿岸，主要为广州市及珠江三角洲地区提供能源、原材料、粮食、散杂货和集装箱的装卸及旅客运输服务。随着航运业逐步向深水发展以及城市中心区的转型升级，内港区码头的运输受到很大的限制，不少码头已不适于提供工业货物运输。因此，内港区码头开始转向提供客运、第三方物流以及旅游观光功能，以适应于城区"退二进三"的发展战略，如黄沙码头周边发展黄沙海鲜批发市场，为运输海鲜产品服务；天字码头等沿江码头除客运功能外，主要用于旅游观光；太古仓码头被打造成商业休闲型综合城市功能区。与周边地区的产业转型发展相适应，内港区的码头功能逐步发生转变，不再以单一的航运功能为主。

二 临港产业发展的空间布局与特征

鸦片战争以前，广州作为全国唯一对外贸易的通商口岸，在内港区一带的港口码头周边主要发育商贸服务功能，形成了十三行等商业贸易区域，成为重要的商业贸易中心。鸦片战争以后，从清末到民国时期，广州近代工业和对外贸易发展较快，内港的临港地区由于其区位的优越性，成为广州发展近代工业和对外贸易的重要区域。

民国时期，内港临港地区的产业以商贸业、仓储业以及工业为主，根据与老城区的距离表现出不同的主导产业。靠近城区的区域受传统商贸业及纺织业影响，以发展商贸业及手工业为主。例如，西关平原的商贸业及轻工业兴盛，西关的十三行及沙面地区因广州商港而繁荣兴盛，对外商贸业发达，聚集了许多外国商馆。此外，受港口码头的影响，出口纺织品的需求带动了手工业的发展，这导致传统手工纺织业在港口码头外围地区占有一席之地。对外贸易和纺织工业的发展，导致港口码头附近的中心城区的产业结构和空间布局发生了相应变化，形成了"港区+贸易加工区"的空间结构形式。距离旧城区较远的区域以仓储业及工业为主。由于当时广州的很多生产原料靠进口，而原油等生产原料的进口需要借助港口运输，因此在港口周边兴建了油库和仓库，油库及仓库集中分布于后航道的芳村地区以及河南洲头咀地区，如德士古油库和太古仓等。此外，由于生产原料通过港口进口，不少工厂兴建于港口周边，如位于后航道的协同和机械厂及前航道的河南士敏土厂，在这些临港区域，临近港口的优势带动临港地区仓储业的发展，同时吸引了新型工业在临近地区进行布局。临港地区的产业以商贸服务及手工业为主，体现了广州作为对外贸易港口城市的传统特征。在这个阶段，港口主要为临港产业提供交通运输、货物装卸以及仓储功能。

新中国成立初期，临港地区的产业从以商贸业、手工业为主转为以发展工业为主。受国家政策引导，广州从消费型城市转为发展生产型城市，工业成为城市发展重点，广州的大型工业区集中布局在临港地区，主要包括位于珠江前航道的员村工业区、位于珠江后航道的芳村工业区及海珠区的工业大道。员村工业区以轻工业为主，集聚了珠江啤酒厂、南方面粉厂、广州罐头厂等轻工业企业，沿珠江河岸的工厂企业建有多座码头以满足原料及产品的运输。芳村工业区及工业大道以重工业为主，包括船舶修造业、钢铁产业及机械工业等，芳村地区分布有广州造船厂、广州钢铁厂、鹤洞水泥厂等企业，海珠区的工业大道集聚了广州造纸厂、广州造船厂及广州通用机器厂等大中型企业，这一带临港区域的重工业与港口形成紧密的产业联系，如广州钢铁厂利用港口实现储运，造纸厂发电所需原料煤炭主要通过港口运输。珠江以北的城市地区仍以传统轻工业及商贸业为主，分布着由手工作坊发展起来的轻工业工厂。总的来说，临港的城区在原有的产业基础上发展，郊区依托港口进行仓储及运输，吸引了许多工业企业进驻，形成了大型工业区。在这个阶段，港口为临港产业提供交通运输及工业与商业服务，明显推进了城市的工业化进程。

改革开放后，内港区临港地区的产业发展逐步向第三产业过渡。出于疏散城区人口及改善环境的考虑，广州市旧城区内的工业以技术升级及改造为主，从以第二产业为主向第三产业过渡，近郊的临港地区如员村、芳村以及海珠区等地区不再进行大规模的工业项目建设，但仍以工业为主。因此，临港的旧城区配合城市发展战略进行旧城改造及"退二进三"，产业结构开始向以第三产业为主过渡发展。而临港近郊地区的工业则获得了较快发展，海珠区的南石头、赤岗工业区以及芳村地区的白鹤洞工业区在原有的基础上，扩展到江南大道和工业大道沿线地区。从总体上来说，临港地区的工业向外疏散，靠近旧城区的临港地区的工业主要在原有的基础上优化升级，污染严重的工业企业开始逐渐向外围搬迁，而近郊的临港区仍以工业为主。

目前，随着广州市区工业的向外转移，内港区临港地区的服务业发展较为迅速，产业逐步多样化，从以工业为主导产业逐渐转为以商业、休闲等第三产业为主。临港区仍有部分地区发展工业，如工业大道的广州造船厂等，但大部分工业企业已搬离，如广州造纸厂搬至南沙地区，员村地区主要发展商务区等。目前临港地区商业及休闲旅游等第三产业发展兴盛。在商业方面，1994 年，在黄沙码头周边成立的广州黄沙水产交易市场，利用码头实现水产批发的集散，成为全国重要的海鲜中转站。在休闲旅游方面，在沿江码头周边开发旅游观光，利用沿江码头发展水上巴士及沿江观光旅游业。在这个时期，城市的产业升级对内港区临港产业的转变影响很大，临港产业逐步转型成以第三产业为主要产业，港口码头的功能也发生了转变，由原先单一的运输功能转向第三方物流，带动临港服务业的发展，为临港地区提供集散运输及休闲旅游服务。

从总体上来说，广州内港区的临港产业经历了从以商贸业为主到发展工业再向商业和休闲旅游等第三产业转化的过程。在民国时期，受过去"一口通商"的影响，珠江以北的临港产业以商贸业及工业为主，而河南地区及芳村地区则以工业及仓储业为主，港口码头提供储运服务。从新中国成立到改革开放之前，工业区集中在临港地区，借助港口码头实现货物的储运。改革开放以后，随着城市产业政策的转移以及河运的衰退，珠江南北两岸的临港地区的第三产业迅速发展，内港区由传统的客运及货运的单一功能转为集装卸货物、旅游、客运、物流多种功能于一体，带动城市服务业的快速发展，第三产业的比例逐渐提高。

三　临港地区的土地利用与城市空间结构特征

明清时期，广州内城区为传统的政治文化中心，在"一口通商"政策下，内港地区对外贸易繁荣，临港城市的新功能区、西关平原以及河南地区等成为新兴的商贸及工业区域，与港区形成互动联系，推动了广州城区的扩张。

民国时期，内城区仍然作为广州传统的行政商业中心。在内城区以外，临港地区建设用地的开发较多。珠江以北的西关平原在仓储码头区以外发展纺织工业及商业，形成纺织工业区及商业区。而工业及商业的发展，进一步促进了住宅区域的开辟，形成西关住宅区。珠江以南的河南地区及芳村地区的仓储业较为发达，为周边的工厂提供原材料及产品的储运服务，仓储用地及工业用地分布较为集中，商业区则沿江发展，住宅区集中在洲头咀到龙溪乡（今大基头一带）。总体上来说，整个临港地区作为内城区的向外拓展用地，以商业用地及工业用地为主。港口作为广州对外贸易窗口的职能推动了商业的发展，促进了临港地区商业用地的形成。同时，由于港口为工业提供储运服务，工业临近港口码头布局，形成集中分布的仓储及工业用地。随着临港商业及工业的发展，新的住宅用地逐渐在周边形成（见图8-1-2）。

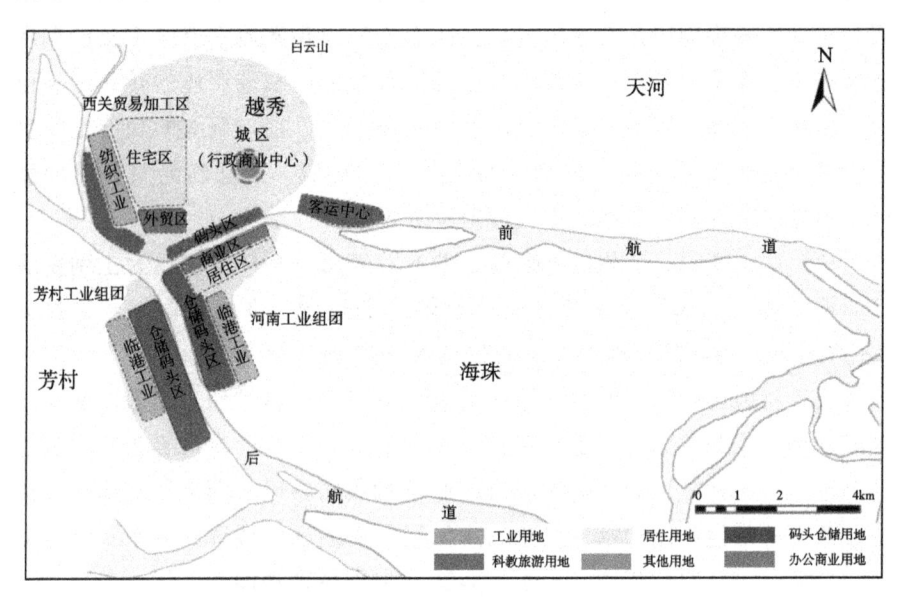

图8-1-2　内港区临港地区用地类型（20世纪30年代）
资料来源：参考《图说城市文脉——广州古今地图集》（2010）绘制。

新中国成立初期，广州努力从消费型城市向工业型城市转变，但因没有被列为国家工业建设的重点，城市并未进行大规模建设，总体上来看，城市空间结构和形态变化不大。过去的内城区仍是广州传统的行政商业中心，科教用地在河南地区及天河地区均有分布。由于工业被确定为城市发展重点，工业用地比重增长相对较为迅速，但广州对市区用地进行控制，工厂多分布在新辟的工业区，这些新辟的大型工业区多集中在内港的临港地区。在内港的临港地区，工业用地居主导地位，如工业大道的南石头工业区集中了机械工业、船舶修造业等企业，员村工业区成为轻工业企业集聚的工业区，芳村地区成为广州的钢铁基地，这些大型工业区对港口储运的需求较高，均靠近码头建设仓库区。同时，在工业区的周边建有工人居住区（工人新村），为工业区的工人提供居住配套服务。总体上来说，靠近城区的临港地区以传统的商贸业及轻工业用地为主，郊区的临港地区依次分布着仓储码头区、工业区及工人居住区，由于城市发展工业的战略以及工业发展依赖于港口储运的需要，临港地区多分布着新辟的工业区，并将生产与生活结合，建设工人居住区，形成"仓储码头区－工业区－工人居住区"的临港空间格局（见图8-1-3）。

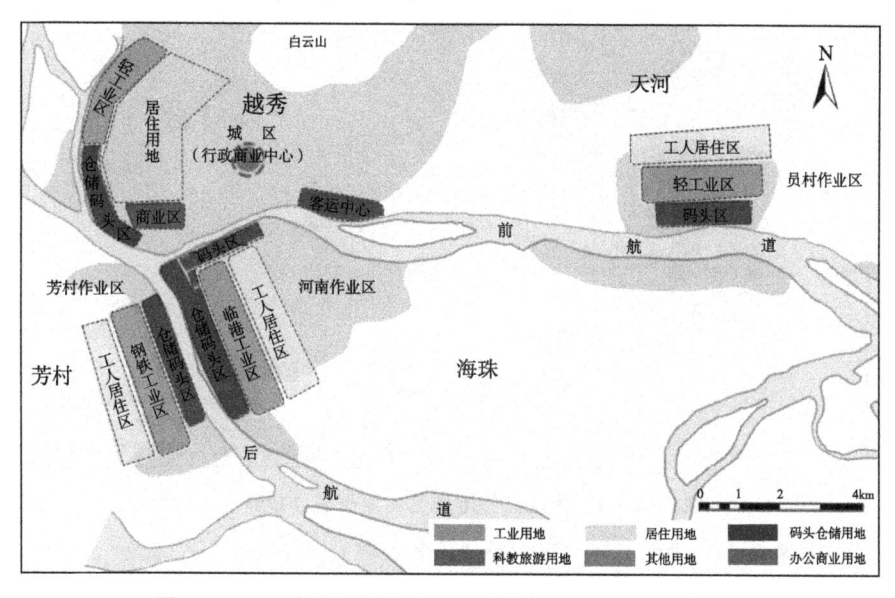

图8-1-3　内港区临港地区用地类型（新中国成立初期）

资料来源：参考《图说城市文脉——广州古今地图集》（2010）绘制。

改革开放以后，广州的城市发展较快，以旧城区及天河一带作为城市中心，旧城区（环市东一带及北京路上下九一带）是传统的城市行政商业中心，天河一带成为新兴的城市科教商业中心，城市的建设用地向南已拓展到海珠区的沥滘地区。城市向南的发展带动了临港地区用地的扩展，在原有土地利用的基础上，海珠区南部的临港地区出现新的码头、工业用地及居住区。在这个时期，靠近城市中心的临港地区以商业用地及居住用地为主，城市商业的恢复发展带动临港地区商业用地的繁荣，如位于沿江西路的南方大厦是当时的中心商业区。其他临港地区的用地仍以工业用地为主，城市工业发展沿珠江延伸至黄埔地区，而内港区临港地区的工业用地沿珠江分布在珠江后航道的海珠区与芳村一带以及前航道的员村地区，在原有的基础上有所拓展，居住用地配合工业用地分布在工厂周边。总体上来说，靠近城市中心的临港地区用地以商业用地及居住用地为主，商业发展繁荣，其他临港地区用地拓展至沥滘地区，仍以工业用地及配套居住用地为主，居住用地配合工业用地的分布，形成仓储码头区－工业区－工人居住区的临港空间布局形式（见图8－1－4）。

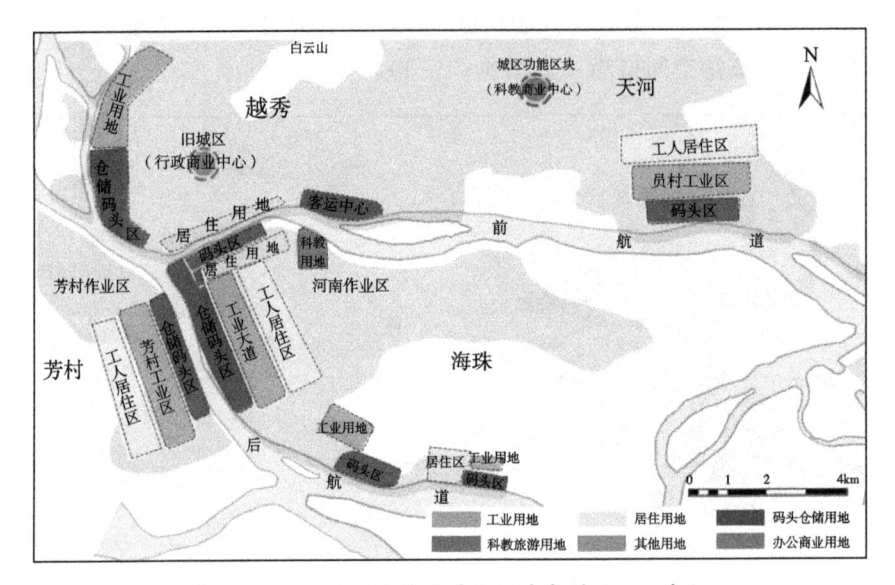

图8－1－4　内港区临港地区用地类型（1995年）

资料来源：参考《广州城市规划发展回顾（2006）》绘制。

目前，以珠江新城及天河体育中心为核心的CBD（广州新中央商务区）是广州新城市中心区的核心，城市中心从老城区逐渐转向新城区，建设用地沿珠江向东拓展，对原来的城区进行了改造。由于广州中心城区对工业外迁的要求及第三产业的发展，整个内港的临港地区用地类型开始转型。临港地区的工业用地减少，过去的大型工业区纷纷转型，工业大道及芳村地区的企业迁出，原来的工业用地变更成了大型住宅区，以居住用地为主，如原来的广州钢铁厂于2014年停产，规划建设广钢新城。天河一带作为广州未来的商业金融中心，工业逐步迁出，员村地区的工厂多数进行了改造或搬迁，如员村的红砖厂目前已被改造成艺术创意园。西关一带临港地区随着码头功能的转换，用地类型也发生了转变，黄沙码头周边形成水产交易市场，依托港口进行水产品的运输及中转，用地以商业及物流用地为主。海珠区沿江地区对码头进行重新开发，临港地区分布着商业、旅游及居住用地，以第三产业用地为主。总体上来说，目前临港地区用地类型呈现多样化趋势，总体以第三产业用地为主，原来的工业用地多数变更为居住用地，商业用地及物流用地在珠江以北临港地区分布较多。临港地区工业用地的减少及第三产业用地的增加与广州城区的转型有很大联系，广州城区的"三旧改造"及产业转型升级使得城区在这段时期主要发展第三产业，原先城区内的工业向郊区及广州城外转移，而第三产业的发展带动商业用地、休闲旅游用地及居住用地的增加，临港地区用地类型从以工业用地为主转向以第三产业用地为主（见图8-1-5）。

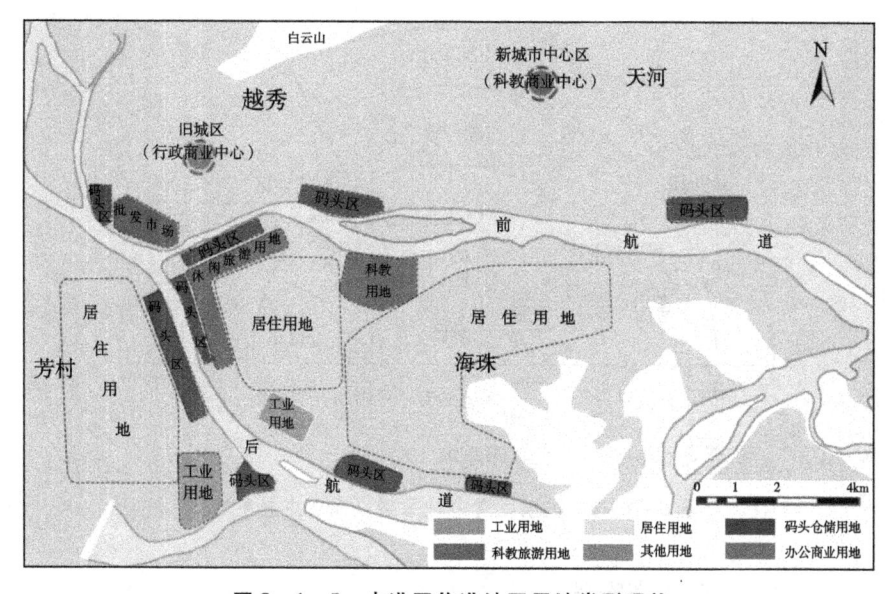

图 8-1-5 内港区临港地区用地类型现状

资料来源：根据 google 地图（2015）绘制。

四 港－城空间关系模式

广州自古以来都是我国重要的港口城市，港口码头的布局对广州城市的空间形态及产业布局产生很大的影响。通过对广州内港区港口码头、临港产业以及临港用地的分析可知，广州内港区的港－城空间特征表现为内港地区随着城市规模的扩张，逐步纳入城区范围。港口发展影响了城市的空间格局，内港区港－城空间关系模式演变大致经历了商业主导、工业主导以及商业休闲主导这3个发展阶段。

（一）商业主导阶段

新中国成立以前，内港地区的发展属于商业主导阶段。在这段时期，广州仍是以传统商业为主导的城市，商业在整个港区及临港地区占据了重要地位。在港区外围，受外资进入广州的影响，商业区可分为传统商业区及外资商业区，集中在珠江以北地区。传统商业区外围对应行政中心及传统居住区，外资商业区外围是外国商人居住区。除商业区以外，工业大多布局在港区外围的仓储区之外，利用港口码头及仓储区实现货物的储运（见图8-1-6）。

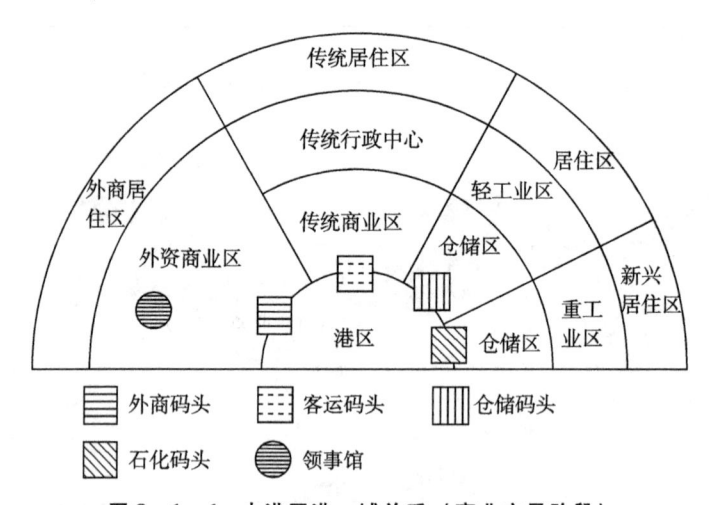

图8-1-6 内港区港-城关系（商业主导阶段）

（二）工业主导阶段

新中国成立以后，广州大力发展工业，临港地区由于交通运输便捷的区位优势，工业发展迅速，逐步形成了以工业为主导的港-城空间关系。工业区为了充分利用港口的交通便捷及仓储优势，与港口及仓储区临近布局，为工业区配套服务的居住区分布在工业区外围。传统的商业区及新兴的商业区因港口的优越交通区位条件也分布在港口周围，行政中心及传统居住区与港口联系相对不紧密，距离港区较远。靠近沿江码头的地区分布着少量休闲游憩区，科教区分布在临港居住区（见图8-1-7）。

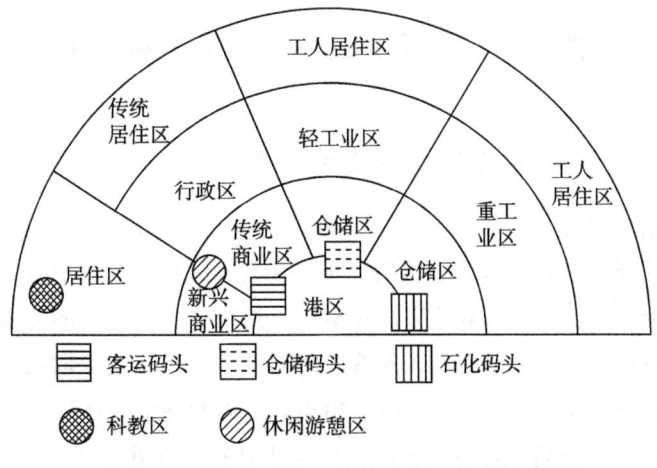

图 8-1-7　内港区港-城关系（工业主导阶段）

（三）商业休闲主导阶段

目前，随着城区的旧城改造及"退二进三"，工业逐步退出临港地区，第三产业再次成为主导产业。工业区在部分临港地区有所保留，靠近港口及仓储用地。商业区及旅游休闲区靠近港口码头，依托港口码头的休闲观光旅游功能推动商业及旅游业的发展。居住区与港区关系紧密，随着滨水区的开发及土地的"退二进三"，临港地区分布着大量居住区。除此之外，港口码头产业转型使得批发市场与仓储区相连，与港区形成紧密的联系（见图8-1-8）。

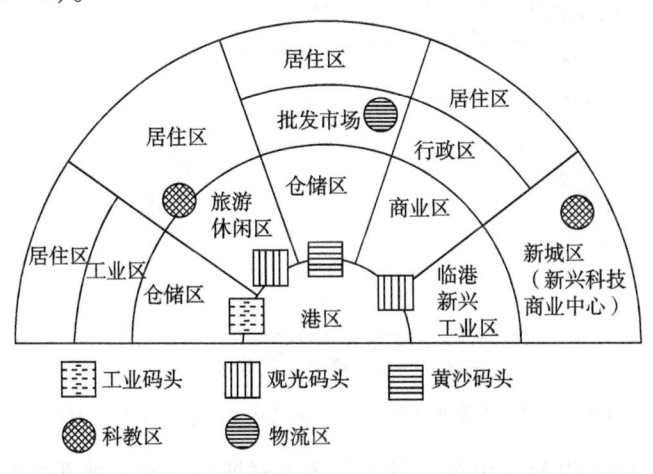

图 8-1-8　内港区港-城关系（商业休闲主导阶段）

第二节　黄埔港区港-城关系演化

一　码头泊位设施区位演化与布局

黄埔港在发展过程中，由于岸线及航运条件的变迁，在区位上经历了数次转移。扶胥港（黄埔港）自两晋时期开始发育，唐代空前繁盛，明代因航道淤积被废弃，清朝又得到复兴。在清朝，到广州进行贸易的外国商船基本经黄埔外港进出。鸦片战争后，随着广州的港口地位被上海取代，黄埔港日渐衰落，码头逐年淤积，严重影响了船舶的进出和停泊。1874年，黄埔港搬迁至长洲岛（黄埔岛）北端，仍沿用黄埔港旧名。民国时期，民国政府于鱼珠附近建设深水码头，为黄埔新埠，即如今的黄埔老港区。

民国时期，黄埔老港区的码头约400米，铁路支线、公路及简易飞机场改善了黄埔港的交通运输。抗日战争胜利后，民国政府为了赢得内战，将黄埔港作为军事运输港，港口受到很大破坏。

新中国成立初期，黄埔港于1950年重新开港，仍位于黄埔老港，到1966年，黄埔港拥有5个万吨级码头泊位，码头岸线1439米（见图8-2-1）。

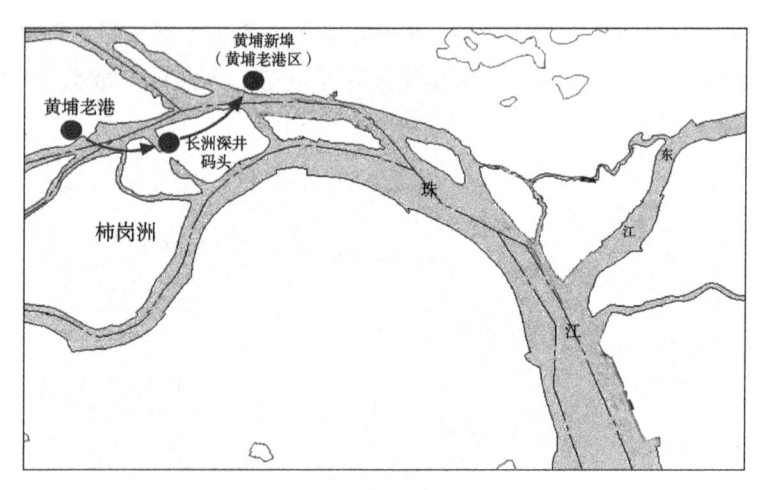

图8-2-1　黄埔港区区位变迁

资料来源：参考《图说城市文脉——广州古今地图集》（2010）绘制。

到20世纪70年代中期，黄埔港区由黄埔老港及黄埔新港组成。黄埔新港位于珠江下游东江口的墩头基，建有墩头基码头，拥有 5 个万吨级深水泊位以及 7 个驳船泊位，黄埔港区的范围向南扩张，进一步向出海口靠近（见图 8－2－2）。

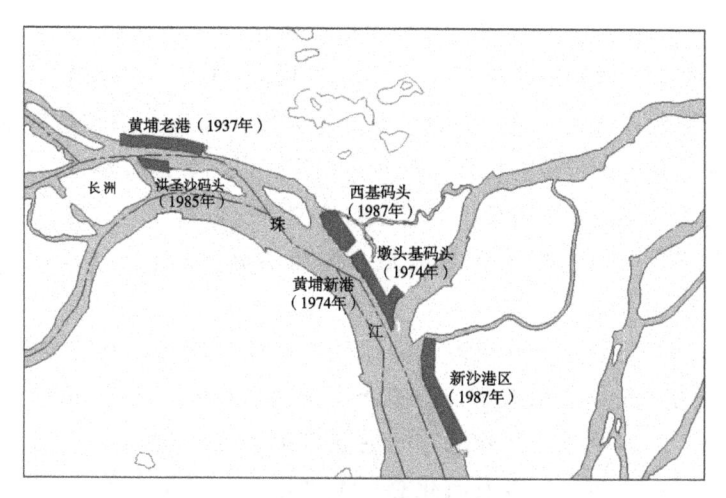

图 8－2－2　黄埔港区码头空间拓展

资料来源：根据《广州港岸线利用规划图》绘制。

改革开放初期，随着广州对外贸易的发展，广州的航运业发展迅速，黄埔港区获得了很快的发展。黄埔老港附近兴建了洪圣沙转水码头，黄埔新港的墩头基码头拥有 11 个万吨级深水泊位，其中两个为集装箱专业码头，新建的西基码头作为煤炭运输专业码头。

目前，黄埔港区包括黄埔老港码头、文冲船厂码头、鱼珠木材厂码头、西基煤炭码头、黄埔油库码头以及新港码头等。鱼珠到文冲船厂西段以及长洲岛（包括洪圣沙）属于黄埔老港区，文冲船厂到建翔码头一带属于黄埔新港作业区。

在空间上，随着船舶的大型化发展及航运对深水港的需求，黄埔港区的码头建设不断向深水方向迁移。在功能上，随着国际航运业的发展，黄埔港区的码头逐步向专业化和集装箱码头发展。总而言之，黄埔港区的码头逐步向深水化、专业化及现代化发展，以内贸集装箱运输为主，形成新、老港区码头分工协作的空间格局。

二　临港产业发展的空间布局与特征

古时黄埔地区距离城区较远，黄埔港的发展带动了周边地区的产业发展。鸦片战争以前，黄埔港的临港产业以船舶业为主，黄埔岛（长洲岛）设有泥船坞，从事修船的船匠大部分为周边乡村的村民，形成以血缘和家庭为基础的垄断性行业。

鸦片战争以后，外国商人开始在黄埔开办船厂，到19世纪60年代，黄埔的外资船舶修造业达到鼎盛，有香港黄埔、旗记、高格森、高阿以及于仁5家大船坞公司。这个时期，黄埔港是整个华南船舶修造业的中心。随着后来广州内港地位的提升，黄埔港地位衰退，黄埔临港地区的船舶修造业也逐步衰落。民国时期，黄埔港的地位出现短暂提升，但由于局势动乱，船舶修造业没有得到很好发展，黄埔港周边地区的临港产业发展缓慢。

新中国成立初期，黄埔港临港地区依托港口优势，重工业获得迅速发展，成为广州以重化工业及船舶修造业为主导的重工业基地。在重化工业方面，黄埔临港地区作为广州的新型工业区，建有广州化工厂、珠江冶炼厂、广州氮肥厂以及石化总厂等重化工业。作为具有明显运输指向性的产业，重化工业临近黄埔港布局，明显减少了转运环节，缩短了运输距离，从而降低了物流成本。在船舶修造业方面，依托黄埔港的深水条件，在文冲地区建有广州船舶修造厂（即后来的文冲船厂），在长洲岛布局了黄埔造船厂，为港口航运业的发展提供相应支撑与服务。在这段时期，受重工业发展战略的影响，广州将黄埔地区作为重工业发展地区，黄埔地区凭借黄埔港的优势发展重工业，成为计划经济时期广州东部的重工业基地。

改革开放后，黄埔临港地区的产业以重化工业及物流业为主。受城市沿珠江向东往黄埔发展的影响，临港地区的重化工业进一步发展。石油化工企业的原料输入依赖海运，因此黄埔临港地区的重化工企业不断发展，新建了广州乙烯厂等石化企业，形成了石油化工企业集聚区。同时，工业企业的货物通过黄埔港实现储运，临港物流业成为黄埔临港地区的主要产业之一，黄埔区发展成广州市最大的港口物流基地。

20世纪90年代，广州经济技术开发区的发展促进了黄埔临港地区"前港后厂"格局的形成。广州经济技术开发区位于黄埔区东部，而黄埔新港位于广州经济技术开发区的西南侧。广州经济技术开发区依托黄埔港区及新沙港区，发展成吸引和集聚现代工业，以利用外资及出口创汇为主的现代临港工业区，形成了"前港后厂"的产业格局。除了重化工业，汽车制造产业也成为黄埔临港地区的支柱产业之一，广汽本田汽车有限公司设在黄埔横沙，依托港口实现汽车零部件的配送及销售。黄埔临港地区形成了广州东部的工业产业带。

2000 年以后，随着广州城市发展的向南拓展，在港口码头深水化和港口区域竞争的驱动下，更靠近出海口的南沙地区成为广州港发展的重点。黄埔港区的旧港及新港距离出海口较远，在港口活动重心向南沙地区转移的背景下，货物处理量增速开始放缓。特别是黄埔老港区，许多临港产业的企业总部搬离。黄埔港区临港产业开始转型升级，虽然汽车产业及石化产业仍占较大比重，但临港商务及港口物流业等现代服务业发展迅速，临港地区的第三产业的比例稳步提升。黄埔国际物流园区已发展成广州三大物流园区之一，宝供物流和南方物流等大型物流企业进驻，港口为物流发展提供转运服务。同时，一些港口码头开始探索依托水运优势发展专业批发市场和物流业。例如，鱼珠木材市场靠近鱼珠码头，前身是鱼珠木材厂，2001 年转型为木材批发市场，依托港口码头为木材市场提供物流、货物装卸、仓储等服务，逐步发展成了全国有名的木材批发集散地。此外，黄埔港区的旅游业及创意产业发展较快，黄埔古港附近的黄埔古村凭借古港历史底蕴开发成为旅游景点。由此可见，黄埔港已由原先传统、单一的运输功能转向发展第三方物流，带动临港地区第三产业的发展。临港地区形成了以石油化工、电力、汽车等制造业为基础，物流批发业及临港商务快速发展的综合产业体系。

三 临港地区的土地利用与城市空间结构特征

1949 年以前，广州市的城区主要位于老城区以及内港区的临港地区，包括西关、芳村及河南地区等。黄埔区位于广州市东部，距离中心城区的空间距离较远，因黄埔港的发展而不断发展。1949 年前的黄埔临港地区建设用地较少，土地利用以仓储码头用地及工业用地为主，与港口码头的发展联系密切。工业用地主要是船舶修造业用地，分布在长洲岛及黄埔港附近的文冲地区，为码头航运业提供服务。仓储码头用地临近港口码头布局，为港口航运提供储运服务。居住用地分布在长洲岛附近及港口码头后方的外围地段，并形成了黄埔村等独立居民聚集地。总体上来说，黄埔临港地区的用地结构受港口码头的影响较为明显，仓储码头用地和临港工业用地占较大比重，外围地区则形成了配套的居民点

（见图8-2-3）。

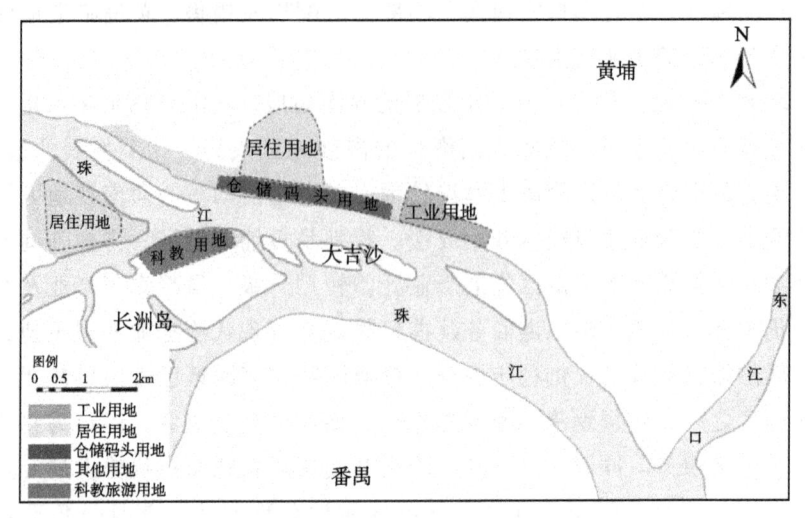

图8-2-3　黄埔港区临港地区用地类型（新中国成立以前）

资料来源：参考《图说城市文脉——广州古今地图集》（2010）绘制。

新中国成立初期，在变消费城市为工业城市战略的驱动下，黄埔港地区成为广州发展工业的重点区域，借助黄埔港的运输优势，临港型工业获得较快发展，成了广州重要的工业基地。所以，从用地结构来看，黄埔临港地区用地以工业用地及仓储码头用地为主，工业用地主要集中分布在长洲岛、文冲以及鱼珠地区。工业用地主要用作船舶修造业及重化工业，船舶修造业用地分布在长洲岛及文冲地区，重化工业主要分布在鱼珠地区。总体上来说，由于重工业的发展，黄埔临港地区从沿江到港口码头后方地区依次布局着码头仓储用地及工业用地，相配套的居住用地在外围布局，形成了"港区－仓储区－工业区－生活区"的前港后厂式临港地区用地结构（见图8-2-4）。

改革开放后，广州城区范围逐渐扩大，并沿珠江朝东向黄埔方向拓展。黄埔港地区用地呈带状分布，用地类型仍以工业用地及仓储码头用地为主，建设用地相对较为分散，仓储码头用地及工业用地基本沿珠江分布，住宅用地集中分布在珠江以北的地区，新建的黄埔新港周边主要为仓储用地。总体上来说，这段时期黄埔新港与黄埔旧港在空间上有所分隔，建设用地不连续。黄埔旧港发展时间较长，集中了主要的工业用地、仓储用地及居住用地，形成以港口码头的仓储用地为依托，居住用地配套服务

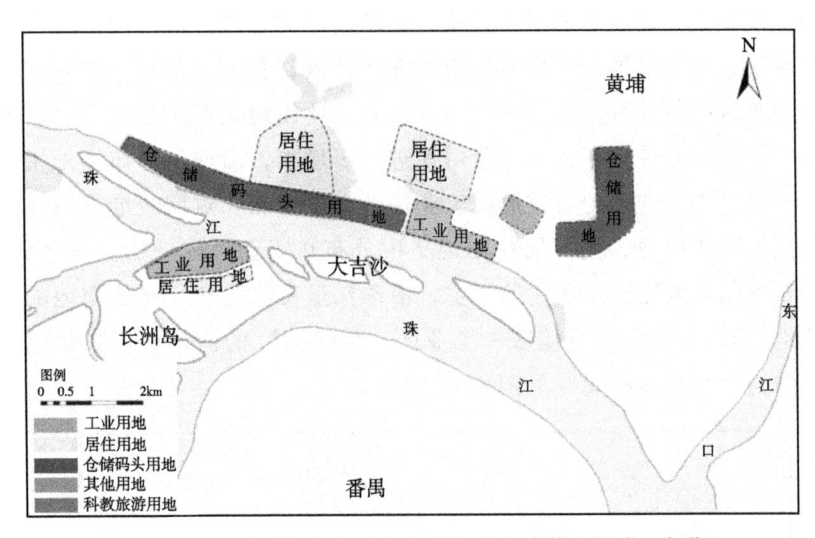

图 8-2-4　黄埔港区临港地区用地类型（新中国成立初期）

资料来源：参考《广州城市规划发展回顾（2006）》绘制。

的黄埔工业区。黄埔新港处于新开发阶段，周边建设用地较少，主要是仓储用地配套分布（见图 8-2-5）。

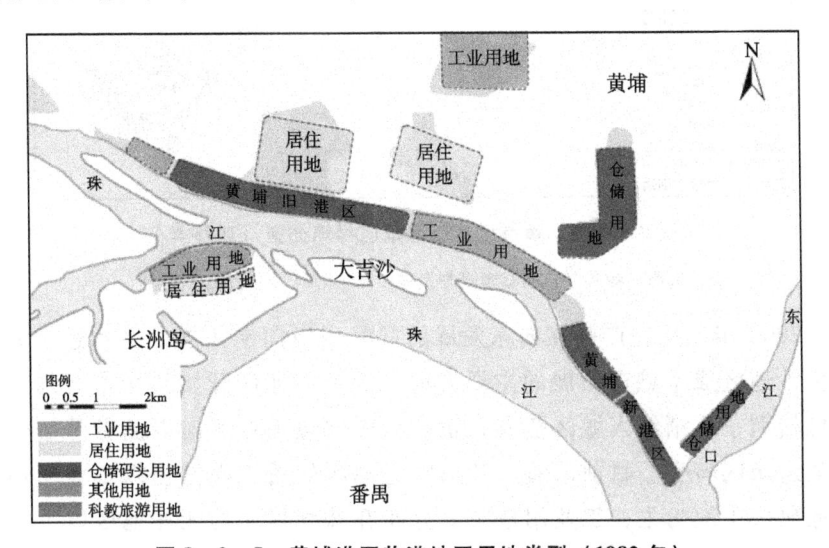

图 8-2-5　黄埔港区临港地区用地类型（1982 年）

资料来源：参考《广州城市规划发展回顾（2006）》绘制。

20 世纪 90 年代，广州的城市发展方向仍以向东拓展为主，黄埔地区成为城市发展的重点地区。广州城区的范围进一步扩大，在沿珠江往东的城市拓展轴上，建设用地发展较快。黄埔新港的建设、广州经济技术开发区的开发，进一步推动了广州城市的向东拓展，黄埔区港口、临港工业以及港口物流获得较快发展，导致临港地区工业用地快速扩张。黄埔旧港临港地区仓储用地变化不大，工业用地进一步增加，沿珠江分布多处工业用地，离港口码头较远的后方地区工业用地亦有增加。黄埔新港临港地区用地开始以工业用地为主，居住用地集中分布在工业用地外围。总体而言，整个黄埔临港地区以工业用地为主，沿珠江呈带状分布，居住用地配合工业用地布局，"港区－仓储区－工业区－生活区"的前港后厂式临港地区用地结构没有明显改变（见图8－2－6）。

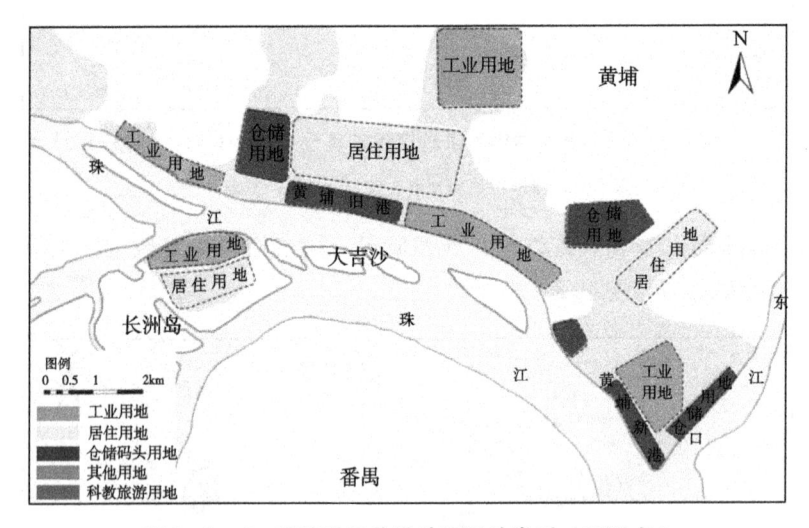

图8－2－6 黄埔港区临港地区用地类型（1995年）

资料来源：参考《广州城市规划发展回顾（2006）》绘制。

2000年以后，广州在向东发展的同时积极向南拓展，更靠近出海口的南沙地区成了城市拓展的主要方向，而黄埔地区开始从城市近郊区向城区转型，逐渐纳入城区范围，正在从城郊重工业区向以商务及居住为主的新城区转变。目前来看，黄埔临港地区的用地类型仍以工业用地及仓储码头用地为主，工业用地主要分布在珠江以北的文冲地区以及黄埔新港后方区域，并不断向北、向南扩展。物流用地主要分布在黄埔大道与黄埔港一带以及黄埔新港一带，是黄埔国际物流园区的组成部分，用地分布与黄埔港区紧密联系。同时，专业市场用地与物流用地相配合，主要有钢材专业市场及木材专业市场等分布在鱼珠等地区，借助港口运输开展专业物流。而居住用地在鱼珠及文冲地区分布较为集中。从总体上来说，一方面，黄埔临港地区的工业用地占主要地位，形成"港区－仓储区－工业区－生活区"的用地形式；另一方面，黄埔国际物流园区的建设促进了临港地区物流批发等商业用地的快速拓展，形成"港区－仓储区－物流区－批发市场"的用地空间布局。此外，黄埔古港与黄埔军校的历史及旅游价值被挖掘，黄埔军校旧址及黄埔古村发展成休闲旅游用地（见图8－2－7）。

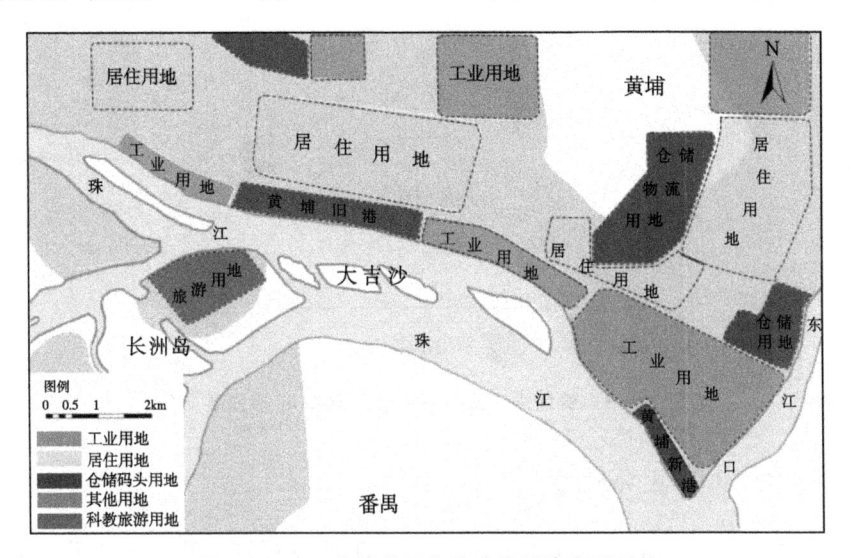

图8－2－7　黄埔港区临港地区用地类型现状

资料来源：根据google地图（2015）绘制。

四　港－城空间关系模式

广州城市拓展与黄埔港的发展具有明显的关联性。在古代，广州以内港码头为主，黄埔外港作为对外贸易的窗口，发展成广州近郊区的重要商业重镇。到了近现代，随着黄埔港的发展，广州城区的范围明显向东拓展。黄埔地区的港口发展进一步带动城市的扩张，导致港－城空间关系不断演化。黄埔港区的港－城空间模式经历了港城初始发展阶段、工业主导阶段以及综合化发展阶段的发展过程。

（一）港城初始发展阶段

新中国成立以前，黄埔港区与中心城区的空间距离较远，虽然因港口的兴盛而发展起来,但其并未被纳入城区范围,港口与城区分离。广州的港口发展以内港为主,黄埔港区与城市在用地及产业方面的联系均较为松散。在这段时期,黄埔地区主要在靠近港口码头的沿江地带分布少数船舶修造业,船舶修造区与港区形成产业联系,在周边分布着少数居民聚集点,黄埔军校的建立与发展使得部分临港地区成为科教区。因此,黄埔临港地区距离中心城区较远,而本地的城市功能组团又发育不足,这导致港－城空间结构相对简单(见图8－2－8)。

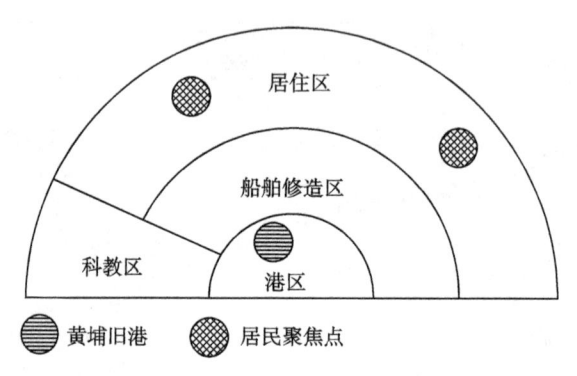

图8－2－8 黄埔港区港－城关系(港城初始发展阶段)

(二)工业主导阶段

新中国成立以后,黄埔港区被确定为工业发展区,重点发展重工业,港口与城市的联系主要是由于临港工业的发展而逐步得到加强的,其他产业的发展相对较慢。改革开放后,黄埔新港的建设、广州经济技术开发区的开发,进一步促进了黄埔港后方地区的工业的发展,逐步形成了"前港后厂"的港－城空间形态。在这段时期,黄埔港临近区域以工业为主导,分布多处工业用地,而居住用地集中在工业用地的外围。总体而言,整个黄埔临港地区以工业用地为主,沿珠江呈带状分布,居住用地配合工业用地分布,形成"港区－仓储区－工业区－生活区"的空间结构。作为重点发展工业的区域,临港地区的其他产业发展较慢,生活配套设施不够完善,整个港区服务于工业的发展,相比中心城区而言,更多地表现为大工业区特征(见图8－2－9)。

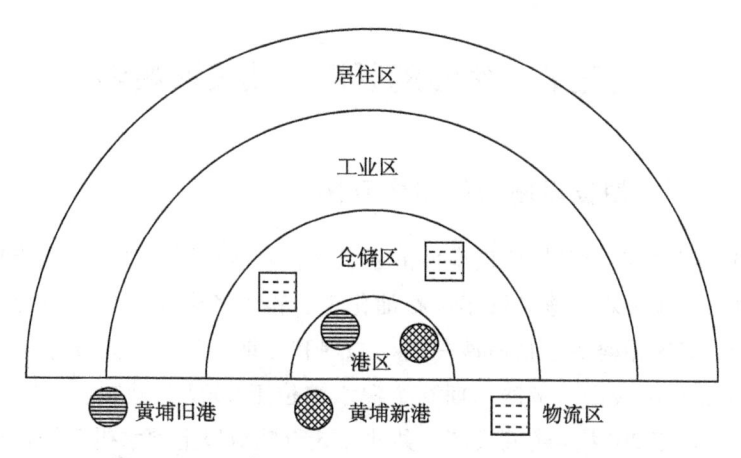

图 8-2-9　黄埔港区港－城关系（工业主导阶段）

（三）综合化发展阶段

2000年以后，城市的"东进"战略进一步推动了港口及其临港产业的不断发展，黄埔地区与城市的空间关系更加紧密，向港－城融合的方向发展。在这段时期，黄埔临港地区以工业及物流业为主，港区外围分布许多工业区及物流园区，形成了"港区－仓储区－工业区－居住区"与"港区－仓储区－物流区－批发市场－居住区"两种空间结构相结合的港－城空间关系模式。同时，随着城区范围的扩展，黄埔临港地区的城市功能不断发育成熟，居住区周边出现了旅游区及商业区等城市功能区域，黄埔港区的港－城空间关系逐步向综合化的方向演进（见图8-2-10）。

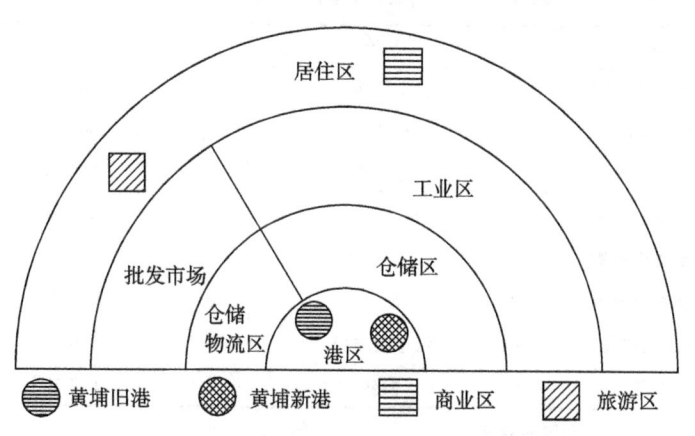

图 8-2-10　黄埔港区港－城关系（综合化发展阶段）

第三节 南沙港区港-城关系演化

一 码头泊位设施空间布局演化

自 2000 年广州开始建设南沙港区以来，南沙地区的港口码头设施建设快速推进，集装箱、滚装汽车、石油化工、粮食和通用等码头泊位相继建成投产。集装箱码头包括南沙一期、二期和三期，南沙一期 4 个深水泊位于 2004 年建成投产，南沙二期 6 个深水泊位于 2007 年建成投产，南沙三期 2 个泊位于 2014 年建成投产，共建成 5 万吨级以上深水码头泊位 12 个。石油化工码头包括建滔化工码头、港发石化码头和小虎石化码头，建滔 5 万吨级化工码头于 2002 年建成投产，以石油、化工品、液化石油气装卸为主的港发石化码头于 2004 年投产，小虎石化工业区的液体化工类码头于 2006 年建成投产，形成了大规模的石油化工吞吐装卸能力。沙仔岛汽车滚装船码头于 2006 年建成投产，包括 2 个汽车滚装船专用泊位、1 个多功能用途泊位，成为国内规模最大、设施条件最好的滚装船码头之一，已经成为华南地区最具规模和影响力的内贸汽车枢纽港。南沙粮食通用码头于 2012 年全面建成投产，成为珠三角地区重要的粮食物流基地。经过 10 多年的开发建设，广州南沙港区已初步形成以集装箱、石油化工、汽车为主的专业化深水码头空间体系（见表 8-3-1）。

表 8-3-1 南沙港区港口码头设施情况

码头	功能	建成投产年份
南沙一期 NCT	集装箱	2004 年
南沙二期 GOCT	集装箱	2007 年
南沙三期	集装箱	2014 年
建滔化工码头	石油化工	2002 年
港发石化码头	石油化工	2004 年
小虎石化码头	石油化工	2006 年
沙仔岛滚装码头	汽车滚装船	2006 年
南沙粮食码头	粮食	2012 年

资料来源：根据网络资料整理。

南沙港区港口码头设施的建设起点高、标准高，明显具有专业化、深水化的特征。石油化工、汽车滚装箱等专业码头的建设，直接与港口后方的产业发展需求相联系，具有明显的港区联动的特点。南沙港区的码头泊位均为 5 万吨级以上的深水泊位，能更好地满足船舶大型化背景下的国际远洋运输需求，码头泊位的深水化发展，使得广州港真正实现了由河口港向现代化海港的转变。在港航业纵向一体化发展需求的驱动下，马士基、中远集团、中海集团等航运企业都已通过参股形式与广州港集团共同参与南沙港区的港口码头建设，中海集团通过中海码头发展有限公司参与南沙一期（NCT）的经营管理，中远集团、马士基集团则共同参与南沙二期（GOCT）的经营管理，这为南沙港区发展国际远洋集装箱运输提供了强有力的支撑和保障，将有力地推动南沙港区的发展。从南沙地区已建成的港口码头设施来看，空间上均分布在南沙区东侧的珠江口狮子洋、虎门水道沿岸。根据南沙港区的中长期发展规划，港口码头设施将逐步向蕉门水道、龙穴南水道西岸以及洪奇沥水道拓展布局（见图 8-3-1）。

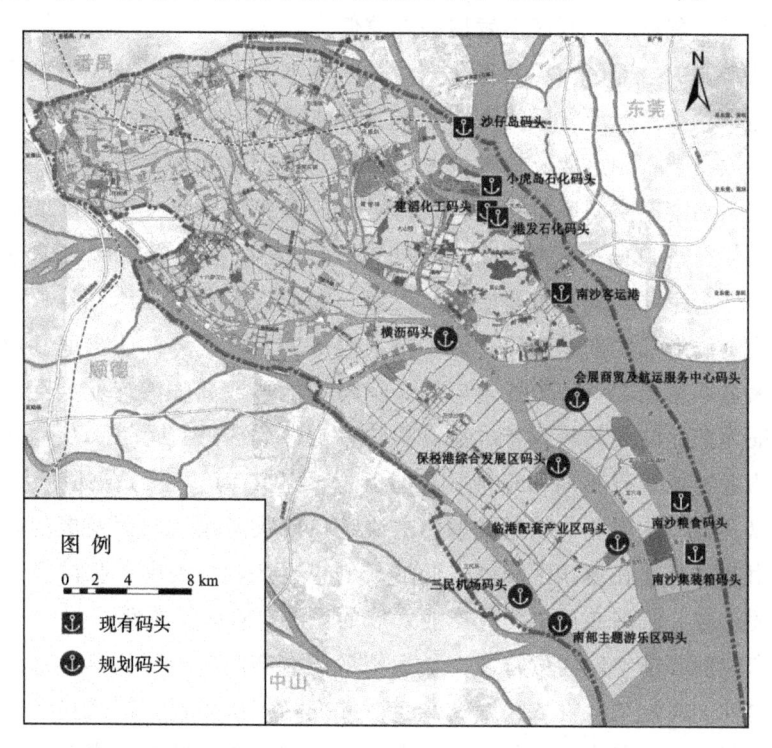

图 8-3-1　南沙港区港口码头空间分布

二 临港产业发展的空间特征

经过 10 多年的发展，南沙新区的临港产业已初具规模，成为华南重要的核电装备制造业基地、国家汽车及零部件出口基地和国家三大造船基地之一。2012 年，先进装备制造业、船舶制造业、化工制造业三大产业实现产值为 1194.6 亿元，占全区工业总产值的 56%。港航物流业发展迅猛，南沙港区 20 多个 5 万~10 万吨级深水码头建成投产，2013 年港口货物吞吐量为 2.09 亿吨，集装箱吞吐量为 1032 万标箱。

（一）产业空间特征

进入 21 世纪以来，南沙区产业取得了跨越式的发展，但从空间特征来看，产业发展在空间上比较分散，集聚发展程度不高。加工制造业方面，南沙区形成了 10 来个小规模的加工制造业集聚区，空间上呈无序、分散的状态。石化产业在小虎岛、南沙岛、万顷沙都有分布，形成了 5 个小规模的集聚区，集群化、园区型发展程度较低。

从产业的空间区位类型特征来看，临港型产业在南沙产业发展中占据重要地位。南沙产业发展类型主要包括粮食产业、普通加工制造业、石油化工产业、装备制造业、钢铁产业、高新科技产业和物流产业等，大部分产业具有临港型空间区位特征，具体可进一步细分为直接利用岸线资源的产业和依托港口码头运输功能形成的产业。利用岸线资源形成的临港产业，表现为岸线构成其重要的生产要素，如龙穴岛造船基地就是典型的利用岸线资源形成的产业布局，深水岸线码头的资源优势，使得南沙成了我国三大造船基地之一。依托港口码头运输功能形成的临港产业类型，其主要特征为产业的原材料或者成品需要依赖港口码头进行运输，从而在港口码头临近地域进行布局而形成的产业区位类型。南沙区的石油化工产业、钢铁以及港口物流业，就是典型的围绕港口码头运输功能而发展的临港产业。由此可见，在南沙区现已发展形成的主要产业门类中，临港型产业占据重要地位，临港布局成为其产业发展的重要空间区位类型。

产业的临港空间区位特性，导致南沙产业空间布局明显具有江岸、码头指向性。对港口运输依赖度高的企业往往沿江岸布置，甚至自建业主码头，实现企业与码头一体化布局。南沙区目前已初步形成小虎岛及周边区域、龙穴岛及周边区域两大临港产业集聚发展区。小虎岛及周边区域布局的港口码头包括小虎石化、建滔石化、港发石化、沙仔岛滚装箱等码头以及珠江电厂业主码头,围绕这些码头形成了小虎石化基地、沙仔岛汽车商贸物流、石油及化工产品物流、珠江电厂等临港产业布局。其中,珠江电厂为了便于大规模的煤炭运输,修建有专用的业主码头。龙穴岛及周边区域布局的码头设施包括南沙粮食码头、南沙集装箱码头等,依托深水岸线及码头资源在周边地区形成了龙穴岛造船基地、集装箱港口物流、钢铁产业、出口加工区等临港产业布局。造船基地表现为直接对岸线资源的利用,其他产业则主要依托港口码头的运输功能而相应地选择临近港口码头的地域进行布局,从而形成临港型产业经济区(见图8-3-2)。

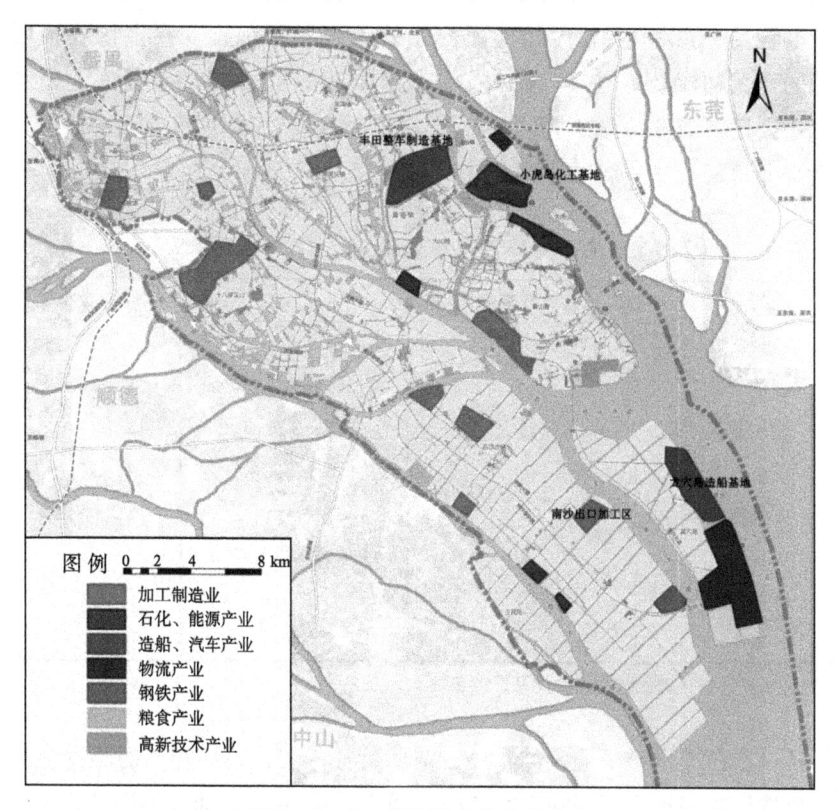

图8-3-2 南沙区产业空间分布

资料来源:根据《广州南沙新区城市总体规划(2012~2025)》图件改绘。

(二)企业空间特征

根据南沙企业建设局对南沙产业园区及产业集聚区的摸底调查材料,

共收集统计518家企业的资料,根据企业从事行业、主要产品以及产品的内外销比例(在行业的基础上,再考虑企业原材料、产品是否依靠港口进出口),可以大致确定其中有81家企业属于临港型企业,占全部企业数的15.6%。从临港型企业所属的行业特征来看,南沙区临港型企业以石油化工、商贸物流和船舶制造为主,分别有35家、19家和13家,占临港型企业总数的43.2%、23.5%和16.0%。从南沙区临港型企业所处产业园区或镇街来看,主要集中在小虎化工区、南沙保税港区物流园、龙穴街、新安工业园、坦头工业园区等几大园区,这些园区和镇街均沿岸码头附近地区或与港口码头较为临近的港口后方区域。小虎化工区形成的石油化工产业集群包括27家企业,占临港型企业的33.3%;南沙保税港区物流园内布局的商贸物流企业达12家,占临港型企业的14.8%;新安工业园和坦头工业园区各有9家临港型企业;龙穴街为南沙深水港码头所在地区,临港型企业也较为集中地布局(见表8-3-2)。

表8-3-2 南沙区临港型企业基本情况

行业	企业数(家)	园区/镇街	企业数(家)
机械制造	4	南沙保税港区加工区	3
石油化工	35	南沙保税港区物流园	12
船舶制造	13	新安工业园	9
电力	3	小虎化工区	27
钢铁	1	坦头工业园区	9
粮油	2	中船龙穴造船基地	4
商贸物流	19	龙穴街	10
其他	4	其他	7

资料来源:根据南沙区企业建设局资料整理。

从南沙区临港型企业具体布局的空间特征来看,不同行业的临港型企业在区位选址时表现出不同的空间特征(见图8-3-3)。通过临港型企业的公司名称和详细地址这两个属性在百度地图上获取其经纬度信息,然后使用地理信息系统专业软件Arcmap将这些公司位置生成点文件,可直观反映临港型企业布局的空间特征。从总体上来看,非临港型企业在布局时主要考虑城市服务配套,选择临近城市或镇街服务中心布局,空间分布相对较为均匀。临港型企业公司一般在临海或临江方便货物海上运输的区域,以码头为中心形成集群式布局，空间分布相对非临港型企业而言，非均衡集聚的特征明显。具体而言，石油化工、物流和船舶制造等临港型企业与港口码头的空间距离较近，表现为紧密型的空间布局特征，形成了临港石化产业集群和临港物流产业集群。大型石油化工企业由于其主要原料（原油）必须依赖石化专业码头进行运输，从而选择在毗邻石化专业码头的后方区域布局，其他与这些核心企业存在上下游产业链条关系的中小企业为了降低运输和交易成本，也选在核心企业周边布局，从而在港口码头后方形成了临港型石化产业集群。临港物流产业集群的形成，主要是由于这类临港型企业本身就是港口物流的一个环节，或者是与港口运输、物流存在直接的业务联系，为了便于业务联系、获得竞争优势而直接选择在港口码头后方的物流园区进行布局，或是选择在临近港口码头的地区进行布局，从而形成基于服务链条关系的临港型企业集群。其他机械制造、钢铁、粮油等临港型企业与港口码头的空间距离相对较远，虽在原料或产品运输时明显依赖港口码头，但通过其他路上交通运输可与港口实现交通联系，空间区位选址相对较为自由，表现为较为自由的空间布局特征。

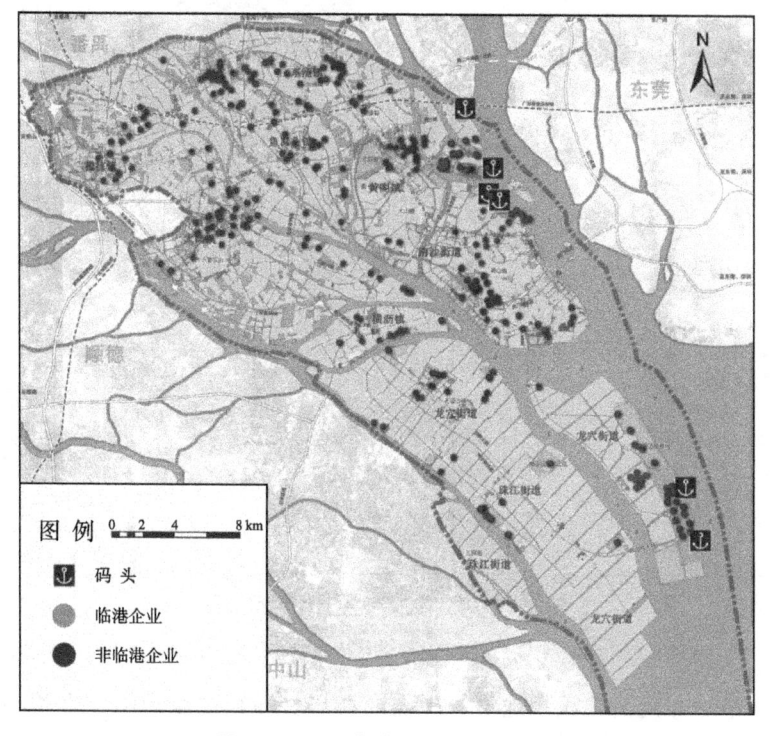

图 8-3-3 南沙区企业空间分布

三 临港地区的土地利用空间结构特征

(一) 土地利用空间特征

由于产业发展空间布局比较分散，南沙区现有用地中建设用地的空间分布也比较分散，呈现比较零散的斑块状分布，没有形成较大规模的成片建成区。但从总体上看，南沙区现有建设用地明显具有沿江岸布局的特征，不少建设用地斑块均沿江岸布局。产业用地的沿江岸布局特征更加明显，石油化工、钢铁、造船业、火电厂以及出口加工区等产业用地斑块均沿南沙区东侧的珠江口狮子洋、虎门水道沿岸布局（见图8-3-4）。

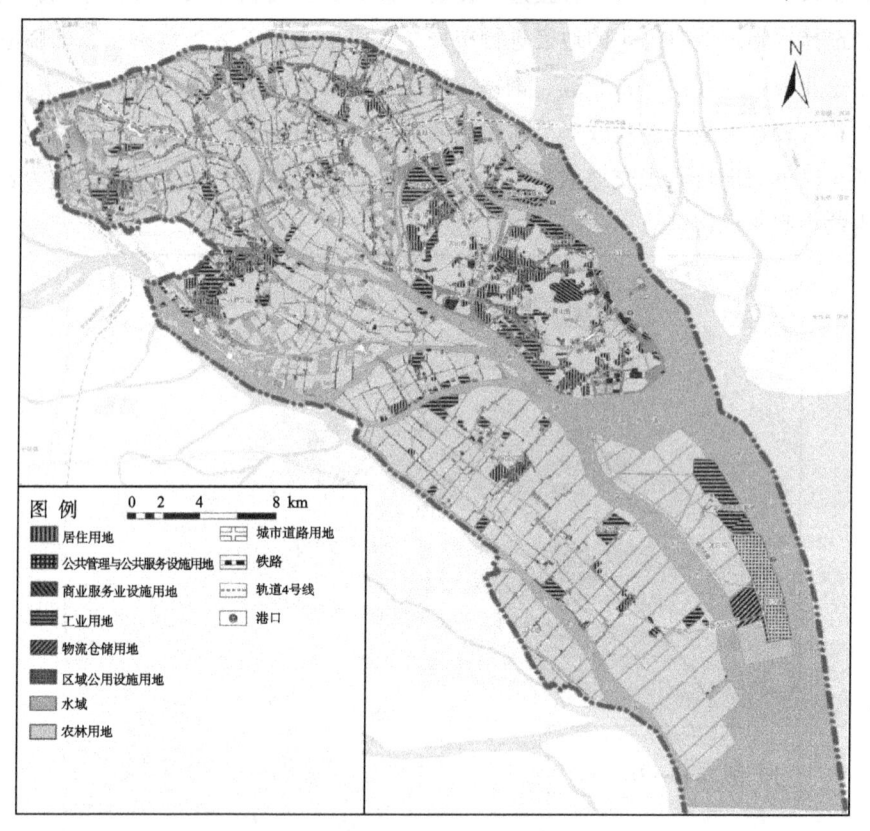

图 8-3-4 南沙港区土地利用现状

资料来源：根据《广州南沙新区城市总体规划（2012-2025）》（2013）图件改绘。

在沿岸布局的建设用地中，围绕港口码头布局的临港型产业用地成为其重要组成部分。临港产业用地类型包括3大类：岸线依托型产业用地、专用码头型临港产业用地和公用码头型临港产业用地。岸线依托型产业用地为直接利用码头岸线资源形成的产业用地类型，龙穴岛造船基地形成的产业用地即为典型，深水岸线与码头构成大型船舶修造基地的必要条件，集装箱港口（码头）物流也属于这类用地类型。专用码头型临港产业用地指某些特殊企业，因为需要通过港口码头常规性地进行大量原材料或产品运输，而建造企业专用的港口码头并形成沿岸产业用地布局，如珠江电厂（火电、燃气发电），因需要经常性的大规模煤炭运输，从而建设专用码头并沿江岸进行布局；以原油进口为主的石油仓储物流产业用地也必须直接依托专用码头，也属于这类临港产业用地类型。公用码头型临港产业用地指依托公共码头的运输功能进行区位选择形成的产业用地，这类产业用地不一定要求严格沿江（海）岸进行布局，可以在港口码头后方一定距离范围内进行布局，如钢铁产业、石油化工产业、出口加工区等产业用地，南沙龙穴岛集装箱码头后方的钢铁产业用地、出口加工区产业用地，以及小虎岛石化码头后方的石油化工产业用地等都属于公用码头型临港产业用地类型。由此可见，岸线依托型和专用码头型这两类临港产业用地，往往沿岸占用一定距离岸线资源进行布局，而公用码头型临港产业用地可以在港口码头后方一定距离范围内进行布局。

（二）城市空间结构特征

在现代工业化之前，南沙地区为典型的农业区，村庄沿河涌布局，形成了"桑基鱼田"的岭南水乡耕作模式。20世纪末期，南沙地区开始了缓慢的工业化进程，直到南沙区的成立，南沙区开发及工业化进程开始步入跨越式发展的轨道。高起点的开发、大规模的政府投入，导致了南沙地区终极标准式的基础设施建设和空间布局，大框架、大格局式的城市功能空间布局特征明显。南沙港的开发建设定位为远洋集装箱港和国际航运中心，城市主干道交通网络也表现为蓝图式的大框架格局。由于开发时间相对较短，南沙区的综合服务和商业区等城市功能区仍不成规模，商业服务业仍然处于初期发展阶段，没有明显形成具有一定规模的以行政、商业和服务配套为主的城市中心区。而基础设施的超前建设，给产业发展的空间布局提供了较大的自由选择空间，这导致南沙区产业发展的分散式布局，产业用地和产业园区总体上呈现分散的斑块状，相比城市中心区，南沙区产业用地的扩张速度较快，形成了数个具有一定规模的产业相对集聚发展的产业功能区。因此，南沙区在经历了近10年的开发建设后，总体上形成了"小城市、大产业"的城市空间结构特征。

南沙区目前的城市空间结构大体形成了北部汽车－石化产业、中部中心城区－高新技术园、南部港口物流－临港工业三大发展组团，港口码头及临港经济功能区构成了城市空间格局的重要元素与单元。中部城市组团包括综合性中心城区和高新技术产业园，中心城区涵盖行政办公、文化体育、金融商贸、生活居住等多种城市功能；高新技术产业在布局时较多考虑城市综合服务的配套，因此在毗邻中心城区的地带形成高新技术产业的集聚发展园区。从南沙区产业发展的结构特征来看，依托深水岸线发展临港工业成了南沙区发展的重要动力来源。北部汽车石化产业组团包括丰田汽车产业园及汽车商贸物流产业、石油化工产业及物流产业等，其中汽车贸易物流、石油化工及石化物流等产业功能区明显具有临港区位属性。围绕沙仔岛汽车滚装船码头，已建成南沙汽车整车进出口岸，初步成为华南地区汽车整车进出口的大通道和保税进口汽车展示贸易基地，也是华南地区最具规模、最有影响力的临港型汽车内贸基地。依托小虎石化码头，在后方发展布局了小虎石油化工产业基地，成为典型的临港型产业经济区。在建滔化工码头和港发石化码头后方，布局了石油化工产品仓储、运输功能区，成为重要的石油化工产品物流基地。南部港口物流和临港工业组团的临港经济属性更加明显，主要包括造船基地、粮食物流、集装箱物流等直接依托码头岸线资源布局的产业功能区，以及在毗邻港口码头的后方地区布局形成的钢铁产业、石油化工以及出口加工区等产业功能区，这些功能区构成了南沙区重要的临港产业功能区（见图8－3－5）。

四 港－城空间关系特征与模式

自2000年建港开始，南沙港区在广州的"南拓"战略的强力推动下，带动了众多大型港口的建设以及石化、汽车等相关临港产业的发展。南沙区在"大格局、大框架"理念的引导下，形成了"一体两翼、小城大产"的港－城空间模式。

随着南沙城市功能的不断强化，中心城区范围不断扩展。除中心城区周边形成综合商业区、综合客运港等城市功能区域外，南沙区还形成了以生产性服务业为代表的高新技术产业园区，形成了"中心城区－综合客运港－高新技术产业园区－工业区"的港－城融合模式。

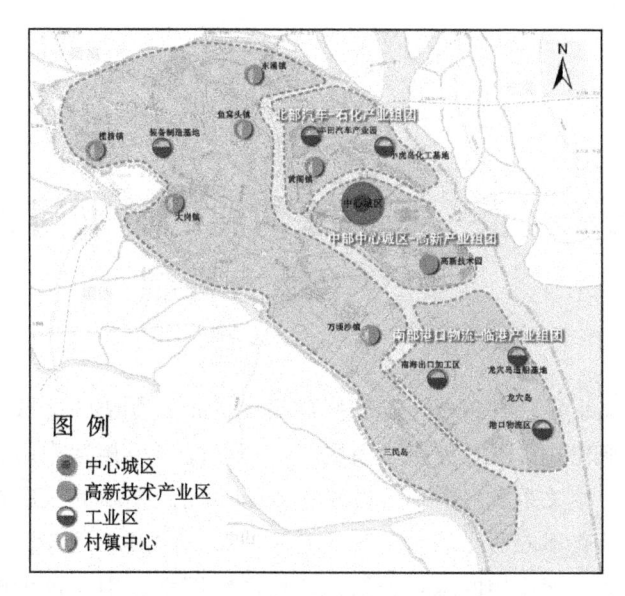

图 8-3-5　南沙港区城市空间结构

资料来源：根据《广州南沙新区城市总体规划（2012-2025）》（2013）图件改绘。

同时，南沙区南北两翼的临港地区以工业与物流业为主，临港经济带（狮子洋-虎门水道）分布着许多工业码头、工业区及物流区，形成了"港区-石化工业区-汽车制造与商贸区"与"港区-仓储物流区-出口加工区-钢铁工业区"两种空间结构模式（见图 8-3-6）。

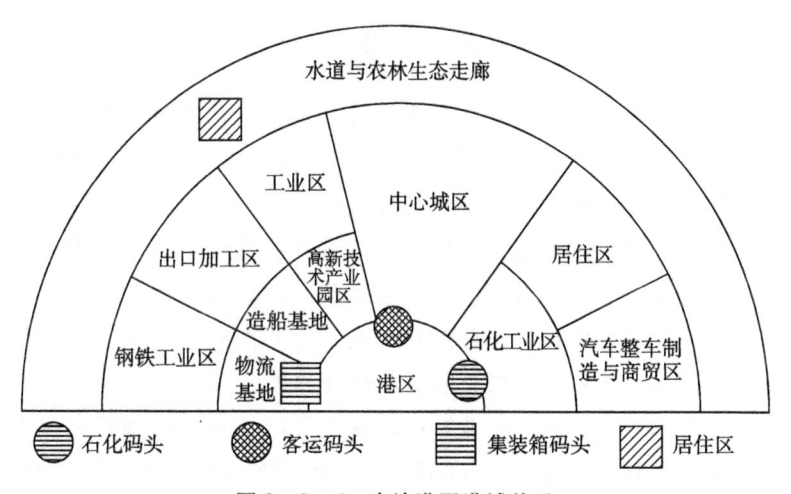

图 8-3-6　南沙港区港城关系

第九章 港-城关系演化的影响因素与动力机制

港-城关系是一种根植于不同空间尺度、多元复杂的地域系统,港-城关系发展演化是区域、港市、港区三个尺度港-城相互作用、效果叠加的结果。港-城关系发展演化的影响因素是多元而复杂的,影响因素在不同空间尺度具有不同的影响与表现,港-城关系的形成是各种影响因素在不同空间尺度发挥作用的综合结果,这些影响因素分别通过生成机制、融合机制、分离机制和自组织机制发挥作用。四大机制的综合作用,决定了多尺度港-城关系的不断发展演化。

第一节 港-城关系演化的影响因素

一 经济全球化与全球贸易

(一) 国际产业与航运重心转移

从历史上看,国际产业与航运重心处在不断转移的过程中。由于国际航运的需求直接来自产业的发展,因此产业重心与航运重心的转移在空间上具有一致性,国际航运重心始终随着国际产业重心的转移而转移。产业的发展往往会导致区域工业化和城市化进程的快速推进,从而带动产业承接区域城市体系的不断发育壮大。而航运重心的转移,也会相应地促进区域港口体系的发展。因此,国际产业和航运重心的转移过程,也是区域港口城市体系与港口体系的形成、壮大与耦合过程。

自工业革命以来,国际产业及航运重心经历了从地中海到大西洋再到太平洋的3次转移(唐秀敏,2005)。18~19世纪在欧洲发生的产业革命,形成了以伦敦、鹿特丹等城市为核心的国际航运中心;19世纪末到20世纪中期,美国经济的发展使得国际航运重心由西欧转移到了北美,纽约成为国际航运中心城市；20 世纪 60 年代以后，制造业的转移促进亚洲经济的起飞，日本及亚洲"四小龙"崛起，中国经济飞速发展，东亚地区经济的发展带动了国际航运重心向东亚转移，香港、新加坡等城市发展成新的航运中心（见图 9-1-1）。

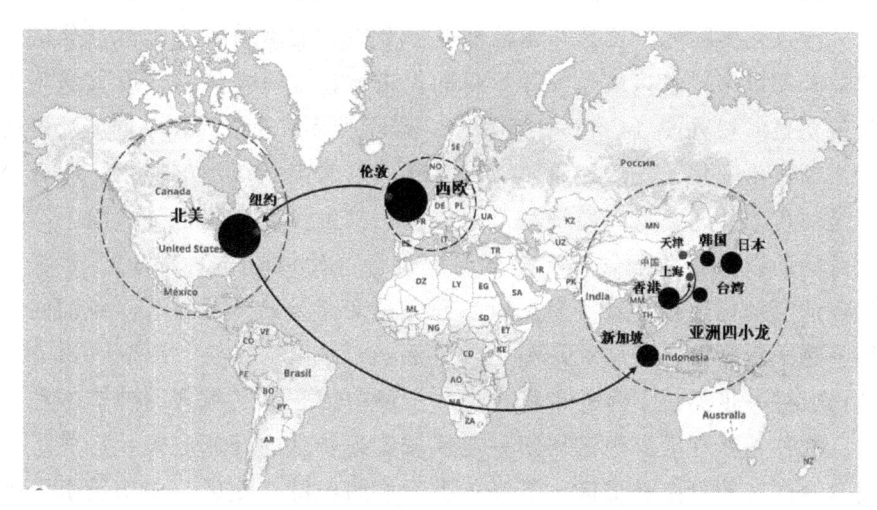

图 9-1-1　全球产业与航运重心空间迁移路径

国际产业与航运重心向东亚地区的转移，促进了大珠三角地区制造业的迅速发展，制造业的发展带动城市和港口的建设，形成了香港、深圳、广州等城市和港口等级体系。同样，广州作为大珠三角地区的中心城市，20 世纪 80 年代以来，随着国际制造业重心转移到中国，广州工业、港口迅速发展，港口为广州的国际贸易与货物运输提供了载体，城市与港口之间形成紧密的互动关系。由此可见，国际产业与航运重心的转移对区域层面城市与港口体系的耦合发展具有直接的推动作用，决定了区域港-城关系的生成与发展演化，进而也对港市层面的港-城关系的形成和演化产生直接影响。

（二）开放政策与经贸联系

一个国家或区域港口的发育和壮大，在很大程度上取决于对外开放的政策和对外经贸关系的发展。政府采取适当的促进经贸联系的开放政策，可以加快港口的建设发展，推动港口与城市空间联系的形成，为港口城市的发展提供有力的政策支持。开放政策和经贸联系对港口发展以及港-城关系的影响主要体现在两个方面：一方面城市或区域对外开放与否，是对外经贸联系及港口发育的前提条件，对外封闭的城市或者区域，其对外经贸联系较弱，对港口的需求也不会强烈；另一方面经贸联系的强弱以及方向影响港口的规模、航线方向，甚至在微观层面影响港口码头的布局，从而对港-城关系产生影响。

港口是国际远洋贸易和运输的重要节点，通常被认为是全球化的门户。长期以来，港口就是国际贸易的促进者，港口发展与国际贸易增长呈现明显的相关性（Gordon，2011）。国际经济贸易格局在不同的经济时期不断发生变化，先后经历了亚洲、欧洲与北美洲统治的时代。随着经济全球化的加速，世界经济和产业结构正发生显著变化，更多的生产和经营活动以及资源配置都在全球层面进行（Notteboom，2001）。经济和生产的全球化直接导致了海上贸易和海运交通量的迅猛增长，各国间的贸易越来越频繁，全球贸易和运输链逐步形成。"二战"以后，西方发达国家进一步加快了海外市场投资，发展中国家为了引入国外资本和技术，往往选择在沿海地区划定一定区域实施特殊的开放政策，形成了各类自由港区和自由经济区。沿海各类开放的经济功能区，成功吸引了外国资本，产业投资快速增加，区域工业化和城镇化进程快速推进。区域产业的发展刺激了对外贸易的需求，港口等运输基础设施不断发育完善，港口成为国际贸易和货物运输的中转集散枢纽，区域港口体系不断发育完善。

我国自20世纪80年代改革开放以来，外资迅速涌入，对外贸易快速发展。作为我国最早成为对外经济贸易窗口的珠三角地区，外资的涌入促进了区域产业和对外贸易的快速发展，区域的对外经贸联系不断加强。对外经贸联系的强化对区域港口体系的发展产生了直接影响，产业发展和对外贸易的中心城市往往发展成区域性的枢纽港。广州作为我国具有2000多年悠久历史的商都，从港-城发展历程和关系来看，对外开放和经贸联系一直以来都对港口发展具有直接的影响。古代，广州对外经贸联系和经贸发展，影响着港口地位、港口码头的区位选址和港-城关系的形成。进入现代，广州作为我国第一批沿海开放城市，在对外开放政策的支持下，港口贸易持续快速发展，成为珠三角地区的主要港口城市。近年来，广州对外开放政策逐步深化，南沙自由贸易试验区等临港功能区域的设置，将进一步促进广州深水港的发展以及南沙现代化港-城关系的形成。

二 港口航运与物流领域革新

（一）航运领域革新

随着技术的发展，航运领域 20 世纪下半叶以来发生了显著变化，这些变化比历史上任何时期都要明显、都要彻底，主要表现在货物集装箱化、船舶大型化、航运公司联盟和班轮公司合并等方面。首先，集装箱化运输快速发展。从 20 世纪 60 年代出现以来，全球集装箱运输体系一直保持快速发展。集装箱运输的出现以及集装箱港口的发展，预示着航运组织和管理新模式的出现（Cullinane and Khanna，2000）。集装箱化不仅大大提高了班轮航运和货物处理的效率，也大大改变港口竞争的意义，扩大了港口腹地和前陆的边界。其次，船舶大型化持续推进。为了降低运输成本、获得规模经济，集装箱船、散杂船和油船等各类船舶不断更新换代。2005 年以后，超巴拿马船已成为世界主干线上的主流船型。由于受航道水深的限制，很少港口能够直接服务巨大的远洋集装箱船。最后，为了应对经济全球化和激烈竞争，巩固市场领导地位、降低运营成本，航运公司往往同时从横向（通过合并、兼并和战略联盟）和纵向（通过参与码头经营和提供整合的物流及联合运输服务）进行整合（Notteboom，2004），组成巨型运输公司或者联盟，从全球规模和多样化双重目标出发重组服务网络，实现货物在全球范围内的自由运输。航线在市场中变得更具垄断性，这大大地改变了海运市场结构，航线对特殊港口的依赖大大减弱。此外，班轮公司的合并也是与航运联盟同步发展的另一重要趋势。通过班轮企业的多次整合，国际航运业出现了为数不多的船公司主导全球集装箱运输业务的情况，呈现明显的集中化、集约化经营的趋势。

航运领域的革新发展，对港－城关系的影响是直接而深远的。集装箱化的发展大大延伸了港口的潜在腹地，这导致不同港口的腹地间出现更多重叠，传统的腹地观念被瓦解，空间距离不再是决定港口俘获腹地的最关键因素，即使附近城市生产的货物也可能通过集装箱运往较远的港口码头处理，一些港口与本地城市间的关系可能因此弱化。船舶的大型化发展，对港口进出港航道和码头的水域、水深都提出了更高的要求。不能满足要求的港口因逐步被边缘化而衰落，港口被迫选择不断疏浚航道，抑或重新开发能迎合要求的新港区，以在区域竞争中保持优势。船舶大型化，一方面重塑了区域港口体系的空间格局,另一方面也影响着港-城关系的强弱,或是导致港-城空间距离的扩大。航运和班轮公司的大型化、集中化发展,导致港口在航运物流中的议价能力下降,可能会导致航运公司为了降低成本而将大部分货物集中到少数港口处理的现象,从而成为影响港-城关系和空间作用的重要因素。

(二)港口物流的新变化

航运领域的技术革新发展,对港口带来的最为直接的影响就是港口码头的深水化发展。船舶的大型化发展趋势,使得航道和码头深水化成为现代港口的必然要求和重要趋势,实现码头深水化发展是巩固港口竞争优势地位的关键性举措,因而深水化发展成世界主要港口的普遍趋势。国内外著名港口城市的港口发展基本上经历了从内河港到河口港再到海港发展的过程,港口不断向出海口靠近,港区在空间上不断向城市外围拓展。从广州港的发展来看,在船舶大型化发展的驱动下,加上珠三角地区其他港口发展的竞争,原来的内港区及黄埔港区开始不能满足航运发展的需要,港口码头设施不断向出海口发展,先后开发建设了新沙港区与南沙港区,港口码头设施不断外移、深水化发展的特征非常明显。港口码头设施空间布局的调整,以及由此导致的港口生产能力的空间变化,最终将导致港-城关系出现相应的调整,在港口码头外移的驱动下,港-城关系在空间上出现分离的趋势。

在全球化大生产方式支配的全球经济中,港口作为一个国家或地区连接全球经济的通道和枢纽,其作用与地位不断得到强化。现代港口已经不再是单纯沟通水陆交通的货物装卸码头,也不仅是商品贸易的简单集散场所。全球化和运输革命(特别是集装箱化),在全球供应链中重新定位和重塑了港口的功能作用(Lee, 2007)。全球化时代的港口已不仅仅是运输枢纽,而成为全球化大生产的主要组成部分和国际物流网络的一个整合部分,已逐步从配送中心发展成综合物流中心、供应链增值服务中心。然而航运业发生的纵向和横向整合,导致了大航运公司以及少数全球大型承运商的出现,这些巨型公司在与港口经营公司和港口当局谈判时具有更强的议价能力(Woo, 2011)。航运公司在海运领域的地位提升,导致港口间的竞争变得更加激烈,港口在国际海运物流链中的地位由垄断位置向功能节点转变(Robinson, 2002)。港口为了拓展或者维持他们的腹地,不断在供应物流链中进行纵向整合和横向整合,纵向整合包括与航运公司、班轮公司、物流公司和多式联运服务提供者进行合作,横向整合主要是港口码头从业务扩张的角度出发,与其他码头经营者开展合作,或是进行跨区域和跨国界的码头投资和经营(见图9-1-2)。

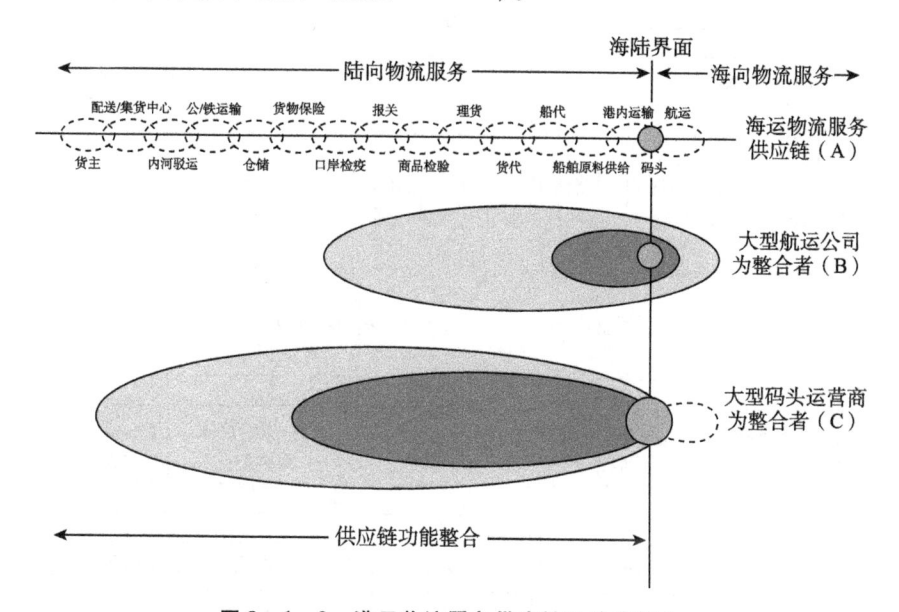

图9-1-2 港口物流服务供应链及功能整合

资料来源:庄佩君,2011。

在现代国际物流背景下,港口不能再简单地因为它们是腹地天然的门户来吸引货物,港口的作用已经从类似垄断服务的提供者向多式供应链内部的子系统转变(Padilha and Ng,2012)。为了应对现代物流和港口竞争的挑战,港口的有效战略是通过深化它们在内陆的活动,提高对供应链的影响和控制。区域主港口越来越致力于在更广阔的空间和环境下来组织货物的无缝流动(Nuhn,1999),海运经济局限于毗邻港口区域的情况正在逐步改变,港口日益致力于网络化终端和运输基础设施,大大弱化了港口和当地经济间的传统联系(Notteboom,2004),这就是港口发展的区域化。在这个过程中,陆港(内陆无水港)成了港口区域化发展、俘获内陆腹地市场的有效途径。陆港作为货物集散的内陆节点和减少港口拥堵、增加港口货物流的途径,已经成了港口物流多式供应链的核心要素,为承运商带来较低的交易成本。陆港交易成本的降低,将成为制造业企业进行区域选择和布局的重要考虑因素,围绕陆港可能形成新的产业发展集聚区,或是促进现有产业功能区的进一步发展壮大,从而与当地区域、城市经济发展形成紧密联系(见图9-1-3)。

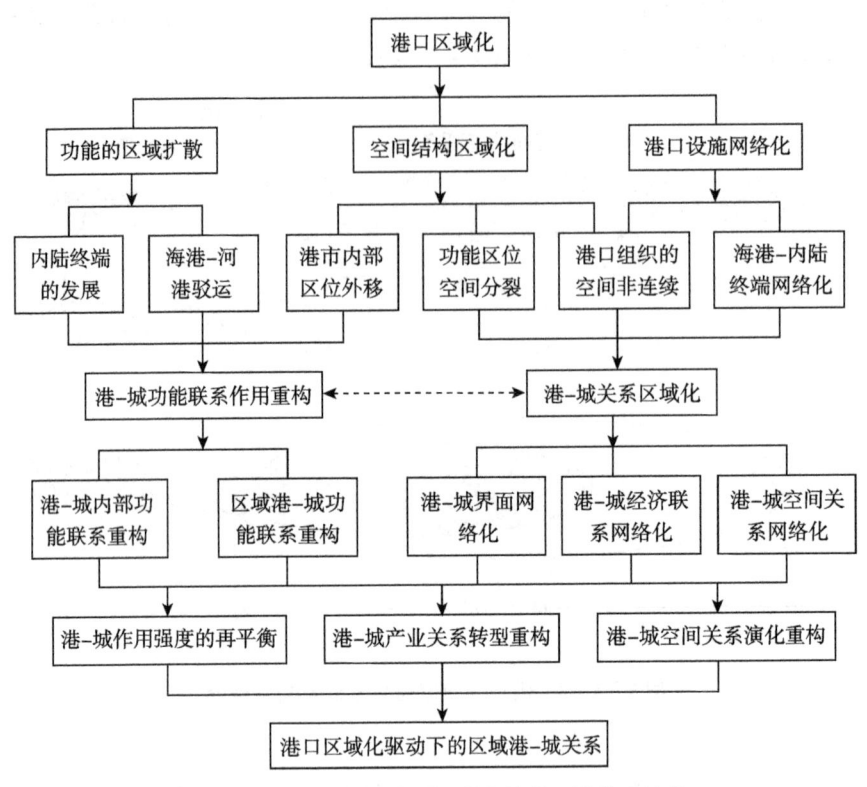

图9-1-3 港口区域化驱动下的港-城关系演化

多式供应链的整合、港口的区域化以及陆港等内陆终端的发展等这些港口物流领域的变化,将会对港-城关系产生直接影响。一方面,继续强化区域中心港口对腹地货物的吸引与服务能力,区域中心港的地位得到强化。近年来,珠三角地区的广州港、深圳港等区域枢纽港都加快了港口区域化的发展战略,广州港先后建成了昆明、衡阳、郴州等陆港,并开通了昆明、长沙、衡阳以及远至阿拉山口等方向的海铁联运班列,计划于近几年建成20个内陆无水港;深圳已在成都、昆明、长沙、株洲、南昌、赣州和南宁等地建成10多个陆港。陆港的建设和多式联运物流的开展,进一步强化了广州港、深圳港作为区域中心港口的地位,这从21世纪以来广州和深圳港口货物和集装箱吞吐量的快速增长、市场份额的提升中都可以得到反映。港口功能的强化及港口区域地位的提升,使得港口功能在港口城市的城市功能中进一步凸显。即使随着港口城市功能的日益多样化，港口城市传统的港－城关系有所弱化，但港口区域地位和功能的提升，将使港口城市的港－城关系得到新的加强。另一方面，港口的区域化发展使港－城关系范围超出了传统边界。港口区域化过程中的港口功能空间扩散，使临港经济活动的相应环节也出现了向传统港区以外地区扩散的趋势，从而导致临港经济活动出现空间重构，港－城经济互动的区域化随之产生。港口区域化的"区位分裂"、"空间非连续腹地"以及海港－内陆终端网络化，导致了港－城关系的区域化。港－城界面不再是传统的渐变模式，而是逐渐出现了传统的港－城界面以及港口"飞地"内陆型港－城界面共存的格局，在区域层面上港口体系与城市群之间的作用关系呈现网络型的耦合开放特征。此外，区域中心港口区域地位的强化，导致同一区域内中小港口的腹地范围被进一步挤压，中小港口喂给区域中心枢纽港和服务本地经济的角色与作用将更加明显，这将在一定程度上密切区域内中小港口与本地经济的联系，同时也强化本地的港－城功能及空间联系。

（三）区域港口竞争

海运行业的技术变化与革新发展，弱化了港口在价值链中的垄断地位与议价能力。这导致了港口间，尤其是临近港口间的竞争变得更加激烈。在竞争腹地中，港口很难获得相对其他港口的持续的绝对优势（Langen，2007）。港口不能再简单地因为它们是腹地的天然门户来吸引货物，港口的作用已经从类似垄断服务的提供者向多式供应链内部的子系统转变。港口的等级体系已经变得不是很清晰，港口彼此之间的竞争变得更激烈（Wilmsmeier，2010）。

在当前背景下，为了成功应对这些挑战，并在区域港口体系中获得竞争优势，港口必须采取多维度的组合竞争策略。首先，迎合船舶大型化、港口码头深水化的趋势，争相建设深水码头或港区，以在硬件基础设施上满足国际航运的趋势和要求。其次，在海向的角度，通过与航运公司、班轮公司的战略合作和整合，提高在国际航运网络中的节点性地位。最后，从陆向角度，通过旱港的内陆终端的建设，以及与多式联运服务公司的合作，扩大腹地的俘获和辐射能力。而这些措施和策略的采取，在区域内部甚至不同区域的港口间，势必构成彼此的相互竞争。这种港口的拓展行为以及所带来的结果，对港－城关系都会带来直接影响。一方面，货物处理活动在区域内某一港口的集中，在强化所在城市的港－城作用关系的同时，会导致区域内其他港口城市的港－城关系出现相应调整甚至衰落。另一方面，港口的区域化拓展，将导致港口与城市的空间作用界面也出现区域化和网络化，港－城作用界面与海运经济一样，不再局限于单一的城市，而是形成网络化的结构体系。

珠三角城市群和港口群分别为我国三大城市群和五大港口群之一，每个城市都建有自己的港口，甚至深水港。虽然港口的发展在很大程度上取决于市场规律的作用，但我国传统的行政区经济体制在港口航运业发展环境和背景的诱发下，在某种程度上加剧了区域内部港口间的竞争。改革开放以来，随着珠三角地区产业投资和对外贸易的持续增长，中国香港吞吐量持续保持两位数的增长，于20世纪80年代中期发展成世界上最繁忙的集装箱港，并持续到20世纪90年代中期。20世纪90年代以来，香港面临的竞争不断增强，既受到新加坡崛起为全球枢纽港的挑战，也受到大珠三角地区其他港口的竞争。1993年，盐田港建成投产，深圳港的集装箱处理量迅猛增长，逐步成长为区域性的集装箱枢纽港。而广州作为大珠三角地区的综合枢纽港，21世纪初正式启动了南沙港区的开发建设，远洋业务和集装箱处理也开始快速增长。大珠三角地区的集装箱运输呈现分散化的趋势，正逐步形成由香港、深圳和广州组成的三门户港口区域。为了增强港口的辐射能力，巩固港口的区域地位，香港、广州和深圳都开始致力于海向、陆向腹地的整合和区域化，香港更多致力于基于海向区域化的国际转运功能与转运中心的强化，而深圳在探索海向区域化方面建立盐田港自由贸易物流园的同时，更多的是与广州一起致力于陆向腹地的整合拓展，如通过发展铁海联运、内河驳运、内陆终端网络构建等方式拓展其在腹地的辐射服务能力。这种区域港口的竞争行为，以及由此导致的港口规模等级及发展形态的演变，既驱动了区域层面港－城的耦合关系，也在港市层面直接导致港－城关系的重塑。

三 区域经济与临港经济发展

（一）区域经济发展

港口的发展根植于区域与腹地之中，这决定了港口的发展壮大离不开腹地经济的发展，港口与区域之间存在相互促进、共同繁荣的紧密经济社会联系。首先，区域经济的发展，工业化进程的推进，会直接促进区域城市体系的不断发展壮大。同时，区域经济发展的过程也是对外经济贸易联系不断壮大的过程，对外经贸联系的需求直接刺激了区域港口体系的不断发育。由此可见，区域经济的发展既是区域城市体系和港口体系发展的重要前提，也是区域港－城关系不断发展演化的重要驱动力。其次，区域经济发展格局的变化，在一定程度上影响着区域港口体系的演化。在自然环境和条件得到满足的情况下，区域性中心城市的港口往往也会获得较快发展而成为区域性枢纽港，从而导致区域城市体系与港口体系的等级规模呈现较大的相关性。最后，区域经济结构的变化会直接导致对港口运输需求的变化，从而影响港口的发展规模和地位。外向型加工制造业的发展对港口的依赖性较强，外向型经济区的发展往往与港口的发展相伴而生，从而导致较为紧密的港－城关系的形成。而区域经济结构由制造型经济向服务型经济的转型，会弱化本地经济对港口运输功能的依赖，传统的港－城关系也会相应被弱化，这导致港－城关系出现转型和重构。

尽管在现代物流整合驱动下出现的港口区域化发展，在某种程度上弱化了港口与当地区域之间的传统经济联系，但港口并不能脱离区域和城市而独立运营发展，现代化枢纽港口的发展更加有赖于城市经济的配套与支撑。一方面，不管港口和港－城关系处于什么发展阶段，港口的正常运营都有赖于发达的区域交通网络，而区域交通网络条件在很大程度上取决于区域经济的发展水平，经济发展水平较高的区域，交通网络基础设施发展水平也较高，从而有利于港口运营效率的提升。另一方面，现代化国际港口的发展，有赖于航运金融、保险、船舶注册登记等高端服务业的配套，而这些服务业的发展往往集聚在国际化程度较高的城市。因此，即使服务的腹地超出了所在城市甚至是区域的范围，区域化发展的港口与城市在现代服务业方面的联系也会出现进一步加强的趋势。

（二）临港产业发展

20 世纪 50 年代以来，在经济全球化的推动下，沿海港口成了推动发达国家乃至发展中国家区域经济快速发展的重要依托。毗邻港口的区域因其具备良好的海陆运输中转条件，而成为外向型产业发展的理想区位。在沿海国家和区域实施对外开放政策的背景下，发达国家产业不断向具备较好港口运输条件的区域转移，并围绕港口布局而形成不同类型的临港型经济功能区，这些功能区往往成为吸引国际资本、发展外向型加工制造业的重要基地。从沿海地区发展的成功经验来看，围绕港口资源大力发展临港产业，往往能取得较好的效果，从而实现区域经济的快速发展。这主要是因为，在全球化大生产时代，港口成为要素全球流动和配置的中转枢纽。对交通运输依赖较大的外向型加工制造业在临近港口的区域布局，既能从全球市场以较低的成本获得各种原材料，又能以较低的成本将成品、半成品输往全球市场。相比远离港口的内陆地区，企业临近港口码头布局，极大地缩短了运输时间，从而能获得更大的成本优势和经济效益。

根据与港口的密切程度的不同，临港产业包括以港口运输装卸为主的港口直接产业，与港口装卸联系紧密的海运业、集疏运业和仓储业等港口共生产业，凭借港口资源条件形成的以石化、钢铁和船舶修造等制造业为主的港口依存产业，以及以金融、保险和娱乐等服务业为主的港口关联产业（文妮佳，2007）。大量临港企业聚集在毗邻港口的区域，彼此之间形成较为紧密的产业关联，共同为港口提供配套服务或依托港口资源而获得发展，从而形成特色鲜明的临港产业集群。临港企业的空间集聚、临港产业集群的形成，导致了临港型经济功能区的逐步发展壮大，成为沿海地区的经济增长极，并进一步推动区域经济快速发展。临港产业和临港经济功能区是港－城作用最直接和集中的功能区域，也是港－城相互作用、相互促进、共同发展的重要体现。临港经济功能区的发展，直接构成了港－城作用的空间界面，并主导着港－城关系的发展演化。临港经济功能区的发展壮大，直接强化了港－城关系和港－城的相互作用。而港口码头设施空间布局的变化和临港经济功能区的发展转型，也可能直接导致港－城关系的转型，甚至导致传统港－城关系的消失，而使其转化成普通的城市功能区。

在广州港的发展过程中，临港产业的变化及布局对港－城关系产生了重大影响。新中国成立以前，广州作为消费型城市，工业发展较慢，第一产业及商业是城市的主要产业，广州港作为广州内外贸易的交会之处，商业经济发达，临港地区以商业区及手工业区为主，是城市的新兴地区，在空间表现出商业主导的特征。新中国成立以后，广州成为珠三角地区的重要工业城市，内港区及黄埔港区的临港产业均以工业为主，依托港口的运输及仓储功能，临港地区逐步发展成广州的工业基地，形成以临港工业为主导的港－城关系。随着旧城区"退二进三"策略的推进，广州内港区的港－城关系发生了新的变化，开始向以商贸流通和第三产业为主导的港-城关系转型。而21世纪后建设的南沙港区，钢铁、石化产业以及集装箱港口物流业的发展，正在导致现代海港型港-城关系的形成（见表9-1-1）。

表9-1-1　不同经济社会背景下临港地区集聚的产业

经济社会形态		部门分工		临港地区集聚的产业	广州案例
		主要生产部门	非物质生产部门		
农业社会		农牧业、手工业	商业、饮食业	集市、商铺、钱庄、少量手工作坊	近代以前广州港
工业社会	第一次科技革命（产业革命）	纺织工业、钢铁工业、机械制造业、建筑业	水陆运输业、仓储业、贸易业、银行、通信、印刷	制造业工业、航运业、装卸仓储业、银行、贸易业、旅馆餐饮业	广州内港区码头、珠三角其他城市中小港口
	第二次科技革命	石油和天然气工业、金属工业、电力工业、机械制造业、化工业、食品加工业、医药业	水陆空运输业、远洋运输业、通信业、银行保险业、科技教育、旅游业	远洋运输业、装卸业、重化工业、电力工业	广州黄埔港区、惠州大亚湾港区、珠海高栏港
	第三次科技革命	自动线制造、西游金属工业、宇航工业、原子能工业	多式联运、物流业、信息产业、咨询业、金融业	远洋运输业、物流业、流通加工业、重化工业、电力	广州新沙港区、南沙港区、深圳港
后工业社会	第四次科技革命	新材料工业、新能源工业、生物工程	智能产业、旅游业、休闲娱乐业	远洋运输业、现代国际物流业、滨海旅游业 更新后：文化创意产业、游艇游船、休闲旅游业	南沙游艇码头、珠海横琴游艇码头 广州更新后的内港码头

资料来源：参照庄佩君、汪宇明《港-城界面的演变及其空间机理》，2010；有修改补充。

（三）港航服务业发展

港口的正常运营，需要一系列部门与公司为之提供配套服务，这些为港口、航运服务的私人或公共行业和部门，可统称为港航服务业。港航服务业包括3大类：为在港的船舶和船员提供货物和服务的公司，与货物的实物移动直接相关的部门，以及组织和安排船和货物移动的公司。港口服务业是围绕港口活动衍生的特殊服务综合体，加之港口服务业内部紧密的业务联系，为获得行业信息、降低公司运营及交易成本，港口服务业在空间上呈现高度的集聚分布特征，以通过空间集聚受整个行业内部实现规模经济。港口服务业的空间集聚受毗邻港口码头、城市商务环境和办公场所租金等区位因子的作用，呈现港口码头型、城市商务型和空间集聚型3种不同的空间区位类型，体现了港航服务业的发展布局与城市的联系较为紧密。

港口服务业的空间分布是在区位因素、行业内在特性、港口空间系统的演化、城市规划与建设及信息技术革新等因素协同作用下的综合表现（陈再齐、闫小培等，2010）。港航服务业的行业特征与空间布局要求，促进了港-城间的直接经济联系和空间联系。一方面，港航服务业与金融保险、物流、信息通信等城市综合服务体系存在紧密的业务联系，使得港口发展除了在制造业领域与城市之间存在紧密联系之外，在服务领域的联系也较为密切，从而使得港口难以脱离城市而独立发展，对城市和城市综合服务具有较强依赖性。另一方面，港航服务业的空间区位类型导致港航服务业在空间选址布局上往往形成多个集聚区，这些集聚区因为港航服务业内部紧密的业务联系和路径依赖作用，在空间上具有较强的稳定性，这也导致了港-城相互作用复杂空间网络的形成，强化了港-城空间上的联系。

现代港航领域和港口物流业的革新发展，使得区域性中心枢纽港的港航服务业部门日益庞大，国际航运中心城市的港航服务部门更加发达，与城市综合服务部门间形成千丝万缕、错综复杂的关系。港航服务业与城市综合服务部门的紧密联系，既保证了港-城关系在现代综合物流时代得以继续加强，也对港-城关系的发展演化产生了直接影响。现代港口综合竞争力的形成，在很大程度上受港口运营效率的影响，而港航服务业是否发达、空间布局是否合理，将会直接影响港口的运营效率，从而影响港口的综合竞争力。因此，港口离城市的空间距离过大，港航服务业配套不完善或者不便利，会导致港口运营成本的增加，进而对港口效率和竞争力产生影响。

四 行政区划与城市规划建设

（一）行政区划

我国行政区经济的色彩较为严重，港口的区位选择和建设在很大程度上受到行政区划的制约，从而对港口发展和港-城关系产生影响。港口的选址、建设，对水深、航道及水文动力等自然条件具有较高要求，在理想状况下往往趋向于自然条件和区位条件都较为优越的地区进行选址布局。但实际上，行政区划因素往往对港口的选址造成限制，行政区的变动会直接导致新港区的开发，从而导致港口的空间布局与形态发生改变，进而直接影响港-城的作用关系。在行政区经济体制作用下，城市在港口的选址建设上考虑的是城市内部区位条件最好的地区，缺乏从整个地区进行综合的考虑，可能使得在整个区域内更加适合发展港口的地区被排除在外，忽略了许多优良的岸线资源。而在某些情况下，城市港口出于发展战略层面考虑，虽然想开发自然条件和区位条件更好的港口，但可能受到行政区划的影响，而难以推进新港区的开发建设，从而影响港口的空间拓展，影响港-城关系的优化。

在改革开放之前，广州发展港口主要集中在内港区及黄埔港区。改革开放以后，原来的港口资源已不能满足广州港发展的需要，需要开辟新的港址，建设大型深水港区。在番禺撤市设区以前，广州港的空间拓展主要局限在黄埔、新港及新沙地区，南沙地区虽然具有较好的水深、航道资源条件，港口的开发建设却没有取得实质性进展。2000年，番禺撤市设区划归广州管辖，政府开始选址珠江西岸的龙穴岛启动南沙港区的开发建设。2005年南沙设区，南沙深水港区的开发建设进一步加速。可以说，行政区划的调整，在很大程度上促进和加速了南沙港区的开发，使得广州港实现了从河口港向海港的蜕变，也从根本上重塑了广州市的港-城作用关系，促进了港-城空间上的分离。行政区划对港口发展的限制还体现在，如广州港的深水港区建设选址在南沙区，而与之非常临近的珠江东岸的东莞市虽然拥有自然条件更好的码头岸线资源却未得到很好的开发，这也从体现了港口开发建设选址明显受到行政区划因素的限制。

（二）城市规划

城市总体规划确定未来城市的发展方向及发展空间，直接影响城市的空间结构、城市功能及用地布局。对于港口城市而言，城市规划对港-城关系的影响主要体现在港市和港区两个层面。在港市层面，城市规划在宏观层面影响着城市的空间拓展方向，以及港口港区开发建设的选址。从港-城关系的发展演化来看，新港区的开发建设和城市的空间拓展是影响港－城空间关系最为直接的动力因素。新港区的开发建设以及受此影响的城市空间拓展，直接决定了港－城空间上的发展周期，以及之后的港－城关系演化过程。在港区层面，城市规划直接影响港－城关系的形成，以及港－城关系的演化和转型。在新港区形成的过程中，周边区域的城市规划确定的城市空间结构和功能分区，在很大程度上影响着港－城功能和空间联系的形成，对港口的高效运营和港区的发展产生影响。而对地处城市中心旧城区的港区，在港区的转型升级过程中，必然要求周边地区城市功能和空间结构发生相应的改变，这些都直接取决于城市规划工作的开展和推进。

广州的城市规划对广州港与城市的关系起了指导作用。在新中国成立以前，广州第一部正规的城市规划文件《广州市城市设计概要草案》将港区作为城市的新兴地区，布局有商业区、工业区及住宅区。新中国成立以后，广州城市规划对临港地区的用地进行了规划，第1方案到第13方案都将向东及向南发展作为城市的主要发展方向，内港区及黄埔港区是城市工业的主要发展地区，在内港区及黄埔地区的临港地区规划布置工业区，配套布置住宅区。从1980年城市规划的第14方案开始，内港区的临港地区开始控制工业区的建设发展，重点发展黄埔地区的工业，在黄埔地区规划布置了多处工业区及配套住宅区。此后总体规划确定的城市发展方向是沿珠江向东、向南发展，黄埔新港、新沙地区及南沙地区成为城市主要发展地区，规划将工业区用地及物流用地布置于黄埔、新沙及南沙港区的临港地区，内港临港地区发展商业用地、住宅用地及旅游休闲用地。在港－城关系发展过程中，城市总体规划起了指导作用，决定了城市发展方向以及用地类型的规划布置，进而影响港市和港区层面的港－城作用关系。

（三）城市更新

现代航运技术的革新发展，推动船舶不断大型化、码头更加深水化，这导致传统港口码头不能适应现代港口航运发展的需要，港口码头设施逐步向城市外围的下游和深水方向迁移。港口码头设施的外移，使得港口活动逐步迁出传统的城市中心城区，中心区的港口码头因传统港口活动的减少而逐步出现衰落，甚至废弃。从国内外成功经验来看，对衰落的老港区，可供选择的发展路径是主动选择转型升级，促进港区向基于港口商贸服务功能的港－城功能和空间关系转变，打造特色商业街区；或是，彻底放弃传统的港口功能,对城市进行综合化的改造,将传统港区改造成为普通的城市功能区,如商业、房地产等,而传统港口码头设施彻底消失,或是被利用开发成休闲游憩设施。例如,纽约、巴尔的摩等港口城市利用旧港区的良好区位条件发展滨水地区,对旧港区进行城市化改造,转变旧港区的功能,从而满足城市对产业升级的需求及城市居民对滨水地区居住质量提高的要求,缓解了港口与城市的空间矛盾,改善了港-城的作用关系。由此可见,城市更新改造是港口城市传统港区所采取的通用做法,通过城市更新重塑港-城功能和空间关系,或是彻底放弃港口码头功能。

改革开放以后,随着港口码头设施和港口活动向珠江下游和深水方向迁移,内港区的港口码头活动逐步减少,一些内港码头因不能满足现代航运要求而逐步衰落。同时,在城市规划的引导下,广州传统中心城区不断推进"退二进三",在城市产业升级过程中,石化、钢铁等传统制造业逐步迁出中心城区。在港口活动外移和城市产业升级的双重驱动下,内港区一些港口码头开始转型升级。黄沙依托码头的贸易服务功能,发展成了水产批发市场。太古仓码头则因各种条件的限制,根据周边的城市功能而改造成了综合的城市商业功能区,传统的港口码头被改造成游艇码头,由先前的运输功能转变成休闲游憩功能,传统的港-城作用关系实现了根本性的转变。

五 自然环境条件与区位交通

(一)自然环境因素

自然环境条件对港-城关系的形成和演进发展具有重要影响,这种影响既体现为影响港口发展进而影响港-城关系,也体现为对港-城关系形成演化的直接影响。影响港口和港-城关系的自然环境因素包括岸线、地形、水文以及气候等因素,这些因素以组合的形式发挥影响和作用。自然条件对港口发展的影响是直接而具有决定性的。港口,特别是现代化深水港的选址对水深、航道、水文乃至气候等自然环境因素具有较高的要求,只有在自然条件得到满足的地方才能建设优良的深水港,否则就会增加港口的建设和运营成本。因此,自然条件决定了港口建设的可能性、港口的规模以及发展空间,进而对港-城关系的形成演化产生影响。

自然环境对港-城关系的影响主要表现在:一方面,通过影响城市和港口的发展而影响港－城关系的形成，如水系、水文等自然条件，在很大程度上影响和决定了港－城的空间组合形态，内河港、河口港和沿海港口的空间形态具有较大差别，在很大程度上就是受水系等自然条件的影响。另一方面，自然条件往往成为港－城关系演化的驱动力，如广州历史时期航道的淤浅导致外港向中心城区方向移动，港－城空间距离缩小；而现代船舶大型化、深水化的发展，使得港口码头设施不断向具有较大水深的江河下游和深水方向迁移，港－城空间关系出现分离趋势。此外，城市发展对生态环境的日益重视和要求的日益提高，也成为影响港－城关系的重要因素。港口装卸、船舶进出港等港口活动，会带来噪声、污水和废弃排放等环境污染，港口码头设施也会造成对城市公共滨水活动空间的侵占，因此环境因素成为港口码头设施在城市中心区扩张的重要制约因素，成为港口码头设施向城市外围方向迁移，从而导致港－城空间距离扩大的重要驱动因素。

(二) 区位交通条件

港口是水陆交通转换、对外经贸联系的重要枢纽，这种枢纽的性质决定了其发育与壮大在很大程度上受区位条件及交通联系便利程度的影响。港口的区位选址具有其内在要求和规律性，港口首先必须在综合考虑自然环境条件的基础上，选择对外联系较为便利的位置进行港口码头的选址布局，地理区位决定了港口对外联系的便利程度，优越的地理区位条件有利于港口与外界的经贸联系和交流。另外，港口码头布局的经济区位倾向特征也非常明显，在同样满足自然环境条件、地理区位的条件下，港口码头往往选择靠近经济重心的方向进行布局，以降低交通运输成本、提升港口的区域竞争优势。交通网络是港口发展壮大和正常运营的重要支撑条件，因此区域交通网络也就对港口发展和港－城关系具有直接影响。优越的交通条件是港口实现集疏运、吸引更大腹地的基础，一方面港口的建设相应地需要港口后方集疏运网络的配套建设；另一方面，区域性的交通网络也会成为港口码头区位选择和港口发展壮大的重要影响因素，港口码头往往选择区域交通网络的节点位置进行布局，从而降低腹地货物到港的运输成本，扩大自己的腹地范围。

从大珠三角地区港口发展和港－城关系来看，珠江水系和珠江口的港口码头建设自然条件较好，不少城市都具有建设深水港口码头的条件。在此基础上，经济区位和区域交通网络条件成为港口码头区位选址和发育壮大的重要影响因素，广州、深圳等经济和区域交通中心城市的港口也获得较快的发展，成了区域性的中心枢纽港，区域城市体系和港口体系在空间上呈现耦合发展的态势。从港市层面来看，广州港位于珠江入海口处，是大珠三角地区的中心，且靠近大珠三角地区的制造业基地，广州港的南沙港区地处珠三角地区的几何中心，与香港、深圳、佛山、东莞等大珠三角城市的距离较小，在大珠三角的众多港口中具有优越的地理区位条件。在交通条件上，广州港对外有多条高速公路及铁路相连，港口的中转能力较强。优越的地理区位条件及交通设施条件是广州港口发展的重要基础。从古代开始，广州凭借广州港优越的区位交通条件发展繁荣；近代，广州仍然作为中国重要的港口城市；到了现代，新沙地区、南沙地区更加优越的区位交通条件使得广州在该地区新辟港口，广州港与城市的相互作用关系因此发生变化。

第二节 港－城关系演化的动力机制

一 综合动力机制

港－城关系是区域、港市、港区3个尺度港－城相互作用、效果叠加的结果与反映。区域港－城关系是区域城市体系与港口体系遵循各自规律演化的耦合特征的反映，城市体系与港口体系的空间演化，决定了不同城市在发展过程中能否形成具有一定规模的港口以及港口在区域港口体系中的功能性质、规模等级，从而形成不同城市与港口间的功能规模耦合类型，并在发展过程中呈现不同的演化路径；港市层面的港－城关系是在港口城市形成后，城市因规模扩大而不断进行空间扩张，港口因发展需要而出现空间区位的不断变化，而使得港口与城市在空间上呈现融合发展或者相互分离的趋势，港市层面的港－城关系表现为融合、分离两种机制作用下的持续重构和演化过程；港区层面的港－城关系是港市层面港－城融合或分离机制作用下的直接体现，不同港区的港口码头与城市功能区之间表现出不同的空间结构特征，分离机制使得内港区港口码头的传统运输功能逐步衰退，出现基于城市商贸服务功能的功能空间重构，融合机制使得港口码头外移形成深水新港区后，港口码头与不断发育的城市功能区之间重新构建新的港-城功能与空间关系。由此可见，较大尺度港-城关系的形成，为较小尺度港-城关系的演化提供了框架和基础，较小尺度港-城关系的演化是较大尺度港-城关系演化的深化与具体化，同时又反过来支撑较大尺度港-城关系的演化趋势（见图9-2-1）。

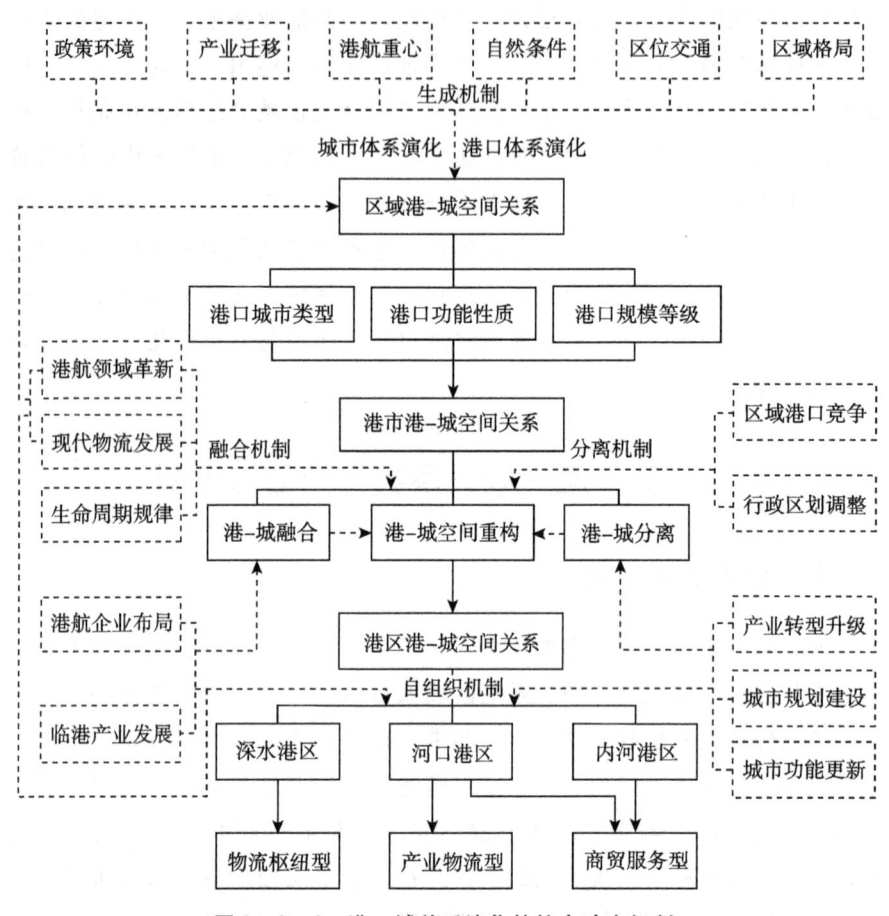

图9-2-1 港-城关系演化的综合动力机制

港-城关系的影响因素在不同空间尺度具有不同的影响与表现，港-城关系的形成是各种因素在不同空间尺度发挥作用的综合结果。在区域层面，开放的区域政策环境是区域经济获得较快发展的前提，在现代工业文明进程中，开放的沿海地区在其他要素的配合下，可能发展成国际产业转移的目的地，产业的转移带来了远洋运输格局的变化，航运重心也与产业发生相应的空间转移。产业和航运重心的转移，促进了沿海开放区域城镇体系和港口体系的发育，区位条件较好、交通基础设施先行建设的地区往往因获得较快的发展而成为产业重心、中心城市，区域经济格局不断演化。在外向型对外经贸联系的诱发下，港口在具有运输需求且自然条件符合的城市得以发育。由此，区域城市体系与港口体系开始发育，并塑造成不同的港-城功能组合与空间关系。在港市层面，港航企业的布局、临港产业的发展以及临港经济功能区的壮大，都在一定程度上促进了港-城的融合与互动发展。但随着港航业的进一步整合以及现代物流业的发展，港口受城市的束缚程度明显降低。在船舶大型化的驱动下，港口为了在区域竞争中取得更加优势的地位，往往向城市外围的深水方向迁移，从而使得港口与城市出现分离趋势。在广州，行政区划的调整进一步促进了南沙深水港的开发和港口的外移。在港区层面，临港产业的发展、企业的布局构成了港-城功能和空间联系的微观机制。各类临港型功能区的发展、城市规模的扩大和空间扩张，使得港-城关系不断重构和演化。伴随着港口外移和城市的转型升级，在产业转型升级和城市更新驱动下，内港区港-城空间不断向商贸服务领域转型，而深水港区在临港产业发展和临港功能区发育的驱动下，港-城功能关系逐步强化，新的港-城关系得以形成。

二 生成机制

港-城关系的产生在不同空间尺度具有不同机制。古代港口主要扮演商贸功能的角色，水运贸易联系在古代的兴盛，促进了港口的发展与港口城市的繁荣。在全球化背景下的现代工业化进程中，经济活动、经济要素开始在全球进行自由配置与重组，全球贸易联系促进了以集装箱运输为基础的国际物流网络的形成，港口成为其重要枢纽和结合点。为了降低成本、获得市场竞争优势，临海和临港布局成为产业发展的重要区位指向。伴随着全球产业向我国沿海地区的转移，以及全球航运重心向亚太地区转移，珠三角地区的工业化和城镇化进程快速推进，城市群和港口群也不断发展壮大。区域城市体系和港口体系演化的异质性，使得城市与港口表现出不同的耦合特征，两者之间的耦合及动态演化，使得区域层面的港-城关系得以形成，并不断演化。

在港市层面，港-城关系的生成起始于港口的形成与发展。古代，对外贸易和交往作为港口最重要的功能，在港城发展繁荣中占据重要地位。广州早在秦汉时期便修建有码头，并有内外港之分，形成了有别于国内外典型案例模式的空间距离较大、空间分离的港-城关系，之后港城历经两千多年而不衰，港－城关系经历了漫长而复杂的演化。现代，正如新古典主义贸易理论指出的，每个区域生产具有相对比较优势的产品，为了便于出口最终产品，沿海（江）地区的生产活动都倾向于围绕着港口来组织，从而导致了港口城市的崛起。因此，沿海（江）地区城市都争相建设港口码头设施，以便在对外贸易和区域竞争中获得比较优势，从而导致港－城关系的形成，这往往成为沿海地区城市发展的普遍特征。

在港区层面，港口码头设施空间区位的变化导致不同港区的形成，港口码头设施向深水方向的外移是新港区和新的港－城关系得以产生的重要动因。从港口码头设施空间位移的规律特征来看，除部分历史时期内港码头向中心城区移动而与城市不断融合发展，以及外港因外部环境变化和航道条件变化等原因出现向城市靠近外，大多时期港口码头设施均表现为不断向城市建成区的外部方向迁移。特别是在现代港口航运业发展背景下，由于船舶的大型化和港口区域化竞争的驱动，大部分港口的码头设施都出现了向深水方向的空间位移。新码头设施的建设和新港区的开辟，直接导致了新的港－城关系的形成与演化。

三　融合机制

港口和港口城市之间具有相互依存、彼此促进的融合发展动力。港口作为海陆联运的枢纽，是商品的仓储集散中心，在此基础上往往发展成贸易、加工和相关服务业的集散地，城市功能不断得到强化，港口城市因此逐步发展壮大。藤田的研究表明，自凝聚效应和枢纽效应是导致许多大城市都源起于港口城市并得以持续增长的内在原因，越接近港口，城市越容易发展，城市规模也越大。同时，港口城市作为港口的依附地，为港口生产和运营提供基本的要素来源，离开了城市功能的配套和支撑，港口功能和运营都难以实现。从珠三角区域层面来看，区域城市体系与港口体系的耦合程度较高，区域经济重心与港口重心融合发展的特征较为明显，深圳、广州既是区域性枢纽港，同时也是区域性的中心城市。

临港地区是港－城融合发展的重要载体和直接体现。临港地区是港－城作用的空间界面，港－城的功能联系在临港地区得到集中体现，临港地区的发展活力和繁荣直接体现了港－城的空间融合发展。临港地区作为水陆运输的转换区域，对经济要素具有先天的集聚功能。港口物流的发展，必然带来信息、金融等经济要素的集聚，从而为临港地区的产业发展提供了要素资源优势。临港型产业自发选择毗邻港口区域集聚发展，并通过产业链的前后向联系带动相关产业的发展，促进临港经济区随着港口的发展而不断发展壮大，成为城市经济的重要增长点。而物流、信息、金融等经济要素和临港型产业在临港地区的集聚，会对其他城市综合服务功能产生需求，导致临港地区由临港产业经济区向综合化方向发展，并逐步发育成为综合城市功能组团。相应地，临港地区的港－城关系进一步密切，港－城间融合发展。

产业发展和企业布局的区位选择规律促进了港－城的融合发展。临港型产业集群的发展以及港航服务企业的区位选择，构成了促进港－城空间融合发展的微观机制和根本性驱动力。临港型产业的发展是促进港－城空间融合发展最重要的动力因素，临港地区由于与港口间的便捷联系，企业在临港地区布局可直接降低运输成本而获得有利的竞争优势，因此对水运具有较强依赖性的产业往往选择临港地区进行布局，并通过产业链联系而诱导上下游企业在港口后方区域布局，从而形成临港产业集群，成为港－城空间作用最为直接的功能载体。同时，港口发展壮大所必需的港航服务业也与城市发展和城市服务之间存在紧密联系，从而对港－城空间的紧密融合发展提出了内在要求。从港航服务业布局的区位选择行为来看，既有毗邻港口码头进行布局的企业，也包括倾向于选择城市 CBD 或其他城市综合服务中心进行布局的企业，从而导致港航服务业与城市不同功能组团间形成紧密的空间联系，促进了港－城的紧密融合发展。

四 分离机制

综观国内外港口城市的发展规律，港口在船舶大型化等因素的驱动下，普遍出现了向深水方向外移的趋势特征。广州的实证研究也揭示了港口码头设施的持续外移，港－城空间关系因此也表现出分离的趋势。究其原因，既有船舶大型化等外部环境因素的驱动，也有港口区域竞争、城市发展诉求等内在原因。

船舶大型化、港口深水化导致港口码头设施持续外移，是港－城空间关系出现分离的根本动因。为了赢得规模效应，现代港航运输业大型化发展的趋势非常明显。船舶的大型化发展，导致受航道条件限制的港口失去直接服务于大型远洋集装箱船的机会。港口城市的普遍应对策略就是通过深水港区码头的建设，应对船舶大型化的需求，从而在根本上驱动了港口码头设施向深水方向的外移。港口码头的外移尽管会导致临港地区临港型产业集群的发展，并带动其他城市功能的发育壮大而逐步向综合型城市功能组团发展，但港口码头向旧城市中心区外围方向的移动，在客观上导致了港－城关系空间上的分离。同时，港口活动重心向深水区的转移，也可能导致旧城市中心区港口码头泊位传统装卸运输功能的衰落，甚至逐步废弃，从而导致旧城市中心区传统港－城关系的消亡，这也在一定程度上加剧了港－城关系空间上的分离。

港口的区域竞争和港口城市空间效率的优化，强化了港－城分离的动力。在传统经济体制和行政区经济的作用下，我国港口成为各地经济发展的重要战略资源，港口发展因而也被赋予了比较浓重的行政色彩。自然条件较好的地方政府，甚至条件较差的地区，创造条件也要争相建设深水码头，以在现代化远洋集装箱运输的国际综合物流竞争中占据优势。广州在南沙撤市设区以前，深水码头主要布局在黄埔港区和东莞麻涌的新沙港区。21世纪初南沙撤市设区以后，南沙深水港区得以快速推进，前后投资建设了三期深水集装箱码头，并提出了建设国际航运中心的发展目标。南沙港区的这种发展定位，在一定程度上和深圳、香港国际集装箱枢纽港的角色形成了一定的竞争。南沙港区的建设在很大程度表现为基于区域竞争的战略选择行为，这直接促进了广州港－城空间上的分离。在港口码头设施和活动重心逐步向深水方向外移后，布局在旧城市中心区的港口码头设施因港口经济活动的减少，经济效益明显出现下降。在城市级差地租规律的作用下，传统港口码头区被迫进行转型升级。在转型升级时，存在两种不同的模式选择：部分港区码头引导码头传统的工业装卸运输功能向商贸流通功能转型，围绕码头成功发展专业市场和特色商业区，如广州港的黄沙水产品交易市场，港口码头的转型直接导致港－城关系向商贸流通型发生根本性的转变；而部分港口码头因港口运输功能的丧失而彻底向城市型特色商业功能区转型，传统港口码头转型成城市游憩空间或游艇码头，传统港－城关系消亡，如广州太古仓码头的商业项目改造。在城市级差地租规律作用下，旧城市中心区港口码头的转型升级，也在一定程度上强化了港－城关系空间上的分离。

五 自组织机制

自组织是系统在没有外界特定干预下，按照相互默契自动形成有序结构的过程。港口城市及港-城关系的发展演化，在一定程度上存在自组织的机制。

港口城市的发展具有内在规律性，其发展阶段符合生命周期理论，可划分为生长期、发展期、成熟期和停滞期4个阶段，不同阶段港口对城市的推动作用呈现"S形"曲线规律特征（陈航，2009）。港-城经济与空间关系的发展演化过程，在自组织机制作用下，也同样表现出生命周期规律特征，与港口发展的生命周期规律相对应，可划分为生成期、发展期、融合期和分离（衰落）期。生成期，港口城市出现，港-城经济与空间关系形成；发展期，港口不断发展壮大，城市规模扩大、不断扩建，港-城经济与空间关系逐步强化；融合期，在融合作用机制驱动下，港口区域与城市其他功能区形成良性互动、融合发展的关系，港-城经济与空间关系非常紧密；分离（衰落）期，港口衰落，或在城市级差地租规律驱动下，港口码头设施向城市核心区外围移动，港-城经济与空间关系出现分离或者衰落。在因港口外移而导致港-城空间分离的情况下，港区层面又将进入新一轮的港-城经济与空间关系生命演化周期。

在港区层面，港-城的融合发展也表现出明显的自组织规律特征。港区层面的港-城融合发展的自组织机制，主要存在于3个方面。港口与城市之间存在紧密的业务和功能联系，港航服务企业布局要求以及临港产业集群的发展，临港地区发展形成的经济和功能组团成为城市的重要组成部分。港口不能独立于城市而存在，港口与城市间存在紧密的业务和功能联系，这也就决定了港-城在空间上必须保持经济合理性，从而从根本上为港-城融合发展提供了动力和要求。港航服务企业的区位选择以及临港型产业集群的发展，构成了港-城空间融合发展的根本性驱动力，但企业的区位选择行为取决于企业本身的行业特征及区位要求，不受外界特定干预的决定，因此企业布局的驱动具有自组织的特性，在临港型企业和港航服务业区位选择的驱动下，港-城在空间上存在趋向于融合发展的自组织动力。港口的发展带来了各类经济要素的集聚以及临港产业的集群式发展，成为港口城市重要的产业功能区，并逐步向综合型的城市功能组团转变，从而构成了港口城市的重要空间单元。从这个意义上来衡量，港口及其临港功能区的发展，在客观上导致了港-城空间上的融合发展，具有明显的自组织特性。

参考文献

1. Airriess C. , The Regionalization of Hutchison Port Holdings in Mainland China. *Journal of Transport Geography*, 2001, 9 (4), pp. 267 – 278.
2. Adolf K. Y. Ng. , The Evolution and Research Trends of Port Geography. *The Professional Geographer*, 2013, 65 (1), pp. 65 – 86.
3. Athanasios A. Pallis, Thomas K. Vitsounis, Peter W. De Langen & Theo E. Notteboom, Port Economics, Policy and Management: Content Classification and Survey, *Transport Reviews: A Transnational Transdisciplinary Journal*, 2011, 31 (4), pp. 445 – 471.
4. Barke M. , *Transportation and Trade.* Oliver & Boyd, Edinburgh, 1986.
5. Baird A. J. Rejoinder: Extending the Lifecycle of Container Mainports in Upstreamurban Locations. *Maritime Policy & Management*, 1997 (24), pp. 299 – 301.
6. Bart W. Wiegmans, Erik Louw, Changing Port-City Relations at Amsterdam: A New Phase at the Interface? *Journal of Transport Geography*, 2011 (19), pp. 575 – 583.
7. Beresford A. K. , Redevelopment of the Port of Cardiff, *Ocean & Coastal Management*, 1995, 27 (12), pp. 93 – 107.
8. Bernd Wiese, New Ports as Nodes for Industrial and Urban Development: The Cases of Richards Bay and Saldanha in South Africa. *Geo Journal*, 1981, 2 (2), pp. 51 – 58.
9. Bird J. , *The Major Seaports of the United Kingdom.* London, 1963, pp. 21 – 22.
10. Brooks M. , Cullinane K. *Devolution, Port Governance and Port Performance.* Amsterdam, Netherlands: Elsevier Ltd. , 2007.
11. Campbell S. , Increasing Trade, Declining Port Cities: Port Containerization and the Regional Diffusion of Economic Benefits, in *Trading Regions*, Ed. H. Noponen, J. Graham, Anda R. Markusen, New York: Guilford, 1993,

pp. 212 - 227.
12. Castro J., Economic Impact Analysis of Santander Port of Its Hinterland. *International Journal of Transport Economics*, 1997 (2), pp. 259 - 277.
13. Charlier J., The Regeneration of Old Port Areas for New Port Uses, in *European Port Cities in Transition*, B. S. Hoyle & D. Pinder (Eds). Belhaven Press, 1992.
14. Chu D. K. Y., Chiu T. N., Laissez-Faireism in Port Development: The Case of Hong Kong, in *Seaport Systems and Spatial Change*, Hoyle B. S. and Hilling D. (Eds). Wiley, Chichester, 1984, pp. 135 - 160.
15. Cleveland State University, *Measuring the Regional Economic Impact of the Port of Cleveland's Maritime Operations*, 1997.
16. Cullinane K. P. B., Wilmsmeier G., The Contribution of the Dry Port Concept to the Extension of Port Life Cycles. in J. W. Böse (Ed.), *Handbook of Terminal Planning, Operations Research Computer Science Interfaces Series*, Heidelberg: Springer, 2011 (49), pp. 359 - 380.
17. Delaware River Port Authority, *The Value of a Ton Cargo to the Area Eeonomic. Philadelphia Port Area*, Philadelphia, 1953.
18. Ducruet C., Sung-Woo Lee, Frontline Soldiers of Globalisation: Port-City Evolution and Regional Competition. *Geojournal*, 2006 (67), pp. 107 - 122.
19. Ducruet C., Roussin S. and Jo J. C., Going West? Spatial Polarization of the North Korean Port System. *Journal of Transport Geography*, 2009 (17), pp. 357 - 368.
20. Dutt A. K., Xie Y., Costa F. J., et al., *City Forms of China and India in Global Perspective*//Dutt a K, Costa F J, Surinder A, et al., *The Asian City: Processes of Development, Characteristics and Planning*. Dordrecht: Kluwer Aca-Demic Publishers, 1994, pp. 25 - 51.
21. Edward J. Taaffe, Richard L. Morrill, Peter R. Gould, Transport Expansion in Underdeveloped Countries: A Comparative Analysis. *The Geographical Review*, 1963 (53), pp. 503 - 529.
22. Flavio Padilha, Adolf K. Y. Ng., The Spatial Evolution of Dry Ports in Developing Economies: The Brazilian Experience. *Maritime Economics & Logistics*, 2012, 14 (1), pp. 99 - 121.

23. Fleming D. K., The Meaning of Port Competition, Plenary Session Paper for IAME Conference, London, 1997, 9 (22), pp. 2 – 3.
24. Fred V. Earstensen, William F. Lott, Stan Memillen, The Economic Impact of Connecticut's Deepwater Ports: An IMPLAN and REMI Analysis. *Connecticut Center for Economy Analysis*, 2001.
25. FréMonta, Soppé M, Northern European Range: Shipping Line Concentration and Port Hierarchy. in Wang J., Notteboom T. Olivier, D. Slack B. (Eds.), *Ports, Cities, and Global Supply Chains.* Ashgate, Alderschot, 2007.
26. Fujita M., T. Mori, The Role of Ports in the Making of Major Cities: Self-Agglomeration and Hub-Effect, *Journal of Development Economics*, 1996 (49), pp. 93 – 120.
27. Fujita M. and P. Krugman, When Is the Economy Monocentric?: Von Thunen and Chamberlin Unified, *Regional Science and Urban Economics*, 1995 (25), pp. 505 – 528.
28. Fujita M., T. Mori, Structural Stability and Evolution of Urban Systems, *Regional Science and Urban Economics*, Forthcoming, 1995.
29. Gordon Wilmsmeier, Rickard Bergqvist, Kevin P. B. Cullinane, Special Issue: Ports and Hinterland-Evaluating and Managing Location Splitting. *Research in Transportation Economics*, 2011 (33), pp. 1 – 5.
30. Gordon Wilmsmeier, Jason Monios, Counterbalancing Peripherality and Concentration: An Analysis of the UK Container Port System. *Maritime Policy & Management*, 2013, 40 (2), pp. 116 – 132.
31. Hall P. V., Clark A., Maritime Ports and the Politics of Reconnection. in Desfor G., Laidlay J., Stevens Q., Schubert D. (Eds.), *Transforming Urban Waterfronts: Fixity and Flow.* Taylor & Francis, New York, 2011, pp. 17 – 34.
32. Hayuth Y., Containerization and the Load Center Concept. *Economic Geography*, 1981, 7 (2), pp. 160 – 176.
33. Hayuth Y., Seaports: The Challenge of Technological and Functional Changes, in *Ocean Yearbook*, Eds. E. M. Borgese and N. Ginsburg. Chicago: University of Chicago Press, 1985 (5), pp. 79 – 101.

34. Hayuth Y. , *Intermodality: Concept and Practice*. London: Lloyd's of London Press, 1987, pp. 173 – 182.
35. Hayuth Y. , Rationalization and Deconcentration of the U. S. Container Port System. *Professional Geographer*, 1988, 40 (3), pp. 279 – 288.
36. Hayuth H. , Hilling D. , Technological Change and Seaport Development. in Holye B. S. , Pinder D. A. (Eds.) *European Port Cities in Transition*, 1992. pp. 40 – 58.
37. Heaver T. D. , The Evolving Roles of Shipping Lines in International Logistics. *International Journal of Maritime Economics*, 2002, 4 (3), pp. 210 – 230.
38. Hillingd, The Evolution of a Port System: The Case of Ghana. *Geography*, 1977, 62 (2), pp. 97 – 105.
39. Hilling G. D. , Port Specialization and Efficiency: The Case of Ghana. *Maritimepolicy and Management*, 1975, 3 (1), pp. 13 – 20.
40. Hoare A. G. , British Ports and Their Export Hinterlands: A Rapidly Changing Geography. Geografiska Annaler. Series B. *Human Geography*, 1986, 68 (3), pp. 272 – 289.
41. Hoyle B. S. , Pinder. D. A. (Eds.), *Cityport Industrialization and Regional Development: Spatial Analysis and Planning Strategies*. Oxford: Pergamon Press, 1981.
42. Hoyle B. S. , *Transport and Development*, London: The Macmillian Press, 1983.
43. Hoyle B. S. , Hilling D. (Eds.), *Seaport Systems and Spatial Change: Technologies, Industries and Developmental Strategies*. London: John Wiley & Sons, 1984.
44. Hoyle B. S. , Hilleng D. , Seaport System and Spatial Change. Technology, Industry and Development Strategies. *John Wiley Chichester*, 1985.
45. Hoyle B. S. , Husain M. S. , Pinder D. A. (Eds.), *Revitalising the Waterfront: International Dimensions of Dockland Redevelopment*. London and New York: Belhaven Press, 1988.
46. Hoyle B. S. , The Port-City Interface: Trends, Problems and Examples. *Geoforum*, 1989, 20 (4), pp. 429 – 435.
47. Hoyle B. S. , Charlier J. , Inter-Port Competition in Developing Countries:

An East African Case Study. *Journal of Transport Geography*, 1995, 3 (2), pp. 87 – 103.

48. Hoyle B. S., Port Concentration, Inter-Port Competition and Revitalization: The Case of Mombasa, Kenya, *Maritime Policy & Management*, 1999, 26 (2), pp. 161 – 174.

49. Hoyle B. S., Global and Local Change on the Port-City Waterfront. *The Geographical Review*, 2000, 90 (3), pp. 395 – 417.

50. Jacobs W., Port Competition between Los Angeles and Long Beach: An Institutional Analysis. *Tijdschrift Voor De Economische En Sociale Geografie*, 2007, 98 (3), pp. 360 – 372.

51. Jason Monios, Gordon Wilmsmeier, Giving A Direction to Port Regionalization. *Transportation Research Part A*, 2012 (46), pp. 1551 – 1561.

52. John T, Starr and Brian Slack. Ports as Gateways: A Traditional Concept Revisited. Fifth International Conference of Cities and Ports. Dakar, Publish AIVP, 1995, pp. 89 – 96.

53. Kenyon J., Elements in Interport Competition in the United States. *Economic Geography*, 1970 (46), pp. 1 – 24.

54. Klink H. A., *Towards the Borderless Mainport Rotterdam: An Analysis of Functional, Spatial and Administrative Dynamics in Port Systems*. Thesis Publishers, Amsterdam, 1995.

55. Klink H. A., Berg G. C., Gateways and Intermodalism. *Journal of Transport Geography*, 1998, 6 (1), pp. 1 – 9.

56. Kuby M., Reid N., Technological Change and the Concentration of the US General Cargo Port System: 1970 – 1988. *Economic Geography*, 1992, 68 (3), pp. 272 – 289.

57. Liming Liu, Kelly Yujie Wang, Tsz Leung Yip, Development of a Container Port System in Pearl River Delta: Path to Multi-Gateway Ports. *Journal of Transport Geography*, 2013 (28), pp. 30 – 38.

58. Martin Stopford, Maritime Economic (Second Edition). Taylor & Francis, Inc., U. S. A., 2006.

59. Mayer H. M., The Port of Chicago and the St. Lawrence Seaway. *Development of Geography Research Papers*. Chicago: University of Chicago, 1957 (49),

pp. 30 - 34.
60. Mayer H. M. , Some Geographic Aspects of Technological Change in Maritime Transportation. *Economic Geography*, 1973 (49), pp. 145 - 155.
61. Mayer H. M. , Current Trends in Great Lakes Shipping. *GeoJournal*, 1978 (2), pp. 117 - 122.
62. Morgan F. W. , *Port and Harbours*. London: Hatchinson's University Library, 1978.
63. Norcliffe G. , The Emergence of Postmodernism on the Urban Waterfront: Geographical Perspectives on Changing Relationships. *Journal of Transport Geography*, 1996, 4 (2), pp. 123 - 134.
64. Notteboom T. E. , Concentration and Load Centre Development in the European Container Port System. *Journal of Transport Geography*, 1997, 5 (2), pp. 99 - 115.
65. Notteboom T. E. , Winkelmans W. , Structural Changes in Logistics: How Will Port Authorities Face the Challenge? *Maritime Policy and Management*, 2001, 28 (1), pp. 71 - 89.
66. Notteboom T. E. , Container Shipping and Ports: An Overview. *Review of Network Economics*, 2004 (3), pp. 86 - 106.
67. Notteboom T. E. , J. P. Rodrigue, Port Regionalization: Towards a New Phase in Port Development. *Maritime Policy and Management*, 2005, 32 (3), pp. 297 - 313.
68. Notteboom T. E. , Concentration and Load Centre Development in the European Container Port System. *Journal of Transport Geography*, 1997, 5 (2), pp. 99 - 115.
69. O'Connor K. , The Location of Services Involved with Trade. *Environment and Planning A*, 1987 (19), pp. 687 - 700.
70. Ogundana B. , Patterns and Problems of Seaport Evolution in Nigeria. in Hoyle B. S. , Billing D. (Eds.). *Seaports and Development in Tropical Africa*. Macmillan, London, 1970, pp. 167 - 182.
71. Patton D. J. , General Cargo Hinterland of Newyork, Philadelphia, Baltimore and New Orleans. *Annals of the Association of American Geographers*, 1958, pp. 21 - 24.

72. Pinder D. Hoyle, B. S. Husain, S. Retreat, *Redundancy and Revitalisation*: *Forces, Trends and a Research Agenda, Revitalising the Waterfront*, Belhaven Press, London, 1988, pp. 247 – 260.

73. Pollock E. E., Ports, *Port Hinterland and Regional Development*. The Bulletin, Japan Maritime Research Institute, Tokyo, 1973.

74. Pollock E. E., Free Ports, Free Trade Zones, Export Processing Zones and Economic Development. *Cityport Industrialization and Regional Development*. London: Belhaven, 1981, pp. 37 – 45.

75. Port of New York Input-Output Analysis Authority. *Economic Impact of the U. S. Port Industry*: *Waterborne Transportation*, 1978.

76. *Port of Vancouver Economic Impact Update*, Inter VISTAS Consutting Inc. 2005.

77. Rimmer P. J., The Search for Spatial Regularities in the Development of Australian Seaports 1861 – 1961/2. Geografiska Annaler. Series B, *Human Geography*, 1967, 49 (1), pp. 42 – 54.

78. Rimmer P. J., The Changing Status of New Zealand Seaports: 1853 – 1960. *Annals of the Association of American Geographers*, 1967, 57 (1), pp. 88 – 100.

79. Robinson, R., *Ports as Elements in Value-Driven Chain Systems*: *The New Paradigm*, 2002.

80. Rodrigue J. P., T. E. Notteboom, Comparative North American and European Gateway Logistics: The Regionalism of Freight Distribution. *Journal of Transport Geography*, 2010 (18), pp. 497 – 507.

81. Rodrigue J. P., Notteboom T., Foreland-Based Regionalization: Integrating Intermediate Hubs with Port Hinterlands. *Research in Transportation Economics*, 2010 (27), pp. 19 – 29.

82. Sargent A. J., *Seaports and Hinterlands. Aadam and Charrles Black*. London, 1938.

83. Seah C. M., *Freight Forwarding in Singapore*. Singapore University Press, Singapore, 1984.

84. Slack B., *Harbour Redevelopment in Canada, Ministry of State for Urban Affairs*, Queens Printer, Ottawa, 1975.

85. Slack B. , Port Service Industries: The Case of Montreal. *Cahiers De Geographie Du Quebec*, 1982, 26 (68), pp. 235 – 243.
86. Slack B. , Port Service Industries, *Cah. Geogr Queb*, 1983 (68), pp. 235 – 240.
87. Slack B. , Containerization, Inter-Port Competition and Port Selection. *Maritime Policy and Management*, 1985, 12 (4), pp. 293 – 303.
88. Slack B. , Persistence and Change in the Port Service Industry, in Ports Et Mers, J. Charlier (Ed.). *Paradigme*, Caen, 1986, pp. 243 – 259.
89. Slack B. , The Evolution of Montreal's Port Service Industry. *The Canadian Geographer*, 1988, 32 (2), pp. 124 – 132.
90. Slack B. , The Port Service Industry in an Environment of Change. *Geoforum*, 1989, 20 (4), pp. 447 – 457.
91. Slack B. , Port Services, Ports and the Urban Hierarchy. *Tijdschrift Voor Econ. En Soc. Geografie*, 1989, 80 (4), pp. 236 – 243.
92. Slack B. , Intermodal Transportation in North America and the Development of Inland Load Centers. *The Professional Geographer*, 1990, 42 (1), pp. 72 – 83.
93. Slack B. , Comtois C. , Mccalla R. J. and Guy E. Global Reach: The Evolving Pattern of Container Shipping Networks, *Proceedings of World Conference on Transport Research*. Seoul, South Korea. Oxford: Pergamon Press, 2001.
94. Slack B. , Wang J. , The Challenge of Peripheral Ports: An Asian Perspective. *Geojournal*, 2002, 65 (2), pp. 159 – 166.
95. Slack B. , Pawnsin the Game: Port Sinaglobal Transportation System. *Growth and Change*, 2003, 24 (4), pp. 579 – 588.
96. Sung-Woo Lee, Dong-Wook Song, Ce'Sar Ducruet, A Tale of Asia's World Ports: The Spatial Evolution in Global Hub Port Cities. *Geoforum*, 2008 (39), pp. 372 – 385.
97. Todd D. , the Interplay of Trade, Regional and Technical Factors in the Evolution of a Port System: The Case of Taiwan. Geograhiska Annaler. Series B. *Human Geography*, 1993, 75 (1), pp. 3 – 18.
98. Tom A. Daamen, Isabelle Vries, Governing the European Port-City Interface: Institutional Impacts on Spatial Projects between City and Port. *Journal*

of *Transport Geography*, 2013 (27), pp. 4 – 13.
99. UNCTAD, *Development and Improvement of Ports*, Geneva, 1992.
100. UNCTAD Secretariat. Technical Note: Fourth-Generation Port. *Ports Newsletter*, Geneva, 1999.
101. Vigarie A., Maritime Industrial Development Areas. Structural Evolution and Implications for Regional Development. *Cityport Industrialization and Regional Development*. Belhaven, London, 1981, pp. 3 – 56.
102. Weigend G., Some Elements in My Study of Port Geography. *Geographical Review*, 1958 (48), pp. 185 – 200.
103. Wen-Chih Huang, Chien-Hua Chen, Sung-Ken Kao, Kuang-Yu Chen, The Concept of Diverse Developments in Port Cities. *Ocean & Coastal Management*, 2011 (54), pp. 381 – 390.
104. Wilmsmeier G., Monios J. and Lambert B., Observations on the Regulation of "Dry Ports" by National Governments. Annual Conference of the International Association of Maritime Economists (IAME), July, Lisbon, 2010.
105. Wong K. L., *Office Location Study of Shipping Company Offices*, Undergraduate Thesis, University of Hong Kong, 1982.
106. Xavier Fageda, Load Centres in the Mediterrancan Port Range, Ports Hub and Ports Gateway. Barcelona: 40th Congress of the European Regional Science Association, 2000.
107. Yiping L. E., Hitoshi IEDA., Evolution Dynamics of Container Port Systems with a Geo-Economic Concentration Index: A Comparison of Japan, China and Korea. *Asiantransport Studies*, 2010, 1 (1), pp. 46 – 61.
108. Yochum G. R., Agarmal V. B., Static and Changing Port Economic Impacts. *Maritime Policy Management*, 1988, 15 (2), pp. 157 – 171.
109. 安筱鹏等：《关于建设我国北方集装箱枢纽港问题的思考》，《人文地理》2000年第15期。
110. 安筱鹏等：《国际集装箱枢纽港的形成机理与发展模式研究》，《地理研究》2000年第19期。
111. 安筱鹏、韩增林：《综合物流时代的到来与港口功能的演变》，《热带地理》2001年第21期。

112. 安筱鹏等：《国际集装箱枢纽港的形成演化机理与发展模式研究》，《地理研究》2001 年第 4 期。
113. 曹炳汝等：《双核型空间结构与锡澄经济带发展研究》，《江南大学学报》（人文社会科学版）2003 年第 2 期。
114. 曹卫东等：《港口体系区域基础的综合评价研究——以长江下游干流沿岸港口体系为例》，《安徽师范大学学报》（自然科学版）2004 年第 27 期。
115. 曹小曙、彭灵灵：《中国交通运输地理学近 10 年研究进展》，《人文地理》2006 年第 3 期。
116. 曹小曙、彭灵灵：《珠江三角洲港口物流与城市发展》，商务印书馆，2011。
117. 曹有挥：《安徽省长江沿岸港口体系的初步研究》，《地理科学》1995 年第 15 期。
118. 曹有挥：《安徽省长江沿岸港口体系规模组合与空间结构分析》，《地理科学》1998 年第 18 期。
119. 曹有挥：《江苏省长江沿岸集装箱港口群体基本特征与战略方向》，《经济地理》1998 年第 18 期。
120. 曹有挥：《集装箱港口体系的演化模式研究——长江下游集装箱港口体系的实证分析》，《地理科学》1999 年第 19 期。
121. 曹有挥：《长江下游集装箱港口体系的格局、功能与发展研究》，《安徽师范大学学报》（自然科学版）1999 年第 22 期。
122. 曹有挥：《长江沿岸港口体系空间结构研究》，《地理学报》1999 年第 54 期。
123. 曹有挥等：《长江下游港口体系的职能结构》，《地理学报》2001 年第 56 期。
124. 曹有挥等：《中国沿海集装箱港口体系的形成演化机理》，《地理学报》2003 年第 58 期。
125. 曹有挥、李海建、陈雯：《中国集装箱港口体系的空间结构与竞争格局》，《地理学报》2004 年第 59 期。
126. 陈传康：《振兴连云港的八项措施——区域发展战略研究实力》，《地理学报》1986 年第 41 期。
127. 陈传康等：《促进青岛成为国际性区域级港口城市的研究》，《经济地理》1986 年第 9 期。
128. 陈航：《海港形成发展与布局的经济地理基础》，《地理科学》1984 年第 2 期。
129. 陈航等：《闽南沿海港口特征及其体系的形成与发展》，《热带地理》1990 年第 2 期。
130. 陈航：《海港地域组合及其区划的初步研究》，《地理学报》1991 年第 4 期。
131. 陈航：《论海港地域组合的形成机制与发展过程》，《地理学报》1996 年第 51 期。
132. 陈航：《港城互动的理论与实证研究》，大连海事大学博士学位论文，2009。
133. 陈航、栾维新、王跃伟：《港城关系理论探讨的新视角》，《特区经济》2007 年第 12 期。
134. 陈航、栾维新、王跃伟：《我国港口功能与城市功能关系的定量分析》，《地理研究》2009 年第 28 期。
135. 陈航、栾维新：《港口和城市互动的理论与实证研究》，经济科学出版社，2010。
136. 陈航、栾维新、王跃伟：《我国港口城市的功能模式研究》，《地域研究与开发》2012 年第 31 期。
137. 陈建年等：《港口发展与广州南沙地区的开发》，《中国人口·资源与环境》2002 年第 12 期。
138. 陈斓、伍世代、陈培健：《福建港口体系结构研究》，《热带地理》2007 年第 27 期。
139. 陈勇：《从鹿特丹港的发展看世界港口发展的新趋势》，《国际城市规划》2007 年第 22 期。
140. 陈贻龙、邵振一：《运输经济学》，人民交通出版社，1999。
141. 陈再齐、曹小曙、闫小培：《广州港经济发展及其与城市经济的互动关系研究》，《经济地理》2005 年第 25 期。
142. 陈再齐、闫小培、曹小曙：《广州市港口服务业空间特征及其形成机制研究》，《地理科学》2010 年第 30 期。
143. 陈志民：《珠江三角洲港口群发展态势分析——广州港发展战略》，《暨南学报》（哲学社会科学版）2002 年第 24 卷第 2 期。

144. 程浩：《广州港史（近代部分）》，海洋出版社，1985。
145. 戴鞍钢：《港口、城市、腹地——上海与长江流域经济关系的历史考察》，《中国城市经济》2004年第1期。
146. 戴勇、陆俊强、王罡：《上海国际航运中心建设对上海经济发展的影响》，《集装箱化》2000年第7期。
147. 董晓菲：《大连港——东北腹地系统空间作用及联动发展机理研究》，东北师范大学博士学位论文，2011。
148. 邓端本：《广州港史（古代部分）》，海洋出版社，1986。
149. 邓萍：《港口物流与腹地区域经济相关性测度研究》，武汉理工大学博士学位论文，2010。
150. 丁井国、钟昌标：《港口与腹地经济关系研究——以宁波港为例》，《经济地理》2010年第30期。
151. 丁婉怡：《珠三角地区港口综合竞争力研究》，华南理工大学硕士学位论文，2010。
152. 董洁霜、范炳全：《现代港口发展的区位势理论基础》，《世界地理研究》2003年第12期。
153. 董洁霜、范炳全、刘魏巍：《现代物流发展与港口区位合作博弈分析》，《经济地理》2005年第25期。
154. 董洁霜等：《区位商法在港口腹地分析中的运用》，《上海海运学院学报》2002年第23期。
155. 董洁霜、范炳全：《国外港口区位相关研究理论回顾与评价》，《城市规划》2006年第30期。
156. 董晓菲、韩增林、王荣成：《东北地区沿海经济带与腹地海陆产业联动发展》，《经济地理》2009年第29期。
157. 董晓菲、王荣成、韩增林：《港口-腹地系统空间结构演化分析——以大连港-辽宁经济腹地系统为例》，《经济地理》2010年第30期。
158. 傅明明、吕靖：《基于系统动力学的港口——区域经济关系研究》，《大连海事大学学报》2009年第4期。
159. 傅明明：《基于系统动力学的港口——区域经济系统研究》，大连海事大学博士学位论文，2010。
160. 高琴：《港口发展与区域经济关系研究》，武汉理工大学博士学位论文，2008。

161. 广州市地方志编纂委员会：《广州市志》卷三，广州出版社，1995。
162. 方然：《港口群腹地集装箱运输系统网络优化配流模型》，《水运管理》2003 年第 7 期。
163. 高海燕：《中国集装箱港口业健康发展面临的主要矛盾及其分析》，《"2003 年中国港口经济论坛"文选》，2004。
164. 高小真：《港市关系与港城经济发展探悉——以我国北方海港城市为例》，中国科学院硕士学位论文，1988。
165. 高宗祺、昌敦虎、叶文虎：《港口城市演变趋势的剖析及可持续发展战略选择》，《中国人口·资源与环境》2010 年第 5 期。
166. 郭建科、韩增林：《中国海港城市"港－城空间系统"演化理论与实证》，《地理科学》2013 年第 11 期。
167. 郭建科、韩增林：《试论现代物流业与港口城市空间再造——以大连市为例》，《人文地理》2006 年第 6 期。
168. 郭建科、韩增林：《港口与城市空间联系研究回顾与展望》，《地理科学进展》2010 年第 29 期。
169. 韩斌：《东北亚集装箱港口体系空间结构演化研究》，上海海事大学博士学位论文，2007。
170. 韩增林、安筱鹏、王利等：《中国国际集装箱运输网络的布局与优化》，《地理学报》2002 年第 7 期。
171. 何丹、高世超：《产业空间绩效视角下上海临港重装备产业区发展研究》，《世界地理研究》2013 年第 22 期。
172. 贺琳等：《第四代港口概念及特点》，《水运工程》2011 年第 6 期。
173. 贺有利、张仁涉：《点轴群理论的分析》，《兰州大学学报》（社会科学版）2007 年第 4 期。
174. 黄杰：《沿海港口吞吐量与国民经济关系研究》，大连海事大学博士学位论文，2011。
175. 黄盛璋：《中国港市之发展》，《地理学报》1951 年第 1 期。
176. 惠凯：《论港口城市的发展》，《中国港口》2004 年第 11 期。
177. 惠凯：《临港产业集聚机制研究》，大连理工大学博士学位论文，2004。
178. 贾红雨、李珊珊、董燕泽：《基于社会网络分析的港口竞合关系模型》，《大连海事大学学报》2012 年第 2 期。
179. 蹇令香、李东兵、刘玲玲：《我国集装箱港口体系演进规律研究》，

《经济地理》2012 年第 32 卷第 12 期。

180. 姜丽、王士君、刘志虹：《港口与城市规模关系的评价与比较——以辽宁省港口城市为例》，《地理科学》2011 年第 31 期。

181. 姜丽：《辽宁省港口城市空间格局及整合发展研究》，东北师范大学博士学位论文，2011。

182. 姜石良：《港口城市发展模式及发展策略——以镇江为例》，《规划师》2004 年第 20 期。

183. 郎宇、黎鹏：《论港口与腹地经济一体化的几个理论问题》，《经济地理》2005 年第 25 期。

184. 李加林：《河口港城市形态演变的分析研究——兼论宁波城市形态的历史演变及发展》，《人文地理》1998 年第 13 期。

185. 李加林、朱晓华、张殿发：《群组型港口城市用地时空扩展特征及外部形态演变——以宁波为例》，《地理研究》2008 年第 27 期。

186. 李立勋、温锋华、许学强：《改革开放以来珠三角城市规模结构及其分形特征》，《热带地理》2007 年第 5 期。

187. 李龙章：《番禺城始建年代及相关问题探讨》，广东社会科学院出版社，1995。

188. 李王鸣：《港口城市国际研究主题的分析》，《经济地理》2000 年第 20 期。

189. 李文彦等：《港口城市区域发展国际研讨会在山东日照举行》，《地理学报》1996 年第 1 期。

190. 黎夏：《珠江三角洲发展走廊 1988～1997 年土地利用变化特征的空间分析》，《自然资源学报》2004 年第 5 期。

191. 李雁、陈颖彪、周倩仪：《珠三角港口群及长三角港口群的分析与对比》，《物流技术》2009 年第 5 期。

192. 梁辰、王诺、佟士祺等：《大连临港产业集聚与城市空间结构演变研究》，《经济地理》2012 年第 32 期。

193. 梁国昭：《广州港：从石门到虎门——历史时期广州港口地理变化及其对城市空间拓展的影响》，《热带地理》2008 年第 28 期。

194. 梁双波：《长三角集装箱港口体系的演化模式及其空间效应研究》，安徽师范大学硕士学位论文，2006。

195. 梁双波、曹有挥：《全球化背景下的南京港城关联发展效应分析》，

《地理研究》2007年第3期。
196. 梁双波、曹有挥、曹卫东、吴威：《长三角集装箱港口体系的偏移增长与演化模式》，《地理科学进展》2008年第28期。
197. 梁双波、曹有挥、曹卫东、何调霞：《港城关联发展的生命周期模式研究——以南京港城关联发展为例》，《人文地理》2009年第5期。
198. 梁双波、曹有挥、吴威：《港口后勤区域形成演化机理——以上海港为例》，《地理研究》2011年第30期。
199. 林建华、陈淳：《厦门港口经济与城市经济定量分析》，《港口经济》2002年第3期。
200. 林琳、卢道典：《广州重大交通设施建设与空间结构演化研究》，《地理科学》2011年第31期。
201. 刘秉镰：《经济全球化与港城关系》，《港口经济》2002年第2期。
202. 刘秉镰：《港城关系机理分析》，《港口经济》2002年第3期。
203. 刘波、朱传耿、车前进：《港口经济腹地空间演变及其实证研究——以连云港口为例》，《经济地理》2007年第27期。
204. 刘桂云、真虹、赵丹：《港口功能的演变机制研究》，《浙江学刊》2008年第1期。
205. 刘继生：《区位论》，江苏教育出版社，1994。
206. 刘玲玲：《我国集装箱港口体系演进过程研究》，大连海事大学硕士学位论文，2013。
207. 刘奇洪：《江苏张家港发展战略初步研究》，《经济地理》1992年第12期。
208. 刘瑞民：《港口与港口城市空间关系研究》，北京交通大学硕士学位论文，2014。
209. 刘彦平、崔笑、王海鹏：《对港城关系发展阶段的探讨》，《发展战略》2009年第9期。
210. 柳宗欣：《山东省港口与腹地的经济关系有效性评价研究》，中国海洋大学，2011。
211. 陆玉麒：《双核型空间结构模式的应用前景》，《人文地理》2002年第17期。
212. 陆玉麒等：《区域双核结构模式的数学推导》，《地理学报》2003年第58期。

213. 陆玉麒：《区域双核结构模式的形成机理》，《地理学报》2002年第57期。
214. 罗芳：《长三角港口群协调发展研究》，吉林大学博士学位论文，2012。
215. 罗章仁等：《珠江三角洲港口群》，河海大学出版社，2002。
216. 吕拉昌、王建军、魏也华：《全球化与新经济背景下的广州市空间结构》，《地理学报》2006年第8期。
217. 马淑燕：《上海国际航运中心建设若干问题探讨》，《经济地理》1996年第18期。
218. 马小奇：《广东航运史（现代部分）》，人民交通出版社，1994。
219. 牟凤云等：《广州城市空间形态特征与时空演化分析》，《地球信息科学》2007年第5期。
220. 倪俊明：《广州城市空间的历史拓展及其特点》，《广东省志》1996年第3期。
221. 宁涛：《港口经济影响研究》，大连海事大学硕士学位论文，2003。
222. 潘坤友、曹有挥、梁双波等：《中国集装箱多门户港口区域空间结构的形成与机理》，《地理科学进展》2013年第32期。
223. 彭勃：《浙江港口发展与省域综合竞争力提升的动态关联效应》，《经济地理》2012年第32期。
224. 齐易等：《黄埔港史（古、近代部分）》，人民交通出版社，1989。
225. 齐易等：《广东航运史（古代部分）》，人民交通出版社，1989。
226. 齐易等：《广东航运史（近代部分）》，人民交通出版社，1994。
227. 任美锷、杨宝国：《当前我国港口发展条件分析——兼论上海国际航运中心》，《地理学报》1998年第53期。
228. 桑曼乘：《广州港口经济发辗转型模式与策略探析》，暨南大学硕士学位论文，2010。
229. 桑义明等：《广州的双核结构演变及其城市发展定位分析》，《华南师范大学学报》（自然科学版）2003年第11期。
230. 上海国际航运信息研究中心、上海市统计局：《上海航运业及相关产业对上海经济贡献统计指标体系研究》，《水运管理》1999年第10期。
231. 沈玉芳、刘曙华、张婧等：《长三角地区产业群、城市群和港口群协同发展研究》，《经济地理》2010年第30期。

232. 施欣：《港口与腹地疏运系统的随机优化决策分析》，《系统工程理论方法应用》1996年第5期。

233. 石友服：《港城关系和港口体制改革》，《中国港口》2003年第3期。

234. 宋炳良：《港口城市发展的动态研究——兼论上海国际航运中心建设》，复旦大学博士学位论文，2000。

235. 宋炳良：《论上海港口全部经济贡献的评估》，《上海海运学院学报》2001年第4期。

236. 宋炳良：《港口内陆空间通达性与国际航运中心建设》，《经济地理》2001年第21期。

237. 宋炳良：《有关港口城市创建与发展的理论研究》，《上海海运学院学报》2002年第23期。

238. 谭卡：《广州港的无水港群选址研究》，西南交通大学硕士学位论文，2009。

239. 唐宋元：《广州港城关系互动发展：现状、问题及对策》，《港口经济》2011年第6期。

240. 唐秀敏：《港城关系的发展与上海国际航运中心建设》，华东师范大学硕士学位论文，2005。

241. 屠德铭：《全球港口行业发展的特点、趋势及中国港口行业的增长预期》，《"2003年中国港口经济论坛"文选》，香港科文出版公司，2004。

242. 王爱萍：《港口对滨海城市可持续发展影响的定量评价——以山东省日照市为例》，《中国人口·资源与环境》2000年第10期。

243. 王成金、韩增林、王丽华等：《试论环渤海港口运输体系的形成与演化》，《中国港口》2001年第7期。

244. 王成金：《中国港口分布格局的演化与发展机理》，《地理学报》2007年第62期。

245. 王成金、于良：《世界集装箱港的形成演化及与国际贸易的耦合机制》，《地理研究》2007年第26期。

246. 王成金、Cesar Ducruet：《现代集装箱港口体系演进理论与实证》，《地理研究》2011年第30期。

247. 王国文：《全球供应链环境下港口资源整合战略》，《"2003年中国港口经济论坛"文选》，香港科文出版公司，2003。

248. 王缉宪等：《区域集装箱港口体系的演化：以珠江三角洲为例》，

Journal of Transport Geography，2000 年第 8 期。

249. 王缉宪：《中国港口城市互动与发展》，东南大学出版社，2010。
250. 王缉宪：《港口竞争与港口城市竞争的解释》，《中国港口》2004 年第 11 期。
251. 王健龙：《珠三角港口群的演化机理与协调发展研究》，华南理工大学硕士学位论文，2013。
252. 王列辉：《国外港口城市空间结构综述》，《城市规划》2010 年第 11 期。
253. 王列辉：《国外港口体系研究述评》，《经济地理》2007 年第 3 期。
254. 王强、伍世代、徐玲琳：《"三通"背景下闽台港口体系结构演变及其空间对接研究》，《地理科学》2011 年第 5 期。
255. 王庆国：《中国海港的区位转换和地域组合初探》，华东师范大学硕士学位论文，1999。
256. 王圣云、沈玉芳：《长山群岛港口地域组合空间结构演化定量分析》，《地理科学进展》2008 年第 27 期。
257. 王圣云、沈玉芳、张耀光：《海岛港口地域组合形成演化模式与机制——基于长山群岛港口形成演变过程的分析》，《人文地理》2009 年第 5 期。
258. 王曙光：《港口发展的区域研究——以石臼港为例》，华东师范大学硕士学位论文，1992。
259. 王曙光：《港口毗邻效应初探：以石臼港为例》，《地理学与国土研究》1992 年第 2 期。
260. 王云泉：《广州租借地区的来龙去脉》，《广州文史资料》，1992。
261. 王媛、王東罡、崔海鹰：《广州城市空间形态发展演变的历史特征》，《青岛建筑工程学院学报》2002 年第 3 期。
262. 吴传均、高小真：《海港城市的成长模式》，《地理研究》1989 年第 8 期。
263. 吴宏涛：《区域港口群演化问题研究》，中国海洋大学硕士学位论文，2008。
264. 吴旗韬、张虹鸥、叶玉瑶等：《港口体系演化的影响因素及驱动机制分析》，《人文地理》2011 年第 3 期。
265. 吴旗韬、张虹鸥、叶玉瑶等：《珠三角港口体系演化模型研究》，《热带地理》2013 年第 33 期。

266. 吴松弟等：《天津开埠对腹地经济变迁的影响》，《史学月刊》2004 年第 1 期。

267. 吴松弟：《港口－腹地与中国现代化的空间进程》，《河北学刊》2004 年第 24 期。

268. 吴松弟等：《中国百年经济拼图－港口城市及其腹地与中国现代化》，山东书报出版社，2006。

269. 吴郁文、彭德循：《广州港——广州国际大都市建设的加速器》，《经济地理》1995 年第 15 期。

270. 谢京辞：《山东港口物流与区域经济发展关系研究》，《山东社会科学》2011 年第 3 期。

271. 谢凌峰：《基于可持续发展观的珠江三角洲港口资源整合研究》，河海大学博士学位论文，2006。

272. 谢凌峰、肖富、宋敏：《珠江口港口群空间结构演化特征》，《水运工程》2012 年第 2 期。

273. 邢国江：《港口规划和港城关系》，《水运管理》2002 年第 4 期。

274. 邢海峰、柴彦威：《大城市边缘新兴城区地域空间结构的形成与演化趋势：以天津滨海新区为例》，《地域研究与开发》2003 年第 22 期。

275. 徐刚：《江苏省长江沿岸港口群体的功能、格局与发展研究》，《地理学报》1990 年第 45 期。

276. 许继琴：《港口城市成长的理论与实证探讨》，《地域研究与开发》1997 年第 16 期。

277. 许继琴：《港口带动区域经济发展的理论探讨与建议》，《宁波经济》1997 年第 4 期。

278. 徐永健：《现代港口与城市发展——以广州为例》，中山大学博士学位论文，2000。

279. 徐永健等：《现代港口多功能发展研究——以广州为例、经济地理》2001 年第 21 期。

280. 薛德升、黄鹤绵、王阳：《历史时期全球化作用下的城市空间转变——以 1890s～1930s 广州东山地区为例》，《地理科学》2014 年第 6 期。

281. 郐恒飞、焦华富、韩会然等：《连云港市的港－城协调发展模式演化及影响要素》,《人文地理》2012 年第 1 期。

282. 阎小培、郑莉:《广州城市地域结构与规划研究》,《城市规划》1998 年第 1 期。

283. 闫小培、毛蒋兴:《高密度开发城市的交通与土地利用互动关系——以广州为例》,《地理学报》2004 年第 59 期。

284. 杨家其、陆华:《我国港口物流园区的运作模式研究》,《武汉理工大学学报》(社会科学版) 2003 年第 16 期。

285. 杨建勇:《现代港口发展的理论与实践研究》,上海海事大学博士学位论文,2005。

286. 杨静蕾、罗梅丰、吴晓璠:《美国集装箱港口体系演进过程研究》,《经济地理》2012 年第 32 期。

287. 杨静蕾、吴晓璠、罗梅丰:《地区经济、交通基础设施与集装箱港口体系集中度变迁——基于 1979~2010 年中、美集装箱港口体系的对比研究》,《经济地理》2014 年第 34 期。

288. 杨山、潘婧:《港城耦合发展动态模拟与调控策略——以连云港为例》,《地理研究》2011 年第 30 期。

289. 杨山、潘婧、季增民:《耗散结构视角下连云港城系统演进机理及规律研究》,《地理科学》2011 年第 31 期。

290. 杨吾扬、梁进社:《高等经济地理学》,北京大学出版社,1997。

291. 杨吾扬、王富年:《中国港口建设条件的地域类型》,《经济地理》1983 年第 4 期。

292. 杨伟、宗跃光:《现代化港口城市港城关系的建设》,《经济地理》2008 年第 3 期。

293. 杨荫凯、韩增林:《辽宁省沿海港址资源综合评价及其地域组合研究》,《地理研究》2000 年第 19 卷第 1 期。

294. 叶宝明等:《珲春防川建港问题初探》,《地理科学》1993 年第 13 期。

295. 叶浩军:《价值观转变下的广州城市规划 (1978~2010 年) 实践》,华南理工大学博士学位论文,2013。

296. 余国扬:《珠江三角洲与香港工业合作研究》,《热带地理》1997 年第 17 期。

297. 曾尊固:《南通港的兴起和南通市的发展战略》,《经济地理》1986 年第 8 期。

298. 张晋等：《中国大渤海圈沿岸港口外向型经济腹地的划分模拟》，《地理研究》1990 年第 9 期。
299. 张萍：《港城互动的系统动力学模型研究》，河海大学博士学位论文，2006。
300. 张舒：《日本濑户内海工业区的工业布局与产业结构》，《日本研究》2004 年第 2 期。
301. 张耀光、刘锴、郭建科等：《中国海岛港口现状特征与类型划分》，《地理研究》2013 年第 6 期。
302. 赵鹏军、吕斌：《港口经济及其地域空间作用：对鹿特丹港的案例研究》，《人文地理》2005 年第 20 期。
303. 赵媛：《基于自组织理论的港口群系统演化机理研究》，大连海事大学博士学位论文，2011。
304. 真虹等著：《第四代港口及其经营管理模式研究》，上海交通大学出版社，2010。
305. 郑弘毅：《海港区域性港址选择的经济地理分析》，《经济地理》1982 年第 2 期。
306. 郑弘毅、张务栋：《从区域与城市发展的角度评上海港址选择问题》，《地理学报》1982 年第 3 期。
307. 郑弘毅：《港口城市探索》，河海大学出版社，1991。
308. 郑芝杨、肖玲、林志海：《大珠江三角洲港口群结构优化研究》，《山西师范大学学报》（自然科学版）2011 年第 25 卷第 2 期。
309. 钟昌标、林炳耀：《一种港口社会效益定量分析方法的探讨——以宁波港为例》，《经济地理》2000 年第 20 期。
310. 《中国大百科全书（交通卷）》，中国大百科全书出版社，2004。
311. 中国港口协会：《港口与城市文集》，1998。
312. 《中华人民共和国港口法》，法律出版社，2003。
313. 周春山、叶昌东：《中国特大城市空间增长特征及其原因分析》，《地理学报》2013 年第 6 期。
314. 周军：《港口物流园区与港口统一规划建设的必要性》，《水运工程》2002 年第 344 期。
315. 周素红、闫小培：《广州城市空间结构与交通需求关系》，《地理学报》2005 年第 60 期。

316. 周平德：《穗、深、港口和航空物流对经济增长的作用》，《经济地理》2009 年第 29 期。
317. 周天勇：《新发展经济学》，经济科学出版社，2002。
318. 周文炜：《珠三角港口群发展现状与对策研究》，《珠江水运》2011 年第 12 期。
319. 周霞：《广州城市形态演进研究》，华南理工大学博士学位论文，1998。
320. 周枝荣：《港口与城市的空间关系研究》，天津大学硕士学位论文，2007。
321. 朱传耿、刘波、李志江：《港口-腹地关联性测度及驱动要素研究——以连云港口-淮海经济区为例》，《地理研究》2009 年第 28 期。
322. 庄佩君、汪宇明：《港-城界面的演变及其空间机理》，《地理研究》2010 年第 29 期。
323. 庄佩君：《全球海运物流网络中的港口城市——宁波案例》，华东师范大学博士学位论文，2011。
324. 邹俊善：《现代港口经济学》，人民交通出版社，1998。

后 记

港口发展与港-城关系长期以来都是学术界关注的热点问题。在"21世纪海上丝绸之路"建设成为国家战略的背景下，沿海港口与港口城市被赋予了新的时代使命和战略意义。如何促进我国沿海港口与港口城市的持续健康发展，提升沿海港口在国际港口航运体系中的地位与竞争力，事关"21世纪海上丝绸之路"国家战略的实施，值得引起政策制定者与相关领域学者的重视。

珠江三角洲地区港口、港口体系和港口城市的发展，为港口与港-城关系研究提供了难得的实证案例。我有幸于2002年踏上珠江三角洲这片中国经济热土，步入地处岭南的高等学府中山大学，师从著名学者闫小培教授，开始硕士研究生阶段的学习。当时恰逢导师闫小培教授主持的"服务业地理学的理论与方法研究"获准立项为国家自然科学基金杰出青年基金资助项目，港口及港口服务业发展研究成为其关注的领域之一。我偶获机会参与了"广州港发展战略研究"等课题，随后对港口领域的研究产生了兴趣，并结合导师的杰出青年基金项目选取"港口服务业"完成了硕士学位论文。2005年毕业后，我入职广东省社会科学院，并持续关注港口领域的研究，主持申报的"临港经济发展的产业与空间效应研究"获准立项为2008年度广东省社会科学院青年课题。2008年，我继续跟随闫小培教授攻读在职博士学位，学位论文继续选题港口领域，对多尺度的港-城空间关系进行了探讨。可以说，此书是对我多年以来相关领域研究成果的总结、梳理和提升。

本书的出版，得益于诸多领导、学者和朋友给予的大力支持。感谢中山大学闫小培教授的指导与支持，感谢中山大学周素红教授、曹小曙教授，以及博士学位论文评审答辩和广东省社会科学院出版资助评审的各位评委老师的宝贵修改建议。感谢古杰博士、吴逸然硕士、唐贤腾硕士、黄岸峰硕士在资料收集处理和图表制作上给予的帮助。感谢广东省社会科学院王珺院长、赵细康副院长、人事处游霭琼处长等领导对青年科研人员成长的支持，感谢宏观经济研究所刘品安所长、原珠江区域经济研究中心成建三主任对本人的教诲与关爱。我还要感谢杨志云、李震等同事对我工作的支持，让我有更多的时间和精力完善修改书稿。同时，我也要感谢所有支持、帮助自己的师长、同事、朋友和亲人们。

本书在撰写过程中，参考了大量相关著作、论文和报刊文献资料，谨在此对国内外同行表示真诚的谢意和致敬。由于全书写作所参考的文献较多，所列出的参考文献难免有所疏漏，在此表示由衷的歉意。

港口发展与港-城关系研究涉及学科多、领域广，问题复杂，充分借鉴国外最新理论成果和方法，综合运用经济地理学、区域经济学、物流学等学科领域的新理论和新方法进行深入探讨，是一个不断推进和努力的过程。由于时间、精力、资料及作者水平有限，书中难免会有错漏和不完善之处，敬请各位同仁及读者不吝赐教。

陈再齐
2015年6月于广州

图书在版编目(CIP)数据

珠江三角洲地区港口发展与港-城关系研究/陈再齐著.—北京：社会科学文献出版社,2015.7
 ISBN 978-7-5097-7919-4

Ⅰ.①珠… Ⅱ.①陈… Ⅲ.①珠江三角洲-港口经济-经济发展-研究 Ⅳ.①F552.765 ②F299.276.5

中国版本图书馆CIP数据核字（2015）第193752号

珠江三角洲地区港口发展与港-城关系研究

著　　者 / 陈再齐

出 版 人 / 谢寿光
项目统筹 / 许秀江
责任编辑 / 于　飞

出　　版 / 社会科学文献出版社·经济与管理出版分社 (010)59367226
　　　　　　地址：北京市北三环中路甲29号院华龙大厦　邮编：100029
　　　　　　网址：www.ssap.com.cn

发　　行 / 市场营销中心 (010) 59367081　59367090
　　　　　　读者服务中心 (010) 59367028

印　　装 / 北京京华虎彩印刷有限公司

规　　格 / 开　本：787mm×1092mm　1/16
　　　　　　印　张：20.25　字　数：353千字

版　　次 / 2015年7月第1版　2015年7月第1次印刷

书　　号 / ISBN 978-7-5097-7919-4

定　　价 / 89.00元

本书如有破损、缺页、装订错误，请与本社读者服务中心联系更换

▲ 版权所有 翻印必究